Direito Constitucional

Edson Ricardo Saleme

Direito Constitucional

5ª edição

MANOLE

PRODUÇÃO EDITORIAL: Retroflexo Serviços Editoriais
CAPA: Ricardo Yoshiaki Nitta Rodrigues
IMAGEM DA CAPA: istockphoto
PROJETO GRÁFICO: Departamento Editorial da Editora Manole

CIP-BRASIL. CATALOGAÇÃO NA PUBLICAÇÃO
SINDICATO NACIONAL DOS EDITORES DE LIVROS, RJ

S155d

Saleme, Edson Ricardo, 1964-
Direito constitucional / Edson Ricardo Saleme. – [5. ed.] – Santana de Parnaíba [SP] : Manole, 2022.
23 cm.

Inclui bibliografia e índice
ISBN 9786555766363

1. Direito constitucional – Brasil. I. Título.

22-75660 CDU: 342(81)

Camila Donis Hartmann – Bibliotecária – CRB-7/6472

1ª edição – 2011; 2ª edição – 2019; 3ª edição – 2020;
4ª edição – 2021; 5ª edição – 2022

Editora Manole Ltda.
Alameda América, 876 – Tamboré
06543-315 – Santana de Parnaíba – SP – Brasil
Tel.: (11) 4196-6000
www.manole.com.br | https://atendimento.manole.com.br/

Impresso no Brasil | *Printed in Brazil*

Sobre o autor

Edson Ricardo Saleme
Pós-doutor em Direito pela Universidade Federal de Santa Catarina – UFSC, doutor em Direito de Estado pela Universidade de São Paulo – USP, professor do curso de pós-graduação *stricto sensu* em Direito Ambiental Internacional da Universidade Católica de Santos. Consultor do IBAMA e do INEP. Professor de pós-graduação da Escola Superior da Magistratura do Estado de São Paulo e do Ministério Público do Estado de São Paulo. Coordenador de cursos da Escola Superior de Advocacia da OAB/SP. Representante da OAB na Região Metropolitana da Baixada Santista. Professor de graduação da Unisantos e da Universidade Paulista – Unip.

Sumário

21. Sigilo de correspondência e de comunicação 161
22. Liberdade de reunião 162
23. Liberdade de associação 164
24. Liberdade de profissão 165
25. Direito de propriedade e da função social da propriedade 166
26. Direito de herança 168
27. Propriedade intelectual 168
28. Defesa do consumidor 169
29. Direito de petição e de certidões 170
30. Informações sigilosas 171
31. Direito de ação e compromisso arbitral 171

Apresentação do autor à 5ª edição

Agradeço a toda a comunidade acadêmica pela confiança nesta obra que anualmente revejo, com muito empenho. Trago algumas novidades que surgiram além dos comentários acerca das emendas à Constituição do ano de 2021. Trago impressões geradas pelo atual estado de coisas e para os rumos que o país parece tomar.

Não há esforços em vão. Esta obra traz algumas questões que considero importante reiterar e outras que decidi manter da edição pretérita, devido à sua importância natural.

Estamos diante de políticas públicas instáveis que nem sempre indicam um futuro adequado para o país, mesmo tendo como objetivo uma projeção mais avançada em termos econômicos. A preocupação de algumas organizações internacionais (PNUD, OCDE, CEPAL), relacionada aos países em desenvolvimento, volta-se à qualidade da mão de obra profissional.

O Brasil tem uma população universitária ainda tímida em termos populacionais. Contudo, relevante, talvez, seja o destino de categorias profissionais fundamentais, como a advocacia, pois há uma pressão no sentido de enfraquecê-la para multiplicação de vagas, sem preocupação com a qualidade. O ensino à distância trouxe facilidades para todos. Porém, não se pode deixar de lado algumas fragilidades do sistema, que impedem aferir a qualidade do discente, tal como ocorria em grande parte das instituições de ensino.

A justiça distributiva, a igualdade e a equanimidade devem ser a marca fundamental da edição de normas, e não fórmulas preparadas ou mesmo normas redigidas por empresas interessadas nesta ou naquela decisão, como se viu em passado próximo.

O pluripartidarismo é fundamento da República basileira. Porém, questiona-se sua real adequação e se é efetivamente algo saudável em uma política jovem como esta. Essa "particularidade" constitucional gerou a criação de um fundo partidário, que inclusive foi nutrido por uma das emendas criadas em 2021.

Uma das emendas deste ano deve ser objeto de contentamento, pois trouxe o reconhecimento de duas categorias que recebem baixa votação nas eleições e que deveriam ter maior representatividade.

O que se pode notar, entretanto, é a multiplicação dos cursos EAD, o que pode ser considerado avanço, se realmente houver acompanhamento adequado dos órgãos fiscalizatórios.

Além de ser especialista do INEP, também tenho essa função na Secretaria da Educação de São Paulo. Nas instituições públicas que fiscalizo, tenho a exata dimensão da importância das plataformas digitais e atualizações constantes das obras existentes nos respectivos acervos para que os discentes tenham efetivo acesso a obras atualizadas.

Efetivamente, o estudante não pode se fiar em edições antigas, sobretudo diante da dinamicidade das normas nacionais. Não se pode afirmar que a constante modernização de normas seja um avanço. Na verdade, em casos frequentes, considera-se verdadeiro retrocesso a edição constante de normas sobre o mesmo tema, sobretudo quando se observa grupos de pressão nem sempre bem intencionados.

Em 2021 foram aprovadas seis Emendas à Constituição (EMC), que vão do n. 109 ao 114. Foram dispositivos destinados ao enfrentamento da pandemia, problemas relacionados a ajustes fiscais, manutenção de endividamento dos entes federativos de forma sustentável e outros assuntos relevantes. A EMC n. 111 modificou a data de posse de alguns cargos eletivos; cuidou também da distribuição, entre os partidos políticos, dos recursos do fundo partidário e da concessão em dobro do Fundo Especial de Financiamento de Campanha (FEFC) para candidatas mulheres ou a candidatos negros para a Câmara dos Deputados nas eleições realizadas de 2022 a 2030.

Outra mudança foi a possibilidade dos parlamentares eleitos pelo sistema proporcional (deputados e vereadores) manterem os respectivos mandatos na hipótese de buscarem a troca de partido, caso sua legenda de origem concorde com a mudança. Ainda se permitiu que as municipalidades façam consultas à população a fim de identificar possíveis demandas durante as eleições municipais. Manteve-se a necessidade de consulta prévia à Câmara, com o envio *a posteriori* para a Justiça Eleitoral em até noventa dias antes da data das eleições.

Emenda que merece real comentário é a EC n. 114/2021, que trouxe uma quarta alteração ao art. 6º, dotando-o de um parágrafo único, com regulamentação futura, dispondo acerca da garantia de uma renda básica para todos os que se encontrem em condições de vulnerabilidade econômica. A medida constitucionalizou o que a Lei n. 13.982/2020 e o Decreto federal n. 10.740/2021 já dispunham. Esta Emenda e a anterior (n. 113) dispuseram basicamente acerca do pagamento de precatórios e sobre o parcelamento de débitos previdenciários dos municípios.

A Constituição brasileira é efetivamente detalhista e abrangente, diante da necessidade de se manter conquistas e evitar mudanças constantes que, via de regra, atingem negativamente alguns direitos obtidos; as normas para modificação são complexas. Diante do fato de tecer considerações acerca de diversos assuntos, necessita de alteração frequente. O pior é se alterar o mesmo assunto várias vezes, tal como o sistema previdenciário, objeto de três emendas (20, 41 e 47) e ainda se debate uma possível quarta emenda.

A mudança necessária realmente poderia trazer menores custos à população, gerar um Congresso com consciência cidadã, de forma a honrar o compromisso assumido na diplomação: de cumprir a Constituição e as leis, sem levar interesses pessoais em consideração. Talvez uma reestruturação constitucional em que se reveja o pluripartidarismo e a forma de escolha dos tribunais superiores já poderia iniciar uma boa reforma.

Tive oportunidade de ler a obra de Modesto Carvalhosa: *Uma nova constituição para o Brasil: de um país de privilégios para uma nação de oportunidades*. Creio que uma simples leitura do livro já poderia colocar em marcha uma reforma possível, que daria esperança para todo o povo brasileiro.

Edson Ricardo Saleme

1

Estado e Constituição

Pela teoria constitucional tradicional, o Estado de Direito caracteriza-se primordialmente por estabelecer o exercício do poder dentro de limites constitucionais preestabelecidos; qualquer ato tomado fora desses lindes poderia ser reputado como desvio, corrupção e exceção.

O termo Estado, nas palavras de Kelsen, é empregado para designar um tipo especial de ordem, que satisfaz os requisitos da democracia e da segurança jurídica. Isso significa que a expressão característica da atualidade, a qual o qualifica como "Estado de Direito", oferece ao termo um qualificativo em que, necessariamente, "[...] a jurisdição e a administração estão vinculadas às leis, isto é, às normas gerais que são estabelecidas por um parlamento eleito pelo povo, com ou sem a intervenção de um chefe de Estado".[1]

Inclusive é possível afirmar que esse mesmo Estado de Direito prevê, em seu texto constitucional, formas de autopreservação, quando situações excepcionais exsurgirem, sobretudo em hipóteses em que instituições e leis venham a ser abaladas ou mesmo ameaçadas. De forma semelhante, oferece garantias de preservação de direitos aos seus cidadãos por meio de garantias individuais asseguradoras da preservação daquele direito.

Para Thomas Hobbes, John Locke e Jean-Jacques Rosseau a sociedade formou-se a partir da evolução natural do homem. Este, diferenciando-se de outros seres e cambiando sua natureza hostil, passou a organizar-se. Ainda que não houvesse relação próxima à fraterna, havia algo de cordial entre os humanos. As hostilidades cessaram ainda que sequer existisse reflexão existencial.

Pouco a pouco gerou-se no seio humano uma predisposição comunal ou mesmo tribal. O homem passou a viver em grupo. O *modus vivendi* transfor-

1 *Teoria pura do Direito*, p. 139.

mou-se de acordo com a atividade de subsistência. Os grupos humanos fixaram-se à terra, ocorrendo em seguida um processo de divisão do trabalho. A organização social pelo trabalho e a ocupação territorial em determinadas regiões foram concomitantes, e a cultura produtiva passou a desenvolver-se de maneira mais ordenada, sobretudo por fatores de ordem econômica. A família começa a existir juntamente com a estrutura tribal, de maneira a gerar cada vez maior número de pessoas.

A família, para Fustel de Coulanges,[2] compunha-se de um pai, mãe, filhos e escravos. Esse grupo, mesmo reduzido, deveria ter uma disciplina própria. A quem, portanto, caberia a autoridade desse grupo? Fustel de Coulanges argumenta afirmando que acima do pai apenas existia a religião doméstica. Era esse deus que os gregos chamam de lar-chefe, *estia despoina*, e que os latinos denominam *lar familiae pater*. Nessa divindade interior ou, o que dá no mesmo, na crença que está na alma humana, reside a autoridade menos discutível. É ela que vai fixar os graus na família.

Apesar dessa circunstância, o núcleo familiar seguiu o modelo piramidal, com o *pater* em seu topo. A religiosidade certamente demarcava a estrutura da organização social, sobretudo entre os romanos. O pai era o responsável e tinha poder sobre todos os demais. Desde o início da civilização grega até o término do Império Romano estruturou-se as bases da família gentílica (proveniente da *gens*, a célula social básica). A partir dessas características familiares surgiu a forma de organização política ocidental. Certamente deveria existir uma pessoa capaz de representar a maioria e administrar os interesses gerais.

Nesse período, observou-se o surgimento do conceito de propriedade. Isso decorreu de modificações na própria estrutura familiar – de poligâmica para monogâmica –, bem como de transformações na esfera econômica – a propriedade deixou de ser coletiva para transformar-se em privada; as relações laborais sofreram processo de especialização; isso sem mencionar a ocupação ordenada de propriedades de menores dimensões territoriais.

O Estado, enquanto organização política, desenvolveu-se com as cidades-Estado. Dos já referidos *gens* primitivos, criaram-se as *fratrias* e as tribos; observou-se a domesticação da natureza e a ocupação mais ordenada do território; o incremento populacional demandou a formação de uma organização capaz de administrar esses elementos que estavam sendo criados e passaram, de alguma forma, a conflitar: surge aí o Estado.

As preocupações teóricas de como administrar melhor todos esses novos elementos estabeleceram o aperfeiçoamento de determinadas acepções. O po-

---

2 *Teoria pura do Direito*, p. 139.

der centralizado em uma ou em poucas pessoas concebido na Grécia do século VI a.C. estende-se até o século XVIII d.C., sob os auspícios da Revolução Francesa e da criação da federação norte-americana.

Observe-se a acepção de Estado para diversos autores, colacionados por Sahid Maluf:[3] para o norte-americano Thomas M. Cooley, "o Estado é uma sociedade de homens unidos para o fim de promover o seu interesse e segurança mútua, por meio da conjugação de todas as suas forças"; Duguit esclarecia que o "Estado é a força a serviço do Direito"; para Clovis Beviláqua "o Estado é um agrupamento humano, estabelecido em determinado território e submetido a um poder soberano que lhe dá unidade orgânica".

Na formação estatal, considera-se a lei instrumento fundamental para a estabilização social e a intervenção governamental nos costumes sociais; sua existência passou a determinar condutas e a padronizar costumes e ações nas relações interpessoais. A partir dessa solução, encontraram subsídios para ordenar um estado de sociabilidade entre os diversos grupos componentes do Estado. A norma escrita padronizou comportamentos e trouxe a possibilidade de se estruturar o governo e seus diversos atos; consequentemente trouxe maiores garantias aos indivíduos componentes da sociedade.

As leis, segundo Montesquieu,[4] em sua mais ampla acepção, são as relações necessárias que derivam da natureza das coisas. Para ele, todos os seres eram submetidos às suas leis. A divindade tem suas leis, a natureza tem suas leis, as inteligências superiores aos homens têm suas leis, os animais têm suas leis, o homem tem suas leis. Os seres inteligentes podem ter leis feitas por eles e outras a que naturalmente estão submetidos. Mais adiante indica que, ao se achar em sociedade, os homens perdem o sentimento de fraqueza, a igualdade que existia entre eles cessa, e o estado de guerra começa. Cumpre que correspondam às leis, à natureza e ao governo constituído ou que se quer constituir.

Platão[5] considerava existir em toda lei um fundamento transcendente, revelando a própria divindade. Deus seria para ele a "norma das normas, medida das medidas". Em sua obra *República*, o princípio universal supremo centraliza-se na ideia do "Bem"; este, nas *Leis*, coincide frontalmente com a própria mente divina. Esta mente seria o legislador dos legisladores, o homem corresponde a um sujeito que se instrui por meio das leis e, ao embeber-se delas, se saciaria em uma fonte de águas saudáveis. Deus sempre prescreve o que é justo e seria o que denominou de "pedagogo universal". Indica que somente um

3 *Teoria geral do Estado*, p. 21.
4 *O espírito das leis*, p. 79.
5 *The laws*, p. 1.341.

conselho de anciãos, mais sábios e mais próximos dos deuses, estariam aptos a gerar normas reguladoras de conduta.

Na obra *A Política*, de Aristóteles, identifica-se claramente a existência de duas espécies normativas: as leis comuns e as constitucionais. Isso indicava a supremacia de umas sobre as outras deixando clara a ideia de um conjunto normativo superior.

Segundo Ferreira Filho,[6] essa distinção só foi valorizada no século XVIII, na Europa ocidental, com o objetivo de limitar o poder, afirmando a existência de leis a ele anteriores e superiores. Nessa época o termo constituição foi empregado para designar o corpo de regras designativas da organização fundamental do Estado.

A evolução desse ponto de vista foi o surgimento de uma constituição escrita. Segundo Resende de Barros,[7] seria esta mais clara do que quando consuetudinária,[8] resultando em uma persistente formação da unidade política do Estado, a partir da pluralidade das necessidades, dos interesses, das aspirações e dos comportamentos na realidade social e na vida humana.

A formação estatal resulta da evolução humana propriamente dita. As diversas sociedades buscaram ordenar seus respectivos povos de acordo com o que consideravam mais acertado. Os gregos encontraram nas leis a melhor maneira de organizar a sociedade. Acreditavam que o conselho de anciãos poderia criar um corpo normativo capaz de assegurar a edição de normas justas. Aristóteles, além de desenvolver diversas teorias a serem aprofundadas neste estudo, identificou a existência de duas classes de normas. Na diferença entre normas residiria a superioridade característica das normas constitucionais em constituições rígidas, tal como a brasileira e as de muitos Estados. A seguir, serão observadas essas características em face dos entes estatais emanadores de regramento.

1. ELEMENTOS FORMADORES DO ESTADO

Basicamente, o Estado moderno centra-se em duas características básicas:

Aparato administrativo – A principal atribuição é a prestação de serviços públicos, também estariam sob sua responsabilidade a organização das finan-

6 *Curso de direito constitucional*, p. 3.

7 *Contribuição dialética para o constitucionalismo*, p. 9.

8 A constituição consuetudinária não é um instrumento formal. Baseia-se na tradição e nos costumes. O exemplo típico é o sistema britânico, cujas normas não estão reunidas em um único texto.

ças e a divisão do trabalho de forma racional por meio da instituição da burocracia e, excepcionalmente, a intervenção no domínio econômico.

Monopólio legítimo da força – A coercitividade necessita de regulamentação e passa a ser uma das principais formas de se impor a vontade da lei, a qual reveste de legitimidade o emprego desse poder.[9]

Os elementos formadores da estrutura do Estado são:

Povo – Segundo Dallari,[10] este seria o grupo humano encarado sob sua faceta integrativa em determinada ordem estatal e submetido a um conjunto de leis; seriam súditos ou cidadãos de um mesmo Estado. Imprescindível a qualquer Estado é a existência desse elemento. Não se confunde com os termos *população* ou *nação*, o primeiro refere-se ao aspecto quantitativo e o segundo conota a existência de grupo unido por laços histórico-culturais. O problema gira em torno da questão da homogeneidade. Esta se forma a partir de uma integração entre vários tipos étnicos, sociais e raciais de uma comunidade; a condensação humana deve formar-se a partir de lento processo de convivência.

Território – É a área em que se projeta determinada ordem jurídica. É o espaço físico em que se circunscreve o âmbito geográfico do Estado. Kelsen defende que será no território o local onde há a validade da sua ordem jurídica. Maluf[11] ao comentar acerca deste elemento, refere-se aos ensinamentos especificados por Duguit e Le Fur ao não considerarem o território elemento essencial à existência de um Estado; referem-se aos casos da criação do Grão-Priorado de Malta e da Abissínia. Contudo, a realidade demonstra a falta de solidez desses argumentos, em especial o caráter precário desses Estados, presentes apenas em períodos de anormalidade internacional. Segundo Maluf, "o Estado moderno é rigorosamente territorial".

O art. 48, V, da Constituição Federal estabelece ser do Congresso Nacional a competência para legislar sobre os limites do território nacional, com sanção do Presidente da República.

Governo ou soberania – Inegável o fato de estar a soberania intimamente ligada à noção de poder político; esta nada mais é do que "a racionalização jurídica do poder, no sentido da transformação da força em poder legítimo, do poder de fato ao poder de direito".[12] Clássica, ainda, é a definição de Bodin, quando afirma ser ela o poder absoluto e perpétuo que é próprio do Estado. Esse conceito é proveniente dos ensinamentos de Hegel, Hobbes e Rousseau, que auxiliaram os Estados modernos a se firmarem; com base neles estabeleceu-se

---

9 SOARES, Mario Lucio Quintão. *Teoria do Estado*, p. 123.

10 *Elementos de teoria geral do Estado*, p. 260.

11 *Teoria geral do Estado*, p. 25.

12 MATEUCCI, Nicola. "Constitucionalismo", p. 1.179.

a redação do art. 3º da Declaração dos Direitos do Homem e do Cidadão de 1789, referindo-se ao princípio de que toda soberania seria originalmente da nação e que nenhuma corporação ou indivíduo poderia exercer autoridade que dela não emanasse expressamente.

Bodin ainda ressalta ser a soberania um poder perpétuo:

> O fato mais relevante seria o de que o poder soberano não pode ser limitado cronologicamente; caso o fosse, não seria soberano, mas sim mero depositário temporário de uma soberania exercida em nome de outrem, seu legítimo detentor originário e verdadeiro. Outro aspecto importante é que o detentor correspondente ao soberano deve [...] dar a lei aos súditos e cassar ou anular as leis inúteis para fazer outras, o que não pode fazer aquele que está sujeito às leis ou aos que têm comando sobre ele.[13]

O conceito clássico, portanto, encerra o ensinamento de que a soberania é um poder superior que não pode ser limitado por qualquer outro. Em que pesem tais argumentos, essa noção tem sido relativizada a ponto de comportar uma definição mais moderna e buscar a convivência das três limitações da autoridade suprema de um único poder: o constitucionalismo, com a separação dos Poderes e a prescrição de direitos fundamentais inalienáveis e o Estado federal que reparte o poder entre a União e os respectivos estados-membros. Isso viabiliza um maior controle e evita o excesso de poder em órgãos estatais.[14] Hoje se fala em Estado-nação, o qual, segundo Giddens,[15] é o conjunto de formas institucionais de governo, mantendo um monopólio administrativo sobre um território com fronteiras (limites) demarcadas, sendo seu domínio sancionado por lei e por um controle direto dos meios internos e externos de violência.

A ordem internacional – Aspecto de relevância neste estudo é a questão da ordem internacional, sobretudo após a EC n. 45/2004, que inseriu os §§ 3º e 4º no art. 5º. Os novos dispositivos afirmam que as normas dos tratados internacionais de direitos humanos, votadas como normas constitucionais, têm equivalência às emendas constitucionais. Assim, os parlamentares poderão submeter tratados internacionais de direitos humanos recém-firmados ou há algum

---

13 *Coloquio de los Siete Sabios sobre Arcanos Relativos a Cuestiones Últimas*, 1998, p. 197-205.

14 Aqui pode-se destacar a figura da entidade regional (composta por municípios conurbados), criada pelo art. 25, § 3º, da CF e regulamentada pela Lei n. 13.089/2015. Não se trata de novo ente federativo. Contudo, sua instituição pode limitar o município para que seu plano diretor respectivo esteja atento ao Plano Diretor Urbano Integrado (PDUI).

15 *O Estado-nação e a violência*, p. 140-5.

tempo ratificados ao procedimento especial indicado no art. 5º, § 3º, da CF, a fim de lhes imprimir *status* de emenda à Constituição.

Outra inovação da EC n. 45/2004 foi a submissão brasileira à jurisdição do TPI (Tribunal Penal Internacional). Isso sem olvidar-se do § 1º do art. 5º, que já reconhecia os princípios relativos aos direitos e garantias fundamentais existentes em tratados internacionais de que o Brasil faça parte.

2. FORMAS DE ESTADO

Os elementos formadores do Estado são conformados pela teoria geral do Estado e pela ciência política, e o direito constitucional estuda de maneira sistemática e aprofundada sua organização jurídica.

2.1. Estado unitário centralizado e descentralizado

A forma de Estado refere-se ao meio pelo qual ele estrutura seu povo, seu território, bem como distribui as competências entre as entidades que o compõem, se admitir tal divisão; regula os poderes conferidos a tais entidades, em nível de cooperação ou subordinação. Não se deve confundir a **forma de Estado** com **forma e sistema de governo;** estas foram objeto de plebiscito popular, nos termos do art. 2º do ADCT, realizado em 21.04.1993, para decidir a forma (república ou monarquia constitucional) e o sistema de governo (parlamentarismo ou presidencialismo) que deveriam vigorar no País.

A primeira questão a ser observada é a descentralização e a centralização do poder. Nos Estados, em geral, pode-se observar que o poder pode ser relativamente centralizado ou descentralizado. Entre essas características há uma correlação. A questão central reside na inviabilidade de se existir formas absolutas de centralização ou descentralização.

Em uma forma mais simples de descentralização tem-se a **administrativa**. É a partir dessa formatação que se estabelecem os denominados **estados unitários administrativamente descentralizados**. Esse tipo de descentralização ocorre, para Di Pietro,[16] quando as atribuições cometidas aos entes descentralizados só têm o valor jurídico que lhes empresta o ente central; as atribuições não são decorrentes da constituição, mas diretamente do poder central. Esse tipo de descentralização é própria dos Estados unitários, eis que há um único feixe de poder, do qual se destacam, com relação de subordinação, os poderes das pessoas jurídicas locais.

16 *Direito administrativo*, p. 381.

O incremento em relação à descentralização faz surgir a denominada **descentralização política.** Observa-se tal fenômeno a partir da existência, no texto constitucional, da possibilidade da escolha, pelos próprios cidadãos da unidade descentralizada, de seus dirigentes locais. Assim, a convergência entre a administração descentralizada e de um governo com as mesmas características, conferindo à entidade destacada a escolha de seus representantes, reúne os componentes caracterizadores do **estado unitário politicamente descentralizado.** Vale lembrar que também é administrativamente descentralizado.

Para Ferreira Filho,[17] a existência de descentralização não basta para o Estado ser considerado descentralizado. Para ele, todo Estado é relativamente descentralizado. Este Estado é uma modalidade de Estado unitário, aquela em que existe descentralização, tal como ocorria no Brasil no tempo do Império.

Quanto ao meio ou instrumento de descentralizar, é possível se combinar a descentralização político-administrativa com a **legislativa** ou com a descentralização **constitucional;** conforme se faça por **lei** do Poder Legislativo central ou na própria **constituição nacional** feita pelo Poder Constituinte único e central. A partir dessa conformação relacionada ao instrumento da descentralização político-administrativa, observam-se dois tipos básicos de Estado: o **estado unitário legislativamente descentralizado** e o **estado unitário constitucionalmente descentralizado.**

Existem, destarte, várias espécies de Estados unitários:

a) puro – centralização absoluta do poder; há apenas autonomia outorgada em forma de delegação. Seria possível em Estados de pequenas dimensões territoriais.

b) descentralizado administrativamente – nessas hipóteses o poder central emprestará parcela de poder por ele considerada conveniente. Neste, há o que se denomina desconcentração administrativa. Criam-se órgãos territoriais desconcentrados, sem personalidade jurídica própria e tampouco autonomia; não podem decidir localmente.

c) descentralizado administrativa e politicamente – aqui a descentralização, a exemplo do que ocorre com grande parte dos países da União Europeia, estabelece-se no âmbito administrativo e político, na medida que tais entes possuem competência para decidir qual a melhor forma de ação para efetivar a ordem do poder central. Essa forma é mais ágil e eficiente. As unidades podem ser denominadas regiões, departamentos, municípios, províncias, comunas etc.

---

17 *Curso de direito constitucional*, p. 53.

d) regional – a diferença entre esta forma e a anterior é o grau de descentralização ou então a quantidade de competências outorgadas para as regiões, tal como ocorreu na Constituição italiana de 1947. No Estado regional, a descentralização ocorre de forma hierarquizada; o poder central transfere, por lei nacional, competências administrativas e legislativas ordinárias.

e) autonômico – forma empregada na Constituição espanhola de 1978. Este é um tipo de Estado situado entre o Estado unitário e o federal. Muito semelhante ao tipo anterior quanto ao grau de descentralização. A característica diferenciadora é a de que a iniciativa para estabelecer regiões autônomas deveria partir das próprias províncias.

2.2. Estado federal

A forma de Estado federativo adotada pelo Brasil e outros Estados é considerada grande avanço em termos democráticos, pois se trata de outra forma de repartir o poder, limitando-o no âmbito das entidades autônomas estaduais.

A proclamação de independência por parte das treze colônias norte-americanas ocorreu em 1776. Na iminência da independência norte-americana, todos os procedimentos estavam sendo tomados de forma a outorgar aos estados os poderes necessários para serem independentes. A primeira união surgiu sob a forma de confederação, a qual coincidiu com o período de depressão financeira oriundo da guerra de independência. Contribuiu para o não absoluto sucesso dessa união o fato de o comércio local ter sofrido perdas, pois a antiga colônia beneficiava-se com os tratados e os parceiros comerciais do império britânico. Após contratempos diversos oriundos da criação do novo Estado, fez-se necessária a organização de uma nova convenção: a da Filadélfia. Sua atribuição central seria a elaboração de uma constituição. Travaram-se novas discussões acerca dos poderes a remanescerem nos estados formadores da União. Grande parte dos artigos relacionados aos poderes do Congresso permaneceu intacto, da mesma forma consignada na confederação. Outros tantos poderes foram acrescidos de maneira a permitir ao Parlamento a tomada de decisões governamentais importantes, entre elas, normas relacionadas ao respeito da legislação federal pelos estados.[18]

A Confederação originou-se a partir dos denominados *Articles of Confederation* (Artigos da Confederação) e não perdurou por muito tempo. Esta possuía algumas características positivas, sob o ponto de vista militar, pois os estados se uniriam na hipótese de algum ataque da antiga metrópole ou invasão

18 HICKS, John D.; MOWRY, George E.; BURKE, Robert E. *The Federal Union*, p. 200-45.

estrangeira. Por outro lado, não se referia à hipótese de secessão dos estados-membros e seu comércio com outros países independentemente, o que enfraquecia ainda mais a União.

Apesar de os Estados Unidos criarem a denominada forma clássica de federação, existem várias espécies de federação no globo. A transformação se deve à crescente descentralização atribuída aos estados-membros e à manutenção de um número mínimo de normas centralizadas no poder central.

O modelo federalista norte-americano seguiu a fórmula centrípeta, ou, ainda, denominada **por agregação.** Os estados uniram-se para formar um novo Estado soberano, mantendo-se autônomos dentro dos limites constitucionais. Portanto, cada estado abre mão de sua soberania em prol da formação de um ente maior: a União.

Relevante as observações de Lassance, para quem o federalismo, ao mesmo tempo, adensa e fraciona interesses, reforçando a unidade e dando espaço à diversidade. Para tanto, distribui entre os entes federados competências exclusivas, no grau de hierarquia entre suas competências concorrentes e em mecanismos de coordenação e incentivo no âmbito das competências comuns. Essa divisão pode ter certa lógica contraditória, pois há divisão de poderes em linha vertical quando, ao mesmo tempo, unifica o território, de certa forma, mas o divide em unidades menores; fragmenta ainda as políticas públicas, de forma a criar múltiplos programas cujo intuito seria adequá-las às diferentes realidades locais.[19]

A forma federativa brasileira apresenta-se basicamente constituída por três níveis de poder: União, estados e municípios, inserindo-se nesse rol o Distrito Federal, em posição semelhante à dos estados. Esse é o denominado **federalismo de duplo grau, entre três patamares.** Essa é a fórmula existente no art. 1º da CF, o qual afirma ser a República Federativa do Brasil formada pela união indissolúvel entre estados, municípios e Distrito Federal.

2.3. Características essenciais do Estado federal

As características essenciais de uma federação são as seguintes:

Descentralização político-administrativa – É imprescindível a existência de uma constituição reservando poderes, designados da forma convencionada por seus constituintes, para mais de um ente federativo aqui e nos EUA denominados "estados-membros".

19 "Federalismo no Brasil: trajetória institucional e alternativas para um novo patamar de construção do Estado".

Indissolubilidade da União – Assim como previsto logo no art. 1º da Constituição Federal brasileira, a Federação não pode ser objeto de secessão ou separação por parte de seus estados componentes. Sublinhe-se a questão da indissolubilidade da União, dos estados, do DF e dos municípios (art. 1º da CF).

Soberania do Estado federal – A soberania configura-se a partir do momento que os estados abdicam de suas respectivas soberanias em favor de um ente maior. Assim se forma a União, com competências internas, e o Estado federal, com personalidade jurídica de direito internacional e competência externa. Ela possui competências reservadas e somente este ente pode diretamente estabelecer tratados e convenções internacionais.

Autonomia dos estados-membros – Os estados possuem autonomia. Além de competências administrativas e legislativas ordinárias são contempladas também competências legislativas constitucionais. Isto quer dizer que estão limitados ao denominado poder decorrente a eles outorgado pela Constituição Federal; podem elaborar suas respectivas **constituições estaduais** (arts. 25 da CF e 11 do ADCT), contudo observando as restrições da Lei Maior. Os estados são representados, no poder central, pelo Senado.

Necessidade de distribuição de competências por constituição rígida – Esta caracteriza-se pela necessidade de procedimento formal e solene para sua alteração. A distribuição de competências deve estar contida no texto, de forma a estabelecer o papel de cada ente.

Impossibilidade de se abolir o federalismo ou mesmo de movimentos destinados à centralizar o Estado – O art. 60 da CF não veda somente emendas acerca da extinção do federalismo; veda igualmente qualquer medida tendente a abolir a forma federativa. Vale dizer que o federalismo nacional somente aceita emendas inclinadas à acentuar a descentralização do poder federal. O contrário seria indesejável e inconstitucional, pois "tenderia" à centralização.

2.4. Federalismo no Brasil

Quanto ao critério de distribuição territorial do poder, nos termos do capítulo anterior, constata-se a existência de Estado federal centrípeto (por agregação) ou centrífugo (por segregação), Estado federal de dois (segundo grau) ou de três níveis (terceiro grau) e ainda o Estado federal simétrico ou assimétrico. O federalismo é considerado o argumento mais importante em torno do qual o Império teve sua derrocada até a instauração da República, em 1889. Desde esse ano, o modelo republicano presidencialista e federativo repercutiu diante da experiência norte-americana, e até mesmo o nome foi incorporado, adequando-se a uma realidade aqui estranha: os Estados Unidos do Brasil.

Deve-se entender o Estado federal como aquele cuja característica essencial é a descentralização jurídico-política entre suas unidades componentes, contextualizado, a partir de suas características essenciais, um ambiente de tensão política permanente com participação popular. A forma federativa de Estado revela-se em uma síntese da unidade de determinada ordem jurídica geral que admite ordens jurídicas parciais (estados-membros e Distrito Federal).

Devido a fatos históricos ocorridos no final do Império brasileiro, houve a necessidade de reestruturação do Estado e a modernização da Constituição Imperial vigente. O federalismo antecedeu a Constituição Republicana de 1891. A forma republicana de governo e federativa de Estado surgiram a partir do Decreto n. 1 de 15.11.1889. Na Primeira República (1889) houve a política dos governadores, que restringia a autonomia própria dos estados-membros. No período de Vargas, o centralismo foi sua marca registrada; os governadores dos estados eram considerados verdadeiros interventores. Na redemocratização de 1946, aos estados-membros outorgou-se autonomia política, contudo, não existia a financeira. Após o Golpe Militar de 1964, apesar de o Estado ser considerado federativo, o poder centrava-se nas mãos do governo militar.

O Brasil passou de Estado unitário, sem autonomia para as províncias existentes, a Estado federal, adaptando o modelo norte-americano ao aqui existente. As províncias transformaram-se em estados-membros. Por isso, o modo do federalismo nacional denomina-se por segregação ou centrífugo, vez que as províncias dependentes do poder central transformaram-se em estados autônomos, nos termos constitucionais.

Os EUA inicialmente agregaram-se de forma confederativa (1777) e, posteriormente, federativa (1787). Atualmente, o Estado norte-americano vem paulatinamente centralizando competências.

Os elementos históricos são fundamentais para entender porque o Brasil segue o modelo de federalismo centrífugo ou por segregação, e os EUA, o centrípeto ou por agregação. Devido a esse fato, a descentralização naquele país é muito maior do que no Brasil.

O Brasil organiza seu território entre entes federativos denominados: União, estados, municípios e Distrito Federal. Esses membros da federação geram fórmula fragmentada, própria de uma federação. Essa divisão do Estado é imutável, nos termos da vigente Constituição (o que não impede que seja modificado em nova CF), sobretudo pelo fato de ser cláusula pétrea. As competências constitucionais, como será visto adiante, divide as competências em: exclusivas ou privativas, comuns e concorrentes.

Na verdade, da forma como concebida em seu país de formação, o federalismo se segmenta no sistema dual ou corporativo; nele ocorre o reconhecimento da estrutura federal entre dois entes: a União e o estado. Naquele país, sobretudo pelo fato de os estados federados terem surgido antes do ente central, a União possui competências mínimas e os estados se mantiveram com a auto-organização e administração com previsões de competências próprias.

Aos municípios conferiu-se a possibilidade de elaboração da Lei Orgânica, que não se trata de uma Constituição propriamente dita, mas sim de uma norma regulamentadora de competências locais. Referidos entes podem confeccionar suas respectivas leis orgânicas municipais de maneira a se auto-organizarem, nos termos do art. 29, *caput*, da CF. A autonomia municipal pode ser confirmada pelos arts. 18 e 29, e garantida em face dos Estados nos termos do art. 34, VII, *c*. A autonomia aqui considerada significa a capacidade ou poder de gerir os próprios negócios, obedecendo aos lindes estabelecidos constitucionalmente. Ainda, nos termos do art. 182 da CF, é possível que o município elabore seu plano diretor, de forma obrigatória ou voluntária.

Nesse sentido, o ente político municipal, segundo Moraes,[20] organiza-se por meio de sua lei orgânica municipal e pela edição de leis municipais posteriores. Autogoverna-se mediante a eleição direta de prefeito, vice-prefeito e vereadores, sem qualquer interferência dos governos estadual e federal, e se autoadministra no exercício de suas competências administrativas, tributárias e legislativas, diretamente conferidas pela CF.

Aspecto a ser relevado é a regionalização. A Lei n. 13.089/2015 estabelece o regramento destinado a entidades regionais a fim de se reunirem para prestar as funções públicas de interesse comum (FPICs). Diante do orçamento restrito destinado a esses entes, a solução regional é extremamente adequada, mormente diante da constatação de gasto orçamentário com pessoal.[21]

O primeiro ponto a ser abordado é o limite de comprometimento da Receita Corrente Líquida (RCL) com a folha de pagamento. A Confederação Nacional dos Municípios esclarece que os estados de Minas Gerais, Rio Grande do Norte, Rio Grande do Sul e Santa Catarina extrapolaram o limite de gastos com pessoal, de acordo com dados do Siafi.[22] O TCE de São Paulo esclarece que "mais de um terço dos municípios do Estado – 233 distribuídos no interior, no

---

20 *Constituição do Brasil interpretada e legislação constitucional*, p. 713.

21 A Lei de Responsabilidade Fiscal, LC n. 101, de 4 de maio de 2000, estabelece a responsabilidade na gestão fiscal a todos os entes federativos, criada para impor aos gestores o cumprimento de metas, obediência a limites, operações de créditos, antecipação de receita, concessão de garantia e inscrição em restos a pagar.

22 Confederação Nacional de Municípios (CNM). Limite de gastos com pessoal é um desafio para os prefeitos. Disponível em: https://www.cnm.org.br/index.php/areastecnicas/noticias/juridico/bmatéria-especial--blimite-de-gastos-com-pessoal-é-um-desafio-para-os-prefeitos; acesso em: 07.10.2021.

litoral e na Região Metropolitana – apresentam gastos com pessoal acima do teto previsto no inciso II, da Lei de Responsabilidade Fiscal (LRF)"[23].

Diante dos gastos com a transferência social instituída para fazer frente aos gastos extraordinários, que permite ao governo federal o pagamento de um novo auxílio emergencial para a população vulnerável afetada pela pandemia, a Emenda Constitucional n. 109/2021 prevê a possibilidade de, sempre que a relação entre despesas obrigatórias e receitas da União atingir o limite de 95%, algumas limitações podem ser criadas com o intuito de controlar despesas com admissão e aumento de servidores.

O texto autoriza ainda as demais entidades federativas (estados e municípios) a aplicarem as mesmas restrições quando o limite de 95% em suas contas for atingido, caso contrário não poderão obter empréstimos com aval da União ou ainda renegociar dívidas.[24]

A Constituição de 1988 estrutura um federalismo próprio, busca avançar na predominância do federalismo centrífugo (sempre em prol da descentralização) e de segundo grau em que se reconhecem três ordens: União, estados e municípios (não se pode olvidar da peculiaridade do Distrito Federal). A característica histórica já mencionada fez com que os constituintes estabelecessem um grande número de competências nas mãos da União em detrimento dos demais entes. Dircêo Ramos[25] esclarece que na presente Constituição brasileira e nas leis infraconstitucionais houve excessos e abusos no tratamento assimétrico do Direito. Esse excesso leva ao acomodamento e à perda de responsabilidade do beneficiário. O autor apontou diversas causas de assimetrias e afirmou que a busca do reequilíbrio federativo gerou um novo desequilíbrio, que leva à crise de sobrecarga, à ingovernabilidade. O ideal, portanto, seria um federalismo simétrico, com atribuições idênticas às dos entes federativos regionais (estados) ou locais (municípios).

3. FORMAS DE GOVERNO

As formas de governo ou sistemas políticos designam os meios de organização política empregados por determinado Estado com o objetivo de exercer

23 SÃO PAULO. Tribunal de Contas do Estado. "Um terço dos municípios tem gasto excessivo com pessoal; 81% estão com orçamento comprometido". Disponível em: http://www.tce.sp.gov.br/6524-terco-municipios-tem-gasto-excessivo-com-pessoal-81-estao-com-orcamento-comprometido; acesso em: 07.10.2021.

24 BRASIL. Agência Câmara de Notícias. Disponível em: https://www.camara.leg.br/noticias/736147; acesso em: 11.10.2021.

25 O *federalismo assimétrico*, p. 177.

seu poder sobre os governados. Em verdade, trata da maneira pela qual o poder político será exercido pelo poder central, das características peculiares do modo de conduzir os órgãos governamentais por seus respectivos dirigentes.

Montesquieu, no capítulo primeiro do livro segundo da obra *O espírito das leis*, refere-se a três formas de governo: o republicano, o monárquico e o despótico.[26] Estabelece para eles as seguintes definições: o **republicano** é aquele em que o povo ou parte dele possui o poder soberano; o **monárquico** é o governo de um só, submetendo-se a leis fixas e estabelecidas; o **despótico** caracteriza-se pela ausência de normas e pela vontade individual do governante, que arrasta tudo segundo sua vontade e seus caprichos.

Mais adiante, entende subdividir-se a república segundo suas características da seguinte forma: **democracia** – quando o povo no seu todo tem o poder soberano; **aristocracia** – quando o poder soberano está nas mãos de parcela do povo.

Na **monarquia** seria o príncipe a fonte de todo poder político e civil. Existe o poder intermediário, subordinado, representado pela nobreza. Ela participa do governo e lhe impõe limites, diferenciando-o do governo despótico.

Existem ainda as denominadas formas impuras de governo, também chamadas corruptas ou imperfeitas. Na verdade são distorções das já mencionadas formas perfeitas, eis que seu objetivo nada mais é que atender aos interesses dos governantes em detrimento dos governados; as mais importantes são: a tirania, que é a deturpação da monarquia; a oligarquia, que é a forma imperfeita da aristocracia; e a demagogia, forma deturpada da democracia.

A forma de governo geralmente não pode ser confundida com a forma de Estado (unitário ou federativo), ou mesmo com o sistema de governo (presidencialismo, parlamentarismo). O art. 2º do ADCT reitera as diferenças entre forma e sistema de governo, os quais foram objeto de plebiscito.

República, do latim *res publica*, significa coisa pública. As características mais comuns dessa forma de governo são: o chefe de governo (presidente) permanece temporariamente no poder, com prazo determinado; é eleito pelo povo de forma democrática; responsabiliza-se por todos os atos praticados durante sua gestão.

Canotilho[27] indica os traços constitutivos da república. Trata-se de uma unidade coletiva de indivíduos que se autodetermina politicamente por meio da criação e manutenção de instituições políticas próprias. Para existir um autogoverno republicano impõe-se a observância de três regras: representação territo-

26 *O espírito das leis*, p. 85.

27 *Direito constitucional e teoria da constituição*, p. 218.

rial, procedimento adequado de seleção dos representantes e deliberação majoritária dos representantes limitada pelo reconhecimento de direitos e liberdades dos cidadãos.

A república é reconhecidamente uma forma de governo que se revela íntima do princípio democrático. Nela o poder é contido por meio de leis previamente impostas, e a participação de todo o povo é necessária para exteriorizar a supremacia do bem comum sobre interesses privados.

4. SISTEMAS DE GOVERNO

A CF não estabeleceu expressamente o sistema de governo, não obstante tenha dedicado alguns de seus artigos às atribuições do Presidente da República (arts. 76 a 84) e aos crimes de responsabilidade (art. 85). Essa falta de previsão expressa decorre da convocação plebiscitária consignada no art. 2º do ADCT, cujo propósito seria definir **a forma (república ou monarquia constitucional) e o sistema de governo (parlamentarismo ou presidencialismo) que devem vigorar no País.** O resultado dessa consulta foi a manutenção do regime republicano e do sistema presidencialista. Consequentemente não houve necessidade de modificação da Constituição.

Os sistemas de governo existentes conectam-se diretamente à separação dos Poderes (presidencialismo) e a sua eventual confusão (ditadura) ou colaboração (parlamentarismo).

A Teoria da Separação dos Poderes de Montesquieu afirmava que as diversas funções estatais deveriam se inter-relacionar. A separação absoluta, apesar de ter alguns pontos positivos, como ele próprio demonstrou, na prática é inviável. Isso pelas próprias experiências relatadas na obra *O espírito das leis*. Assim, atualmente, a contenção do poder pelo próprio poder também contempla uma harmonia entre os poderes. É a partir dessa harmonia que se obterá o sistema de governo eleito para ser aplicado em determinado Estado.

4.1. Parlamentarismo

Como afirmou Burdeau, "a curva ascendente do poder parlamentar coincide com a curva declinante do poder monárquico".[28] Essa afirmação refere-se ao parlamentarismo como um produto de conquistas populares, sobretudo após a Revolução Inglesa de 1688, o qual cometeu ao Parlamento funções relacionadas à legislação e à tributação.

28 *Traité de science politique*: l'État, p. 323.

Fruto de longa evolução histórica, como remarcou Ferreira Filho,[29] esse sistema surgiu a partir da divisão de Poderes, pela qual ao monarca se reservavam atribuições relacionadas a administração, defesa e política estrangeira; ao Parlamento as funções já referidas; e aos tribunais a conhecida independência. A divisão demandou a colaboração entre os Poderes com o propósito de bom encaminhamento dos negócios públicos.

O Brasil, entre 1961 e 1963, implantou o sistema parlamentarista a fim de evitar uma crise política, a qual não foi contida. O Golpe Militar de 1964 foi a resposta ao que estava ocorrendo e os militares retomaram o sistema presidencialista anteriormente vigente.

Pode-se afirmar as seguintes características do parlamentarismo:

a) Possui estrutura dualista. De um lado está o chefe de Estado (presidente ou rei – vitalício e hereditário), de outro o chefe de governo (primeiro ministro). O primeiro tem como responsabilidade a representação do Estado, não lhe compete qualquer decisão na seara política. Daí a máxima "o rei reina, mas não governa". O chefe de governo sim é o responsável pelo Poder Executivo, sendo-lhe delegada a chefia do Executivo após a aprovação do parlamento. Ele não é eleito pelo povo e deve apresentar seu plano de governo para aprovação pelo Parlamento.

b) A duração do mandato do chefe de governo é incerta. Basta que haja confiança do parlamento em sua pessoa para manter-se no cargo. O modo de exclusão desse parlamentar da chefia de governo dá-se por meio de moção de censura, voto de desconfiança ou perda de maioria parlamentar.

c) Existe permanente colaboração entre Executivo e Legislativo, o que os torna **interdependentes**. Isso se revela pela necessidade de confiança do parlamento para manter-se no cargo; por outro lado, o chefe de Estado pode dissolver a câmara eletiva convocando novas eleições.

d) O órgão governamental é chefiado pelo primeiro ministro, que escolhe seu gabinete (formação do ministério).

4.2. Presidencialismo

O chefe de Estado é, concomitantemente, chefe de governo neste sistema governamental. Seu mandato possui prazo determinado e não é revogável. O presidente da República, que cumula as duas chefias, permanece no mandato, fixado na constituição respectiva, até seu término, independentemente de estar ou não cumprindo seu plano governamental.

29 *Curso de direito constitucional*, p. 147.

Este sistema surgiu com a Constituição norte-americana de 1787, a partir da Convenção de Filadélfia. Em verdade, buscou-se uma maneira de unificar as chefias e torná-las adequadas ao regime republicano que se implantou na época. Os norte-americanos desejavam seguir à risca a doutrina de Montesquieu e mantiveram a rígida separação entre os Poderes, traço marcante do presidencialismo.

Como bem afirmou Ferreira Filho,[30] o presidencialismo é uma "versão republicana da monarquia limitada, ou constitucional, instaurada na Grã-Bretanha pela Revolução de 1688 [...]. Essa monarquia limitada sem rei e com um presidente é o regime presidencialista em suas linhas gerais".

Neste sistema há predominância do presidente. Conforme assinala Ferreira Filho, o vencedor do pleito é uma figura nacional em prestígio, representando a unidade nacional; em decorrência dessa proeminência natural do governo no Estado do bem-estar, aliado à enorme soma de poderes, o presidencialismo tornou-se, na prática, uma espécie de **ditadura temporária**, graças ao descrédito das câmaras parlamentares, geralmente subservientes ou mesmo corruptas.

No Brasil proclamou-se provisoriamente e decretou-se como forma de governo da nação brasileira a República Federativa. Sistema esse implantado desde o Decreto n. 1, de 15.11.1889. A Constituição republicana de 1891 estabeleceu o sistema presidencialista no País, tomando como modelo básico a constituição norte-americana.

As características gerais do presidencialismo são as seguintes:

a) O chefe de governo coincide com o de Estado. Este é eleito popularmente para um mandato determinado, podendo ser reconduzido ou não para um segundo mandato.

b) O Executivo participa da elaboração legislativa. Há assuntos que são de sua iniciativa exclusiva e lhe são reservados o veto e a sanção para manifestação da aquiescência final do projeto de lei.

c) Os três Poderes são independentes e harmônicos. Não deve existir interdependência ou correlação entre eles. Deve existir no Estado Constituição rígida.

d) Deve estar contemplado o crime de responsabilidade, bem como a responsabilidade criminal comum do Presidente da República.

4.3. Semipresidencialismo

Diante de tantos problemas apresentados na vigência da Constituição de 1988, busca-se adequar a realidade às necessidades vigentes, sobretudo em face

30 *Curso de direito constitucional*, p. 143.

de dois *impeachments* ocorridos em sua vigência e também do grande número de pedidos nesse sentido do atual Presidente da República.

Para Inácio, é possível relevar o excesso de poderes outorgados ao Presidente da República, sem contar com a grande quantidade de partidos políticos existentes no país: "O problema de fundo que nós temos é esse custo muito elevado de se formar maiorias políticas, num ambiente de muita fragmentação e de muito artificialismo na criação dos partidos"[31].

O semipresidencialismo é considerado uma "solução milagrosa", como definiu Pereira[32], que se mostra contrário a essa possibilidade. Nos debates da Constituição vigente, Miguel Reale suscitou a possibilidade de discussão para a criação de corrente na qual o chefe da Nação estaria sujeito ao poder eminente do Parlamento. Neste, há apenas um chefe de Estado – o presidente da República –, a quem cabe presidir o conselho de ministros exercendo funções com a colaboração do ministro-coordenador (o autor prefere esta a de primeiro-ministro). No semiparlamentarismo, existiriam dois chefes de Estado: um eleito pelo povo, para exercício de atribuições soberanas, e o outro que deve ser escolhido pelo Congresso.[33]

O semiparlamentarismo objeto de comentários na atualidade é o aplicado na República Francesa. Na França, quando o Presidente tem apoio de uma maioria estável para governar, pode exercer o Poder Executivo assistido apenas por um ministro de sua confiança. Caso não a obtenha, "[...] indica necessariamente um primeiro-ministro da maioria parlamentar, que irá formar e liderar o Executivo, sem interferência do chefe de Estado".[34]

Parece haver descontentamento popular diante do sistema atual de composição dos três Poderes. Para que novos mecanismos sejam considerados, deve-se evitar o desgaste para a imagem do país e manter a harmonia interna; portanto, há necessidade de consulta popular (plebiscito ou referendo). Nesse sentido existem discussões frequentes quanto à criação de fórmula capaz de albergar possibilidades múltiplas, sobretudo em face de excessiva insatisfação do povo.

31 CARDOSO. Fundação F.H. "Debate sobre os rumos da democracia no Brasil", 2021.

32 PEREIRA, Carlos. "Debate sobre rumos da democracia no Brasil", 2021.

33 REALE, Miguel. "Semipresidencialismo e semiparlamentarismo", 1991.

34 SERRA, J. "Semipresidencialismo: um debate inevitável", 2021.

2

Autonomia do direito constitucional

O Direito é subdividido, para fins didáticos, segundo classificou o jurisconsulto Ulpiano,[1] nos escritos do Direito romano, em público e privado. O direito constitucional pertence ao direito público, juntamente com os direitos administrativo, tributário, penal, processual, entre outros. A dificuldade na delimitação exata de cada ramo apresenta-se pelo fato de existir transversalidade entre as esferas, ora apresentando características privatísticas, ora publicísticas. Porém, a disciplina aqui enfocada pertence ao direito público por tratar do ordenamento principal do Estado e estudar as normas constitucionais.

Kelsen reputava inadequada a busca de linha diferenciadora entre público e privado; porém, considerava determinados domínios públicos e outros privados em decorrência direta dos conteúdos jurídicos envolvidos. Léon Duguit[2] era da mesma opinião. Não obstante, sua opinião divergia quanto ao fundamento. Para este, a divisão favoreceria construções jurídicas em prol da onipotência do poder central e contrária ao fato de que todas as normas devem ser elaboradas com espírito de justiça.

Considerando esses aspectos particulares, Ferreira Filho[3] refere-se ao fato de ser o direito constitucional o determinante no rumo a ser seguido pelo direito administrativo e pelo direito judiciário. Esses são os ramos do direito público que regem a estrutura e a ação da Administração Pública (Poder Executivo) e da Justiça (Poder Judiciário).

---

1 Ulpiano era escritor do século III d.C.; observava o direito público como aquele relacionado aos interesses da comunidade romana e o privado relacionado à utilidade dos particulares. Este pensamento foi introduzido no *Corpus Juris* de Justiniano.

2 *Traité de droit constitutionnel*, v. I, p. 680.

3 *Curso de direito constitucional*, p. 18.

O direito público possui suas estruturas e normas mais voltadas aos interesses coletivos ou, mais modernamente, transindividuais, ao passo que o privado dirige-se aos interesses individuais, propriamente ditos, permitindo aos envolvidos um espaço para convenção mútua e criação de ajustes interpessoais.

Parece adequada a constatação de Afonso Arinos[4] ao afirmar que há dificuldade em traçar delimitação nítida entre o que é interesse individual e interesse público. Essa dificuldade, hoje, representa a causa principal das dúvidas existentes sobre o caráter público ou privado das disciplinas jurídicas.

O direito público está relacionado ao direito constitucional pelo simples fato de ser este quem irá consignar normas relacionadas à personalidade jurídica estatal e estabelecer a tripartição de suas funções primordiais, além de se caracterizar por outros itens a serem aprofundados nesta obra. As normas formalmente constitucionais, ou melhor, inseridas pelo constituinte para lhes oferecer maior estabilidade, ou mesmo realçar-lhes a importância, podem até mesmo tratar de temas privatísticos. Contudo, sua condição de norma constitucional outorga-lhe uma condição hierarquicamente superior e de observância obrigatória.

O livro que primeiro abordou a ciência do direito constitucional denominou-se *The federalist* (*O federalista*). Objetivava levar ao povo norte-americano os termos da constituição, a fim de aprová-la. Publicou-se essa obra em forma de artigos em periódico, iniciando-se em 1787, data coincidente com a primeira e única constituição norte-americana. De outro lado, na França, o movimento da Enciclopédia ganhava força, inovando o pensamento político da época e trazendo ideias fecundas ao setor intelectual. Porém, o primeiro país a publicar uma constituição escrita foram os Estados Unidos da América. Como será visto no capítulo referente ao Poder Constituinte, a base do pensamento de Sieyès formatou diversas constituições e composições dos poderes constituintes destinados à sua confecção.

1. ELEMENTOS CARACTERÍSTICOS E CONCEITO

Apesar de não ser o primeiro, o grande movimento ocorrido na França, em 1789, firmou mudança semântica no termo "revolução", conforme afirma Comparato.[5] Passou a ser entendido como uma completa renovação das estruturas sociopolíticas. Da mesma forma "os revolucionários" passaram a ser os arautos de uma sociedade sem precedentes históricos, não aqueles que buscavam o retorno da anterior ordem jurídica.

4 *Direito constitucional*, p. 11-30.

5 *A afirmação histórica dos direitos humanos*, p. 123.

O art. 16 da Declaração de Direitos do Homem e do Cidadão é claro ao dispor que em toda sociedade na qual não há garantia dos direitos nem separação dos Poderes não haverá constituição. Estes seriam seus elementos fundamentais, sem os quais a constituição inexistiria.

Em princípio, Canotilho[6] explicita o foco da constituição, pois, nos termos da doutrina oitocentista, a constituição era destinada ao corpo social. Porém, no século seguinte, ela passou a ser simplesmente a constituição do Estado e do seu poder. Isso em decorrência de três fatores: primeiramente, da evolução jurídica do conceito; em segundo lugar está o fato de que nos Estados liberais, cada vez mais, afirmava-se a separação entre Estado e sociedade; e, por último, o de que a constituição designa uma ordem: a do Estado.

O Estado é estrutura específica de sociedade política, resultante de fatores históricos e conquistas populares. Suas características mais marcantes surgem a partir de seu amadurecimento e da concentração de poder nas mãos de uma única pessoa. Essa foi a transformação do Estado medieval. Destarte, há alguém a cargo das decisões fundamentais e o poder reúne-se em um único órgão ou pessoa.

Os direitos fundamentais, consistentes nos de primeira geração ou dimensão, são aqueles reconhecidos e positivados no direito estatal, ou propriamente na constituição. Estabeleceu-se, portanto, essa primeira ordem de direitos. Impende observar que a expressão **direitos humanos** conecta-se mais ao direito internacional público e relaciona-se com os diversos tratados de que a República brasileira faz parte nessa matéria.

Os direitos fundamentais consignados no texto constitucional pertencem ao homem individual. Este os possui em face do Estado de caráter absoluto, sendo desnecessária sua regulamentação para esse fim. Ainda, as constituições escritas conferem a esses direitos a característica da imutabilidade, inserindo-os entre as cláusulas pétreas, assim como faz a Constituição Federal de 1988 (art. 60, § 4º).

2. O CONSTITUCIONALISMO

O constitucionalismo é compreendido inicialmente como o movimento propício à estruturação de um governo autolimitado, que respeite direitos fundamentais, políticos e de nacionalidade. Certamente, seu intuito é a elaboração de uma constituição escrita a fim de contemplar normas asseguradoras desses direitos fundamentais.

No âmbito histórico, pode-se situar o constitucionalismo moderno em meados do século XVIII. Com o intuito de ordenar o poder político, opondo-se às

6 *Direito constitucional e teoria da constituição*, p. 89.

antigas estruturas de amplo poder monárquico revelou-se como sendo a maneira mais adequada de extrair do monarca o poder absoluto alcançado. Deveria este, a partir do estabelecimento da nova ordem, submeter-se às regras escritas.

De outra forma, Sarlet[7] afirma ser mais correto verificar sua origem na Inglaterra. Na verdade, a Magna Carta[8] de 15.06.1215, como seu próprio nome indica, tem a primazia na declaração histórica dos direitos; contudo, foi considerada incompleta. Posteriormente, surgiram a Petição de Direitos (*Petition of Rights*), de 1628, e a Lei de *Habeas Corpus* (*Habeas Corpus Act*), de 1679, no sentido de restringir prisões arbitrárias, sem julgamento prévio perante juiz competente, bem como de se observar a possibilidade do devido processo legal (*due process of law*).

A *Petition of Rights*, de 07.07.1628, previa basicamente a necessidade de aprovação geral, por meio de ato do parlamento, quando fosse instituído tributo, estabelecia, ainda, que nenhum homem poderia ser preso ou detido ilegalmente. Posteriormente, em 1679, seguiu-se o *Habeas Corpus Act*, limitando ainda mais o poder legal, evitando detenções arbitrárias e garantindo a liberdade de locomoção. Importante seu papel de propulsor na defesa das liberdades individuais.

Como terceiro instrumento de grande importância no Direito inglês decretou-se o *Bill of Rights*, em 1689, cujo principal papel foi o de sublinhar a importância e a independência do parlamento, passo fundamental na separação dos Poderes. Ademais, estabeleceu o fortalecimento do postulado da legalidade, instituiu as liberdades da palavra, de imprensa e de reunião e garantiu o *due process of law*.

As declarações de direitos, que modernamente encontram-se nos próprios textos constitucionais, foram os primeiros instrumentos que tratavam diretamente dos direitos dos homens. A primeira, como destaca Afonso da Silva, é a Declaração do Bom Povo da Virgínia, de 12.01.1776, que, da mesma forma que a Declaração de Independência dos EUA, inspirava-se nas teorias de Locke, Rousseau e Montesquieu.[9]

Nas palavras de Canotilho, "em termos rigorosos, não há um constitucionalismo, mas vários constitucionalismos".[10] Isso considerando o americano, o

---

7 *A eficácia dos direitos fundamentais*, p. 43.

8 O Rei João, conhecido como "João Sem-Terra", foi o autor dessa Carta. Sua assinatura deveu-se à condição da cessação de hostilidades por parte dos barões da época, que resolveram ocupar o território londrino de forma indiscriminada, tudo com o fito de protestar diante da alta de impostos determinada pelo rei.

9 *Curso de direito constitucional positivo*, p. 153.

10 *Direito constitucional e teoria da constituição*, p. 51.

inglês e o francês; pelo que, propõe a existência de diversos movimentos constitucionais.

O constitucionalismo, portanto, reside na existência de **constituição escrita,** cuja proposta floresceu a partir da única constituição norte-americana e da constituição francesa de 1791. Assim, a ideia oposta ao absolutismo, dissociadora dos conceitos de monarca e Estado, passando a vincular a ação estatal a determinados limites, originou-se desse movimento. Isso aliado à concepção de Montesquieu da **separação dos Poderes,** imprescindível à construção dessa nova ordem.

Importante observar que, quando das Declarações de Independência norte-americana e francesa, referidos documentos eram **externos** a suas constituições. Não estavam inseridos em seus textos constitucionais. Contudo, sua observância era obrigatória como se lá estivessem, eis que lhe atribuíam caráter supranacional. Além disso, tais direitos eram considerados puros "privilégios" e expressões do próprio direito natural.

Ainda deve-se entender que o constitucionalismo origina-se nos Estados Unidos, a fim de preservar regras jurídicas limitadoras do poder do Estado, ou seja, a própria *rule of law*. Nesse patamar, o constitucionalismo, nas palavras de Chueiri, adquire seu patamar elevado na medida em que está limitado por normas escritas, mais propriamente normas de cunho jurídico-constitucional. Também implica a necessidade de um texto escrito, mesmo que essa exigência não seja fundamental. Essa movimentação natural, gerada por seu aspecto dinâmico, provoca uma verdadeira tensão temporal, que não o acomoda em algumas conquistas, na verdade, provoca a renovação e reinterpretação constitucional constante, seja pelo próprio povo ou ainda pelo Judiciário.[11]

3. CONSTITUCIONALISMO NO BRASIL

Os norte-americanos, em 1789, observaram a ausência na sua constituição, aprovada na Convenção de Filadélfia dois anos antes, de uma Declaração de Direitos. Thomas Jefferson sugeriu que fosse inserida por meio de emendas constitucionais, denominadas *Bill of Rights*, e assim foram adicionados dez artigos garantidores "da liberdade de religião, liberdade de imprensa, a proteção contra o exército, o *habeas corpus* e o julgamento pelo júri".

Existe a crença entre os constitucionalistas de que a constituição suíça, de 1935, foi a primeira a elencar o rol de direitos fundamentais em seu texto. Porém, os autores nacionais afirmam ser a Constituição imperial brasileira, de 1824, a primeira a introduzir os referidos direitos em seu texto. Entretanto, a

11 "Constitucionalismo e democracia: soberania e poder constituinte", 2010.

existência de um quarto poder outorgando ao monarca poderes especiais afastava essa Carta do modelo liberal da pura separação entre os três Poderes.

A Constituição brasileira de 1891 criou um título denominado "declaração de direitos"; entre seus 31 incisos, estabeleceu os direitos fundamentais. A Constituição de 1934 introduziu, sob o título "Da Ordem Econômica e Social", em seu Título IV, em seu art. 115, que "A ordem econômica deve ser organizada conforme os princípios da Justiça e as necessidades da vida nacional, de modo que possibilite a todos existência digna. Dentro desses limites, é garantida a liberdade econômica".[12] A de 1937, que recebeu o apelido de "polaca", por ter se inspirado no modelo semifascista da Polônia, foi a primeira Constituição outorgada, sem participação popular, desde a Constituição Imperial de 1824. No art. 122, relacionou-se os principais e no 123 esclareceu-se que o rol do artigo anterior não excluiria outras garantias e direitos existentes em seu texto.[13] A Constituição de 1946 tratou de resgatar o constitucionalismo, sendo considerada uma das mais democráticas. As demais, com exceção do Ato Institucional n. 5 (suspendeu os direitos e as garantias individuais), buscaram aumentar o rol de direitos e garantias e solidificar a democracia em seus dispositivos.

O constitucionalismo considerado como sendo o próprio Estado de Direito é um movimento em mutação e está sujeito a ações humanas e necessidades próprias destinadas a assegurar os direitos fundamentais. Expressa, basicamente, o debate acerca da vida social, política e jurídica. O fenômeno da globalização certamente influencia nesse movimento e registra novas tendências nos sistemas jurídicos de um país, sobretudo em sua constituição.

A **Declaração Universal de Direitos do Homem e do Cidadão**, de 26.08.1789, circunscreveu-se à proteção dos direitos de primeira geração ou dimensão e sua finalidade precípua seria declarar e garantir os direitos individuais lá mencionados. A limitação do Estado e o surgimento do Estado de Direito são consequências desse movimento.

O Direito norte-americano, como referido, contribuiu basicamente com três instrumentos:

a) a Declaração de Direitos do Bom Povo da Virgínia, em 12.06.1776;

b) a Declaração de Independência dos Estados Unidos da América (Declaração de Filadélfia), em 04.07.1787; e

c) a Constituição dos Estados Unidos em 17.09.1787.

---

12 BRASIL. Constituição de 1934. Disponível em: Constituição 34 (planalto.gov.br). Acesso em: 24.11.2020.

13 BRASIL. Constituição de 1937. Disponível em: Constituição 37 (planalto.gov.br). Acesso em 24.11.2020.

Na opinião de Sarlet,[14] tais declarações incorporaram virtualmente os direitos e liberdades já reconhecidos pelas suas antecessoras inglesas do século XVII. Referidos direitos foram reconhecidos aos pioneiros das colônias americanas, com o diferencial de que, a respeito da virtual identidade de conteúdo, guardavam as características da universalidade e da supremacia dos direitos naturais.

O constitucionalismo do futuro, nas palavras de Celso Bastos,[15] deve ser integracionista. Isso no plano interno e externo. A constituição refletirá uma integração espiritual, moral e ética. Além disso, os Estados desenvolverão projetos e objetivos de desenvolvimento comum, inclusive a integração em regiões e também a formação de uniões para o desempenho de funções. Deve também contemplar a possibilidade de delegação de poderes por via de tratados para a formação de órgãos supranacionais que legislarão para os Estados que os embasam sem necessidade de recorrer ao Estado atingido.

Na defesa dos direitos humanos, Cançado Trindade introduz argumentos essenciais relacionados à democracia. Para o autor, o pressuposto imprescindível é a observância permanente dos direitos humanos. Essa seria a medida que evidenciaria o grau de civilização alcançado pelos diversos países e nações. Contudo, as reiteradas ocorrências da atualidade denotam a distância da humanidade no atingimento de um grau satisfatório em seu desenvolvimento humano. Por este motivo, nota-se a premente necessidade de um sistema de monitoramento contínuo da observância dos direitos humanos. Para alcançar este novo *status*, é fundamental consagrar definitivamente as obrigações *erga omnes* de proteção, o que representa a superação da visão tradicional da pretensa autonomia da vontade estatal.[16]

Não se pode deixar de registrar o afirmado por Ferdinand Lassale, que passa a ter papel relevante no meio constitucional ao afirmar que a Constituição escrita não passa de um "pedaço de papel"; para ele, o que de fato estrutura a constituição real do país são os chamados "fatores reais do poder". Nesse diapasão, a constituição escrita deve sucumbir em face dos fatores reais de poder dominantes. Algum tempo depois, Jellinek ressalta que as regras jurídicas não são aptas a controlar efetivamente a divisão de poderes políticos, pois se

14 *A eficácia dos direitos fundamentais*, p. 46-7.

15 *Novas linhas do constitucionalismo*, p. 55.

16 TRINDADE, A. A. Cançado. "Tratado de direito internacional de direitos humanos". Disponível em: http://www.scielo.br/pdf/rbpi/v42n2/v42n2a15.pdf. Acesso em: 03.12.2019.

movem de acordo com suas próprias leis. Atualmente, essa realidade sinaliza por onde aponta a realidade existente em grande parte dos países.[17]

4. O NEOCONSTITUCIONALISMO E A CONSTITUCIONALIZAÇÃO DO DIREITO

As constituições no mundo passaram a ser o referencial jurídico fundamental para as sociedades atuais. Cada grupo social leva em consideração determinados marcos essenciais que puderam trazer para aquele Estado um determinado número de características que o peculiarizam diante de suas próprias necessidades.

Em relação a esse fato, Luiz Roberto Barroso[18] esclarece que a reconstitucionalização da Europa, após a 2ª Guerra Mundial, inicialmente, na Alemanha, em 1951, e na Itália, em 1956, trouxe uma nova dimensão à Constituição e sua influência em face das instituições contemporâneas. Na visão do autor, "a aproximação das ideias de constitucionalismo e de democracia produziu uma nova forma de organização política". Esta pode ser reconhecida por Estado democrático ou constitucional de direito.

Para o autor, a Constituição vigente "[...] passou da desimportância ao apogeu em menos de uma geração. Esse fator gerou três ocorrências fundamentais: a) o reconhecimento da força normativa da Constituição; b) a expansão da jurisdição constitucional e c) o desenvolvimento de uma dogmática própria".

Nesse sentido, os princípios gerais e os conceitos jurídicos indeterminados, em que se plasmam entendimentos de plurissignificação, passaram a ter uma valoração própria sobretudo dada pelo Judiciário, sobretudo de sua Corte Suprema, que veio a preencher lacunas e, como afirmou o atual Ministro, "superar o déficit de legitimidade dos demais Poderes".

Não é nova a vertente de publicização do direito privado, que tende a ser uma corrente em sentido semelhante, notada sobretudo na França e países europeus. Porém, a constitucionalização do direito privado é movimento que segue o reconhecimento da legitimidade da Constituição e de sua interpretação, sobretudo no âmbito dos direitos privados cujo manejo pode infringir dispositivos superiores. Exemplo típico é o ocorrido na legislação civil em vigor relacionado ao manejo de reintegração de associado excluído, em que "[...] enten-

---

17 HESSE, K. A força normativa da constituição. Disponível em: https://edisciplinas.usp.br/pluginfile.php/4147565/mod_resource/content/0/A%20Forca%20 Normativa%20da%20 Constituicao%20%20-%20Hesse.pdf; acesso em: 12.10.2021.

18 BARROSO, L. R. "Neoconstitucionalismo e constitucionalização do direito (o triunfo tardio do direito constitucional no Brasil)". In: *Revista de Direito Administrativo*, p. 1-42. Rio de Janeiro, 2005.

deu-se ser, na espécie, hipótese de aplicação direta dos direitos fundamentais às relações privadas (RE n. 201.819/RJ, rel. Min. Ellen Gracie, rel p/ ac. Min. Gilmar Mendes, j. 11.10.2005).[19]

QUESTÕES

1. (Concurso Magistratura SP 186) O "constitucionalismo moderno", com o modelo de Constituições normativas, tem sua base histórica

A) a partir da Magna Carta inglesa e no *Bill of Rights* da Inglaterra.

B) com o advento do "Estado Constitucional de Direito", com uma Constituição rígida, estabelecendo limites e deveres aos legisladores e administradores.

C) a partir das Constituições do México e de Weimar, ao estabelecer o denominado "constitucionalismo social".

D) a partir das revoluções Americana e Francesa.

2. (Concurso Magistratura SP 186) A expressão "constitucionalização do Direito" tem, de modo geral, sua origem identificada pela doutrina

A) nos julgamentos dos MI 712/PA, 670/ES e 708/DF, pelo Supremo Tribunal Federal, alterando entendimento anterior para reconhecer sua competência para editar texto normativo diante da omissão legislativa, a fim de concretizar previsão constitucional.

B) na Alemanha, especialmente sob a égide da Lei Fundamental de 1949.

C) na Constituição Federal brasileira de 1988, com seu conteúdo analítico e casuístico.

D) nos EUA, com o precedente firmado no julgamento do caso Marbury *v.* Madison, em 1803.

3. (Atividade notarial e de registro – SC 2008) Assinale a alternativa que contém uma afirmativa correta a respeito do constitucionalismo.

A) O constitucionalismo teve seu marco inicial com a promulgação, em 1215, da Magna Carta inglesa.

B) O constitucionalismo surge formalmente, em 1948, com a edição da Declaração Universal dos Direitos Humanos da Organização das Nações Unidas.

---

19 BRASIL. *Informativo STF*. Disponível em: www. stf.jus.br/arquivo/informativo/documento/informativo405.htm. Acesso em: 25.11.2020.

C) A doutrina do Direito Constitucional é uníssona no entendimento de que o constitucionalismo surgiu com a revolução norte-americana resultando, em 1787, na Constituição dos Estados Unidos da América.

D) É possível identificar traços do constitucionalismo mesmo na antiguidade clássica e na Idade Média.

E) O constitucionalismo brasileiro inspirou-se fortemente no modelo constitucional do Estado da Inglaterra.

RESPOSTAS

1. D
2. B
3. D

3

A Constituição

O conceito de constituição erigiu-se com o reconhecimento de direitos fundamentais e limitação do poder. As primeiras ideias limitadoras surgidas no medievo, as revoluções, os movimentos de independência e os novos ideais concebidos após a Segunda Guerra Mundial colheram tendências que, atualmente, refletem-se nos diversos textos constitucionais. Tem-se no Estado a ideia do "governo recto", ou melhor, o poder político subordinado à moral, ao direito natural e à justiça. Bodin é contrário a qualquer forma de tirania e chama a atenção ao fato de o governo ter os mesmos interesses comums das diferentes famílias.[1]

O conceito moderno de Constituição, nas palavras de Amaral Jr., está no art. 16 da Declaração Universal dos Direitos do Homem e do Cidadão, de 1789, cujo principal intuito seria a própria limitação do poder para conter o absolutismo. Nesse sentido, sublinha dois enfoques intrínsecos à matéria: a separação de Poderes e os direitos fundamentais. Para tanto, é importante prestigiar os subsequentes valores constitucionais que buscam proteger a democracia, que ainda podem estabelecer um diálogo e uma busca crescente por uma democracia de qualidade.[2]

Antes desse período, existiam pactos entre o monarca e o seu reino com o intuito de eliminar alguns conflitos ou mesmo alcançar a limitação do poder e a reserva ao povo de certas zonas de liberdade, participação e mesmo controle. O exemplo típico desse tipo de restrição é o *Bill of Rights* da Inglaterra.[3]

---

1 PRELOT, Marcel; LESCUYER, Georger. *Histoire des idées politiques*, p. 208.

2 AMARAL JR., J. L. M. "Constitucionalismo e conceito de constituição", 2021.

3 Denominado originariamente como *Act Declaring the Rights and Liberties of the Subject and Settling the Succession of the Crown*, em 1687, tornou efetivos alguns direitos dos cidadãos, ou mesmo indivíduos, residentes na Inglaterra.

O ramo jurídico aqui enfocado foi concebido como ciência construída de modo autônomo da linha geral de evolução histórica das ideias políticas e possui origem recente. Isso não quer dizer que os povos antigos desconheceram as formas organizativas de Estado. Na verdade, o atual estágio de desenvolvimento da matéria deve-se à construção científica, de origem predominantemente francesa, local em que o direito público muito desenvolveu-se; em termos constitucionais, o panfleto intitulado *Qu'est-ce que le tiers-État?*, atribuído a Emmanuel Joseph Sieyès, que chamava a atenção de um poder soberano pertencente ao povo. Antes disso, como verdadeiros antecedentes pode-se citar os **pactos** (do direito inglês: outorgava-se ao representante do burgo para gerar algumas garantias individuais), **forais** (encontrados em toda a Europa, na Idade Média, tratava-se de um plexo de poderes para o governo do burgo) e **cartas de franquia** (documentos que asseguravam independência a determinadas atividades), consubstanciavam-se em documentos adequados para proteção a determinados direitos humanos que surgiram logo no início da Idade Média. Para Troper, somente a partir das constituições escritas provenientes do século XVIII é que se pode contar como o início efetivo da ocorrência histórica de um direito constitucional, pois só a partir delas é que se estabeleceu algum equilíbrio entre as forças políticas e a criação de sistemas jurídicos próprios que resultaram em limitações impostas aos governados.[4]

A constituição atual refere-se a um instrumento normativo fundamental que, sob a perspectiva sociopolítica, conforma a vida social, estabelece os objetivos estatais de maior relevância, circunscreve a tripartição dos Poderes, as funções típicas e atípicas dos mesmos, os meios de se exercer a cidadania de forma ativa e passiva; refere-se, sem exaurir, os direitos e garantias fundamentais, mecanismos de defesa do Estado e das instituições democráticas. Para Paulo Bonavides, ao contrário do que dizem alguns juristas que a ela se opõem, é a melhor das Constituições brasileiras de todas as épocas constitucionais. Para ele, o setor que mais avança é aquele em que o Governo busca retrogradá-la.[5] Realmente, como outorga de direitos fundamentais individuais e coletivos e da proteção jurídica da sociedade, e diante de garantias que proporciona, poderia ser considerada a melhor. Contudo, existem falhas, sobretudo no mecanismo de composição

---

4 TROPER, Michel. "L'autonomie de l'histoire constitutionelle. Giornale di Storia Costituzionale". *Macerata*, v. 19, n. 1, p. 33-44, 2010.

5 BONAVIDES, Paulo. "A evolução constitucional do Brasil". In: *Estudos Avançados*. [*on-line*]. 2000, vol. 14, n. 40, p. 155-76. Disponível em: http://www.scielo.br/scielo.php?script=sci_arttext&pid=S0103-40142000000300016&lng=en&nrm=iso. Acesso em: 24.11.2020.

dos tribunais superiores, que gera verdadeiro retrocesso no processo democrático brasileiro.

O fundamento do constitucionalismo se lastreia na limitação do poder imposta pelas normas constitucionais que reconhecem o âmbito de liberdade pessoal por meio dos direitos e garantias fundamentais; na restrição gerada a partir da tripartição dos Poderes, bem como do reconhecimento dos entes federativos – no Estado federal – e de outras entidades estatais – nos estados unitários descentralizados.

A limitação do poder seria essencial, segundo Rousseau, que entendia ser a constituição um verdadeiro contrato social; por meio dela buscava-se estabelecer novos fundamentos sobre os quais a sociedade política deveria se organizar e nascer, a partir da negação das desigualdades, responsáveis pelos problemas da vida social; sua construção é fundada sobre os princípios da igualdade e da liberdade. Assim, propõe o estabelecimento desse "contrato social", representativo de "uma forma de associação" cujo intuito seria defender e proteger "a pessoa e os bens de cada associado com toda a força comum, e pela qual cada um, unindo-se a todos, só obedece, contudo, a si mesmo, permanecendo assim tão livre quanto antes".[6]

Esse contrato de Rousseau baseia-se fundamentalmente na união entre iguais e não na submissão de uma classe por outra. O poder soberano deveria exsurgir da renúncia dos interesses de cada pessoa em favor da coletividade. Dessa feita, a comunidade política se expressaria por meio de leis fundamentais que o povo, como corpo soberano que é, institui. Essa é a forma pela qual o homem perde a "liberdade natural" e alcança a "liberdade civil", limitada pela "vontade geral".

O conceito do Contrato Social rousseauniano subsidiava as lutas reivindicatórias de uma constituição. Assim consolidou-se o ideal do "contrato social". O liberalismo como doutrina, no final do século XIX, propiciou meios para combater o absolutismo da época e promoveu as conquistas liberais. O resultado da implantação da ideologia liberal resultou na **primeira geração de direitos, ou melhor, "dimensão de direitos"**. Esta geração nada mais é do que a afirmação dos direitos e garantias individuais que, por sua vez, se subdividem em direitos civis e políticos. Os civis são aqueles atrelados às liberdades de locomoção, expressão, pensamento, religião, propriedade, amplo acesso ao Judiciário, entre outras; os políticos nada mais são do que a caracterização da cidadania ativa e passiva, ou seja, a pura capacidade de votar e de ser votado, respectivamente.

6 *Do contrato social ou princípios do direito político*, p. 38.

Contudo, o avanço das propostas burguesas dos séculos XVIII e XIX e a conquista de um rol de liberdades e restrições em face do absolutismo não lograram alcançar as reais necessidades dos cidadãos não proprietários. Estes se mantinham sujeitos aos proprietários. É desse contexto que se extrai a denominada "liberdade formal", que desconsidera eventuais diferenças entre os indivíduos.

A partir dessa configuração, Marx efetiva sua crítica ao caráter formalista dos consagrados direitos humanos. Isso pelo fato de que a igualdade legal convivia com a flagrante desigualdade sofrida pela massiva população, submetida a uma extenuante jornada de trabalho e nenhum reconhecimento de direito social. Ainda que tal situação pudesse ser considerada um avanço frente à servilidade existente no período feudal, a nova realidade social gerava outro contexto tão insatisfatório quanto este: a necessidade do cidadão submeter-se a tais mazelas e deixar-se explorar para garantir a própria sobrevivência e a de sua família.

A valorização do indivíduo como centro e vetor fundamental do jogo político e econômico; o estabelecimento do poder legal, baseado no direito estatal, e o progresso econômico são consequências do projeto liberal. Contudo, esse contexto falhou quanto à possibilidade de distribuição de rendas e de acesso ao capital. É nesse contexto que ganham espaço as ideias keynesianas. Para Keynes, o Estado deveria intervir para viabilizar uma mudança nesse cenário, criando condições para a acumulação lucrativa dos capitais privados e a manutenção das condições de harmonia social, sem o que as bases da existência da organização social seriam colocadas em perigo. Surge, assim, o Estado intervencionista, complementando o liberal ou mínimo.

Para Scaff,[7] os institutos caracterizadores do Estado liberal circunscrevem-se nos seguintes: a) o princípio da legalidade; b) a separação de Poderes; c) o voto censitário; d) a liberdade contratual; e) a propriedade privada dos meios de produção e o fator "trabalho"; f) a separação entre os trabalhadores e os meios de produção.

Esses mecanismos já não se mostravam suficientes para suprir os anseios dos componentes da sociedade liberal que almejavam alcançar melhor nível de vida. Diante desse quadro de injustiça e, sobretudo, após as críticas das diversas encíclicas papais, passou-se a ter nova visão do Estado, o qual passou a ser fundamental no âmbito econômico e social. Com isso comprovou-se que a "mão invisível" defendida por Adam Smith não era suficiente para disciplinar *per si* a ordem econômica. Assim, o Estado passou a prestar serviços sociais, a discipli-

7 *Responsabilidade civil do Estado intervencionista*, p. 26-32.

nar a economia de maneira a ajustá-la ao interesse social, estimulando ou restringindo sua manifestação por medidas de incentivo ou desestímulo. Esse novo modelo passou a ser conhecido como *Welfare State* ou Estado do Bem-Estar Social.

Ainda que o Estado liberal do *Laissez faire laissez passer* tenha prestado, de alguma forma, mecanismos básicos de assistência social e tenha desenvolvido contribuições de relevo para a afirmação de uma sociedade mais justa (liberdade comercial, religiosa, de imprensa etc.), os movimentos operários observaram que a liberdade e a igualdade prometidas eram teóricas; não poderiam ser alcançadas por eles. Dessa forma, reivindicaram do Estado ações que alcançassem esses interesses até então desprezados, surgiu dessa feita o Estado do bem-estar.

O compromisso de um Estado social nada mais representa do que uma transmutação estrutural, de forma a superar a contraposição entre igualdade política e a desigualdade social. O liberalismo não criava nenhuma resposta às contradições sociais representadas por famílias vivendo à margem daquilo que era considerado satisfatório em termos de qualidade de vida. O acontecimento histórico considerado ponto de partida do Estado social foi a Revolução Russa de 1917, da mesma forma que a Revolução Francesa alavancou os processos relacionados ao Estado liberal.

Os principais eventos viabilizadores da passagem do Estado liberal à nova fase de Estado social foram: a) a Revolução, geradora de aumento da classe proletária, trazendo alterações substanciais na habitação, na previdência e mesmo nas condições de trabalho; b) o *crack* da bolsa de Nova Iorque, em 1929, momento da maior crise do liberalismo econômico, causando a grande depressão; devido às suas nefastas consequências, acarretou indispensável intervencionismo estatal na economia, sobretudo com o lançamento do *New Deal*;[8] c) a Segunda Guerra Mundial fez com que o Estado assumisse funções sociais e passasse a agir com maior eficiência nas esferas relacionadas ao bem-estar da população.

---

8 Franklin Delano Roosevelt, eleito presidente dos Estados Unidos em 1932, buscou reerguer a economia daquele país. Com base nas teorias e possíveis soluções para a crise apresentadas por John Maynard Keynes, criou-se um grupo de profissionais voltados à implantação de um programa denominado *New Deal*. Por meio desse plano econômico, o Estado teria participação direta na economia com a criação de postos de trabalho, a emissão controlada de valores monetários e investimentos em setores básicos do comércio e da indústria. A partir desses novos mecanismos, implantaram-se as bases do chamado *Welfare State*.

Dentro do contexto teórico keynesiano,[9] foram repassadas ao Estado funções com vistas a incrementar os sistemas básicos garantidores do bem-estar da população. Isso, consequentemente, onerou a previdência, a folha salarial dos servidores públicos e os cofres do ente central com aumento de repasses aos governos subnacionais sem a transferência de encargos. Novos estudos foram propostos de forma a manter as conquistas com um modelo mais adequado às exigências atuais.

1. O DIREITO CONSTITUCIONAL

O direito constitucional tornou-se ciência autônoma a partir da adoção, por parte dos Estados soberanos, de constituições escritas capazes de estabelecer seu ordenamento fundamental.

A formalização da terminologia **direito constitucional** ocorreu a partir do momento em que a Assembleia Nacional Constituinte francesa, de 1791, decidiu que as faculdades de direito deveriam ensinar a constituição aos jovens estudantes.

Ainda que louvável tal iniciativa, ela pouco durou. Esse ramo jurídico passou a ser ensinado na disciplina direito público, juntamente com o direito administrativo. Segundo Bulos,[10] a Faculdade de Direito de Paris foi a primeira a incluir essa matéria em sua grade curricular, a partir de 1834.

2. CLASSIFICAÇÃO DAS CONSTITUIÇÕES

Tema solicitado com frequência em provas e certames, a classificação das constituições teve em Loewenstein[11] um dos autores que melhor tratou desse estudo com diversos propósitos, sobretudo o comparativo, a fim de indicar como um Estado mantém-se em sua estrutura social e política. O direito comparado[12] aponta diversos critérios para referida classificação:

---

9 O modelo keynesiano protegia as pessoas comuns das rápidas flutuações do mercado que impactavam suas vidas, suavizando o ciclo comercial e permitindo que gradualmente se tornassem consumidores em massa de produtos de uma indústria de produção em massa. O desemprego era reduzido em níveis muito baixos. O *Welfare State* não unicamente disponibilizou instrumentos de gestão para os governos, mas permitiu também a prestação de serviços em áreas remotas e mais recursos disponíveis para a população (CROUCH, Colin. "What Will Follow the Demise of Privatised Keynesianism?", 2008).

10 *Curso de direito constitucional*, p. 1.

11 *Teoría de la Constitución*, p. 206-20.

12 Gutteridge dá a melhor definição do que seja direito comparado: segundo o autor, esse é um método aplicável a todas as formas de investigação jurídica; não consiste na mera descrição das diferenças existentes entre os conceitos, as normas e as instituições dos direi-

2.1. Quanto à forma: escrita e não escrita

A constatação desta peculiar classificação reside basicamente na experiência inglesa, cuja característica essencial é seu avanço em normas esparsas sem a preocupação de reunião, em um único texto, das modificações e eventuais supressões normativas.

Escritas – Uma vez consolidadas e sistematizadas em determinado texto formal, as regras fundamentadoras do Estado são reunidas em um único documento; assim sua característica essencial é viabilizar em texto único a constituição escrita. Destarte, a Carta Maior possui forma solene e reúne em um único texto as regras que dizem respeito ao modo de ser do Estado e seus respectivos desdobramentos e alterações.

Não escrita – As normas constitucionais não se encontram reunidas em um único *codex*. Sua expressão e elaboração defluem das práticas reiteradas em um mesmo sentido. Dessa forma, há a convicção geral da população de que houve assimilação, sem necessidade de se materializar dogmaticamente uma forma. Resulta, portanto, da lenta evolução histórica de determinada sociedade, brotando como algo espontâneo e natural, sem necessidade de positivação daquela regra.

2.2. Quanto à origem

Esta classificação é restrita apenas às constituições escritas, pois somente com relação a elas é que seria possível a classificação em estudo.

Promulgada (de origem popular, votada) – A participação dos representantes constituintes é fundamental nesta espécie, merecedores do voto popular democraticamente eleitos, manifestando-se coletivamente por intermédio da Assembleia Nacional Constituinte. Deveriam, necessariamente, elaborar a carta de acordo com os ideais que imbuíram o movimento gerador da Revolução (veículo do Poder Constituinte Originário).

Outorgada (imposta) – Nestas cartas,[13] a vontade unilateral de imperador, soberano ou ditador, impõe-se à população. Geralmente, referidos dirigentes

---

tos examinados; trata do aprofundamento de um instituto com um objetivo definido (*El derecho comparado*, p. 22).

13 Existem discussões quanto à propriedade ou não em denominar tais constituições como "cartas". Seguindo orientações do prof. Manoel Gonçalves Ferreira Filho, esse não seria o tratamento adequado, ou seja, não parte da doutrina tradicional do direito constitucional denominar tais constituições como "cartas". Contudo, nesta obra "carta" apresenta-se como sinônimo de constituição.

buscam a legitimação popular *a posteriori* por meio de referendo, a exemplo do que Getúlio Vargas quis para legitimar a Constituição de 1937.

Constituições brasileiras outorgadas	Constituições brasileiras promulgadas
CI de 1824	CF de 1891
CF de 1937	CF de 1934
CF de 1967	CF de 1946
EC/69	CF de 1988

A **Constituição cesarista** tem a peculiaridade da participação *a posteriori* dos cidadãos, de forma a legitimar a carta imposta pelo dirigente estatal. Contudo, ela nada mais é do que uma constituição unilateralmente elaborada e outorgada a ser ratificada ulteriormente por meio de referendo ou plebiscito. É imposta por ditador ou junta militar, por exemplo. O que importa nela é sua aprovação *a posteriori* para garantir sua alegada "legitimidade popular". Exemplo típico é a adotada pelo Chile, atualmente vigente, que está sendo objeto de mudança.

A Constituição conceituada como **pactuada** vem a ser aquela objeto de acordo entre duas posições políticas opostas. Exemplo típico é o documento extraído e denominado Magna Carta, constituído por um acordo entre monarca e os opositores de seu regime.

2.3. Quanto ao modo de elaboração

Nesta peculiar classificação existe uma correlação natural entre a constituição dogmática e a escrita, assim como há entre a histórica e a não escrita.

Dogmática – Também conhecida por ortodoxa, é aquela cuja materialização do conteúdo se faz por meio de normas escritas reunidas em um único texto escrito, de forma a sistematizar a forma de ser do Estado e suas principais regras.

Histórica – Nesta espécie constitucional observa-se o lento e gradual desenvolvimento histórico, de origem basicamente consuetudinária; leva em consideração os usos e costumes e sua peculiar absorção pelos governados.

2.4. Quanto ao conteúdo

Esta classificação também é efetivada com relação às normas constitucionais que podem ser materialmente consideradas caso tratem de matéria tipicamente constitucional, mesmo estando fora do texto (normas esparsas).

Constituição material – Esta espécie constitucional é formada unicamente de elementos que consubstanciam o próprio Estado e fornecem-lhe as suas características mais relevantes. Dizem respeito à forma, ao sistema de governo, ao tipo de estado, à forma de aquisição e exercício de poder, à organização de seus órgãos, aos direitos e garantias fundamentais. Segundo escólio de José Afonso da Silva,[14] essa espécie pode ser concebida em sentido amplo e estrito. No primeiro, identifica-se simplesmente com a organização total do Estado e com seu regime político. Na segunda, refere-se às normas constitucionais escritas ou costumeiras, inseridas ou não em um documento escrito, que regulam a estrutura estatal, a organização de seus órgãos e direitos fundamentais. Portanto, trata unicamente de matéria constitucional; as outras, mesmo que inseridas em uma constituição escrita, não poderiam ser consideradas constitucionais.

Constituição formal – Modelo adotado a partir de premissas estruturais do próprio Estado e que pode levar em consideração conjunturas de maior estabilidade das normas constitucionais, motivo pelo qual abriga normas que exigem maior proteção quanto a eventuais modificações – não chegam ao ponto de requerer proteção pelo manto pétreo (cláusulas pétreas), mas que, em decorrência de deliberações constituintes, não se logrou unanimidade para inseri-las entre o rol daquelas. Por outro lado, pode-se, unicamente, conferir a determinados assuntos maior importância, sem considerar o fato anteriormente destacado. Isso porque esse modelo pode ser implantado em qualquer constituição, seja ela rígida ou não, e consagra uma configuração de constituição escrita e solene.

De acordo com a quantidade de normas e temas tratados em uma constituição, teremos um conjunto normativo com maior ou menor amplitude. A quantidade de assuntos tratados em um texto constitucional implicará seu maior ou menor volume, o que leva à existência da próxima classificação.

2.5. Quanto à extensão

Sintéticas, lacônicas ou concisas – São aquelas que preferem consignar em seu texto normas de natureza materialmente constitucional. Conferem à legislação infraconstitucional a tarefa de regulamentar assuntos de índole não constitucional e de manter em seu texto um número restrito de artigos relacionados ao funcionamento do Estado e dos direitos civis e políticos. O exemplo típico como constituição reduzida e de interpretação mais facilitada é a norte-americana, a qual se mantém vigente há mais de duzentos anos.

14 *Curso de direito constitucional positivo*, p. 40.

Analíticas ou prolixas – Oriundas de um Poder Constituinte que prefere incorporar no texto constitucional não somente normas de caráter materialmente constitucional, mas também aquelas que contemplam assuntos cuja atenção deva ser maior por parte dos legisladores e administradores; pode-se citar, por exemplo, textos que contemplem a reforma agrária, o desenvolvimento urbano, ou ainda, como a presente Constituição brasileira de 1988, a estabilidade de empregado eleito para cargo de direção da Cipa.[15] Como já referido, nas constituições rígidas a inserção de normas diversas se justifica pela dificuldade em sua alteração.

Importante sublinhar que não é unânime a posição doutrinária quanto ao que seja ou não norma materialmente constitucional. É, entretanto, pacífico que o são: a forma e o sistema de governo, o tipo de Estado, os direitos e garantias fundamentais, a nacionalidade e a cidadania, as formas de aquisição e exercício do poder, a tripartição das funções estatais e o rol de atribuição dos órgãos estatais. Matérias consideradas o "núcleo duro" da constituição.

2.6. Quanto à estabilidade, alterabilidade ou consistência

Mais uma vez, aqui o assunto se circunscreve às constituições escritas, cuja estabilidade pode variar, de acordo com o maior ou menor grau de elasticidade que se queira dar às normas constitucionais. A mutabilidade é importante para não transformar a constituição em uma norma desconectada com a realidade e a necessidade social. Seu principal intuito é munir o Estado de uma fonte maior, capaz de ser, de fato, o paradigma das demais normas. Esse critério conecta-se aos aspectos formais para a alteração do texto.

A **imutabilidade** de uma constituição faz com que as gerações futuras tenham, na revolução, o único meio ou veículo jurídico capaz de modificá-las, conforme bem destacou Pontes de Miranda,[16] criadas para que nada nem ninguém possam alterar o texto originalmente concebido.

---

15 Art. 10 do ADCT: "Até que seja promulgada a lei complementar a que se refere o art. 7º, I, da Constituição: I – fica limitada a proteção nele referida ao aumento, para quatro vezes, da porcentagem prevista no art. 6º, *caput* e § 1º, da Lei n. 5.107, de 13 de setembro de 1966; II – fica vedada a dispensa arbitrária ou sem justa causa: *a)* do empregado eleito para cargo de direção de comissões internas de prevenção de acidentes, desde o registro de sua candidatura até um ano após o final de seu mandato; *b)* da empregada gestante, desde a confirmação da gravidez até cinco meses após o parto".

16 *Comentários à Constituição de 1967*, t. 3, p. 145.

Certamente, isso se relaciona com a questão de considerar-se a constituição como lei fundamental ou apenas como um instrumento jurídico, um instrumento governamental capaz de organizar o Estado.

Flexíveis ou plásticas – Independem de processos ou formas especiais para sua alteração. Modifica-se a norma constitucional da mesma maneira das outras normas, sem qualquer previsão especial para revogação ou mudança. Não há supremacia das normas constitucionais em face das demais; por isso não há controle de constitucionalidade. As constituições não escritas, em regra, são dessa natureza. O exemplo típico é a inglesa.

Rígidas – São as que necessitam de processo especial, solene e formal, que torna dificultosa a alteração de seus textos. Na verdade, suas normas são hierarquicamente superiores às infraconstitucionais; isso viabiliza o controle de constitucionalidade. Todas as constituições brasileiras pertencem a essa categoria, exceto a Constituição Imperial de 1824, que era semirrígida ou semiflexível. Na constituição vigente há diversas limitações caracterizadoras das constituições rígidas: **materiais** – são as cláusulas pétreas constantes no art. 60, § 4º;[17] **formais** – a proposta de emenda só poderá ser inicializada por um terço dos membros da Câmara dos Deputados ou do Senado, do presidente da República ou de mais da metade das assembleias legislativas dos estados-membros (proposta aprovada por maioria relativa[18]); devem ser aprovadas por quórum não inferior a três quintos dos membros de cada Casa em dois turnos de votação; **circunstanciais** – proibição de funcionamento do poder reformador durante a vigência de estado de sítio, de defesa ou intervenção social.

Semirrígida – Esta espécie constitucional mescla ambos os estilos constitucionais, pois parte de suas normas podem ser alteradas por procedimento especial e, quanto às demais, não há qualquer indicação de procedimento, entendendo-se estarem na categoria de normas ordinárias, reformadas por outra norma infraconstitucional. Isso pode ser observado no art. 178 da Constituição Imperial de 1824, o qual estabelecia procedimento formal a um grupo e silenciava-se quanto às demais normas.

2.7. Quanto a sua essência

Karl Loewenstein trouxe uma classificação útil para identificar o real sentido da constituição.

---

17 Forma federativa de Estado; voto direto, secreto, universal e periódico; os direitos e garantias individuais; e a separação dos Poderes.

18 Trata-se de sinônimo de maioria simples. Superioridade numérica simples de votos oposta à absoluta.

Normativas – São as perfeitamente adaptadas ao fato social. São, ao mesmo tempo, juridicamente válidas e de acordo com o processo político gerador da constituição. Segundo seu escólio, seria uma roupa que se assenta perfeitamente ao corpo.

Semânticas – São aquelas criadas de acordo com o poder político dominante, ou seja, contribui unicamente para quem possui o poder de fato. Caso inexistisse a constituição, em nada os governados submetidos a um poder coativo do grupo seriam afetados. Aqui haveria uma roupa que não veste bem e não exibe seus piores defeitos.

Nominais – Pode-se dizer que esta forma situa-se entre as duas anteriores, pois nesta há um programa a ser executado no futuro, porém o processo político não se encontra adaptado às suas normas, não obstante tenham caráter educativo. Trata-se de uma roupa a ser utilizada somente quando o corpo atingir o tamanho daquele modelo.[19]

Cabe ainda aqui uma nova classificação trazida por Gustavo Zagrebelsky, em sua obra *Il diritto mite – Legge, diritto, giustizia*. Nessa obra o autor afirma que o Direito não é expressão somente de uma parcela da sociedade ou ainda menos de fórmula universal e imutável que alguém possa impor a outros. O autor destaca ainda que "[...] o direito deve se voltar à realidade [...] deve operar em cada caso concreto conforme o valor que os princípios assinalam à realidade, não se pode controlar a validade de uma norma tomando em consideração exclusivamente o que ela diz".[20]

Em comentários ao seu livro no *Boletim Mexicano de Direito Comparado*, o autor traz a ideia de que as normas jurídicas não podem mais ser mera expressão de interesses particulares; tampouco mera enumeração de princípios universais e imutáveis que alguém pode impor e que outros devem respeitar. Em seu livro, o autor refere-se ao contínuo enfraquecimento da soberania estatal. Para ele, a constituição **não** deve ser executada; deve ser **realizada**. Por esse motivo, na língua nativa do livro há referência ao *diritto mite*, ou **direito dócil**, de forma que todos os seus elementos possam viver em harmonia.[21]

Aqui se tem a constituição **dúctil** como sendo aquela que incorpora um conjunto de elementos construtivos capazes de moldar uma política constitucional instrumentalizada de acordo com a realização de princípios e valores da

19 LOEWESTEIN, Karl. *Teoría de la constitución*, p. 216 e segs.

20 *El derecho dúctil*. 2.ed. Madri, Trotta, 1997.

21 El derecho dúctil. Ley, derechos, justicia". In: *Boletín Mexicano de Derecho Comparado*. Disponível em: https://revistas.juridicas.unam.mx/index.php/derecho-comparado/article/view/4104/5296; acesso em: 15.11.2021.

vida comunitária da sociedade a quem se aplica, cujo Estado se importa com seu posicionamento diante da realidade.

QUESTÕES

1. (TJRS/2013) Quanto ao poder constituinte, é correto afirmar:

A) Ele é sempre originário e nunca derivado.

B) Ele se materializa unicamente na Assembleia Nacional Constituinte.

C) Ele emana do povo e é exercido primordialmente por meio dos seus representantes democraticamente eleitos.

D) Dissolvida a Assembleia Nacional Constituinte, extingue-se o Poder Constituinte.

2. (FGV – TJCE/2019) Após um golpe de Estado, o líder do movimento armado vitorioso solicitou que uma comissão de apoiadores, sob sua orientação, elaborasse um projeto de Constituição, o qual foi submetido a plebiscito popular, sendo, ao final, aprovado e publicado com força normativa. Essa Constituição dispôs que parte de suas normas exigiria a observância de um processo legislativo mais rigoroso para sua alteração, com quórum qualificado para a iniciativa e a aprovação, enquanto a outra parte poderia ser alterada conforme o processo legislativo da lei ordinária. Essa Constituição deve ser classificada como:

A) outorgada e rígida;

B) popular e dogmática;

C) bonapartista e flexível;

D) cesarista e semirrígida;

E) promulgada e analítica.

3. (TJRS/2013) A Constituição da República Federativa do Brasil pode ser classificada como:

A) analítica.

B) sintética.

C) flexível.

D) outorgada.

4. (TJMT/2014) Assinale a alternativa correta.

A) Nação é um conceito ligado a um agrupamento humano cujos membros, fixados num território, são ligados por laços culturais, históricos, econômicos e linguísticos.

B) Cidadão é a pessoa que se vincula a outra por meio de determinada nacionalidade.

C) Adquire-se nacionalidade primária por meio de vontade própria.

D) A população está unida ao Estado pelo vínculo jurídico da nacionalidade.

E) O povo é o conjunto de pessoas que se une mediante laços culturais.

5. "Quando o termo 'povo' aparece em textos de normas, sobretudo em documentos constitucionais, deve ser compreendido como parte integrante plenamente vigente da formulação da prescrição jurídica (do tipo legal); deve ser levado a sério como conceito jurídico a ser interpretado *lege artis*." Friedrich Müller. *Quem é o povo?* A questão fundamental da democracia. São Paulo, Revista dos Tribunais, 2009, p. 67 (com adaptações).

Tendo o texto anterior como referência inicial, assinale a opção correta, relativamente ao poder constituinte originário, ao poder constituinte derivado e ao poder derivado estadual.

A) O poder constituinte originário é uma categoria pré-constitucional que fundamenta a validade da nova ordem constitucional.

B) Para resguardar os interesses do povo, cabe à jurisdição constitucional fiscalizar a ação do poder constituinte originário com base no direito suprapositivo.

C) Como titular passivo do poder constituinte originário, o povo delega o seu exercício a representantes e, em seguida, exerce a soberania apenas de forma indireta.

D) Os direitos adquiridos são oponíveis ao poder constituinte originário para evitar óbice ao retrocesso social.

E) A limitação material negativa ao poder constituinte dos estados federados se manifesta no dever de concretizar, no nível estadual, os preceitos da CF.

6.(CONC. 184 – MAG/SP) O exercício do Poder Constituinte Derivado, nos termos expressos da Constituição Federal de 1988,

A) pode revelar-se por meio de projeto de iniciativa popular, nos termos expressamente previstos na Constituição Federal, exercido pela apresentação de projeto à Câmara dos Deputados, subscrito por, no mínimo, um por cento do eleitorado nacional, distribuído pelo menos por cinco Estados, com não menos de três décimos por cento dos eleitores de cada um deles.

B) permite a reforma da Constituição, desde que a Proposta de Emenda à Constituição seja votada e aprovada, em dois turnos, se obtiver, em cada casa do Congresso, dois terços dos votos dos respectivos membros.

C) pode revelar-se nas Emendas à Constituição, iniciadas por proposta de mais da metade das Assembleias Legislativas das unidades da Federação, manifestando-se, cada uma delas, pela maioria relativa de seus membros.

D) permite a reforma da Constituição, desde que a Proposta de Emenda à Constituição seja votada e aprovada em sessão unicameral, em dois turnos, por dois terços de Deputados e Senadores.

7. A concepção que compreende o texto da Constituição como não acabado nem findo, mas como um conjunto de materiais de construção a partir dos quais a política constitucional viabiliza a realização de princípios e valores da vida comunitária de uma sociedade plural, caracteriza o conceito de Constituição

A) em branco.
B) semântica.
C) simbólica.
D) dúctil.
E) dirigente.

RESPOSTAS

1. C
2. D
3. A
4. A
5. A
6. C
7. D

4

Poder Constituinte

Diante da constatação de que a constituição é, em seu viés jurídico, a norma jurídica fundamental, possuidora dos elementos capazes de compor e estruturar o Estado, neste capítulo será observado como ela é produzida e como se manifesta o poder soberano estatal.

1. ORIGEM

A Revolução Francesa de 1789 poderia ser considerada como um fenômeno de importância simplesmente histórica, que trouxe aspirações burguesas como um fenômeno meramente político. Porém, o pensamento de Sieyès foi mais além, conforme bem articulado por Zapperi. Este autor, ao prefaciar a versão espanhola da obra de Sieyès, infere que o abade[1] buscou trazer para a realidade francesa o pensamento liberal econômico de Adam Smith, de modo a compatibilizar uma estrutura mais moderna para a sociedade francesa no final do século XVIII.[2]

Observa-se que, na elaboração da teoria do Poder Constituinte, a França encontrava-se em profunda crise social e econômica. A partir da decisão de Luís XVI

1 Ingressou na carreira eclesiástica como meio de melhor posicionar-se socialmente. Sieyès é oriundo de família numerosa possuidora de restritos recursos orçamentários. Esse abade participou da Assembleia Provincial de Orleans como vigário-geral. Veio a optar pelo golpe de Estado de Napoleão Bonaparte, em 1799. Votou-se, na oportunidade, a substituição do Diretório, que faria as vezes de Poder Executivo (composto por cinco pessoas), por três cônsules com o mister de redigir uma nova constituição. Sieyès era um dos cônsules.

2 ZAPPERI, Robert. "Introdução". In SIEYÈS, Emmanuel Joseph. *Qu'est-ce que le tiers-État?*, p. 19.

de convocar os estados gerais (primeiro, segundo e terceiro estados), no início de maio de 1789, a fim de tratar da revisão do método de tributação, é que se desencadearam os fatos resultantes na Revolução. A obra que deu origem ao tema aqui tratado, *O que é o terceiro Estado? (Qu'est-ce que le tiers-État?)*, como bem sublinhou Wander Bastos, não a antecede nem lhe sucede. Sua dinâmica é a própria dinâmica da Revolução, conforme remarcou em seus comentários à tradução do livro de Sieyès.[3]

Este Poder é o poder de fato fundamentador da ordem máxima estatal. É a manifestação dos **deputados constituintes** votados diretamente pelo povo, o verdadeiro titular do poder que, **em assembleia ou congresso constituinte**, votam as normas formadoras da carta constitucional. Não se trata de um poder convocado pela ordem anterior. Ele se manifesta independentemente de qualquer convocação ou previsão; portanto, reúne-se espontaneamente, como pura manifestação dos anseios populares.

Esse poder é a manifestação soberana expressa por meio dos representantes constituintes. Certamente não há limitações de qualquer espécie, pois a nova ordem jurídica se sobrepõe integralmente sobre a anterior. Contudo, as conquistas e valores populares são comumente inseridos no novo texto, bem como as exigências do bem comum e os ideais que nortearam a revolução que precedeu a Revolução.

Como ficam os tratados e compromissos internacionais assumidos pelo Estado anterior? Devem ou não ser respeitados? Certamente sim. Deve haver interesse dos revolucionários em que a nova ordem seja reconhecida pela ordem internacional e pelos Estados estrangeiros. Tratados de direitos humanos, sociais e outros devem ser reconhecidos pela nova ordem, sob pena de o Estado ser alijado da comunidade internacional, o que certamente não será o objetivo de nenhum grupo que queira ter permanência no poder.

2. NATUREZA

Ivo Dantas melhor reflete o que seja a natureza desse poder quando afirma interessar à sociologia, especificamente a do Direito e a Política, em razão de ser esse um poder de fato e não de direito. Nessa espécie estariam enquadrados os poderes constituídos, incluindo o poder reformador, erroneamente denominado Poder Constituinte Derivado.[4]

3 *A constituinte burguesa*, p. 27.

4 *Poder Constituinte e revolução*, p. 33.

Esse poder situa-se na mais alta hierarquia, no que tange às constituições escritas, logo é a forma mais relevante de expressão da soberania. Nos termos da teoria kelseniana, a constituição seria proveniente de uma norma jurídica fundamental. Observando que não há norma anterior prevendo o exercício do Poder Constituinte, ela não é gerada por um poder de direito, logo o Poder Constituinte se trata de uma força social suficiente para implementar as normas constitucionais.

Existe ainda uma corrente jusnaturalista sustentando a juridicidade de um direito anterior ao Estado. Porém, mesmo na França de 1789, a ideia de que existia algo divino e anterior ao homem já teria sido superada, assim como a teoria da origem divina do poder. Isso reafirmou que o titular do Poder Constituinte seria o povo nacional. Fica claro, outrossim, a dificuldade em se estabelecer uma vontade popular uniforme ou que logre unir os mais prementes anseios daquela nação. Isso evidencia que certamente há um grupo que consegue tornar seus interesses relevantes e identificados como vontade popular.

Ferreira Filho[5] esclarece que decorre da própria liberdade do homem estabelecer as instituições que o governarão. Desta forma, o poder que organiza o Estado seria um poder de direito.

Encontra-se, portanto, dupla vertente: para os jusnaturalistas é poder de Direito; para os positivistas é um poder de fato.

3. TITULARIDADE E VEÍCULO DE MANIFESTAÇÃO

Não há unanimidade quanto à titularidade do Poder Constituinte originário. Houve um tempo em que se reputou tal titularidade a Deus e o homem deveria submeter-se a ele integralmente. Isso pode ser observado em Estados governados por religiões centenárias.

Em um segundo momento, reputou-se a titularidade do poder ao monarca. Esta seria o verdadeiro intermediário entre a divindade e os seus súditos. Isso ocorreu na França Revolucionária.

Para Müller, "o sistema feudal invocou fontes de legitimação supramundanas. Ante Deus, as contradições reais diariamente experimentadas (mesmo a entre ricos e pobres, poderosos e impotentes) podiam afigurar-se fundamentalmente nulas; e nulas elas forma também declaradas expressamente pela doutrina cristã".[6]

---

5 *Curso de direito constitucional*, p. 23.

6 *Fragmento (sobre) o Poder Constituinte do povo*, p. 22.

Foi Sieyès quem afirmou ser a Nação o titular do poder constituinte. Esta, segundo o autor, seria a única fonte legítima e capaz de propor uma nova constituição.

Prevalece, portanto, que o **Titular do Poder Constituinte é o Povo**. Essa é uma representação harmonizadora e unitária, pela qual um dos elementos constitutivos do Estado seja participante e atuante nesse processo de grande importância para um Estado. Conforme será observado no capítulo seguinte, não é ele quem efetiva o exercício do Poder Constituinte.

4. EXERCÍCIO DO PODER CONSTITUINTE: FORMAS DE EXPRESSÃO

O agente do Poder Constituinte originário é o deputado constituinte, a quem se confiou a intermediação entre o titular e o exercício do direito. O exercício do poder pelo povo tornou-se inviabilizado por diversos motivos e raramente externalizou-se democraticamente.

Sieyès identifica em sua obra que esse povo, ou nação, por meio dos membros de uma Assembleia Nacional Constituinte, como fez referência, deve contribuir com suas vontades individuais para formar uma **vontade comum**. Esse interesse deveria manter-se isolado dos interesses particulares, assim como o voto da maioria teria de estar sempre de acordo com o bem geral.

É consente afirmar que o poder pertence ao **povo**. Contudo, nem sempre é realizado dentro de moldes democráticos de maneira a tornar o exercício do Poder Constituinte como a expressão da **vontade geral**, como afirmou Sieyès. O exercício pode ocorrer por meio da outorga ou fruto da Assembleia Nacional Constituinte ou Congresso Constituinte, formados por deputados constituintes com essa única finalidade.

Outorga é o ato emanado pelo detentor do poder, formado por um grupo, soberano ou ditador, que indica os limites do seu poder, as atribuições estatais e tece regras de conteúdo material nas normas constitucionais.

Assembleia Nacional Constituinte ou Congresso Constituinte é o grupamento de deputados reunidos dessa forma, eleitos livremente pelo povo, com o intuito de colaborar na formação do texto maior que regerá.

Segundo acepção de José Afonso da Silva,[7] há quatro formas básicas de manifestação desse Poder Constituinte.

Exercício direto – Nesta forma não existe Assembleia Constituinte. Determinado grupo elabora um texto e o submete, diretamente, à aprovação popu-

7 *Poder Constituinte e poder popular*, p. 70-2.

lar. Isso pode ser efetivado por meio de referendo ou **aclamação**. Como resultado desse trâmite, promulga-se a constituição sem Assembleia.

Exercício indireto (poder constituinte) – Aqui os deputados constituintes são eleitos diretamente pelo povo e elaboram um texto que deve contar com aprovação formal da Assembleia ou Congresso Constituinte.

Forma mista – O grupo de parlamentares eleitos elaboram um texto que é ulteriormente levado para aprovação popular, pelos meios já indicados.

Exercício pactuado – Poder constituinte exercido de maneira consensual. Grupos antagônicos chegam a um texto como resultado de equilíbrio de forças de diferentes direções.

5. PODER CONSTITUINTE ORIGINÁRIO

Aqui adota-se a corrente de Kelsen quanto à designação de dois tipos de Poder Constituinte: o **originário** e o **derivado**. Apesar de não haver unidade entre os doutrinadores, essa designação é quase que integralmente aceita pela doutrina nacional.

O poder constituinte é, em si mesmo, originário. Na verdade, por tratar-se de algo novo, afirma-se que referido poder "inaugura nova ordem jurídica". Isso quer dizer que quebra os fundamentos e normas do regime anterior trazendo normas novas, compatíveis com os ideais revolucionários de seus respectivos líderes.

Pode ser instaurado por diversos fatores: a) determinado grupo incita outro a manifestar-se de forma a modificar a ordem jurídica existente; b) determinado governante impõe nova carta com normas mais adequadas ao seu modo de dirigir o Estado; c) algum grupo que toma o poder expurgando os dirigentes anteriores. Para que o poder constituinte de fato seja estabelecido basta que haja rompimento da ordem jurídica anterior e o estabelecimento de uma nova.

Diante desses elementos é que se pode dizer que o poder constituinte pode ser **usurpado,** quando algum ditador toma o poder popular e impõe ao povo nova constituição. De outro lado, tem-se o **legítimo**, quando, de fato, há participação popular, seja pela manifestação popular direta, seja pelos já referidos deputados constituintes.[8]

É por esse motivo que há uma repartição doutrinária baseada na possibilidade de que, não obstante haja reconhecimento de que o Poder Constituinte pertença ao povo, divisa-se duas formas para o seu exercício: outorga e assembleia nacional ou congresso constituinte.

8 *Curso de direito constitucional*, p. 101.

A outorga – É ato unilateral de quem detém o poder a fim de estabelecer a constituição, sem a participação do povo. Há a imposição de limites por parte do próprio dirigente estatal e, ao mesmo tempo, regras constitucionais destinadas à observância dos governados.

A assembleia nacional ou congresso constituinte – Forma mais adequada de exercício do Poder Constituinte. Aqui, seus legitimados (o povo), de forma democrática, outorgam a seus representantes especialmente eleitos poderes específicos para a elaboração da constituição.

5.1. Características

Como visto, o Poder Constituinte não se funda em outro poder. Possui natureza extrajurídica, de fato, sem condicionantes ou previsões acerca de sua manifestação. Por esse motivo, possui características diferenciadas, capazes de lhe imprimirem matiz próprio. São elas:

Inicial – Não há outro poder ou previsão que se funde. Inaugura nova ordem jurídica. É inédito, e, portanto, suas regras não guardam conexão ou consonância com o ordenamento anterior. Ele é fruto de uma revolução (seu veículo de manifestação). Tem-se aqui uma afirmação de Sieyès que bem ilustra o sentido dessa característica. Para ele, os deputados constituintes se encarregam da **plenitude** da vontade nacional. Portanto, referidos parlamentares, em assembleia constituinte, estão no lugar da nação. São como ela, independentes. Para eles basta querer como querem os indivíduos no estado de natureza.

Autônomo – O Poder constituinte, por meio de seus representantes, substitui a nação **independentemente de toda espécie de formas constitucionais.** Esse é motivo pelo qual Sieyès sublinha que a legislatura extraordinária (a constituinte) em nada se parece com a ordinária. É um poder especial cujos deputados são eleitos para um único assunto, por determinado tempo. Isso contribui para ilustrar que não há qualquer previsão do ordenamento anterior ou mesmo limitação que possa restringir sua ampla manifestação.

Ilimitado – Abre-se aqui um parêntese para indicar que a ilimitação é jurídica, ou seja, nenhum regramento anterior lhe estabelece bases ou regras. Pode expressar-se da maneira que bem entender, sem qualquer restrição.

No que tange a esta característica, Ferreira Filho[9] afirma que não há uniformidade quanto a essa designação. Isso depende da corrente doutrinária que lhe analisa. Segundo os positivistas, cuja convicção está unicamente no direito

9 *Curso de direito constitucional*, p. 27.

posto, esse matiz confere ao poder o grau de soberano, pelo fato de não submeter-se a qualquer regra material ou formal.

Para os jusnaturalistas, ainda segundo o autor, essa característica se refletiria na adjetivação "autônomo" para esse Poder, pelo simples fato de não se curvar a nenhuma regra jurídica; contudo, deve se sujeitar ao direito natural, preexistente ao homem.

Outra posição importante destacada por Mendes[10] citando Bockenforde, quanto a uma eventual limitação intrínseca do Poder Constituinte originário, seria o fato de não haver espaço para decisões caprichosas ou totalitárias, já que ele existe para ordenar juridicamente o poder do Estado; ademais, um poder absoluto que queira continuar ser absoluto não caberia em uma constituição que representa justamente um meio de delimitação frente ao exercício arbitrário do poder.

Incondicionado – Essa característica fica por conta da inexistência de regras ou condicionamentos procedimentais capazes de influenciar o novo texto. A constituição revogada não possui qualquer ascendência sobre a manifestação da nova. Isso quer dizer que os procedimentos lá previstos relacionados à alteração ou mesmo à existência de outro ato capaz de convocar uma nova Constituinte seriam desnecessários para sua manifestação, que é totalmente livre e parte da própria revolução.

5.2. Efeitos relacionados ao seu exercício

As consequências geradas pelo exercício desse poder são de altíssima relevância no plano jurídico. As novas regras inseridas pelo texto constitucional devem passar por uma análise a fim de se observar a sua aplicabilidade e verificar quais necessitam ou não de regulamentação. Deve-se, entretanto, efetivar uma análise prévia quanto à legislação existente e a compatibilidade dela em face da nova constituição. A seguir, os fenômenos resultantes da promulgação de nova constituição e sua relação com o ordenamento jurídico preexistente.

5.2.1. Recepção

O precursor da teoria do escalonamento da ordem foi Hans Kelsen,[11] tendo afirmado que o escalonamento normativo revela "a particularidade que possui o Direito de regular a sua própria criação".[12]

10 MENDES, G. F.; COELHO, I. M.; BRANCO, P. G. *Curso de direito constitucional*, p. 199.

11 *Teoria pura do Direito*, p. 247.

12 Ainda, segundo Kelsen: "A ordem jurídica não é um sistema de normas jurídicas ordenadas no mesmo plano, situadas umas ao lado das outras, mas é uma construção escalonada de diferentes camadas ou níveis de normas jurídicas".

Esse escalonamento hierárquico compreenderá a distribuição das normas pertencentes a um mesmo ordenamento jurídico em diferentes níveis; isso pressupõe que as inferiores devem retirar seu fundamento de validade diretamente das normas superiores; consequentemente haverá compatibilidade formal e material com a constituição.

Uma das características essenciais do Poder Constituinte Originário é sua inicialidade, pela qual as normas por ele estabelecidas inauguram nova ordem jurídica. Porém, o que ocorre quando outra ordem já existia e não se configurava absolutamente oposta àquela proposta pelos constituintes? É possível o aproveitamento das mesmas?

A questão se coloca oportuna pelo fato de o novo ordenamento demandar uma infinidade de novas normas. Isso acarreta a necessidade de criação delas com o intuito de regulamentar os novos dispositivos. Por esse motivo, a recepção, como instituto que é, resulta adequada no sentido de que o indivíduo não fica à mercê da discricionariedade legislativa para a criação de norma. Ela já existe e contém elementos adequados para o pleno exercício do direito ratificado pela constituição de outro instituto regulamentado pela anterior.

Essa dimensão foi devidamente explorada por Jorge Miranda,[13] cujas exatas palavras foram: "constitucionalidade e inconstitucionalidade designam conceitos de relação: a relação que se estabelece entre uma coisa – a constituição – e outra coisa – uma norma ou um acto – que lhe está ou não conforme, que com ela é ou não compatível, que cabe ou não cabe no seu sentido."

Destarte, isso significa dizer que as normas anteriores, compatíveis com a nova constituição, permanecem vigentes e com conteúdo idêntico; porém, com fundamento novo. A simples aderência ao novo sistema lhes garantem efetividade.

A jurisprudência do STF é no sentido de que a antinomia entre norma ordinária anterior e a constituição superveniente se resolve em mera revogação da primeira, cuja declaração não se presta à ação direta. O mesmo ocorre com as provenientes de emenda à constituição. A lei ordinária ou complementar anterior se torna incompatível com o texto constitucional modificado.[14]

Importante observar que a determinação de exigências no âmbito formal de uma norma compatível não necessita estar em consonância com a nova ordem. Isto é, se uma norma é materialmente válida, seu veículo de exteriorização é irrelevante, mesmo se incompatível com a nova constituição. Por exemplo, o Código Tributário Nacional, apesar de ser uma lei ordinária, foi recepcionado

---

13 *Ciência política*, p. 11.
14 ADI n. 3.569/PE, rel. Min. Sepúlveda Pertence, *DJ* 11.05.2007, p. 47.

como se fosse complementar, em decorrência da nova exigência constitucional (CF/67).

Contudo, essa posição não é aceita pelo Excelso Pretório. Aqui, as reiteradas decisões do Supremo Tribunal Federal ratificam a inviabilidade de se declarar a inconstitucionalidade superveniente e do controle concentrado sobre o conflito entre leis anteriores e a constituição em vigor.

5.2.2. Desconstitucionalização

O que ocorre com as normas contidas na constituição anterior não incompatíveis com a constituição nova? Estariam elas de alguma forma revogadas ou mesmo recepcionadas pelo novo texto constitucional?

Na hipótese vertente, poderia se apontar o fenômeno da desconstitucionalização, a qual resulta no rebaixamento de normas constitucionais para a categoria de normas infraconstitucionais. Na verdade, ela deixa de ser formalmente constitucional para ser materialmente constitucional.

Esse fenômeno não está previsto em nosso ordenamento. Não se mesclam normas de Poderes Constituintes diversos. É possível, como visto, o aproveitamento, pela recepção, de normas materialmente compatíveis com a constituição. Contudo, as normas formais, presentes no texto anterior, são consideradas revogadas pela simples existência da nova constituição.

Já houve, inclusive, a previsão no texto, expresso na Constituição de 1937, indicando que "continuam em vigor, enquanto não revogadas, as leis que, explícita ou implicitamente, não contrariem as disposições desta Constituição" (art. 183 da CF/37). Porém, nada que possibilitasse o aproveitamento de normas anteriores. Se nada existe expresso nesse sentido, consideram-se revogadas **todas** as normas da carta anterior.

De forma a reiterar o que anteriormente se afirmou, faz-se referência ao previsto no art. 34 do ADCT vigente, o qual prorrogou a vigência, por cinco meses, das normas relacionadas ao sistema tributário nacional da Constituição de 1967 com a redação dada pela Emenda Constitucional n. 1 de 1969 e posteriores. Contudo, isso não significou a adesão ao instituto em comento. Tratou-se de exceção já consumada. Certamente, se houvesse previsão nesse sentido no texto constitucional, não haveria nenhum obstáculo, eis que se trata da manifestação do poder constituinte.

Pode-se exemplificar a desconstitucionalização de outras formas como, por exemplo, uma norma da presente constituição que é excluída por emenda à constituição e passa a fazer parte de uma lei ordinária vigente.

6. PODER CONSTITUINTE DERIVADO

Imprópria é a designação desse poder com adjetivação "constituinte". Somente um Poder pode possuir tal característica, por ser soberano e ilimitado. Os demais poderes, apesar da designação usual, são constituídos, tendo em vista as limitações que acompanham sua manifestação e caracterizam-lhe a essência. Ao contrário do poder constituinte, que se discute sua natureza como poder de fato, não pairam dúvidas que esse é um poder de direito. É a própria Carta Maior que designa as condições e formas de seu exercício.

Existem discussões acerca de sua natureza e possibilidade de ser ou não considerado constituinte. Porém, correta é a posição de Carlos Ayres Britto[15] ao afirmar que não existe Poder Constituinte Derivado, pela simples constatação de que se é poder derivado não é constituinte. Se o poder é exercitado por órgãos do Estado, de maneira a **retocar** o Estado e sem esse poder de plasmar *ex novo* e *ab novo* o Estado, então de poder constituinte já não se trata. O verdadeiro e único Poder Constituinte é um poder de construção e ao mesmo tempo de demolição normativa. Este comporta divisões e subdivisões próprias a partir de elementos que os compõem:

Poder Constituinte decorrente – Referente aos estados-membros. Está previsto no art. 25 da CF, o qual consigna que "Os Estados organizam-se e regem-se pelas Constituições e leis que adotarem, observados os princípios desta Constituição". O art. 11 do ADCT estabelece o prazo de um ano, sem previsão de sanção para quem o descumpra, para que este poder seja exercido.

Poder Constituinte reformador ou de reforma – O primeiro está estabelecido no art. 60 da CF e prevê as limitações e condições em que o texto pode ser alterado. O segundo, previsto no art. 3º do ADCT, refere-se à possibilidade de readequar a CF após cinco anos de sua vigência. Quanto a esta última, promulgou-se seis emendas de revisão.[16]

6.1. Características

Secundário – De modo a dar sequência ao aperfeiçoamento do Estado federal, o Poder Reformador tem como característica própria ser realizado após

15 *Teoria da Constituição*, p. 96.

16 ECR n. 1, de 01.03.1994, acresceu mais três artigos ao ADCT (ns. 71, 72 e 73); ECR n. 2, de 07.06.1994, ofereceu nova redação ao art. 50, *caput* e § 2º, da CF; ECR n. 3, de 07.06.1994, alterou diversos dispositivos do art. 12 da CF; ECR n. 4, de 07.06.1994, dispôs acerca da nova redação do art. 14, § 9º, da CF; ECR n. 5, de 07.06.1994, apenas substituiu o prazo de cinco anos pelo de quatro no art. 82 da CF; ECR n. 6, de 07.06.1994, criou o § 4º do art. 55 da CF.

a manifestação do Poder Constituinte Originário. Ademais, a efetivação desse poder só é possível graças à sua previsão constitucional, sem a qual não teria cabimento. Por esse motivo recebe outras designações que lhe imprimem seu caráter posterior como instituído ou de segundo grau.

Subordinado – A competência é exercida dentro dos estritos limites do Poder Constituinte Originário; é hierarquicamente inferior ao mesmo. Seu exercício está previsto[17] na Constituição e deve se restringir ao que ali está consignado, sob pena de inconstitucionalidade. O Congresso, ao ser cometido como Poder Reformador, deve submeter-se, integralmente, às normas constitucionais.

Condicionado – A manifestação do poder e todas as peculiaridades a serem observadas constam em normas expressas, de forma a alertar o poder reformador acerca de eventuais limitações possíveis de existir em seu exercício. As constituições modernas contam com mecanismos próprios destinados ao seu ajuste do texto nas hipóteses em que os interesses maiores se manifestarem nesse sentido. Portanto, o texto deve exibir quais matérias não devem ser objeto de alteração e quais as condições a serem obedecidas no exercício do poder reformador. A seguir, serão relacionadas as principais limitações.

6.2. Poder Constituinte reformador ou de revisão

Em princípio cabe afirmar que o Poder de Reforma Constitucional (Poder Constituinte derivado) pode manifestar-se por duas formas básicas previstas na Constituição. O poder de emenda, de um lado; e o de revisão, do outro. Antes de se ingressar nessa análise, importa observar que o Poder Constituinte Originário manifesta-se por meio de Assembleia ou Congresso Constituinte. Essa, nas palavras de Sieyès, seria a única missão desse órgão colegiado. Uma vez elaborada a constituição, a Assembleia deveria dissolver-se, pois está terminada sua única e exclusiva missão. A questão de aproveitamento dela para outras finalidades, a exemplo do que ocorreu com a Constituinte de 1988, dá-se mais por motivos de ordem econômica e prática.

O poder de **reforma** ou **emenda** já é um poder ordinário do órgão legislativo, que, nas constituições rígidas, deve deliberar com quórum especial. Pode manifestar-se a qualquer tempo e sofre, certamente, limitações que serão observadas ulteriormente tendo em vista a classificação das mesmas em sede constitucional. A reforma se dá com o intuito de adequar a constituição às modificações necessárias à sua exequibilidade e adaptação social.

17 STF, ADI n. 486, rel. Min. Celso de Mello, j. 03.04.1997, *DJ* 10.11.2006; STF, MS n. 23.087-MC/SP.

A **revisão**, além dos limites que serão posteriormente observados, ainda deve possuir um quarto limite que nada mais é do que a limitação concernente ao **tempo**, designada Limitação Temporal. Isso porque há uma periodicidade prescrita ou ainda uma previsão única de manifestação, sendo-lhe vedado manifestar-se mais que uma vez. Na Constituição portuguesa, há previsão de manifestação desse poder a cada cinco anos. Na brasileira, a autorização foi única e expressa de que se efetivasse de uma única vez. Estabeleceu o art. 3º do Ato das Disposições Transitórias[18] a possibilidade de exercício da revisão após cinco anos da promulgação da constituição. O intuito desse ato é a revisão sistêmica com o intuito de adaptar o texto, por exemplo, à mudança por voto plebiscitário que poderia resultar, nos termos do art. 2º do ADCT, na modificação da forma e sistema de governo. Na época, não obstante a permanência da mesma forma e sistema governamental, as revisões foram promulgadas.

6.3. Limitações ao Poder Reformador

As duas espécies previstas na Constituição Federal destinadas à reforma constitucional estão consignadas nos arts. 60 (emenda) e 3º (revisão) do ADCT, que estabelecem limitações de caráter expresso.

Complementando, Araújo e Nunes afirmam ainda existir implícitas duas espécies de limitação. As primeiras estariam inseridas de forma expressa no texto constitucional e as outras não. Os implícitos são aqueles que "por decorrência do sistema, algumas mudanças constitucionais não podem ser toleradas, apesar de não estarem previstas de forma clara".[19]

O STF já se pronunciou acerca das limitações implícitas e explícitas[20] do poder reformador, manifestando-se sobre a antecipação do plebiscito previsto no art. 2º do ADCT.

6.3.1. Limites formais ou procedimentais

Referem-se às características relacionadas à forma constitucional, ou seja, aos meios aos quais os parlamentares devem recorrer para a aprovação de emendas à constituição. A característica rígida imputada à Constituição brasileira faz

---

18 "Art. 3º A revisão constitucional será realizada após cinco anos, contados da promulgação da Constituição, pelo voto da maioria absoluta dos membros do Congresso Nacional, em sessão unicameral."

19 *Curso de direito constitucional*, p. 11.

20 STF, ADI n. 829/DF, rel. Min. Moreira Alves, j. 14.04.1993.

com que ela possua mecanismos diferenciados das normas infraconstitucionais para aprovação de eventuais alterações ou supressões.

Do art. 60 é possível extrair algumas limitações dessa natureza:

Quórum – Só poderá ser emendada mediante proposta de, no mínimo, um terço dos deputados ou senadores (I).

Competência para propor – Presidente da República (II); mais da metade das assembleias legislativas dos estados-membros, pela maioria relativa (simples) de seus membros (III). Aqui não cabe iniciativa popular, eis que o § 2º do art. 61 referiu-se unicamente a projeto de lei.

Votação – A proposta de emenda à Constituição deve ser discutida e votada em dois turnos, considerando-se aprovadas as que obtiverem três quintos dos votos dos deputados e senadores (§ 2º).

Promulgação – É a Mesa da Câmara dos Deputados e do Senado Federal, observado o respectivo número de ordem, que promulgará as emendas à Constituição (§ 3º). O presidente da República não se manifesta nesse momento do procedimento legislativo, apenas recebe a emenda para ser publicada. Via de regra, entra em vigor na data da publicação.

Proposta rejeitada ou prejudicada – Uma vez rejeitada ou prejudicada a proposta não poderá ser discutida na mesma sessão legislativa. Assim, deve aguardar para ser proposta no ano seguinte (§ 5º). Importante observar que essa vedação não se aplica a eventuais substitutivos à emenda constitucional, conforme se manifestou o STF.[21]

6.3.2. Limites circunstanciais

Referem-se a determinadas situações em que se presumem estarem os parlamentares envolvidos no processo de aprovação de emendas sob coação ou violenta emoção. São situações que fogem à normalidade e há turbulência institucional gerando ambiente não propício à alteração constitucional.

Assim, não é possível emendar a Constituição na vigência de intervenção federal, estado de defesa e estado de sítio. Essas situações recomendam cautela quanto às decisões tomadas; ademais, presume-se existir um executor[22] a quem o Congresso deve acompanhar proximamente, fator que também necessita de extrema atenção, e determina a Constituição que o Congresso deve permanecer

---

21 STF, Pleno, MS n. 22.503-3/DF, rel. Min. Maurício Corrêa, j. 08.05.1996, *DJ* 06.06.1997.

22 "Art. 138. O decreto do estado de sítio indicará sua duração, as normas necessárias a sua execução e as garantias constitucionais que ficarão suspensas, e, depois de publicado, o Presidente da República designará o executor das medidas específicas e as áreas abrangidas."

em funcionamento, sem recesso, em tais períodos (arts. 136, § 6º, e 138, § 3º, da CF).

6.3.3. Limites materiais (cláusulas pétreas)

Aqui se examina o próprio conteúdo das normas constitucionais. Por esse meio veda-se a alteração de cláusulas constitucionais que, em decorrência de sua imutabilidade, foram adjetivadas como pétreas.

Assim, percebe-se que se lavrou no § 4º do art. 60 o núcleo duro da Constituição, com o intuito de mantê-las íntegras em sua vigência; isso por terem os deputados constituintes deliberado acerca da intangibilidade das mesmas em face de sua relevância em termos de estabilidade das instituições estatais.

Nesse sentido, Mendes afirma terem tais cláusulas uma perspectiva de perpetuidade sob o argumento de que

> elas perfazem um núcleo essencial do projeto do poder constituinte originário, que ele intenta preservar de quaisquer mudanças institucionalizadas. E o poder constituinte pode estabelecer essas restrições justamente por ser superior juridicamente ao poder de reforma.[23]

Não se trata de algo absolutamente imposto, cuja modificação esteja fora da disposição de seus titulares. Uma vez observada a necessidade de modificação de tais cláusulas, nada impede que uma nova constituição seja promulgada. Portanto, se a população se resigna com as limitações materiais imposta pelos constituintes originários, elas vão permanecer em vigor até que se reúna nova Assembleia com o propósito de modificá-las.

A mutação constitucional, nos dizeres de Konrad Hesse, refere-se ao fato de que deve ser uma alteração "no interior" da norma constitucional; nada que seja externo ou fora de sua realidade. Estabelece a norma constitucional como sendo fruto perfeito e acabado, com total interação com a comunidade em que se aplica. Esclarece que nem todo fato deve alterar o conteúdo da norma. Para o autor, a mutação requer "algo mais que a invocação genérica da 'força normativa do fático'"[24].

Outro ponto que merece ser observado é o fato alertado por Jorge Miranda,[25] no sentido de que a cláusula pétrea não objetiva unicamente albergar de-

---

23 *Curso de direito constitucional*, p. 217.

24 *Temas fundamentais de direito constitucional:* textos selecionados e traduzidos por MENDES G. F. et al., 2009.

25 *Manual de direito constitucional*, t. 2, p. 155.

terminado número de dispositivos constitucionais, mas também os princípios neles modelados. Estes seriam as decorrências normativas implícitas que as expressas trariam em seu conteúdo.

Outro ponto que merece ser destacado em sede de cláusulas pétreas é o controle do Judiciário no que tange ao poder de reforma da Constituição, sobretudo na matéria em comento. Para a decisão tomada no ADI n. 466/DF:

> As limitações materiais explícitas, definidas no § 4º do art. 60 da Constituição da República, incidem diretamente sobre o poder de reforma conferido ao Poder Legislativo da União, inibindo-lhe o exercício nos pontos ali discriminados. A irreformabilidade desse núcleo temático, acaso desrespeitada, pode legitimar o controle normativo abstrato, e mesmo a fiscalização jurisdicional concreta, de constitucionalidade.[26]

Também as implícitas foram objeto de análise do STF; conforme este Tribunal decidiu, "o parâmetro de aferição de sua constitucionalidade é estreitíssimo, adstrito às limitações materiais, explícitas ou implícitas, que a Constituição imponha induvidosamente ao mais eminente dos poderes instituídos, qual seja o órgão de sua própria reforma".[27]

Cláusulas pétreas no § 4º do art. 60 da CF

As cláusulas pétreas, conforme se pode observar, é objeto de grande número de decisões do STF, o que fornece subsídios para uma análise mais pontual do tema. A seguir estão as limitações materiais explícitas e sua respectiva análise em sede constitucional.

Forma federativa de Estado

Forma é tipo de Estado, conforme Ferreira Filho,[28] uma das características mais marcantes do Estado federal que o diferencia do Estado unitário descentralizado é o fato de a estrutura federativa estar disposta como intocável. Nesses estados, os estados-membros participam do poder central por meio do Senado e se reconhece a auto-organização deles; para o Estado federal é possível limitar esse poder de auto-organização a quase nada, como ocorre no Brasil atual.

---

26 STF, Pleno, ADI n. 466/DF, rel. Min. Celso de Mello, j. 03.04.1991, *DJ* 10.05.1991.

27 STF, Pleno, MS n. 24.875/DF, rel. Min. Sepúlveda Pertence, j. 11.05.2006, *DJ* 06.10.2006.

28 *Curso de direito constitucional*, p. 54.

Segundo decisão do STF a "forma federativa de Estado" – elevado a princípio intangível por todas as constituições da República – não pode ser conceituada diante de um modelo ideal e apriorístico de Federação, mas, sim, daquele que o constituinte originário concretamente adotou e, como o adotou, erigiu em limite material imposto às futuras emendas à Constituição; de resto as limitações materiais ao poder constituinte de reforma, que o art. 60, § 4º, da Lei Fundamental enumera, não significam a intangibilidade literal da respectiva disciplina na constituição originária, mas apenas a proteção do núcleo essencial dos princípios e institutos cuja preservação nelas se protege.[29]

Assim, ainda que o ADCT tenha possibilitado a manifestação plebiscitária quanto à forma e ao sistema de governo, o tipo permaneceu inalterável. O tipo de Estado federativo é uma das formas limitadoras do poder, no qual os estados cedem parcela de sua soberania em prol de um poder central. Assim, há distribuição de competência entre tais entes, delegáveis ou não.

A separação dos Poderes

Montesquieu aprofundou seu trabalho na obra *O espírito das leis* e trouxe base doutrinária ao que John Locke, filósofo liberal inglês, já havia desenvolvido sobre o tema e Aristóteles, observado na comunidade de sua época. Na verdade, foram os Estados Unidos os primeiros a consignar tal separação em sua constituição e, doravante, outros estados passaram a incluí-la.

A atual Constituição estabeleceu a tripartição dos poderes como mais outra cláusula pétrea e, assim, tornando-se imutável por via de emenda.

Interessante a discussão acerca do tema por ocasião da criação do Conselho Nacional da Justiça. A Associação dos Magistrados Brasileiros questionou a constitucionalidade da criação de tal órgão e afirmou ser atentatório ao princípio da tripartição dos poderes. Isso foi imediatamente refutado pelo plenário ao afirmar que a criação do CNJ mantinha a "subsistência do núcleo político do princípio, mediante preservação da função jurisdicional, típica do Judiciário, e das condições do seu exercício imparcial e independente".[30]

O voto direto, secreto, universal e periódico

Essa cláusula, pioneiramente introduzida entre as cláusulas pétreas da Constituição brasileira, quer impedir o retorno do sistema indireto existente anteriormente no sistema jurídico nacional, mormente pela ampliação da participação popular por meio de referendo, plebiscito e iniciativa popular.

---

29 STF, ADI n. 2.024/DF, Pleno, rel. Min. Sepúlveda Pertence, j. 03.05.2007, *DJe* 22.06.2007.

30 STF, ADI n. 3.367/DF, Pleno, rel. Min. Cezar Peluso, j. 13.04.2005, *DJ* 22.09.2006.

Porém, está consagrado definitivamente em nosso sistema a inviolabilidade dessa obrigação legal a todos imposta: o direito de votar. Discute-se, pela proposição de cerca de vinte emendas à Constituição, pela facultatividade desse direito de cidadania. Contudo, isso também não violaria a cláusula pétrea que simplesmente estabelece a votação universal e direta, de forma periódica.

Atualmente muito se argumenta acerca do sistema eletrônico de dados, o que, nas palavras de Velloso "[...] muito simplificou o processo de alistamento, votação, apuração e totalização das eleições; [...] a votação, a apuração e a totalização se realizam majoritariamente de forma eletrônica, o que garante agilidade, segurança e transparência".[31]

A apuração é a contagem de votos da eleição é outorgada à Justiça Eleitoral. Os votos são contados eletronicamente nas seções eleitorais. Cada voto efetivado pelo eleitor na urna eletrônica é recebido e este assina digitalmente, de forma a resguardar seu anonimato. No Brasil esse sistema é empregado desde 1996. Diante da situação em que o eleitor tecla seus votos e estes são registrados de forma criptografada, não se sabe efetivamente quem quis eleger. Os votos são enviados para uma VPN (rede virtual) do TSE. Há apenas um cartório eleitoral envolvido.

Direitos e garantias individuais

Como afirmado pelo Ministro Celso de Mello do STF, em decisão sobre a matéria, os poderes do Estado encontram, nos direitos e garantias individuais, limites intransponíveis, cujo desrespeito pode caracterizar ilícito constitucional.[32]

Em outra decisão de relevo, o relator com precisão afirmou ser o prestígio desses direitos o elemento essencial de realização do princípio da dignidade humana na ordem jurídica, impedindo que o homem seja convertido em objeto dos processos estatais. Para ele, os direitos de caráter penal, processual e processual-penal cumprem papel fundamental na concretização do moderno Estado democrático de Direito. A aplicação escorreita ou não dessas garantias é que permite avaliar a real observância dos elementos materiais do Estado de Direito e distinguir civilização de barbárie. A diferença entre um Estado totalitário e um Estado democrático de Direito reside na forma de regulação da ordem jurídica interna. O âmbito de proteção de direitos e garantias fundamentais recebe contornos de especial relevância em nosso sistema constitucional.[33]

Além dos direitos concernentes ao direito penal e processual penal, não se pode olvidar que os direitos humanos também abrangem os direitos de segunda dimensão (econômicos e sociais), de terceira (difusos e coletivos), além dos

---

31 *Elementos de direito eleitoral*, 2018.

32 STF, *HC* n. 93.050/RJ, Pleno, rel. Min. Celso de Mello, j. 10.06.2008, *DJe* 01.08.2008.

33 STF, *HC* n. 91.386/BA, Pleno, rel. Min. Gilmar Mendes, j. 19.02.2008, *DJe* 16.05.2008.

outros que surgirem. Ademais, a Constituição referiu-se, no § 2º do art. 5º, à previsão de que os direitos e garantias expressos na Constituição não excluem outros decorrentes do regime e dos princípios por ela adotados, ou dos tratados internacionais dos quais o Brasil faça parte. Portanto, difícil circunscrever os direitos fundamentais aos estabelecidos expressamente no art. 5º da CF.

Como exemplo dessa ampliação dos direitos individuais, importante a decisão do Ministro Lewandowsky, reconhecendo a garantia do duplo grau de jurisdição como englobado no princípio do devido processo legal. Afirmou o Ministro que o

> [...] acesso à instância recursal superior consubstancia direito que se encontra incorporado ao sistema pátrio de direitos e garantias fundamentais. Ainda que não se empreste dignidade constitucional ao duplo grau de jurisdição, trata-se de garantia prevista na Convenção Interamericana de Direitos Humanos, cuja ratificação pelo Brasil deu-se em 1992.[34]

7. PODER DECORRENTE

Trata-se de poder de direito, ou seja, decorre da própria norma constitucional. A natureza desse poder segue a mesma linha do poder derivado e tem as mesmas características dele.

Esse poder constituinte de segundo grau, em que pesem críticas acerca de sua designação "constituinte", porque nada possui de inovador, pode ser considerado "constituinte de segundo grau" segundo alguns autores, pois, da mesma forma que o originário, segundo Bulos, "convém ser concebido como tal, até porque inexiste ilimitação absoluta nessa seara. O próprio poder constituinte originário, juridicamente ilimitado, possui condicionamentos metajurídicos em seu exercício".[35]

Contudo, observe-se a palavra da criadora da designação "decorrente" para tal poder, Anna Candida da Cunha Ferraz, opinião que a doutrina dominante toma como referência: "o Poder Constituinte Decorrente tem caráter de complementaridade em relação à Constituição; destina-se a perfazer a obra do Poder Constituinte Originário nos Estados Federais, para estabelecer a Constituição dos seus Estados".[36]

Portanto, é assente a doutrina que o toma como poder constituído e espécie de poder derivado. Ele se realiza por meio do pacto federativo, o qual pres-

---

34 STF, *HC* n. 88.420/PR, 1ª T., rel. Min. Ricardo Lewandowski, j. 17.04.2007, *DJ* 08.06.2007.

35 *Curso de direito constitucional*, p. 307.

36 *Poder constituinte do estado-membro*, p. 19.

supõe a capacidade de auto-organização dos estados-membros, por meio da constituição estadual. Entretanto, deve necessariamente ser subserviente à Constituição Federal, já que integra uma federação.

Ainda que existam tais limitações e sujeições ao Texto Maior, aos estados é conferido o *Princípio da Simetria*, o qual lhes assegura, conforme posição jurisprudencial, a possibilidade de seguir os mesmos padrões estruturantes do Estado, nos termos da Constituição Federal, desde que possíveis e aplicáveis à constituição estadual. Isso é o que deflui da ADI n. 276, cujo relator foi o Ministro Sepúlveda Pertence, que não obstante tenha atentado pela possibilidade do processo legislativo constituinte fraudar algumas regras de reserva de iniciativa dos Poderes Executivo e Judiciário, afirmou que

> As regras básicas do processo legislativo federal são de absorção compulsória pelos Estados-membros em tudo aquilo que diga respeito – como ocorre às que enumeram casos de iniciativa legislativa reservada – ao princípio fundamental de independência e harmonia dos poderes, como delineado na Constituição da República.[37]

7.1. Poder decorrente, constituições estaduais e leis orgânicas

Como referido, o art. 25, *caput*, combinado com o art. 11 do ADCT estabelece disposições acerca da elaboração das constituições dos estados-membros, as quais inicializam o procedimento por meio do Poder Constituinte estadual. Assim:

Constituições estaduais – São a própria manifestação do poder decorrente com todas as limitações decorrentes do poder derivado. Aplica-se o princípio da simetria e seu exercício deve evitar tocar em pontos polêmicos. Devem os constituintes estaduais estar cônscios da absoluta limitação aos ditames da CF, bem como devem pautar a estruturação da norma superior estadual nos mesmos moldes da federal. Segundo Cunha Ferraz,[38] há o poder constituinte decorrente institucionalizador, instituidor ou inicial, bem como o poder constituinte decorrente de revisão estadual ou de segundo grau.

Leis orgânicas municipais – O Tribunal de Justiça do Estado de São Paulo manifestou-se no sentido de não reconhecer o poder constituinte na órbita municipal. De acordo com a autonomia municipal oferecida pelos arts. 1º, 29, 31 e 34, VII, *c*, da CF, há o poder de auto-organização por meio de sua lei or-

---

37 STF, ADI n. 276/AL, rel. Min. Sepúlveda Pertence, j. 13.11.1997, *DJ* 19.12.1997.

38 *Poder constituinte do estado-membro*, p. 84-9.

gânica, ou seja, pode gerir e administrar seus próprios recursos, limitados pela norma maior, bem como pelos arts. 156, 158, 159, I, *b*, §§ 1º a 3º, e 160, que tratam dos repasses financeiros. Não se reconhece um poder constituinte no âmbito municipal, mesmo porque a Federação é composta por estados. Aos municípios outorgou-se a possibilidade da câmara dos vereadores elaborar sua lei orgânica.[39]

QUESTÕES

1. (Atividade notarial e de registro – SC 2008) Assinale a alternativa que contém uma afirmativa correta a respeito do constitucionalismo.

A) O constitucionalismo teve seu marco inicial com a promulgação, em 1215, da Magna Carta inglesa.

B) O constitucionalismo surge formalmente, em 1948, com a edição da Declaração Universal dos Direitos Humanos da Organização das Nações Unidas.

C) A doutrina do Direito Constitucional é uníssona no entendimento de que o constitucionalismo surgiu com a revolução norte-americana resultando, em 1787, na Constituição dos Estados Unidos da América.

D) É possível identificar traços do constitucionalismo mesmo na antiguidade clássica e na Idade Média.

E) O constitucionalismo brasileiro inspirou-se fortemente no modelo constitucional do Estado da Inglaterra.

2. (TJRS – 2013) A Constituição da República Federativa do Brasil pode ser classificada como:

A) analítica.

B) sintética.

C) flexível.

D) outorgada.

3. (TJRS – 2013) Quanto ao poder constituinte, é correto afirmar:

A) Ele é sempre originário e nunca derivado.

B) Ele se materializa unicamente na Assembleia Nacional Constituinte.

C) Ele emana do povo e é exercido primordialmente por meio dos seus representantes democraticamente eleitos.

D) Dissolvida a Assembleia Nacional Constituinte, extingue-se o Poder Constituinte.

---

39 TJSP, ADI n. 20894.0/5, rel. Luiz Macedo, j. 10.04.1995.

4. A teoria do Poder Constituinte pode ser atribuída a:

A) Montesquieu

B) Marshall

C) Sieyès

D) Aristóteles

E) Locke

5. É possível afirmar que o chamado poder decorrente:

A) é sinônimo de poder constituinte.

B) trata-se de outra designação de poder da Assembleia Nacional.

C) refere-se ao poder dos deputados constituintes.

D) é o poder outorgado aos estados federados.

E) não se relaciona com os estados federados.

6. (TJAP – 2014) A Assembleia Legislativa do Amapá, ao discutir e promulgar a Constituição do Estado, estava no exercício do poder

A) constituinte derivado reformador, sendo que o texto promulgado, em decorrência do princípio da simetria, submete-se ao controle de constitucionalidade perante o Supremo Tribunal Federal.

B) constituinte originário, em razão da autonomia federativa estadual, mas o texto promulgado deve, obrigatoriamente, obedecer aos princípios da Constituição da República.

C) legislativo ordinário, sendo que o processo para a aprovação do texto constitucional estadual exige votação, em dois turnos, com interstício mínimo de 10 dias, e aprovação da matéria por 2/3 dos membros da Assembleia Legislativa.

D) legislativo extraordinário, sendo que o processo para a aprovação do texto constitucional estadual exige votação, em dois turnos, pela maioria absoluta da Assembleia Legislativa, e posterior ratificação da matéria pelo Congresso Nacional.

E) constituinte decorrente, sendo que a Constituição do Estado do Amapá expressamente prevê que poderá ser emendada mediante proposta de mais da metade das Câmaras Municipais do Estado, manifestando-se, cada uma delas, pela maioria relativa de seus membros.

RESPOSTAS

1. D
2. A
3. C
4. C
5. D
6. B

5

Competências legislativas e entidades federativas

O Brasil, na época imperial, era Estado unitário sob forma monárquica, descentralizado em forma de províncias. Após o Decreto n. 1, de 15.11.1889, especificamente em seu art. 2º, as províncias brasileiras foram transformadas em estados-membros ou federados, reunidos sob a forma federativa, e passaram a constituir os Estados Unidos do Brasil.

Houve, a partir de então, uma transformação constitucional com o objetivo de descentralizar o poder político. Apesar de revelar-se uma federação diferenciada, pois o Estado unitário se desagregou, o federalismo brasileiro buscou uma repartição de competência de modo a outorgar aos estados certa autonomia. Em sua origem, nos EUA, as treze colônias se uniram sob a forma confederativa; a esse processo seguiu o federalismo, no qual os estados cederam parcela da soberania em prol da formação do Estado federal. Assim, aplica-se ao indivíduo residente no país determinações das esferas federativas: uma local (município) e outra regional (estado), sem contar a federal, emanada pela União. A federação deve buscar a plena harmonia entre seus entes componentes para não existir conflito entre competências constitucionalmente outorgadas. Na hipótese de divergência, o Poder Judiciário, por meio de seu órgão de cúpula, o Supremo Tribunal Federal, será competente para dirimi-los, pois, nos termos do art. 102, *caput*, compete a ele a guarda da Constituição.

O Estado federal possui **soberania**, o que lhe confere supremacia em face dos estados-membros em algumas matérias. Observe-se que, pelo rol de competências, existem matérias que só podem ser reguladas por um ente com exclusão de qualquer outro. Outro aspecto da soberania, em sua acepção original, é a não submissão do poder estatal em relação a outro.

A soberania é conferida à Federação. Os entes federativos são **autônomos.** As competências são constitucionalmente limitadas diante de sua respectiva repartição. As entidades federativas possuem personalidade jurídica de direito público interno, ao passo que a União possui personalidade jurídica de direito público interno e externo ou internacional. Assim, somente a União pode estabelecer relações com estados estrangeiros, decretar a guerra, celebrar a paz, entre outros atos reservados a esse ente (art. 84, VII, VIII, XIX e XX, da CF).

A repartição de competências entre as entidades federativas é estabelecida pelo Poder Constituinte Originário, o qual deve buscar distribuir adequadamente suas atribuições, em função das prioridades consideradas pelos constituintes. A Constituição estabelece, *numerus clausus*, os poderes atribuídos a cada um deles: as **competências exclusivas**. No entanto, existem competências que podem não ter sido distribuídas. Nesses casos, o § 1º do art. 25 da CF dispõe que são reservadas aos estados as competências que não lhes sejam vedadas pela Constituição Federal. Essas são as **competências remanescentes**. Não se pode confundir essas com a **competência residual tributária** atribuída à União, nos termos do art. 154, I, da CF.[1]

1. REPARTIÇÃO DE COMPETÊNCIAS

Não existe entidade federativa superior às demais. A Constituição reconheceu serem todas autônomas, sem possibilidade de diferenciação por grau hierárquico. O que se pode reconhecer é um critério determinado no texto constitucional em razão das competências nele distribuídas. A competência atribuída a determinada entidade a torna singular em face das demais na regulamentação de assunto específico.

Entre as técnicas de repartição de competências existentes, a Constituição adota a da predominância do interesse. Por meio desta, à União foram conferidas matérias de interesse geral, de repercussão em toda a federação. Aos estados-membros incumbem matérias que possuam interesse regional; outorgou-se aos municípios os assuntos de interesse local, nos exatos termos do art. 30, I, da CF.

O Distrito Federal, de acordo com o § 1º do art. 32, possui as mesmas competências conferidas aos estados e municípios, com exceção daquela estabelecida no art. 22, XVII, a qual trata da organização judiciária, do Ministério Público e da Defensoria Pública do Distrito Federal e dos Territórios, bem como

1 "Art. 154. A União poderá instituir: I – mediante lei complementar, impostos não previstos no artigo anterior, desde que sejam não cumulativos e não tenham fato gerador ou base de cálculo próprios dos discriminados nesta Constituição."

da organização administrativa desses. A Emenda Constitucional n. 69, de 2012, alterou os arts. 21, 22 e 48 da Constituição Federal, para transferir da União para o Distrito Federal as atribuições de organizar e manter a Defensoria Pública do Distrito Federal. O § 4º do art. 32, alterado pela EC n. 104/2019, estabeleceu que a lei federal deve dispor acerca da utilização, pelo governo do Distrito Federal, da polícia civil, da polícia penal e do corpo de bombeiros militar.

Características básicas da repartição federativa de competências:

Competência exclusiva	É aquela conferida a um ente com exclusão de outro ou sem possibilidade de delegação, exercendo-a em toda sua plenitude.
Competência privativa	Possui conotação idêntica à exclusiva. São tomadas, por vezes, como sinônimas, sobretudo por ter a CF se referido nos arts. 51 e 52 a matérias indelegáveis como "privativas" e não "exclusivas". Contudo, existe a ideia de que esta poderia ser delegada[2] e a exclusiva não.
Competência concorrente (conferida à União, aos estados e ao DF, art. 24 da CF)	Exercida por duas ou mais entidades federativas. Pode ser cumulativa (limitada) ou não cumulativa (ilimitada), dependendo da possibilidade de um ente estabelecer normas gerais ou mesmo esgotar o poder legiferante em matéria determinada.
Competência comum (todos os entes federativos, art. 23 da CF)	Trata-se de uma competência administrativa. O rol do art. 23 é apenas exemplificativo. Não esgota a matéria. Excepcionalmente, admite-se também a competência comum em matéria legislativa. É o exemplo das taxas, que podem ser instituídas por qualquer ente federativo, nos termos do art. 145, II, da CF.

2. PESSOAS POLÍTICAS: A UNIÃO

Como referido, a União possui personalidade jurídica de direito interno e externo. Porém, internamente, exerce sua capacidade política nos termos que lhe outorgou a Constituição Federal.

Pode ser vista sob dois ângulos:

Capacidade jurídica de direito público internacional ou externo – Aqui fará às vezes de estado unitário, exercendo a representação do Estado de forma soberana em nome de todos os estados federados. A União terá natureza jurídica de Direito Público com capacidade política, seja qual for o ponto de vista observado.

2 Essa ideia é confirmada pela possibilidade inserta no parágrafo único do art. 22, que viabiliza a delegação de competência privativa da União, bem como no parágrafo único do art. 84 da CF.

Paradiplomacia – Este é um novel formato de competência que viabiliza a participação subnacional (sem exclusividade da União, porém sem contrariar princípios dela) na política externa. Este conceito aumentou sua expressão com o crescimento da globalização.[3]

Capacidade jurídica de direito público interno – Com autonomia constitucional própria, ao lado dos estados-membros, municípios e Distrito Federal. Deve-se remarcar o fato de que a União é a entidade que possui personalidade jurídica. Seus entes desconcentrados[4] (ministérios, secretarias e outros órgãos) devem realizar seus atos em nome da União.[5]

Identificam-se as competências outorgadas a este ente federativo em legislativas e administrativas.

Na administrativa, pode-se incluir os atos de administração que a União deverá exercer diretamente, de forma exclusiva (art. 21), ou de forma comum com os demais entes federativos (art. 23). Consiste na outorga de competência para realizar atos de execução e administração de tarefas determinadas, ou seja, identifica-se nos artigos citados essa competência quando houver a expressão consistente na prática de atos materiais nos seguintes termos: administrar, executar, manter, organizar, entre outros.

Na legislativa, existe a distribuição de competências, já mencionada anteriormente, ou seja, matérias exclusivas (art. 21), privativas (art. 22) e concorrentes (art. 24) com os estados e o DF. A questão dos municípios na competência legislativa concorrente é complexa. Segundo José Afonso da Silva,

> [...] a Constituição não situou os municípios na área de competência concorrente do art. 24, mas outorgou-lhe competência para **suplementar a legislação federal e a estadual no que couber**, o que vale possibilitar-lhes disporem especialmente so-

---

3 Nos primeiros anos do século XX, o processo econômico desenvolveu-se associado a processos de globalização neoliberal, em que os estados passaram a contribuir como atores relevantes no cenário internacional, influenciando as relações internacionais. Assim, a política externa dos Estados transformou-se substancialmente com a inclusão de uma pluralidade de atores para melhor dinâmica de integração das economias nacionais (ZAMORA AVILES, E. A. "Relaciones internacionales y gobiernos locales: discusiones desde los actores internacionales y la política exterior", 2015).

4 O Decreto-lei n. 200/67 (art. 10) empregou o termo "descentralização" como gênero. Porém, um ente descentralizado possui personalidade jurídica própria, ao passo que o desconcentrado não possui.

5 As entidades da Administração direta podem possuir CNPJ para determinados fins, o que não lhes outorga personalidade jurídica própria. Podem ser réus em determinados processos e consideradas autoridades coatoras em alguns *writs* constitucionais.

> bre as matérias ali arroladas e aquelas a respeito das quais se reconheceu à União apenas a normatividade geral.[6]

Delegabilidade da matéria legislativa – Para a possibilidade de delegabilidade na forma prescrita pelo parágrafo único do art. 22 da CF, deve-se atentar para as seguintes restrições:

a) **requisito formal** – o Instrumento normativo viabilizado da delegação será a lei complementar federal;

b) **requisito material** – segundo Moraes,[7] esse requisito consiste na possibilidade de

> ser delegado um ponto específico dentro de uma das matérias descritas nos 29 incisos do art. 22 da CF, pois a delegação não se reveste de generalidade, mas de particularização de questões específicas, do elenco das matérias incluídas na privatividade legislativa da União. Assim, nunca se poderá delegar toda a matéria existente em um dos citados incisos.

c) **requisitos implícitos** – ainda que não indicado, entende-se que a delegação também contemple o Distrito Federal, sobretudo com base no que prescreve o art. 32, § 1º, da CF, que outorga ao DF[8] as competências legislativas reservadas aos estados e municípios.

Com base no art. 19 da CF e levando em consideração o princípio da isonomia, a delegação deve ser conferida a todos os estados e não a um ou parte deles.

No ano de 2020, houve a proliferação do coronavírus, fato que alterou a realidade mundial gerando déficit em todas as áreas, evitando o contato humano para regredir ou evitar a proliferação do vírus. Bataglia, citando Hassen, afirmou com propriedade que essa nova realidade adentra na esfera dos direitos e liberdades fundamentais. Assim, decretos do Poder Executivo, decisões judiciais e leis editadas pelo Poder Legislativo são algumas das medidas jurídicas possíveis para a implementação do chamado "distanciamento social". Se cada um dos Poderes tem sua dinâmica e diante do fato de que o Executivo pode tomar decisões rápidas e responder a eventos e crises: o Legislativo se volta principal-

---

6 *Curso de direito constitucional positivo*, p. 504.

7 *Constituição do Brasil interpretada e legislação constitucional*, p. 680.

8 O DF é contemplado nas delegações. Isso pode ser observado por meio da Lei Complementar n. 103, de 14.07.2000, que autorizou os estados e o Distrito Federal a instituírem o piso salarial a que se refere o art. 7º, V, da CF para as categorias de trabalhadores não organizadas em sindicato.

mente ao futuro para planejar, projetar e antecipar situações, e o Judiciário, ao passado, para lidar com eventos ocorridos.[9]

Os fatos demonstram que houve flexibilização do governo federal para que os entes subnacionais tomassem medidas apropriadas diante da intensidade da proliferação do vírus na respectiva localidade. Cabe ainda informação de decisão do Ministro Ricardo Lewandowski que afirmou não caber ao Estado brasileiro se pautar por "critérios políticos partidários ou ideológicos" ao buscar vacinas em prol da imunização contra a Covid-19. Na ação intentada por partidos de esquerda, o Supremo garantiu que a União não deve impedir o desenvolvimento da Coronavac, por considerar outras vacinas mais eficientes, afirmando que o Estado brasileiro não poderia se pautar por critérios partidários, ideológicos ou políticos para escolher ou rejeitar vacinas.[10]

3. PESSOAS POLÍTICAS: ESTADOS-MEMBROS

O Decreto n. 1, de 15.11.1889, transformou-se no primeiro instrumento legislativo a contemplar os estados na Federação brasileira. Da mesma forma que a União e municípios, os estados têm natureza de pessoa jurídica de **direito público interno**. Para assumir compromissos de ordem externa, necessitam, nos termos do art. 52, VIII, da CF, de autorização do Senado Federal, isso sem considerar a paradiplomacia como fórmula subnacional de negociação internacional.

Como todo ente federativo, possui bens constitucionalmente indicados no art. 26 da CF.[11] É um ente autônomo capaz de elaborar sua constituição e leis:

---

9 FERREIRA, M.B.F. "A desaceleração gerada pela Covid-19 e o papel temporizador do Direito".

10 ROBERTO NETTO, Paulo. "Lewandowski quer vacina sem política". In: *O Estado de São Paulo*, 25.11.2020.

11 Bens dos Estados: "I – as águas superficiais ou subterrâneas, fluentes, emergentes e em depósito, ressalvadas, neste caso, na forma da lei, as decorrentes de obras da União; II – as áreas, nas ilhas oceânicas e costeiras, que estiverem no seu domínio, excluídas aquelas sob domínio da União, Municípios ou terceiros; III – as ilhas fluviais e lacustres não pertencentes à União; IV – as terras devolutas não compreendidas entre as da União".

Auto-organização	É deferida a possibilidade de se elaborar uma constituição do estado (arts. 25, *caput*, da CF e 11, *caput*, do ADCT). Esta é a manifestação do Poder Decorrente, já referida nesta obra.
Autogoverno (descentralização política)	Os estados podem eleger seu governador e vice-governador (art. 28), bem como seus deputados estaduais (art. 27). Isso sem contar com a possibilidade de enviarem três senadores para o Poder central.
Competência legislativa	Possui competências privativas (art. 25, *caput* e parágrafos) e concorrentes (art. 24). Possui competência remanescente ou reservada (o que não é atribuído privativamente a nenhum dos demais entes).
Capacidade de autoadministração	Em matérias que sejam de sua competência, distribuídas pela Constituição.

Quanto à competência dos estados, já foi entabulada a questão da competência legislativa remanescente ou reservada. Assim, os estados-membros poderão legislar sobre todas as matérias que não estiverem vedadas implícita ou explicitamente pela Constituição.

Cabe ainda destacar a possibilidade de os estados decretarem a intervenção nos municípios de sua área territorial, de acordo com o previsto nos incisos do art. 35 da CF. Da mesma forma que a intervenção federal, essa possibilidade é excepcional, uma vez que fere o pacto federativo, suspendendo a autonomia municipal, por período determinado.

Essa intervenção é efetivada por decreto do governador do estado. Este deve estabelecer prazo, condições de execução e, caso seja necessário, a nomeação de interventor. A Assembleia Legislativa estadual deve apreciar em 24 horas o decreto (se não estiver em funcionamento, será convocada extraordinariamente). Se o decreto apenas suspender o ato impugnado não haverá necessidade de apreciação por parte da Assembleia Legislativa.

Observam-se ainda as seguintes peculiaridades dos estados:

Poder Legislativo[12]	Unicameral – Assembleia legislativa composta por deputados estaduais eleitos pelo sistema proporcional para mandato de quatro anos. O número de deputados é estabelecido nos moldes do art. 27 (corresponde ao triplo da representação do Estado na Câmara dos Deputados, uma vez atingido o número de 36, será acrescido de tantos quantos forem os deputados federais acima de doze). Os subsídios são limitados a 75% daqueles fixados para os deputados federais. Possuem inviolabilidades materiais e formais, nos moldes federais.[13]
Poder Executivo	Governador do estado (mínimo de 30 anos) – Tanto este quanto seu vice são eleitos pelo voto majoritário. A posse dos eleitos será no dia 1º de janeiro do ano subsequente ao término do mandato do anterior. Podem ser reeleitos para um mandato subsequente.
Poder Judiciário	Composto por juízes estaduais (concursados e indicados pelo quinto constitucional). O Judiciário é formado pelo Tribunal de Justiça Estadual, em segundo grau, e pelos juízes de direito, em primeiro grau.[14]

4. PESSOAS POLÍTICAS: MUNICÍPIOS

Na Constituição Imperial de 1824, concebiam-se os municípios como unidades administrativas, nos termos do seu art. 167. Posteriormente, a Constituição de 1891 outorgou ao município autonomia em tudo o que fosse de seu peculiar interesse.

O município é entidade federativa, Ferreira Filho[15] infere que assim se encerra a polêmica doutrinária sobre sua natureza, "que alguns entendiam não ser entidade federativa por ter sido omitida no texto do art. 1º da EC n. 1/69".

Na esteira dos demais entes federativos, o município também é pessoa jurídica de direito público interno, com autonomia constitucional, podendo inclusive elaborar sua respectiva lei orgânica, que conforma seu autogoverno (eleição do Executivo e Legislativo locais) e autoadministração (aplicação de sua receita tributária captada, principalmente por seus principais tributos: IPTU, ISS e ITBI). Ainda, nos termos do art. 182, compete à municipalidade a políti-

12 Bens dos Estados: "I – as águas superficiais ou subterrâneas, fluentes, emergentes e em depósito, ressalvadas, neste caso, na forma da lei, as decorrentes de obras da União; II – as áreas, nas ilhas oceânicas e costeiras, que estiverem no seu domínio, excluídas aquelas sob domínio da União, Municípios ou terceiros; III – as ilhas fluviais e lacustres não pertencentes à União; IV – as terras devolutas não compreendidas entre as da União".

13 A imunidade material abrange senadores e deputados federais e estaduais. Os vereadores, em contrapartida, possuem essa imunidade restrita aos limites do município no qual exercem seus mandatos.

14 É possível a criação de Justiça Militar estadual, mediante lei estadual de iniciativa do TJ local. É possível a criação de Tribunal de Justiça Militar estadual quando o efetivo militar for superior a vinte mil integrantes (art. 125, § 3º, da CF).

15 *Curso de direito constitucional*, p. 72.

ca de desenvolvimento urbano, nos termos das diretrizes gerais fixadas em lei, aprovada pela Câmara Municipal, ordenando as funções sociais da cidade por meio de plano diretor. Este é obrigatório para cidades que possuem mais de 20 mil habitantes e também as incluídas no art. 41 da Lei n. 10.257, de 2001, que regulamentou os arts. 182 e 183 da CF.

Hoje não há dúvidas de que o município tem natureza de pessoa jurídica política de direito interno, sobretudo após a leitura do art. 1º da CF. Quanto à redação desse artigo, ao dispor sobre a união indissolúvel dos Estados, municípios e DF, José Afonso da Silva[16] afirma ser isso algo sem sentido e ainda discute a pertinência dessa inserção entre os entes federativos. Entende o autor que: "Não existe federação de municípios. Existe Federação de Estados. Estes é que são essenciais ao conceito de qualquer federação". A base para tal crítica se funda na não representação central do município e no fato de não serem, os municípios, divisões políticas do território da União, mas sim dos estados federados.

Ainda sobre os municípios, é importante rememorar:

Distrito Federal	É vedada sua subdivisão em municípios (art. 32, *caput*, da CF).
Territórios que vierem a ser formados	Podem ser subdivididos em municípios (art. 33, § 1º).
Para a formação de novos municípios nos estados (só será possível no período determinado por lei complementar federal)[17]	Serão necessários: – estudo de viabilidade municipal; – lei ordinária estadual; – consulta plebiscitária.

Cabe aqui chamar a atenção para o fato apontado por José Afonso da Silva,[18] quanto à atual e à anterior estatura do município. Em suas palavras, "a autonomia que a Constituição de 1988 outorga ao município contém uma qualificação especial que lhe dá um conteúdo político de extrema importância para a definição de seus *status* na organização do Estado brasileiro, inteiramente desconhecido no regime anterior".

Segundo referido autor, a autonomia municipal tinha sentido apenas remissivo. Isso quer dizer que a Constituição remetia aos estados o poder de organizar e criar seus municípios. Isso determinava aos estados que, ao criá-los, deveriam assegurar a autonomia quanto às capacidades de autoadministração, autolegislação e autogoverno, tudo com relação ao peculiar interesse local.

16 *Curso de direito constitucional positivo*, p. 475.

17 PLS – Projeto de Lei Complementar do Senado n. 98, de 2002. Está em tramitação na Câmara dos Deputados.

18 *Curso de direito constitucional positivo*, p. 641.

Auto-organização	É deferida a possibilidade de se elaborar uma lei orgânica municipal (arts. 29, *caput*, da CF e 11, parágrafo único, do ADCT).
Autogoverno (descentralização política)	Os municípios podem eleger seu prefeito e vice-prefeito, bem como seus vereadores (art. 29, I).
Competência legislativa	Possui competências nos termos dos arts. 23, 29, 30 e 182 exclusivas, comuns e suplementares. O município e a União possuem apenas poderes explícitos; os remanescentes pertencem aos estados.
Capacidade de autoadministração	Em matérias necessárias à prestação de serviços de interesse local.

Na Constituição vigente, há garantia de existência dos Poderes Legislativo e Executivo em âmbito municipal, mantendo estrutura própria e com eleição periódica. As eleições não devem coincidir com as federais e estaduais.

Poder Legislativo	Unicameral – A Câmara Municipal é composta por vereadores (idade mínima 18 anos), eleitos pelo sistema proporcional, para mandato de quatro anos. O número de vereadores é calculado com base no art. 29, IV, da CF.[19] Os subsídios são propostos por lei de iniciativa da Câmara em uma legislatura para viger na seguinte. Estes estão limitados ao subsídio dos deputados estaduais dentro dos percentuais consignados no art. 29, IV, da CF. Possuem também inviolabilidades materiais e formais.
Poder Executivo	Prefeito Municipal (mínimo de 21 anos) – Tanto este quanto seu vice são eleitos pelo voto majoritário. A posse dos eleitos será no dia 1º de janeiro do ano subsequente ao término do mandato.

19 Para a composição das Câmaras Municipais, será observado o limite máximo de: a) 9 Vereadores, nos Municípios de até 15.000 habitantes; b) 11 Vereadores, nos Municípios de mais de 15.000 habitantes e de até 30.000 habitantes; c) 13 Vereadores, nos Municípios com mais de 30.000 habitantes e de até 50.000 habitantes; d) 15 Vereadores, nos Municípios de mais de 50.000 habitantes e de até 80.000 habitantes; e) 17 Vereadores, nos Municípios de mais de 80.000 habitantes e de até 120.000 habitantes; f) 19 Vereadores, nos Municípios de mais de 120.000 habitantes e de até 160.000 habitantes; g) 21 Vereadores, nos Municípios de mais de 160.000 habitantes e de até 300.000 habitantes; h) 23 Vereadores, nos Municípios de mais de 300.000 habitantes e de até 450.000 habitantes; i) 25 Vereadores, nos Municípios de mais de 450.000 habitantes e de até 600.000 habitantes; j) 27 Vereadores, nos Municípios de mais de 600.000 habitantes e de até 750.000 habitantes; k) 29 Vereadores, nos Municípios de mais de 750.000 habitantes e de até 900.000 habitantes; l) 31 Vereadores, nos Municípios de mais de 900.000 habitantes e de até 1.050.000 habitantes; m) 33 Vereadores, nos Municípios de mais de 1.050.000 habitantes e de até 1.200.000 habitantes; n) 35 Vereadores, nos Municípios de mais de 1.200.000 habitantes e de até 1.350.000 habitantes; o) 37 Vereadores, nos Municípios de 1.350.000 habitantes e de até 1.500.000 habitantes; p) 39 Vereadores, nos Municípios de mais de

Existem discussões acerca da competência municipal e da expressão existente nas constituições anteriores ("peculiar interesse") e na atual ("interesse local") como forma de delimitação da competência, pois pouco precisa a definição constitucional. Aqui, cabe definir se a Constituição outorgou-lhe ou não competência para dispor sobre aquele assunto. A designação atual é mais restrita e o entendimento de Sundfeld[20] é o mais coerente, no sentido de que não podem ser tomados como de interesse local os temas entregues à competência da União e dos estados, seja ele privativo ou concorrente.

Esse também é o entendimento do STF, o qual determina que "a competência constitucional dos municípios de legislar sobre interesse local não tem o alcance de estabelecer normas que a própria Constituição, na repartição das competências, atribui à União ou aos estados".[21]

A Emenda Constitucional n. 111, de 28 de setembro de 2021, alterou o art. 14 da CF a fim de dispor acerca de consultas populares concomitantes às eleições municipais. Trata-se de deliberações "[...] sobre questões locais aprovadas pelas Câmaras Municipais e encaminhadas à Justiça Eleitoral até 90 (noventa) dias antes da data das eleições [...]".

Nos termos da Constituição (art. 14) e da Lei n. 9.709/98, as consultas populares (plebiscito ou referendo) são sempre precedidas de autorização legislativa. Dessa forma, a Constituição estabeleceu que eventuais questões locais devem ser objeto de convocação de consulta popular que deve ser realizada no mesmo dia das eleições, com convocação noventa dias antes das eleições. Estabeleceu-se que não se pode empregar propaganda gratuita para divulgar argumentos favoráveis ou não à consulta.

Além disso, dispôs sobre a fidelidade partidária, alterou a data de posse de governadores e do chefe do Executivo e ainda regras transitórias para distribuição dos recursos do fundo partidário, que os parlamentares mantêm não obstante outras necessidades públicas.

1.500.000 habitantes e de até 1.800.000 habitantes; q) 41 Vereadores, nos Municípios de mais de 1.800.000 habitantes e de até 2.400.000 habitantes; r) 43 Vereadores, nos Municípios de mais de 2.400.000 habitantes e de até 3.000.000 de habitantes; s) 45 Vereadores, nos Municípios de mais de 3.000.000 de habitantes e de até 4.000.000 de habitantes; t) 47 Vereadores, nos Municípios de mais de 4.000.000 de habitantes e de até 5.000.000 de habitantes; u) 49 Vereadores, nos Municípios de mais de 5.000.000 de habitantes e de até 6.000.000 de habitantes; v) 51 Vereadores, nos Municípios de mais de 6.000.000 de habitantes e de até 7.000.000 de habitantes; w) 53 Vereadores, nos Municípios de mais de 7.000.000 de habitantes e de até 8.000.000 de habitantes; e x) 55 Vereadores, nos Municípios de mais de 8.000.000 de habitantes.

20 "Sistema constitucional das competências", p. 272.

21 RE n. 313.060, rel. Min. Ellen Gracie, j. 29.11.2005, *DJ* 24.02.2006.

5. PESSOAS POLÍTICAS: DISTRITO FEDERAL

O Distrito Federal, conhecido anteriormente como município neutro, conforme estabelecido pelo Decreto n. 1, de 15.11.1889,[22] possui a natureza de ente federativo autônomo, pois lhe é outorgado constitucionalmente tríplice capacidade para auto-organização, autogoverno e autoadministração.

A seguir, serão indicados dados de decisão do STF que conforma suas características fundamentais e que lhe imprimem posição diferenciada entre os entes federativos. A decisão faz análise acertada e detalhada com relação ao DF, razão pela qual se transcreve na íntegra não obstante sua extensão, além de fazer análise comparativa de qual ente mais se aproxima, se dos estados ou municípios.

O DF é unidade federativa de compostura singular, dado que:

a) desfruta de competências que são próprias dos estados e dos municípios, cumulativamente (art. 32, § 1°, da CF);

b) algumas de suas instituições elementares são organizadas e mantidas pela União (art. 21, XIII e XIV, da CF);

c) os serviços públicos a cuja prestação está jungido são financiados, em parte, pela mesma pessoa federada central, que é a União (art. 21, XIV, parte final, da CF).

Conquanto submetido a regime constitucional diferenciado, o Distrito Federal está bem mais próximo da estruturação dos estados-membros que da arquitetura constitucional dos municípios. Isto porque:

a) ao tratar da competência concorrente, a Lei Maior colocou o Distrito Federal em pé de igualdade com os estados e a União (art. 24);

b) ao versar o tema da intervenção, a Constituição dispôs que "a União não intervirá nos Estados nem no Distrito Federal" (art. 34), reservando para os municípios um artigo em apartado (art. 35);

c) o Distrito Federal tem, em plenitude, os três orgânicos poderes estatais, ao passo que os municípios somente dois (art. 29, I);

d) a Constituição tratou de maneira uniforme os estados-membros e o Distrito Federal quanto ao número de deputados distritais, à duração dos respectivos mandatos, aos subsídios dos parlamentares etc. (art. 32, § 3°);

e) no tocante à legitimação para propositura de ação direta de inconstitucionalidade perante o STF, a Magna Carta dispensou à Mesa da Câmara Legislativa do Distrito Federal o mesmo tratamento dado às Assembleias Legislativas estaduais (art. 103, IV);

---

22 "Art. 10. O território do Município Neutro fica provisoriamente sob a administração imediata do Governo Provisório da República e a Cidade do Rio de Janeiro constituída, também, provisoriamente, sede do Poder federal."

f) no modelo constitucional brasileiro, o Distrito Federal se coloca ao lado dos estados-membros para compor a pessoa jurídica da União;

g) tanto os estados-membros como o Distrito Federal participam da formação da vontade legislativa da União (arts. 45 e 46).

A LC n. 101/2000 conferiu ao Distrito Federal um tratamento consoante sua peculiar e favorecida situação tributário-financeira, porquanto desfruta de fontes cumulativas de receitas tributárias, na medida em que adiciona às arrecadações próprias dos estados aquelas que timbram o perfil constitucional dos municípios. Razoável é o critério de que se valeram os dispositivos legais agora questionados. Se irrazoabilidade houvesse, ela estaria em igualar o Distrito Federal aos municípios, visto que o primeiro é, superlativamente, aquinhoado com receitas tributárias. Ademais, goza do favor constitucional de não custear seus órgãos judiciário e ministerial público, tanto quanto a sua Defensoria Pública, Polícias Civil e Militar e ainda seu Corpo de Bombeiros Militar.[23]

Auto-organização	É deferida a possibilidade de se elaborar uma lei orgânica municipal (art. 32, *caput*).
Autogoverno (descentralização política)	O DF pode eleger seu governador e vice-governador, bem como seus deputados distritais (art. 32, § 2º, da CF).
Competência legislativa	Possui as competências legislativas reservadas aos estados e municípios (art. 32, § 1º).
Capacidade de autoadministração	Em princípio, nos termos do § 1º do art. 32 da CF incumbe ao Distrito Federal organizar seus serviços.[24] Algumas instituições do DF são organizadas e mantidas pela União (art. 21, XIII e XIV, da CF). Os serviços públicos a cuja prestação está jungido são financiados, em parte, pela mesma pessoa federada central, que é a União (art. 21, XIV, parte final, da CF).

O DF, ao contrário dos municípios, possui Poder Judiciário. Este é organizado pela União, a qual também deve dispor acerca da organização administrativa do Ministério Público e dos Territórios (estes somente quando possuírem mais de 100 mil habitantes).[25] Existe o Tribunal de Justiça do Distrito Federal e dos Territórios (TJDFT) em pleno funcionamento, com organização e juízes próprios. Nos termos da nova redação do § 4º do art. 32, a lei federal deve dispor acerca da utilização, pelo governo do DF, das polícias civil, penal e militar, bem como do corpo de bombeiros militar.

23 ADI n. 3.756-ED/DF, rel. Min. Carlos Britto, j. 24.10.2007, *DJ* 23.11.2007.

24 ADI n. 677, rel. Min. Néri da Silveira, j. 11.03.1993, *DJ* 21.05.1993.

25 Art. 33, § 3º, da CF.

Poder Legislativo[26]	Unicameral – Câmara Legislativa composta por deputados distritais eleitos pelo sistema proporcional para mandato de quatro anos. O número de deputados é estabelecido de acordo com a população. Os subsídios são limitados a 75% daqueles fixados para os deputados federais. Possuem inviolabilidades materiais e formais, nos moldes federais.
Poder Executivo	Governador do DF (mínimo de 30 anos) – Tanto este quanto seu vice são eleitos pelo voto majoritário. A posse dos eleitos será no dia 1º de janeiro do ano subsequente ao término do mandato.
Poder Judiciário	Nos termos do art. 22, XVII, da CF, compete à União a "organização judiciária, do Ministério Público do Distrito Federal e dos Territórios e da Defensoria Pública dos Territórios, bem como organização administrativa destes".

6. REGIÕES METROPOLITANAS E REGIÕES EM DESENVOLVIMENTO

As regiões metropolitanas foram previstas no art. 25, § 3º, da CF, o qual estabeleceu que os estados têm competência, por meio de lei complementar, para instituí-las. Além disso, viabilizou a criação de aglomerações urbanas e microrregiões.

A Lei n. 13.089/2015, o Estatuto da Metrópole, como se autodenomina, define aglomeração urbana em seu art. 2º, I, como sendo "unidade territorial urbana constituída pelo agrupamento de 2 (dois) ou mais municípios limítrofes, caracterizada por complementaridade funcional e integração das dinâmicas geográficas, ambientais, políticas e socioeconômicas".

A região metropolitana, nos termos do art. 2º, VII, da Lei 13.089/2015, é "unidade regional instituída pelos Estados, mediante lei complementar, constituída por agrupamento de municípios limítrofes para integrar a organização, o planejamento e a execução de funções públicas de interesse comum". Metrópole, nos termos legais, é

> espaço urbano com continuidade territorial que, em razão de sua população e relevância política e socioeconômica, exerce influência nacional ou sobre uma região que configure, no mínimo, a área de influência de uma capital regional, conforme os critérios adotados pela Fundação Instituto Brasileiro de Geografia e Estatística – IBGE. (art. 2º, V)

26 Todos os estados da Federação e o DF possuem seu respectivo Tribunal de Contas como órgão de controle externo auxiliar do Poder Legislativo.

O objetivo de tais entidades, constituídas por agrupamentos de municípios limítrofes, seria integrar a organização, o planejamento e a execução de funções públicas de interesse comum. Na verdade, deveriam ser levadas em consideração na consecução, pela União, das tarefas estabelecidas no art. 21, IX e XX, da CF, ou seja, na elaboração e na execução de planos nacionais e regionais de ordenação do território.

Cita-se a Lei Complementar n. 14, de 1973, como sendo uma das primeiras a dispor acerca do fenômeno da conurbação e as suas respectivas implicações. Criou tais entidades com o propósito de organizar, planejar e prestar os serviços de interesse metropolitano.

Pelo escólio de José Afonso da Silva, a região metropolitana

> [...] constitui-se de um conjunto de Municípios cujas sedes se unem com certa continuidade urbana em torno de um Município-polo; *Microrregiões* formam-se de grupo de Municípios limítrofes com certa homogeneidade e problemas administrativos comuns, cujas sedes não sejam unidas por continuidade urbana. *Aglomerados urbanos* carece de conceituação, mas, de logo, se percebe que se trata de áreas urbanas, sem um polo de atração urbana, quer tais áreas sejam de cidades sedes dos Municípios [...].[27]

As regiões metropolitanas são estruturadas por formações territoriais específicas. Podem possuir um ou mais centros populacionais. Ademais, não necessitam ser fruto de conurbação ou do agrupamento de uma única área contígua urbanizada. Podem se constituir de uma região com duas ou mais áreas urbanizadas intercaladas com áreas rurais. Sua importância vem se destacando e houve, até mesmo, cogitação em transformá-las em outro ente federativo em virtude de sua peculiar importância. Certamente, há necessidade de uma melhor conformação federativa, de maneira a transformá-las em entidades mais sólidas por meio de regulamentação atualizada e específica no setor. Essas entidades metropolitanas devem criar o PDUI (Plano de Desenvolvimento Urbano Integrado), a ser levado em consideração no momento da elaboração dos planos diretores municipais ou ainda em sua obrigatória atualização em períodos inferiores

27 O autor cita a Baixada Santista como exemplo. Atualmente existe a Agência Metropolitana da Baixada Santista (Agem), criada pela Lei Complementar Estadual n. 853, de 23.12.1998, como entidade autárquica com sede e foro em município da Região Metropolitana da Baixada Santista. A Agem tem por finalidade integrar a organização, o planejamento e a execução das funções públicas de interesse comum na Região Metropolitana da Baixada Santista.

a dez anos. Essa diretiva legal não tem logrado êxito em decorrência de problemas internos dos estados encarregados de sua aprovação em lei estadual.

No final da década dos anos 1950, houve a implementação da política desenvolvimentista do ex-presidente Juscelino Kubitscheck de Oliveira. Esta tinha como propósito o avanço de 50 anos de progresso em 5 anos de mandato presidencial. Nesse período foram criadas as Superintendências Regionais de Desenvolvimento, que, em tese, permitiriam ao país elaborar e aplicar políticas de planejamento regional para diminuir as disparidades de desenvolvimento entre regiões brasileiras. Com base nisso criou-se: Superintendência de Desenvolvimento da Amazônia – SUDAM. Segundo Leon et al., "A criação da SUDAM (1966) ocorre após a criação da SUDENE (1959), e em período anterior a criações de outras superintendências de desenvolvimento regional, a SUDESUL e SUDECO (1967)".[28]

O art. 43 da Constituição Federal outorgou, para efeitos administrativos, à União o poder de articular sua ação em um mesmo complexo geoeconômico e social, objetivando seu desenvolvimento e a redução das desigualdades regionais, tal como preconiza o art. 3º, III, classificado como um dos objetivos fundamentais da República Federativa. Nesse sentido, dispõe que competirá a lei complementar dispor sobre: as condições para integração de regiões em desenvolvimento; a composição dos organismos regionais que executarão, na forma da lei, os planos regionais, integrantes dos planos nacionais de desenvolvimento econômico e social, aprovados juntamente com estes.

O Ministério do Desenvolvimento Regional atua em prol de recursos objetivando o financiamento da Política Nacional de Desenvolvimento Regional (PNDR). A União destaca parcela de recursos tributários em prol de incentivos regionais, que pode compreender: igualdade de tarifas, fretes, seguros e outros itens de custos e preços de responsabilidade do Poder Público; juros favorecidos para financiamento de atividades prioritárias; isenções, reduções ou diferimento temporário de tributos federais devidos por pessoas físicas ou jurídicas; prioridade para o aproveitamento econômico e social dos rios e das massas de água represadas ou represáveis nas regiões de baixa renda, sujeitas a secas periódicas.[29]

---

28 LÉON, A.C.; ARAUJO, I.; REZENDE, G.; ARAUJO SOBRINHO, F.L. "Planejamento regional no Brasil: a experiência da SUDAM". In: *OBSERVATORIUM: Revista Eletrônica de Geografia,* v. 7, n. 18, p. 02-21, set. 2015.

29 De acordo com acordão emitido pela Ministra Rosa Weber (RE n. 592.891), há direito ao creditamento de IPI na entrada de insumos, matéria-prima e material de embalagem adquiridos junto à Zona Franca de Manaus sob o regime da isenção, considerada a previsão de incentivos regionais constante do art. 43, § 2º, III, da Constituição Federal, com-

No passado brasileiro houve a criação de superintendências objetivando a atenuação das diferenças regionais. Criou-se a SUDENE, a SUDAM, SUFRAMA, SUDECO e a SUDESUL. Atualmente, os Fundos de Desenvolvimento da Amazônia (FDA), do Nordeste (FDNE) e do Centro-Oeste (FDCO) são instrumentos de promoção do desenvolvimento regional no Brasil, gerenciados por essas entidades regionais. Esses Fundos de Desenvolvimento participam do financiamento de grandes empreendimentos nas regiões das entidades mencionadas.

7. DESCENTRALIZAÇÃO ADMINISTRATIVA: TERRITÓRIOS

Nos termos do art. 18 da CF, a organização político-administrativa da República Federativa do Brasil compreende a União, os estados, os municípios e o Distrito Federal. Observe-se que os **territórios** não são entes federativos, mas **descentralizações administrativas da União**. Não existem atualmente no Brasil. Porém, podem ser criados pela subdivisão, incorporação e desmembramento de estados federados, mediante **lei complementar do Congresso Nacional e aprovação plebiscitária,**[30] nos termos do art. 18, § 2º. Sua criação, transformação em estado ou reintegração ao estado de origem serão reguladas em lei complementar que trate especificamente desse tema.

Existem algumas particularidades acerca dos territórios que chamam a atenção:

a) são descentralizações administrativas da União;

b) podem ser subdivididos em municípios;

c) possuindo mais de 100 mil habitantes, além do governador nomeado na forma da Constituição, haverá órgãos judiciários de primeira e segunda instância, membros do Ministério Público e defensores públicos federais;

d) lei ordinária deve dispor sobre as eleições para a Câmara territorial e sua competência deliberativa;

e) as contas do governo do território serão submetidas ao Congresso Nacional, com parecer prévio do Tribunal de Contas da União.

---

binada com o comando do art. 40 do ADCT (RE n. 592.891, rel. Min. Rosa Weber, j. 25.04.2019, *DJe* 20.09.2019, Tema 322).

30 Art. 14 do ADCT: "Os Territórios Federais de Roraima e do Amapá são transformados em Estados Federados, mantidos seus atuais limites geográficos". Art. 15 do ADCT: "Fica extinto o Território Federal de Fernando de Noronha, sendo sua área reincorporada ao Estado de Pernambuco".

QUESTÕES

1. (TJAP – 2014) A Assembleia Legislativa do Amapá, ao discutir e promulgar a Constituição do Estado, estava no exercício do poder

A) constituinte derivado reformador, sendo que o texto promulgado, em decorrência do princípio da simetria, submete-se ao controle de constitucionalidade perante o Supremo Tribunal Federal.

B) constituinte originário, em razão da autonomia federativa estadual, mas o texto promulgado deve, obrigatoriamente, obedecer aos princípios da Constituição da República.

C) legislativo ordinário, sendo que o processo para a aprovação do texto constitucional estadual exige votação, em dois turnos, com interstício mínimo de 10 dias, e aprovação da matéria por 2/3 dos membros da Assembleia Legislativa.

D) legislativo extraordinário, sendo que o processo para a aprovação do texto constitucional estadual exige votação, em dois turnos, pela maioria absoluta da Assembleia Legislativa, e posterior ratificação da matéria pelo Congresso Nacional.

E) constituinte decorrente, sendo que a Constituição do Estado do Amapá expressamente prevê que poderá ser emendada mediante proposta de mais da metade das Câmaras Municipais do Estado, manifestando-se, cada uma delas, pela maioria relativa de seus membros.

2. (TJMA – 2013) À luz da legislação e da jurisprudência, assinale a opção correta no que se refere à distribuição de competências entre os entes da Federação brasileira.

A) É constitucional lei estadual que estabeleça, em favor dos portadores de deficiência proprietários de automóveis, a gratuidade nos estacionamentos situados no estado.

B) Insere-se na competência suplementar do município lei municipal que proíbe a contratação, com o ente municipal, de parentes, afins ou consanguíneos do prefeito e do vice-prefeito, até seis meses após o fim do exercício das suas respectivas funções, não configurando o fato invasão da competência da União para legislar sobre normas gerais de licitação.

C) É constitucional lei estadual que proíba a cobrança de tarifa de assinatura básica nos serviços de telefonia fixa e móvel no estado, por tratar de matéria inserida no âmbito da competência concorrente dos estados-membros para dispor sobre direito do consumidor.

D) Os estados-membros têm competência para definir as condutas típicas configuradoras de crimes de responsabilidade do chefe do Poder Executivo estadual.

3. (CONC. 184 – MAG/SP) Os Territórios Federais integram a União, e sua criação será regulada por meio de

A) Lei Complementar, precedida de consulta popular.

B) Emenda Constitucional.

C) Plebiscito.

D) Emenda Constitucional, precedida de consulta popular.

4. (CONC. 184 – MAG/SP) Com relação ao Distrito Federal, a Constituição Federal

A) veda a divisão do Distrito Federal em Municípios.

B) atribui ao Distrito Federal poder de organizar e manter o Poder Judiciário, o Ministério Público e a Defensoria Pública do Distrito Federal.

C) autoriza a divisão do Distrito Federal em Municípios, desde que consultada a população mediante plebiscito.

D) atribui ao Distrito Federal as mesmas competências legislativas reservadas à União.

RESPOSTAS

1. A
2. B
3. A
4. A

6

Aplicabilidade das normas constitucionais

Este tema ultrapassa a esfera jurídica e tem repercussões na hermenêutica, na ciência política e na sociologia jurídica. A eficácia e aplicabilidade das normas são temas amplamente debatidos na doutrina pátria e sobretudo na jurisprudência do STF e mereceu atenção dos diversos ramos jurídicos.

Nesse diapasão, Reale[1] adverte que Portalis, um dos elaboradores do Código de Napoleão, já sugeria, desde a sua publicação, que a lei possuía lacunas e insuficiências em seus dispositivos. Surgiu, entretanto, o Código como única fonte de Direito e, consequentemente, o problema da interpretação melhor da lei. Firmaram-se assim duas vertentes: uma delas considerava o Direito a própria lei, e a outra, no sentido de que a ciência do direito dependia da interpretação da lei segundo processos lógicos.

Em razão dessa série de fatores, surgiu a denominada Escola de Exegese, a fim de sistematizar estudos com postura analítica perante textos, de acordo com diretrizes e princípios. Inicialmente, observa-se a pura questão gramática, morfológica e sintática; após essa análise, observa-se a questão da lógica do dispositivo em face dos demais, ou seja, partiu-se para uma interpretação lógico-sistemática e, nesse sentido, buscava-se a real intenção do legislador ao elaborar a norma.

No âmbito constitucional, escapando do puro caráter técnico da análise hermenêutica ou mesmo com relação à aplicabilidade das normas, existe o que Barroso[2] apontou como sendo uma frustração constitucional decorrente da inflação jurídica, da insinceridade normativa e da juridicização do fato político.

1 *Lições preliminares de direito*, p. 278.

2 *A Constituição e a efetividade de suas normas*, p. 41-114.

Antes de se ingressar no tema da aplicabilidade, é importante destacar a questão da eficácia jurídica das normas.

1. NORMAS CONSTITUCIONAIS NA DOUTRINA NORTE-AMERICANA

Soluções foram propostas para os problemas relacionados à aplicabilidade das normas constitucionais. Segundo Ferreira Filho,[3] a doutrina distingue basicamente duas espécies, segundo as lições que Rui Barbosa extraiu da doutrina de Cooley, Story e outros constitucionalistas. O autor, assim como Jorge Miranda, refere-se às normas:

Autoexecutáveis (exequíveis por si sós, autoexecutáveis, *self executing*) – São normas completas que dispensam qualquer espécie de complementação. Aqui, a complementação deve ser entendida como **lei**, o meio mais adequado para tal finalidade.

Não autoexecutáveis (não exequíveis por si sós, não autoexecutáveis, *non-self-executing*) – Estas necessitam complementação para serem aplicadas. Contudo, há ocasiões em que, mesmo pertencentes a esta categoria, teriam aplicação imediata. Isso é o que se entende pela pura interpretação gramatical do § 1º do art. 5º, que determina a aplicabilidade de todas aquelas normas, mesmo as dependentes de regulamentação, bastando, para tanto, serem definidoras dos direitos e garantias fundamentais.

A classificação[4] contempla as **normas incompletas**, que necessitam de regulamentação; **as programáticas** que preveem futura política pública a ser adotada em determinado assunto, cuja inobservância pode acarretar a Ação Direta de Inconstitucionalidade por Omissão (saúde, desporto, lazer etc.); **as de estruturação**, instituidoras de órgãos e entes, e as **normas condicionadas**, que, apesar de completas e autoexecutáveis, o constituinte relegou à legislação infraconstitucional por entender mais oportuno dessa maneira.

2. CLASSIFICAÇÃO DE JOSÉ AFONSO DA SILVA

Esta classificação merece ser destacada em virtude de ser a utilizada por nossos tribunais superiores em suas decisões e também ter parte de seus estudos prévios servido de inspiração na elaboração do texto.[5]

---

3 *Curso de direito constitucional*, p. 389-90.

4 Ibidem, p. 390.

5 O estudo da eficácia da norma constitucional passou a ser tema de estudos aprofundados pelo Prof. José Afonso da Silva diante da publicação, em 1967, de sua obra que intitulou *Aplicabilidade das normas constitucionais*. Sob seu escólio, todas as normas constitucio-

Esse estudo da aplicabilidade das normas constitucionais teve como origem a obra do professor José Afonso da Silva, *Aplicabilidade das normas constitucionais*, em 1967.

Segundo o autor, a teoria indicada por Rui Barbosa, retrocitada, e Pontes de Miranda estaria, hoje, superada, pois o debate científico da matéria seguiu a formulação italiana provocada por discussões acerca da aplicação da constituição daquele país, de 1948.

O autor centraliza o debate em torno da constituição como "sistema de normas jurídicas",[6] não como norma pura, desvinculada da realidade social e vazia de conteúdo axiológico, mas envolvendo um conjunto de valores.

Em um primeiro momento refere-se ao **sentido sociológico da constituição,** a partir do momento que ela é considerada obra com influência proveniente da realidade social e política. Isso faz com que o direito encontre nos fatos sociais base para sua normatividade. A **constituição em sentido político** refere-se ao fato de que ela é a própria decisão política fundamental. No **sentido jurídico,** a constituição nada mais é do que a **norma jurídica fundamental**. Essa seria a concepção do liberalismo e do racionalismo que deram origem ao constitucionalismo atual.

Seguindo ainda seu raciocínio, refere-se à **aplicabilidade** como sendo uma possibilidade de aplicação. Nada mais é do que a aplicação direta da norma ao caso concreto. **Vigência,** no sentido técnico-formal, nada mais é do que modo específico da existência da norma regularmente promulgada e publicada, com determinação certa para entrar em vigor.[7]

A teoria da aplicabilidade das normas constitucionais é iniciada a partir da imprecisão terminológica que as cerca. Isso não seria condição específica das normas dessa categoria, mas da ciência jurídica em geral.

As normas constitucionais pertencem à categoria de normas *ius cogens*, normas cogentes, taxativas.[8] De outro lado, normas dispositivas também têm eficácia e valor jurídico, mesmo as de caráter ideológico-programático.[9] Isso pode ser confirmado por recente decisão da ADPF n. 45, firmando o princípio da reserva do possível, conforme indicado a seguir.

A concretização de políticas públicas, quando previstas na CF, deve ser aferida pelo STF, a fim de não se abster de tornar efetivos os direitos econômicos,

---

nais possuem eficácia e divisa três categorias de normas: a) de eficácia plena; b) de eficácia contida e ainda as de eficácia limitada ou reduzida.

6 *Aplicabilidade das normas constitucionais*, p. 21.

7 Ibidem, p. 53.

8 Ibidem, p. 70-1.

9 Ibidem, p. 80.

sociais e culturais. O desrespeito à Constituição tanto pode ocorrer mediante ação estatal quanto mediante inércia governamental. Apenas depois de atingi-los é que se poderá discutir, relativamente aos recursos remanescentes, em que outros projetos se deverá investir. O mínimo existencial, como se vê, associado ao estabelecimento de prioridades orçamentárias é capaz de conviver produtivamente com a reserva do possível. A **cláusula da "reserva do possível"** traduz-se no binômio: razoabilidade da pretensão e a disponibilidade financeira do Estado. Ainda que a formulação e a execução de políticas públicas dependam de opções políticas, reconhece-se que não se revela absoluta essa liberdade de conformação do legislador. Caso haja injustificável inércia estatal ou abusivo comportamento governamental em face das condições mínimas necessárias a uma existência digna e essenciais à própria sobrevivência do indivíduo, aí, então, justificar-se-á a possibilidade de intervenção do Poder Judiciário, em ordem a viabilizar o acesso aos bens cuja fruição lhes haja sido injustamente recusada pelo Estado.[10]

Assim, não há norma constitucional destituída de eficácia. O que se admite é que ela não se manifeste na plenitude de seus efeitos jurídicos enquanto não houver normatividade infraconstitucional executória prevista ou requerida.[11] Portanto é possível diferenciar as normas constitucionais somente quanto ao grau de seus efeitos jurídicos.

José Afonso da Silva[12] classificou as normas em:

Normas constitucionais de eficácia plena (direta, imediata e integral) – São aquelas que, desde sua entrada em vigor no texto constitucional, produzem todos os efeitos essenciais, ou tenham a possibilidade de produzi-los, porque o constituinte criou normatividade suficiente para que isso ocorresse. "Estabelecem conduta jurídica positiva ou negativa com comando certo e definido".[13] Exemplos típicos: arts. 15, 44, 45 e 76 da CF.

Normas constitucionais de eficácia contida (direta, imediata, mas não integral) – Incidem imediatamente e produzem – ou podem produzir – os efeitos jurídicos desejados. Contudo, há previsão de meios capazes de "manter sua eficácia contida em certos limites". Destarte, conquanto se pareçam com aquelas (são de aplicabilidade imediata) sob o aspecto da aplicabilidade, delas se distanciam pela possibilidade de contenção de sua eficácia, mediante legislação futura ou outros meios; e, se assemelham às de eficácia limitada pela possibilidade de regulamentação legislativa.[14]

---

10 ADPF n. 45 MC/DF, rel. Min. Celso de Mello, *DJ* 04.05.2004.

11 SILVA, José Afonso da. *Aplicabilidade das normas constitucionais*, p. 82.

12 *Curso de direito constitucional positivo*, p. 82-3.

13 Ibidem, p. 101.

14 Ibidem, p. 104.

Exemplos típicos são os incisos VIII e XIII do art. 5º da CF.

Normas de eficácia limitada (indireta, mediata ou reduzida) – O constituinte cometeu ao legislador ordinário a tarefa de complementar as normas dessa categoria, seja porque não produziu normatividade suficiente para torná-las de eficácia plena ou por qualquer outro motivo; "são aquelas que dependem de outras providências para que possam surtir os efeitos essenciais colimados pelo legislador constituinte".[15]

Mais adiante aponta que, pela simples leitura das constituições contemporâneas, é possível observar dois tipos diferenciados de normas de eficácia limitada:

Normas constitucionais de princípio institutivo ou organizativo – Aqui, o termo princípio designa começo ou início. São normas designativas de como deve se compor determinado órgão, entidade ou instituição, relegando à legislação infraconstitucional essa tarefa. Poderiam também ser conceituadas como normas de princípio orgânico ou organizativo.[16] Exemplo típico é a questão da organização administrativa e judiciária dos territórios que vierem a se formar (art. 33 da CF), assim como no § 2º do art. 90 que prevê a organização e o funcionamento do Conselho da República.

Normas constitucionais de princípio programático – Importante o fato remarcado pelo autor de que as constituições atuais são documentos jurídicos de compromisso "entre o liberalismo capitalista e o intervencionismo",[17] o que significa dizer que existem dispositivos de liberdade econômica ao mesmo tempo que outros protegem os direitos do trabalhador, dos cidadãos etc. Assim, tais normas caracterizam-se por ter o constituinte traçado os princípios para serem cumpridos por seus órgãos (executivo, legislativo ou jurisdicional), tudo por meio de programas a serem implementados de forma a realizar os fins sociais do Estado. Como da espécie pode-se citar os arts. 21, IX, 48, IV, 184 e 215 da CF.

3. CLASSIFICAÇÃO DE JORGE MIRANDA

Aqui se fará uma breve análise dos estudos do autor acerca da aplicabilidade das normas constitucionais, nos termos de sua obra sobre a matéria.[18]

15 Ibidem, p. 118.
16 *Curso de direito constitucional positivo*, p. 119.
17 Ibidem, p. 135.
18 *Ciência política*, p. 241-2.

Para ele, as classificações ou contraposições mais encontradas sobre os domínios constitucionais seriam:

a) normas constitucionais materiais – primárias; e de garantia – secundárias;

b) normas constitucionais de fundo ou orgânicas e normas constitucionais processuais ou de forma – conectadas às relações entre a sociedade e o Estado ou ao estatuto das pessoas e dos grupos na comunidade política;

c) normas constitucionais preceptivas e normas programáticas – as primeiras de eficácia incondicionada e as segundas dirigidas a fins e transformações sociais;

d) normas constitucionais exequíveis e não exequíveis – as últimas carecem de normas infraconstitucionais;

e) normas constitucionais *per se* e normas sobre normas – as primeiras contêm regulamentação; as segundas reportam-se a outras normas constitucionais.

4. O NEOCONSTITUCIONALISMO

A Constituição seria o modelo de inspirações políticas e regras relacionadas ao funcionamento dos órgãos superiores do Estado. Essa seria a concepção dada pelo modelo normativo constitucional existente na Europa até o início do século passado. O texto atual, em vista de conferir maior segurança aos cidadãos, estabeleceu regras que, como visto, não necessitariam estar na Constituição. Porém, para gerar maior segurança, consigna normas nela.[19]

Esse paradigma, anteriormente conferido à Constituição, foi substituído quando se conferiu à norma constitucional o *status* de norma jurídica. Barroso[20] indica que nessa condição a concretização de propostas estaria sujeita à "liberdade de conformação do legislador ou à discricionariedade do administrador". Após a Segunda Guerra Mundial, o panorama modificou-se. Atualmente a Constituição possui forma normativa e caráter vinculativo e obrigatório de suas disposições.

A vigente Constituição abarcou essa nova realidade incorporando valores não aplicáveis anteriormente, a exemplo da aplicação de suas normas de forma direta em situações específicas, o reconhecimento da incompatibilidade de regras contrastantes, sobretudo daquilo que possa contrariar seus dispositivos, e

---

19 Atualmente, especula-se que o auxílio emergencial a ser conferido pelo governo venha a ultrapassar o teto de gastos estabelecido constitucionalmente. Dessa forma, os gatilhos que evitam o descontrole de gastos podem ser suspensos.

20 BARROSO, L. R. "Neoconstitucionalismo e constitucionalização do Direito". *Rev. Quaestio Juris*, v. 2, n. 1, p. 1-48.

ainda a interpretação pelo tribunal superior de acordo com valores que este considere serem os mais adequados à Carta.

QUESTÕES

Responder certo ou errado (Prova AGU – 2015)

1. Constituições promulgadas – a exemplo das Constituições brasileiras de 1891, 1934, 1946 e 1988 – originam-se de um órgão constituinte composto de representantes do povo que são eleitos para o fim de as elaborar e estabelecer, ao passo que Constituições outorgadas – a exemplo das Constituições brasileiras de 1824, 1937 e 1967 – são impostas de forma unilateral, sem que haja participação do povo.

2. No neoconstitucionalismo, passou-se da supremacia da lei à supremacia da Constituição, com ênfase na força normativa do texto constitucional e na concretização das normas constitucionais.

RESPOSTAS

1. CORRETA
2. CORRETA

7

Tripartição dos Poderes

Importante observação fez Montesquieu, em sua obra *O espírito das Leis*, de 1748, ao uso do poder. Segundo ele, a experiência eterna ensina que o titular do poder – o homem – é levado sempre a abusar dele. Impõe que se lhe determinem fronteiras. Essa limitação é indispensável para garantir a liberdade humana. Um dessas formas de contenção do poder seria por meio de sua tripartição, de forma a viabilizar o controle recíproco.

A divisão dos poderes, a partir de determinada época, passou a ser considerada eficaz remédio contra o despotismo político. Sua fama espalhou-se com rapidez na formação democrática dos Estados modernos. Isso sem mencionar que, nas duas últimas décadas do século XVIII, a tripartição não será apenas considerada elemento essencial do Estado de Direito, mas meio adequado à subsistência das liberdades individuais. A simples leitura das declarações de direitos da Virgínia, de 1776, da Filadélfia, de 1787, e a Declaração dos Direitos do Homem e do Cidadão, especificamente em seu art. 16, promulgada em 1789, indicam a dimensão que se imaginava alcançar com a limitação do poder.

Com esse intuito, os primeiros federalistas americanos se imbuíram de ânimo ao seguir à risca a interpretação de Montesquieu na análise da constituição inglesa e da prática de governo nas colônias americanas. Assim, os delegados da Convenção de Filadélfia concordaram, sem hesitar, que os Poderes Executivo, Legislativo e Judiciário deveriam ser separados tanto quanto possível.[1]

O poder verdadeiramente é uno. A divisão em três unidades estabelece que as funções sejam conduzidas de maneira independente e harmônica. Os atos devem se coadunar com o bem-estar coletivo, de maneira a viabilizar o exercício do poder com limites preestabelecidos e sempre respeitando cada qual seu rol

---

1 HICKS, John D.; MOWRY, George E.; BURKE, Robert E. *The Federal Union*, p. 245.

de funções. A unicidade do poder é alcançada dessa forma pela teoria informada.

1. ANTECEDENTES

Três filósofos responsáveis pelo desenvolvimento da teoria são Aristóteles, John Locke e Montesquieu.

Aristóteles – Em sua obra *A política*, reconheceu, com base na análise de diversas constituições, na Antiguidade grega, a existência da assembleia geral, do corpo de magistrados e do corpo judicial.

John Locke – O primeiro a afirmar, por meio da obra *Segundo Tratado sobre o Governo Civil*, a existência de três Poderes: Executivo, Legislativo e Judiciário. Não obstante essa contribuição, ainda vislumbrou "um quarto poder", por meio do qual o monarca poderia promover o bem comum na hipótese de lacuna legislativa.

Montesquieu – Afirmava existir em cada Estado três espécies de Poderes "o Legislativo, o Executivo e o de 'julgar'".[2]

Montesquieu considerou a Inglaterra daquele período como paradigma. Bonavides aponta ser esse um erro crucial, pois ali não existia, mesmo com o regime parlamentar bem consolidado, por omissão dos primeiros reis da dinastia imperante, uma separação de Poderes, a qual ele descrevia e teorizava.[3]

Assim, em 1748, o magistrado e filósofo francês Charles de Secondat, Barão de Montesquieu, oferecia sua versão à separação de Poderes, descrevendo de maneira pormenorizada as principais características que deveriam circundar a tripartição. No seu livro *De l'esprit des lois* (*O espírito das leis*), reconheceu, de fato, a existência da tripartição na constituição inglesa, possuindo cada parte funções próprias e indelegáveis. Referiu-se ao fato de que tais funções eram confiadas a um só órgão naquele país; contudo, preconizava a separação em três esferas, cada qual com sua circunscrição de tarefas.

2. PODERES OU FUNÇÕES

Importa observar que há um único poder por excelência, soberano, ilimitado, incondicionado: o Poder Constituinte originário; os demais são constituídos. Os três "poderes", em verdade, são "funções", cujas atribuições precípuas lhes conferem designações próprias.

---

2 *O espírito das leis*, p. 167.
3 Ibidem, p. 145.

Como visto, além dos direitos e garantias individuais, e da própria existência de uma constituição, os Estados modernos deveriam prever a tripartição do Poder. A própria garantia dos demais mecanismos controladores somente se efetivaria se um poder pudesse manter controle sobre o outro.

O **poder político** ou **poder estatal** pertence ao Estado. Esse poder é superior aos demais, nas palavras de Afonso da Silva.[4] Essa superioridade própria do poder caracteriza a soberania em confronto com todos os poderes exteriores à sociedade estatal e a **supremacia** sobre todos os poderes sociais internos da mesma sociedade. Não tendo vontade real e própria, o Estado manifesta-se por meio de seus **órgãos**, que exprimem, basicamente, a vontade humana. Os órgãos do Estado são **supremos** (constitucionais) ou **dependentes** (administrativos). Essa diferença hierárquica é o elemento distintivo entre o direito constitucional e o administrativo.

Seguindo seu raciocínio, ele mantém-se na assertiva de que o governo seria o órgão pelo qual a vontade do Estado é formulada ou o conjunto de órgãos supremos a quem incumbe o exercício das **funções do poder político.** Este é manifesto por **funções** exercidas e cumpridas por órgãos governamentais. Portanto, o poder político **uno, indivisível** e **indelegável**, desdobra-se e compõe-se de **várias funções.**

3. FUNÇÕES TÍPICAS E ATÍPICAS

Montesquieu referiu-se aos poderes e inferiu que cada qual receberia a designação aproximada de sua função, assim compete aos Poderes:

a) Legislativo – elaborar, corrigir ou ab-rogar as **leis** que elaboram;

b) Executivo – promoção de segurança e política, por meio da **execução** das leis;

c) Judiciário – punir os crimes e **julgar** as pendências entre particulares.

Essa divisão seria o elemento garantidor da liberdade política. Esse conceito de liberdade se resumia basicamente em duas acepções:

Liberdade dos atenienses – Desenvolvida a partir do ponto de vista democrático. Liberdade nada mais seria do que a participação ativa do cidadão no processo de elaboração da vontade coletiva (lei); uma vez atuando soberanamente em sua confecção deveria se submeter aos termos nela prescritos.

Liberdade individual – Reside na personalidade inviolável do homem. Uma vez confrontada com o Estado, os direitos individuais prevalecem sobre este.

---

4 *Curso de direito constitucional positivo*, p. 107-8.

Este é o ponto de vista mais defendido pelo Estado Liberal, que repele toda e qualquer intervenção estatal e enaltece os direitos individuais.

A estruturação da divisão de poderes leva em consideração dois elementos básicos: especialização e independência de cada um deles. A especialização é consequência da tarefa principal realizada por um poder específico, e a independência reflete o grau de autonomia que cada um dos Poderes deveria possuir.

É nesse aspecto particular que se divisam as funções:

Típicas – Prescritas na constituição, são elas as que emprestam o nome ao Poder. A função típica ou principal do Poder Legislativo é a elaboração de leis; em contrapartida também deve contratar servidores, por esse motivo é possível exercer a função atípica administrativa, sem ter de recorrer ao Executivo para essa seleção.

Atípicas – Também consignadas na Constituição, são exercidas de forma secundária por cada um dos Poderes. O exercício atípico está subsumido na expressão prescrita no art. 2º, o qual se refere aos poderes como "independentes e harmônicos", o que pressupõe determinada parcela de funções atípicas que viabilizam a autonomia.

Constata-se, pelo que se afirmou anteriormente, a inexistência de uma separação absoluta entre os poderes; em princípio todos eles possuem funções de outros; assim eles legislam, administram e julgam. A tipicidade se encontra pela simples preponderância de uma função sobre as demais. Por exemplo, o Poder Legislativo tem a função principal de elaborar o regramento jurídico do Estado – é sua função típica –, mas também pode julgar seus servidores e o próprio chefe do Executivo, exemplos de exercício de atividades típicas do Judiciário, podendo, ainda, julgar seus pares, assim como a edição de decretos autônomos pelo chefe do Executivo é uma função atípica do Poder Legislativo.

Para se estruturar a divisão de Poderes utilizam-se como fundamentação dois elementos: especialização funcional e independência orgânica; esta requer a independência manifestada pela inexistência de qualquer meio de subordinação, e aquela significa que cada órgão é especializado no exercício de uma função.

4. *CHECKS AND BALANCES* (FREIOS E CONTRAPESOS)

De acordo com o escólio de Montesquieu,[5] existiam duas faculdades distintas entre os poderes: a de impedir e a de estatuir. O primeiro consiste na possibilidade de anular um ato normativo; e era dessa forma que o Executivo deveria tomar parte. No seu ponto de vista, "se o monarca participasse da legislação pela

5 *O espírito das leis*, p. 180-1.

faculdade de estatuir não haveria mais liberdade. Mas como precisa ele participar da legislação para defender-se; há de participar dela pela **faculdade de impedir**".

A partir da análise dos trabalhos filosóficos que nada mais fizeram além de enaltecer a teoria da tripartição dos Poderes, Montesquieu reconhece a legitimidade e a inevitabilidade de interferências recíprocas. Reconhece que o Executivo e o Legislativo possuem problemas de equilíbrio no sistema representativo; necessitam, portanto, em suas relações recíprocas, de um conjunto de mecanismos capazes de impedir a absorção de um pelo outro, de ordem a mantê-los efetivamente separados e harmônicos entre si.

O mecanismo de freios e contrapesos está de alguma forma presente em nossa Constituição, quando viabiliza, por exemplo, no art. 49, V, a sustação dos atos normativos do Executivo que exorbitem do poder regulamentar ou dos limites de delegação legislativa; ou ainda, pelo Judiciário, na hipótese de inconstitucionalidade de norma já vigente. Importante entender que se trata de uma forma de obstar o exercício de um poder pelo outro. Dessa forma, existe o que se denomina "controle do poder pelo próprio poder", evitando as usurpações exemplificadas por Montesquieu e presentes em alguns Estados contemporâneos.

5. A TRIPARTIÇÃO NAS CONSTITUIÇÕES BRASILEIRAS

Considerado um dos princípios constitucionais fundamentais, a tripartição do Poder, como já referido, consta no art. 2º da CF. Mais adiante, especificamente no Título IV, "Da Organização dos Poderes" (Legislativo: arts. 44 a 75; Executivo: arts. 76 a 91; e Judiciário: arts. 92 a 135).

Esse princípio de separação das funções foi contemplado em todas as constituições brasileiras. Importante rememorar que a Constituição Imperial de 1824 adotou a separação quadripartida, dentro dos moldes delineados por Benjamim Constant, o qual permitia ao imperador poderes excepcionais, o que se designou Poder Moderador.

A Constituição Imperial de 1824, o primeiro texto da espécie na história brasileira, é fruto da frustração da dissolução da Constituinte de 1823. Esta gerou o divórcio entre a Coroa e a opinião pública e, nas palavras de Nogueira,[6] vinculou de forma indelével a vocação autoritária do Monarca. Ainda que outorgada, essa constituição marcou o início da institucionalização da monarquia constitucional, instituiu os poderes estatais, garantiu direitos e conteve abusos. A prática constitucional apenas se estabeleceu em maio de 1826, a partir da instalação do Legislativo.

6 *Constituições brasileiras*, p. 17.

Outro aspecto merecedor de atenção é o fato de ser a separação dos Poderes protegida por cláusula pétrea (art. 60, § 4º, III), insuscetível de modificação por via de emenda à Constituição.

6. O ATIVISMO JUDICIAL E AS FUNÇÕES CONSTITUCIONAIS

Aspecto relevante atualmente é a questão do denominado "ativismo judicial" considerando a atuação judicial em aspectos que parecem "escapar" de sua função típica. Como remarca Dimitri Dimoulis, esse não é um tema recente. Nos Estados Unidos, quase quatro mil artigos já teriam sido publicados sobre esta questão, desde 2004. No Brasil, vem sendo tema cada vez mais relevante, sobretudo em face da atuação do STF em ações constitucionais.

O autor refere-se a uma afirmação de Carl Schmitt em que diz "o guardião da Constituição torna-se facilmente seu Senhor". Nesse sentido, surgem rumores acerca da necessidade de limitação do controle realizado pelo STF. Três são os fatores relatados em torno do tema especificando a urgência do trato dele: a) existem interesses conflitantes que podem pesar na tomada de decisões; b) baixa densidade normativa, que permite decisões com alto grau de discricionariedade por parte dos ministros; e c) falta de consenso entre os métodos de interpretação existentes.

Mesmo diante desses argumentos, a palavra final da constitucionalidade está com o STF. Segue sendo "O guardião da Constituição". Isso porque é possível que as decisões sejam permeadas ou mesmo baseadas em critérios subjetivos, que deveriam "em tese" ser legitimadas por quem obteve o voto popular.[7]

Talvez esse não seja o grande problema. Maior que a discussão entabulada é o comentado pelo jornalista do periódico *O Estado de São Paulo*, em primeira página, sob o título "Supremo tem dez liminares valendo há mais de 5 anos". Relatado por Breno Pires no sentido de que a Cúpula Suprema necessitaria de um esforço concentrado para terminar com grande número de liminares pendentes de julgamento. Pior seja talvez o fato de serem decisões monocráticas, tomadas por relatores há mais de cinco anos, suspendendo resoluções, leis estaduais e federais e até emendas à Constituição.[8]

---

7 DIMOULIS, Dimitri; LUNARDI, S.G. "Ativismo e autocontenção judicial no controle de constitucionalidade". Disponível em: (56) (PDF) *Ativismo e autoconteção judicial* | Dimitri Dimoulis – Academia.edu. Acesso em: 04.12.2020.

8 ALTENFELDER SILVA, R.M. "Politização da Justiça e ativismo judicial: Independência e harmonia dos Poderes são indispensáveis ao Estado de Direito". In: *O Estado de S. Paulo*, E. 1 dez. 2020.

Porém, não fosse o ativismo judicial, o casamento entre pessoas do mesmo sexo não seria permitida. A Resolução n. 175, do Conselho Nacional de Justiça, de 14 de maio de 2013, em face de duas decisões tomadas anteriormente pelo STF (ns. 132/RJ e 4.277/DF), de 2011, "[...] reconheceu a inconstitucionalidade de distinção de tratamento legal às uniões estáveis constituídas por pessoas do mesmo sexo".[9]

Nesse sentido, deveria haver uma reflexão, pois o ativismo judicial não pode ser criticado diante da omissão legislativa. O Legislativo, por inúmeras razões, prefere não se manifestar diante de normas consideradas "ofensivas" a posturas ideológicas, religiosas ou antiéticas, mesmo diante da urgência social em adotá-las. Por isso, os autores costumam separar o ativismo em sede de controle de constitucionalidade e os voltados para a normatização (por meio de atos normativos ou mesmo súmulas vinculantes ou não).

QUESTÕES

1. É possível afirmar que a Teoria da Tripartição de Poderes que Montesquieu se aprofundou advém de ideias de outros filósofos, tais como:

A) Espinoza e Locke

B) Platão e Aristóteles

C) Locke e Rousseau

D) Aristóteles e Locke

E) Rousseau e Espinoza

2. Relativamente às funções típicas e atípicas, é possível afirmar que:

A) funções atípicas podem ser realizadas a qualquer tempo, sem limites.

B) funções típicas não são as preponderantes dos respectivos Poderes.

C) funções típicas e atípicas são as que garantem a independência e autonomia dos Poderes.

D) funções atípicas não estão indicadas constitucionalmente.

E) não há funções atípicas entre os Poderes.

3. O ativismo judicial é atividade que poderia ser considerada ofensiva à Teoria da Tripartição dos Poderes pois:

A) por meio dela o Judiciário estabelece normas diretas, como se lei fossem.

---

9 BRASIL. Resolução CNJ n. 175/2013. "Casamento entre pessoas do mesmo sexo". Disponível em: resolucao_175_14052013_16052013105518.pdf (cnj.jus.br). Acesso em: 04.12.2020.

B) é a forma pela qual o Judiciário tem de impor a observância das decisões tomadas em sede de controle de constitucionalidade.

C) pode ser considerada inconstitucional, pois o Judiciário não poderia manifestar-se em forma de norma coercitiva.

D) existe previsão constitucional nesse sentido e não há nenhum problema em se postergar decisões monocráticas na cúpula do Judiciário.

E) há diversas opiniões que buscam neutralizar esse ativismo considerado uma intromissão indevida no Legislativo.

4. (CESPE – 2014 – Juiz) No que se refere ao funcionamento do Poder Judiciário, assinale a opção correta.

A) Compete ao CNJ receber e conhecer das reclamações contra os membros do Poder Judiciário, podendo esse conselho avocar processos disciplinares em curso e determinar a remoção, a disponibilidade, a aposentadoria com proventos proporcionais, a perda do cargo ou a cassação de aposentadoria do magistrado.

B) Compete ao juiz de direito do juízo militar processar e julgar, singularmente, as ações judiciais contra atos disciplinares militares, cabendo ao Conselho de Justiça, sob a presidência de juiz de direito, processar e julgar todos os crimes militares.

C) A elaboração das propostas orçamentárias dos tribunais deve ser realizada pelo Poder Executivo da unidade da Federação à qual esteja vinculada a corte judicial.

D) A distribuição de processos deve ser imediata, em todos os graus de jurisdição.

E) As decisões administrativas dos tribunais devem ser motivadas, salvo as tomadas em processo de natureza disciplinar.

5. Assinale a alternativa correta sobre os Conselhos Nacionais de Justiça e do Ministério Público, de acordo com as previsões dos arts. 130-A e 103-B.

A) Os Conselhos possuem, cada um, 16 (dezesseis) membros em sua composição.

B) O Conselho Nacional do Ministério Público é composto por três juízes indicados pelo Supremo Tribunal Federal.

C) O Conselho Nacional de Justiça é composto por dois integrantes do Ministério Público, sendo um da União e outro dos estados, ambos indicados pelo Procurador-Geral da República.

D) O Conselho Nacional do Ministério Público escolhe um Corregedor nacional, dentre os membros do Ministério Público que o integram, sendo permitida uma recondução.

E) Os Conselhos têm competência para desconstituir atos administrativos ilegais praticados pelos órgãos das instituições a que pertencem, sem prejuízo da competência dos Tribunais de Contas.

6. (CONC. 184 – MAG/SP) Ato Normativo do Presidente da República que exorbita dos limites de delegação legislativa

A) autoriza o Congresso Nacional a revogar todo o Ato Normativo do Poder Executivo, por meio de uma Resolução.

B) legitima o Presidente do Senado Federal a propor ação direta de inconstitucionalidade.

C) autoriza o Congresso Nacional a sustar a parte do Ato Normativo do Poder Executivo que exorbitou dos limites de delegação legislativa, por meio de Decreto Legislativo.

D) legitima a Mesa do Congresso Nacional a propor ação direta de inconstitucionalidade.

RESPOSTAS

1. D
2. C
3. B
4. D
5. E
6. C

8

Da nacionalidade da pessoa física

1. DA NACIONALIDADE

Não há dissonância entre os autores nacionais e estrangeiros quanto ser a nacionalidade o vínculo jurídico que conecta o indivíduo a um Estado. Há divergências quanto a um termo mais adequado para designar esse vínculo. Entretanto, remanesce a nacionalidade como sendo o termo mais exato para designá-lo, e é o próprio ordenamento que deve indicar, em normas materialmente constitucionais, quem são os nacionais. Existem dimensões jurídico-políticas e sociológicas do termo. O elo entre a pessoa natural e o Estado ao qual pertence pressupõe uma série de obrigações (lealdade, serviço militar, obrigações cívicas) e direitos (proteção diplomática); esta é a dimensão jurídico-política. A dimensão sociológica da palavra refere-se basicamente ao grupo a que pertence e ao rol de afinidades que o indivíduo possui com o seu respectivo Estado.

É de **competência privativa** da União as questões relacionadas a **nacionalidade, cidadania** e **naturalização**, nos termos do art. 22, XIII; a criação de normas sobre emigração e imigração, entrada, extradição e expulsão de estrangeiros, nos termos do inciso XV desse mesmo artigo. Normas referentes a esses assuntos são objetos da Lei de Migração, Lei n. 13.445, de 24 de maio de 2017, que revogou integralmente o Estatuto do Estrangeiro: Lei federal n. 6.815/80.

Observações	
Competência privativa da União	Nacionalidade; cidadania; naturalização
Nacionalidade	Conexão jurídica: pessoa – Estado

Importante observar que não se confunde **nacionalidade** com **naturalidade**, sendo esta última indicativa do local de nascimento da pessoa em determinada região ou localidade.[1]

2. NACIONALIDADE E DIREITO CONSTITUCIONAL

Pillet,[2] um dos primeiros juristas a se debruçar sobre o tema da nacionalidade, estudou-a sob o prisma do direito internacional privado. Isso porque as questões relacionadas a ela geravam, e geram, grande parte dos conflitos de lei, e suscitam questões de extrema importância.[3] Esse ramo jurídico se caracteriza por ser predominantemente interno, e tanto a Constituição como a LINDB (Lei de Introdução às normas do Direito Brasileiro – Decreto-lei n. 4.657/42, com a redação da Lei n. 12.376/2010), são suas principais fontes. Estuda-se o tema da nacionalidade sob o prisma interno, daí a importância do direito constitucional e suas implicações em contato com elementos estrangeiros, situações em que o direito internacional privado terá lugar.

Sendo a nacionalidade resultante da emanação de soberania de determinado país, ela tem como finalidade própria divisar o nacional do estrangeiro e, ainda que produza efeitos na esfera internacional, cada Estado pode discipliná-la com as singularidades que considerar mais apropriadas. A nacionalidade, além de refletir a autoridade estatal projetada em determinadas pessoas, às quais se conferem e se reconhecem direitos civis e políticos, refere-se também à proteção internacional devida pelo Estado aos seus nacionais. A atual Lei de Migração (Lei n. 13.445/2017) fixa princípios próprios que estabelecem a universalidade, indivisibilidade e interdependência dos direitos humanos (art. 3º, I) e a vedação ao repúdio e prevenção à xenofobia, ao racismo e a quaisquer formas de discriminação (art. 3º, III), entre outras.

3. NACIONALIDADE E CIDADANIA

Importante diferenciar os institutos da "nacionalidade" e da "cidadania". Certamente, possuem afinidades e pontos em comum. A cidadania, nas palavras

---

1 A atual redação do § 4º do art. 19 da Lei n. 6.015/73 estabelece que a naturalidade pode ser distinta do local do nascimento. Isso porque "as certidões de nascimento mencionarão a data em que foi feito o assento, a data, por extenso, do nascimento e, ainda, expressamente, a naturalidade".

2 Antoine Pillet foi professor na Universidade de Paris e um dos primeiros estudiosos a se aprofundar na matéria de direito internacional privado. Grande parte de nossa doutrina se assenta em seus estudos.

3 PILLET, Antoine. *Traité pratique de droit international privé*, t. I, p. 177.

de Amorim,[4] não é sinônimo de nacionalidade; é uma decorrência do estado de ser da pessoa natural cidadã. Assim, a cidadania é o conjunto de direitos civis e políticos dessa mesma pessoa física, podendo, consequentemente, desempenhar funções públicas, atividade profissional, comercial, empresarial, votar, ser votado para qualquer cargo estatal e pertencer a partidos políticos, exercendo atos da vida civil em toda a sua plenitude.

Relativamente à cidadania, ainda existe a diferença entre a cidadania ativa e a passiva. Nas palavras de Zippelius, o povo sujeito à regulação do Estado não é idêntico à soma de seus nacionais. Existe a cidadania ativa, pela qual os indivíduos com essa qualidade podem escolher seus representantes, assim como opinar diretamente nos atos legislativos e nas decisões individuais do Estado.[5]

Nas palavras de Ferreira Filho,[6] o termo nacionalidade vem de nação. No sentido sociológico, designa uma comunidade natural, integrada em razão de certos caracteres comuns objetivos (p. ex., língua, religião) e subjetivos (p. ex., sentimentos). Em razão de o Estado contemporâneo buscar sua correlação com uma determinada nação, passou a ser tratado como Estado-Nação. Disso decorre o princípio das nacionalidades (cada nação deve organizar-se em um estado independente). Destarte, a qualidade de nacional passou a designar a qualidade de membro do elemento pessoal do Estado, o povo. Muito se empregou o termo cidadão como sinônimo de nacional. Porém, é cidadão quem goza de direitos políticos.

Não há cidadania sem a nacionalidade: uma decorre da outra. Dessa forma, ao se perder a nacionalidade, perde-se, consequentemente, a cidadania. Importante ainda abordar que o vocábulo nação não é somente para os nacionais que habitam no território. Segundo Washington de Barros Monteiro, o vocábulo atinge gerações atuais e futuras. Não somente as presentemente existentes.[7]

Nacionalidade	Vínculo entre indivíduo e Estado (nação)	
Cidadania	Cidadania ativa	Votar
	Cidadania passiva	Votar e ser votado

4 *Direito internacional privado*, p. 41.

5 ZIPPELIUS, Reinhold. *Teoria geral do Estado*, p. 93.

6 *Comentários à Constituição brasileira*, p. 93-4.

7 MONTEIRO, Washington de Barros. *Da nacionalidade e da cidadania em face da nova Constituição (1967)*. Disponível em: file:///C:/Users/EDSON/Downloads/66527-Texto%20do%20artigo-87914-1-10-20131125.pdf. Acesso em: 21.10.2018.

4. NACIONALIDADE E OUTRAS DISCIPLINAS JURÍDICAS

O estudo do regime jurídico da nacionalidade implica o estudo de várias outras disciplinas do Direito: o direito constitucional, o direito internacional público e o direito internacional privado.

Divergem doutrinadores no tocante ao estudo da nacionalidade estar mais envolvido com o direito constitucional ou com o internacional privado. Pontes de Miranda, em seus comentários à Constituição de 1967/69, afirma: "Nem existe no DIPr qualquer norma sobre as leis de nacionalidade; nem as leis de nacionalidade são leis de Direito Privado".[8] Pillet entende ser a nacionalidade matéria introdutória ao estudo do direito internacional privado, pois nela se estabelece que a aplicação de leis sobre a nacionalidade de um determinado Estado pode ter repercussões em outro (p. ex., a polipatria), fazendo com que seja necessário optar entre dois sistemas jurídicos distintos, escolher qual deles deverá ser aplicado.

Em que pese o fato de ser ou não pertencente a um ou outro ramo jurídico, a verdade é que no direito constitucional estudam-se as implicações e desdobramentos internos da nacionalidade; outros ramos jurídicos foram surgindo e à Constituição devem submeter-se. Se houver implicações acerca da nacionalidade certamente será em seu texto consignado quem são os nacionais e quais os direitos e deveres a eles relacionados.

Quanto às outras disciplinas, a própria CF justifica a inclusão do estudo da nacionalidade na matéria de direito constitucional. De fato, na Constituição de 1988, no título referente aos direitos fundamentais, há um capítulo dedicado à nacionalidade da pessoa física, na qual se especifica quem é brasileiro, como se adquire e como se perde a nacionalidade brasileira.

Em menor grau, a nacionalidade tem reflexos também no direito internacional público: afinal, determina-se a nacionalidade de um indivíduo sempre de acordo com a legislação específica de cada país, princípio básico que constitui norma do direito internacional público. Vale dizer que no direito internacional privado a nacionalidade tem também grande valia, pois é um dos elementos de conexão para a escolha do direito aplicável, sobretudo nos sistemas indiretos, como o brasileiro, em que as normas indicam o sistema jurídico aplicável.

---

8 MIRANDA *apud* DOLINGER, 2005, p. 153.

Nacionalidade		
No direito constitucional	Há o Capítulo III que cuida especificamente deste título	Brasileiros natos e naturalizados
No direito internacional	Público	Legislações estatais indicam quem possui em seu território
	Privado	Escolha da lei aplicável

5. AQUISIÇÃO DE NACIONALIDADE

A aquisição da nacionalidade pode ocorrer em momentos e formas distintos. Com relação ao tempo, a aquisição da nacionalidade pode ser originária (quando adquirida no momento do nascimento), também conhecida como primária ou atribuída; ou derivada, adquirida ou de eleição, quando ocorre em momento posterior ao nascimento.[9]

Os critérios de nacionalidade originária, já referidos, são o *ius soli* ou *ius sanguinis*. Esses dois critérios podem ser previstos pela constituição, a exemplo da brasileira, que adota ambos.

Atribuição de nacionalidade	
Ius soli	Território onde nasce
Ius sanguinis	Vínculo consanguíneo
No Brasil aplicam-se ambos os sistemas nas normas do art. 12 da CF	

6. CONFLITO POSITIVO OU NEGATIVO (POLIPÁTRIDA E *HEIMATLOS*)

Como se observa, o indivíduo pode adquirir a nacionalidade involuntariamente apenas por nascer em um território, *jus soli*, ou mesmo sendo-lhe atribuída, legalmente, a nacionalidade dos pais ou mesmo dos avós, *jus sanguinis*.

Existe o denominado **conflito positivo de nacionalidade** nos casos em que legislações diversas tratam de tal forma a nacionalidade que a um indivíduo possam ser reconhecidas diversas nacionalidades (*polipátrida*). Nesse caso, temos o que se denomina multinacionalidade. Exemplo típico seria o nascimento de um indivíduo, em território brasileiro, filho de pais estrangeiros que não este-

9 A aquisição de nacionalidade é ato personalíssimo. O filho de brasileiro que não tenha sido registrado em repartição consular no exterior pode, em qualquer tempo, nos termos do art. 63 da Lei de Migração, optar pela nacionalidade brasileira. A jurisprudência do Supremo Tribunal Federal diz que, nesse caso, a nacionalidade é primária, pois existe desde o nascimento, ficando apenas sujeita a essa condição para o seu implemento.

jam a serviço de seu país, o qual reconheça aos seus nacionais a garantia do *jus sanguinis*.

O **conflito negativo de nacionalidade**, segundo José Afonso da Silva,[10] afigura-se intolerável porque impõe a determinada pessoa uma circunstância tal, alheia à sua vontade, que não lhe confere nacionalidade nenhuma. Esse seria um indivíduo apátrida ou *heimatlos* (termo alemão que denota a caracterização dessa circunstância).

A atual Lei de Migração, Lei n. 13.445, de 24 de maio de 2017, em seu art. 26, § 2º, garante que durante a tramitação do processo de reconhecimento da condição de apátrida, no qual se investiga se o solicitante é considerado nacional pela legislação de algum Estado, permanecem todas as garantias e mecanismos protetivos e de facilitação da inclusão social relativos à Convenção sobre o Estatuto dos Apátridas de 1954, promulgada pelo Decreto n. 4.246, de 22 de maio de 2002, à Convenção relativa ao Estatuto dos Refugiados, promulgada pelo Decreto n. 50.215, de 28 de janeiro de 1961, e à Lei n. 9.474, de 22 de julho de 1997.

7. CRITÉRIO *JUS SANGUINIS*

Este sistema adota o sangue como determinante para a transmissão de nacionalidade, e é mais adotado em Estados nos quais há emigração acentuada, como se observa nos componentes da União Europeia.

Como referido, nesse sistema os filhos adquirem a nacionalidade dos genitores à época de seu nascimento, não importando se, posteriormente, venham a mudar de nacionalidade. Em caso de pais com nacionalidades diferentes é a legislação dos respectivos Estados que definirá a nacionalidade e o possível reconhecimento de uma multinacionalidade. A recomendação internacional é a de que se adote uma fórmula unitária, com o objetivo de evitar a múltipla nacionalidade, ou ainda, de que, em princípio, se adote a do pai e, posteriormente, venha a opção pela nacionalidade da mãe.

8. CRITÉRIO *JUS SOLI*

Por este sistema condiciona-se a nacionalidade em função do local de nascimento, não importando a nacionalidade dos genitores. Muito utilizado no continente americano, em função das sucessivas ondas de imigração, como forma de integrar e fixar os filhos de imigrantes na nova terra.

10 *Curso de direito constitucional positivo*, p. 322.

Este é o critério do território, entendido como aquele em que a nacionalidade é conferida pelo Estado no qual o indivíduo nasceu. A nacionalidade condiciona-se ao local de nascimento independentemente da nacionalidade dos pais ou seu *status* naquele país (imigrante, turista).

Este modelo é o mais adotado em países com tradição imigratória.

9. SISTEMA MISTO

A adoção de um sistema não impede que se agregue o outro no mesmo Estado, a exemplo do Brasil, conforme se pode observar nas alíneas do art. 12, I, da CF, que adota tanto o *jus soli* como o *jus sanguinis*.

10. MODOS DE AQUISIÇÃO DA NACIONALIDADE ORIGINÁRIA

De acordo com o preceituado na ordem internacional, cada Estado pode legislar outorgando a nacionalidade aos indivíduos originários de seu território. Este é o denominado **princípio da atribuição estatal da nacionalidade.** Não poderiam, por outro lado, indicar que seus nacionais não pertencem a outro Estado, indo de encontro ao **princípio da pluralidade da nacionalidade.** Não obstante haja recomendação internacional de atribuição de uma nacionalidade **única** e da repulsa à **apatridia**, os Estados modernos concebem a possibilidade de multinacionalidade.

O texto original da Constituição de 1988 parecia seguir essa tendência de conceber unicamente a mononacionalidade. Assim, seus nacionais deveriam possuir unicamente a nacionalidade brasileira. Contudo, o art. 12, § 4º, II, foi modificado a fim de admitir a possibilidade de segunda nacionalidade nos casos em que houvesse imposição de naturalização pela lei estrangeira para o brasileiro lá exercer seus direitos civis ou permanecer em seu território.[11]

São brasileiros natos, nos termos da redação das alíneas do inciso I do art. 12 da CF:

> "*a)* os nascidos na República Federativa do Brasil, ainda que de pais estrangeiros, desde que estes não estejam a serviço de seu país;"

A norma constitucional é a que pode tratar desse tema. O legislador ordinário regulamentou os casos de naturalização por meio da Lei de Migração.

---

11 Emenda Constitucional de Revisão n. 3, de 1994.

Na hipótese de alínea *a*, com caráter marcadamente territorial (*jus soli*), o filho de pais estrangeiros, sejam eles turistas ou mesmo imigrantes, são considerados natos. Exceção feita aos que, aqui, prestem serviço oficial a seu país, e, para tanto, basta apenas um deles estar nessa condição. Isso decorre do princípio da extraterritorialidade diplomática, adotada por grande parte dos países, segundo a qual a nacionalidade da prole segue a do genitor ou da genitora a serviço oficial de determinado Estado.

"*b)* os nascidos no estrangeiro, de pai brasileiro ou mãe brasileira, desde que qualquer deles esteja a serviço da República Federativa do Brasil;"

Nesta alínea, o critério de filiação (*jus sanguinis*) é determinante e marca a nacionalidade dos filhos daqueles que prestam serviços oficiais ao Brasil. Observa-se nos textos doutrinários a inclusão de todos os entes federativos na possibilidade de envio de emissários ao exterior. Contudo, como somente a União detém personalidade jurídica de direito externo, compreende-se que somente esta poderia enviar seus prepostos para tais missões, a exemplo dos diplomatas e oficiais lotados em repartições consulares ou diplomáticas ou ainda destacados a serviços militares especiais. Atualmente se fala muito em "paradiplomacia" como sendo o exercício de relações internacionais fora da estrutura estatal. Introduz-se novos atores nesse contexto de prevalência da União. "Ela compreende relações internacionais realizadas por atores governamentais subnacionais, distintos do governo central (estados, regiões, províncias, departamentos, comunidades, cidades)."[12]

"*c)* os nascidos no estrangeiro de pai brasileiro ou de mãe brasileira, desde que sejam registrados em repartição brasileira competente ou venham a residir no Brasil e optem, em qualquer tempo, depois de atingida a maioridade, pela nacionalidade brasileira;"

Na alínea *c* ocorre o que se denomina **nacionalidade potestativa**, pois depende de ato voluntário à opção da nacionalidade, mesmo oferecendo a possibilidade dessa ser efetivada a qualquer tempo, depois de atingida a maioridade. Certamente há o critério de filiação (*jus sanguinis*), mesmo que o pai ou a mãe de nacionalidade brasileira estejam naquele Estado por razões de índole pessoal,

12 REI, Fernando; FARIAS, V. "Reflexos jurídicos da governança global subnacional: a paradiplomacia e o direito internacional: desafio ou acomodação". In: *Revista de Direito Internacional*. Disponível em: www.publicacoesacademicas.uniceub.br/rdi/article/viewFile/3642/pdf; acesso em: 05.11.2018.

sem estarem vinculados a um serviço oficial brasileiro. Essa possibilidade é reiterada no art. 63 da Lei n. 13.445/2017.

Aqui devem reunir-se alguns elementos a fim de se obter a nacionalidade. Basicamente são: a necessidade de residir no território brasileiro e a possibilidade de se fazer a opção pela nacionalidade brasileira aos que não tenham sido registrados em repartição consular brasileira no exterior, nos termos do art. 63, que é possível ser feita, a qualquer tempo, por meio de ação de opção de nacionalidade. Enquanto não estiver no território brasileiro, o indivíduo não poderá optar. Nesses termos, há necessidade de fixação no território. Isso não quer dizer que antes não possuísse a nacionalidade. Ela já existia. O que ocorre, na verdade, é a necessidade de **fixação da nacionalidade**, uma vez existentes as condições de atingimento da maioridade e da residência em território brasileiro. A redação da lei excluiu a expressão "completado a maioridade", contida na Constituição Federal.

Relativamente a essa particularidade precisa é a conclusão de Mendes, Coelho e Branco[13] quanto à pendência da opção da nacionalidade pelo filho menor brasileiro, na hipótese de não registro no consulado respectivo. Segundo os autores, a norma possui caráter protetivo e não restritivo da norma constitucional e os efeitos severos da apatridia. Assim, tornou-se inevitável reconhecer ao menor, filho de brasileiro, nascido e residente no estrangeiro, a nacionalidade com eficácia plena até o momento de se completar a maioridade. A partir desse evento, poderia decidir livremente acerca da opção pela nacionalidade brasileira. Se antes da maioridade não poderia decidir sobre a fixação de residência no Brasil, não haveria como não se lhe reconhecer a condição de brasileiro nato. A atual Lei de Migração cria situação favorável para que a apatridia seja solucionada diante do processo indicado nos parágrafos do art. 26.

Assim, reconhece-se que a nacionalidade brasileira permaneceria em condição suspensiva até o momento da opção somada à residência no território nacional, na hipótese de não ter sido registrado o filho na repartição consular competente. A partir da opção da nacionalidade torna-se impossível efetivar a extradição.

Registre-se ainda o dispositivo introduzido pela Emenda Constitucional n. 54/2007, a qual inseriu o art. 95 no ADCT, com a seguinte redação:

> Os nascidos no estrangeiro entre 7 de junho de 1994 e a data da promulgação desta Emenda Constitucional, filhos de pai brasileiro ou mãe brasileira, poderão ser

13 *Curso de direito constitucional*, p. 718.

registrados em repartição diplomática ou consular brasileira competente ou em ofício de registro, se vierem a residir na República Federativa do Brasil.

11. NATURALIZAÇÃO E SUAS ESPÉCIES

A naturalização consiste em ato de procedência puramente governamental; pode ter ou não participação do Judiciário. Trata-se de ato de competência do Poder Executivo, sob pura discricionariedade deste. Em tese, não há direito subjetivo do estrangeiro em obter a naturalização, pois se revela como ato de soberania de um Estado, exceto quando se tratar de nacionalidade extraordinária adiante examinada.

José Afonso da Silva[14] informa que a atual Constituição prevê apenas o que se denomina nacionalidade secundária. Não mais repete o dispositivo constante na Constituição de 1891, cujo texto outorgava aos estrangeiros a naturalização tácita[15] caso aqui se encontrassem em determinado período ou ainda tivessem filhos brasileiros. Atualmente, há apenas a naturalização expressa, que depende de requerimento do naturalizando.

A discricionariedade ao conceder a nacionalidade significa afirmar que, mesmo satisfazendo o indivíduo solicitante da nacionalidade brasileira todos os requisitos necessários à sua concessão, o Estado não é obrigado a conceder-lhe a naturalização. Assim dispunha o revogado Estatuto do Estrangeiro, Lei n. 6.815, de 19.08.1980, alterada em alguns dispositivos pela Lei n. 6.964, de 09.12.1981, art. 121: "A satisfação das condições previstas nesta lei não assegura ao estrangeiro o direito à naturalização". Prevalece sempre a teoria da soberania do governo no que tange a essa matéria.

A naturalização é regulada no Brasil pela já referida Lei de Migração, Lei n. 13.445, de 24.05.2017, que revogou inteiramente o Estatuto do Estrangeiro, Lei n. 6.815/80.

O brasileiro naturalizado goza dos mesmos direitos civis e políticos que o brasileiro nato, com exceção das restrições expressas na CF, art. 12, § 3º, que declara ser de direito exclusivo de brasileiros natos os cargos mais importantes dos Poderes Executivo, Legislativo e Judiciário, das carreiras diplomática e militar, e art. 89, VII, que dispõe sobre os seis cidadãos brasileiros participantes do Conselho da República, que também devem ser brasileiros natos.

---

14 *Curso de direito constitucional positivo*, p. 331.

15 O art. 69, IV e V, da Constituição Federal de 1891 concedia naturalização tácita aos estrangeiros que, achando-se no Brasil em 15 de novembro de 1889, não declarassem, dentro de seis meses, o ânimo de conservar a nacionalidade originária, ou, ainda, aos estrangeiros que possuíssem filhos brasileiros.

CUIDADO	
Naturalização	É ato discricionário do Estado (confere se houver vontade estatal)
	Não confere direito subjetivo a quem pleiteia.

12. HIPÓTESES DE AQUISIÇÃO DE NACIONALIDADE SECUNDÁRIA

A naturalização é ato de exclusiva competência do Poder Executivo, exteriorizado por portaria do Ministro da Justiça. A Lei de Migração dispõe acerca dos direitos e deveres do migrante e do visitante e estabelece as hipóteses de naturalização em sua Seção II, que prevê as espécies e condições da naturalização.

O art. 64 da Lei de Migração estabelece que a naturalização, que só produz efeitos após a publicação no *Diário Oficial* do ato de naturalização, pode ser de quatro formas específicas: I – ordinária; II – extraordinária; III – especial; ou IV – provisória.

A naturalização ordinária se concede aos que preencherem as seguintes condições: capacidade civil, nos termos da lei brasileira, residência por no mínimo quatro anos, comunicar-se em português e não possuir condenação penal. Se tiver filho brasileiro ou cônjuge ou companheiro brasileiro, o prazo de residência diminui para um ano. Também se reduz a um ano aos que prestarem serviços relevantes ao Brasil ou recomendar-se por sua capacidade profissional, científica ou artística.

A naturalização extraordinária se concede a pessoa de qualquer nacionalidade que tenha se fixado no Brasil há mais de quinze anos ininterruptos e sem condenação penal. Devem requerer a nacionalidade brasileira.

A naturalização especial se concede ao estrangeiro que seja cônjuge ou companheiro de brasileiro há mais de cinco anos integrante do Serviço Exterior Brasileiro em atividade ou de pessoa a serviço do Estado brasileiro no exterior ou tenha sido empregado em missão diplomática ou em repartição consular do Brasil há mais de dez anos. O requerente deve ter capacidade civil, comunicar-se em português e não possuir condenação penal ou estiver reabilitado, nos termos da lei.

A naturalização provisória prevista no art. 70 pode ser concedida ao migrante criança ou adolescente que tenha fixado residência em território nacional antes de completar 10 anos de idade e ser requerida por meio de seu representante legal. Essa naturalização poderá ser convertida em definitiva, se assim o interessado a requerer no prazo de dois anos após maioridade.

13. PERDA, MODIFICAÇÃO E DUPLA NACIONALIDADE

Dupla ou múltiplas nacionalidades – Não há dúvidas quanto ao fato de ser a aquisição secundária de nacionalidade pura expressão da liberdade individual do direito em modificar a nacionalidade. A recomendação internacional aos Estados é a de que se reconheça uma única nacionalidade aos seus nacionais.[16] Contudo, observa-se certa flexibilidade quanto a essa particularidade, ou seja, permite-se o reconhecimento de outra nacionalidade, sobretudo nas hipóteses de reconhecimento de nacionalidade originária pela lei estrangeira, art. 12, § 4º, II, *a*, da CF ou mesmo em casos em que a lei interna admita. Até mesmo quem tenha perdido a nacionalidade por aquisição voluntária de outra, nos termos do art. 12, § 4º, II, da CF, desde que tenha voltado a se fixar no território nacional, poderá readquiri-la, nos termos do art. 76 da Lei n. 13.445/2017: "o brasileiro que, em razão do previsto no inciso II do § 4º do art. 12 da Constituição Federal, houver perdido a nacionalidade, uma vez cessada a causa, poderá readquiri-la ou ter o ato que declarou a perda revogado, na forma definida pelo órgão competente do Poder Executivo".

Direito de perder – Como medida básica nos processos de naturalização por qualquer Estado, é comum a exigência da renúncia do requerente à sua nacionalidade originária ou anterior. A perda não se dá apenas com o requerimento de nova nacionalidade, mas sim pela sua efetiva outorga. Essa perda é feita por ato administrativo do Presidente da República. No Brasil, como já referido, poderá readquiri-la ou ter o ato que declarou a perda revogado, na forma definida pelo órgão competente do Poder Executivo, nos termos do art. 76 da Lei de Migração. O brasileiro naturalizado poderá perder sua naturalização se esta for cancelada por motivo de atividade nociva ao interesse nacional (art. 12, § 4º, I, da CF). Nos termos do art. 75 da Lei n. 13.445/2017, esse processo levará em consideração a situação de apatridia que pode gerar a perda da nacionalidade por este motivo.

Direito de não mudar – Trata do direito de não adquirir e o de não perder.

Direito de não adquirir – Refere-se aos casos de cessão ou anexação de território, normalmente em consequência de guerra e tratado de paz subsequente.

---

16 Nos termos da Conferência de Codificação de 1930, em Haia, que se refere a questões de conflitos de leis sobre nacionalidade, estipulou-se no art. 1º que "cabe a cada Estado determinar por sua legislação quais são os seus nacionais. Essa legislação será aceita por todos os outros Estados desde que esteja de acordo com as convenções e costumes internacionais e os princípios de direito geralmente reconhecidos em matéria de nacionalidade [...]. Art. 5º Em um terceiro Estado, o indivíduo que possua várias nacionalidades deverá ser tratado como se não tivesse senão uma [...]".

Atualmente, é dado o direito à pessoa de escolher entre aceitar a nacionalidade do Estado anexador, manter a nacionalidade original, desde que o respectivo estado original não tenha desaparecido no processo de anexação, ou tornar-se apátrida.

Direito de não perder – Envolve também os casos de anexação de território, em que um indivíduo tem o direito de manter sua nacionalidade original, excetuando-se os casos em que o respectivo Estado tenha desaparecido no processo de anexação. A esse respeito dispõe o art. 15 da Declaração Universal dos Direitos do Homem, aprovada pela Assembleia Geral das Nações Unidas em 10 de dezembro de 1948: "1. Toda pessoa tem direito a uma nacionalidade. 2. Ninguém poderá ser privado arbitrariamente de sua nacionalidade e a ninguém será negado o direito de trocar de nacionalidade".[17]

14. A LEI DE MIGRAÇÃO

Sob a vigência da atual Constituição Federal, existe a Lei de Migração, Lei n. 13.445/2017, que estabelece direitos e deveres do migrante e do visitante, regula a sua entrada e estada no país e estabelece princípios e diretrizes para as políticas públicas para o emigrante. Substituiu o antigo Estatuto do Estrangeiro, Lei n. 6.815, de 19.08.1980. Ela dispõe acerca dos institutos de admissão e entrada do estrangeiro no território nacional, regula os vários tipos de visto, a prorrogação do prazo de estada, a condição do asilado, o registro do estrangeiro, sua saída e seu retorno ao território nacional; estabelece parâmetros para a deportação, a expulsão, a extradição, sobre a naturalização, entre outros assuntos.

Os cinco tipos de visto de entrada concedidos a estrangeiros no Brasil podem ser, nos termos do art. 12 da Lei: de visita, temporário, de cortesia, oficial e diplomático. A Lei em tela não prejudica direitos e obrigações estabelecidos por tratados vigentes no Brasil e que sejam mais benéficos ao migrante e ao visitante, em particular os tratados firmados no âmbito do Mercosul. O visto é documento que dá ao titular a expectativa de ingresso em território nacional. Pode ser concedido por embaixadas, consulados-gerais, consulados, vice-consulados e, quando habilitados pelo órgão competente do Poder Executivo, por escritórios comerciais e de representação do Brasil no exterior. Excepcional-

17 Também a esse respeito dispõe a Convenção Americana sobre Direitos Humanos (São José da Costa Rica, 1969), em seu art. 20: "1. Toda pessoa tem direito a uma nacionalidade. 2. Toda pessoa tem direito à nacionalidade do Estado em cujo território houver nascido, se não tiver direito a outra. 3. A ninguém se deve privar arbitrariamente de sua nacionalidade nem do direito de mudá-la".

mente, os vistos diplomático, oficial e de cortesia podem ser concedidos no Brasil.

15. A CONDIÇÃO DO PORTUGUÊS

Desde o Tratado Luso-Brasileiro ou Tratado de Paz, Amizade e Aliança, entre o Império do Brasil e o Reino de Portugal, que reconheceu a Independência do Brasil, firmado em 29 de agosto de 1825, há perspectivas de reciprocidade entre os dois países. Aos portugueses com residência permanente no Brasil são conferidos, se houver reciprocidade em favor dos brasileiros, os mesmos direitos a estes inerentes, salvo os cargos reservados aos brasileiros natos estabelecidos no art. 12, § 3º, da CF. O português é equiparado ao brasileiro; dessa situação é que vem a designação **"português equiparado"**. Parece simples. Contudo, na prática, a cada português reconhecido aqui como equiparado o mesmo ocorre com o brasileiro, em Portugal. Não se trata de prática corriqueira. Trata-se de uma **quase nacionalidade**, já que ao português são conferidos tais direitos. Registre-se, oportunamente, que existe o Estatuto da Igualdade, objeto de dois decretos, um congressual e outro presidencial, que tomou o n. 70.391/72.[18]

Manifestou-se o STF quanto a essa reciprocidade de maneira a deixar claro que ela não se manifesta de imediato,

> seja quanto ao seu conteúdo eficacial, seja no que se refere a todas as consequências jurídicas que dela derivam, pois, para incidir, além de supor o pronunciamento aquiescente do Estado brasileiro, fundado em sua própria soberania, depende, ainda, de requerimento do súdito português interessado, a quem se impõe, para tal efeito, a obrigação de preencher os requisitos estipulados pela Convenção.[19]

Existe outra disposição de importância a mencionar quanto à eficácia desses direitos aos portugueses em território nacional, mesmo existindo decreto ratificador do tratado, e refere-se à necessidade de prova quanto à reciprocidade de direitos em favor dos brasileiros em Portugal.[20]

O art. 1º do Decreto n. 70.391/72, que promulgou a Convenção sobre Igualdade de Direitos e Deveres entre Brasileiros e Portugueses, estabeleceu que "os portugueses no Brasil e os brasileiros em Portugal gozarão de igualdade de direitos e deveres com os respectivos nacionais". Assim, uma vez reconhecida a

---

18 Regulamentado pelo Decreto n. 70.436/72.

19 STF, Extradição n. 890, rel. Min. Celso de Mello, j. 05.08.2004, *DJ* 28.10.2004.

20 TRF, 2ª Região, AMS n. 90.02.11346/RF, rel. Juiz Celso Passos, *DJ* 06.04.1993.

igualdade de direitos e obrigações civis e o gozo de direitos políticos por decisão do Ministro da Justiça, a partir de expedição de portaria em nome do requerente, nos termos do art. 8º do Decreto, tornar-se-á possível a aquisição de imóvel rural pelos portugueses no Brasil. Dessa forma, não se aplica o impedimento imposto aos estrangeiros em geral, nos termos da Lei n. 5.709/71.[21]

16. DISTINÇÃO ENTRE BRASILEIROS NATOS E NATURALIZADOS

Nos termos do art. 12 , § 2º, da Constituição Federal, somente ela própria pode estabelecer diferenças entre brasileiros natos e naturalizados. A lei não pode. Existem outros dispositivos normativos (constitucionais ou não) relacionados a essa vedação. As distinções dizem respeito a:

Possibilidade de extradição – Apenas o estrangeiro em território nacional e o brasileiro naturalizado podem ser extraditados e, este último, só poderá sê-lo se cometer crime comum antes da naturalização ou comprovado envolvimento em tráfico de entorpecentes, nos termos do inciso LI do art. 5º da CF.

Cargos e funções privativos – Somente os brasileiros natos, nos termos do art. 12, § 3º, da CF, podem ocupar os cargos de: presidente e vice-presidente da República; presidente da Câmara dos Deputados; presidente do Senado Federal; ministro do Supremo Tribunal Federal; carreira diplomática; oficial das forças armadas; ministro de Estado da Defesa. Também é privativa de brasileiro nato a composição do Conselho da República (função), nos termos do art. 89, VII, da CF.

Perda de nacionalidade – Imputada ao brasileiro naturalizado que desenvolva atividade nociva ao interesse nacional, nos termos do art. 12, I, § 4º, da CF, reiterada pelo art. 75 da Lei de Migração, desde que assim exista sentença nesse sentido; o dispositivo não exige trânsito em julgado. Nos termos do parágrafo único do art. 75 da referida lei, importante observar que o risco de geração de situação de apatridia será levado em consideração antes da efetivação da perda da nacionalidade.

Propriedade de empresa jornalística – O art. 222 da CF prescreve a vedação de aquisição de referidas empresas por brasileiros naturalizados há menos de dez anos.

---

21 No art. 2º do Decreto n. 70.436/72 estão dispostos os requisitos para a aquisição da igualdade de direitos e obrigações civis, *litteris*: "I – capacidade civil, segundo a lei brasileira; II – residência permanente no território brasileiro; e, III – gozo da nacionalidade portuguesa".

QUESTÕES

1. (CONC. 184-MAG/SP) É (são) cargo(s) eletivo(s) privativo(s) de brasileiros

A) natos ou naturalizados o cargo de Presidente do Senado Federal.

B) natos ou naturalizados o cargo de Presidente da Câmara dos Deputados.

C) natos o cargo de Presidente das Casas Legislativas (Câmara dos Deputados e Senado Federal).

D) natos os cargos de Deputado Federal e de Senador da República.

2. Conforme a Lei Complementar n. 64/90, com as alterações introduzidas pela Lei Complementar n. 135/2010 (Lei da Ficha Limpa), é considerado inelegível o candidato que

A) for condenado, com decisão proferida por órgão judicial colegiado, pelo crime de peculato na modalidade culposa.

B) for condenado à suspensão dos direitos políticos, com decisão por órgão judicial colegiado, pela prática de improbidade administrativa dolosa, mesmo que não haja enriquecimento ilícito ou lesão ao erário.

C) tiver suas contas relativas ao exercício de cargos ou funções públicas rejeitadas, com decisão proferida por órgão colegiado de Tribunal de Contas, por irregularidade sanável que configure ato culposo de improbidade administrativa.

D) for condenado, com decisão proferida por órgão judicial colegiado, em razão de ter desfeito ou simulado desfazer vínculo conjugal ou de união estável para evitar caracterização de inelegibilidade.

E) for condenado, com decisão proferida por órgão judicial colegiado, em razão da prática de crime eleitoral a que a lei comine exclusivamente pena de multa.

3. (TJMA-2013) Assinale a opção correta no que se refere aos Poderes da República.

A) Embora a CF estabeleça a competência privativa dos tribunais de justiça para a escolha de seus órgãos diretivos, tal circunstância não reveste de inconstitucionalidade lei estadual que admita a participação, na referida escolha, não somente de desembargadores, mas também de juízes vitalícios que atuem em primeiro grau de jurisdição.

B) De acordo com o entendimento do STF, o deputado ou senador que assumir o cargo de ministro de Estado estará sujeito à perda do mandato por quebra de decoro parlamentar caso pratique, na condição de ministro, ato considerado indecoroso.

C) De acordo com o estabelecido na CF, o Tribunal de Contas da União é órgão de natureza técnica que auxilia o Poder Legislativo na atividade de controle e fiscalização, cujos ministros são detentores das mesmas garantias, impedimentos, vencimentos e vantagens conferidas aos parlamentares.

D) A competência do presidente da República para prover cargos públicos federais não pode ser delegada a ministro de Estado.

4. (OAB-2021) Carlyle Schneider, engenheiro suíço, morava em Madison, Wisconsin, Estados Unidos da América, há 12 anos. Em meados de 2015, participou da construção de dois edifícios em Florianópolis, Brasil, dos quais se afeiçoou de tal modo, que decidiu adquirir uma unidade residencial em cada prédio. Portanto, apesar de bem estabelecido em Madison, era o Sr. Schneider proprietário de dois imóveis no Brasil. Em 10.12.2017, viajou à Alemanha e, ao visitar um antigo casarão a ser restaurado, foi surpreendido pelo desabamento da construção sobre si, falecendo logo em seguida. Carlyle Schneider deixou 3 (três) filhos, que moravam na Suíça. A respeito dos limites da jurisdição nacional e da cooperação internacional, com base nas normas constantes do Código de Processo Civil, assinale a afirmativa correta.

A) Em matéria de sucessão hereditária, compete exclusivamente à autoridade judiciária da Suíça, país de nacionalidade do autor da herança e de nacionalidade e residência dos herdeiros legítimos, proceder à partilha dos dois bens imóveis situados no Brasil.

B) Em matéria de sucessão hereditária, compete concorrentemente à autoridade judiciária da Alemanha, local de óbito do autor da herança, proceder à partilha dos dois bens imóveis situados no Brasil.

C) Em matéria de sucessão hereditária, compete exclusivamente ao Estado brasileiro, local de situação dos imóveis, proceder ao inventário e à partilha dos dois bens imóveis.

D) Em matéria de sucessão hereditária, compete concorrentemente à autoridade judiciária dos Estados Unidos da América, país de residência do autor da herança, proceder à partilha dos dois bens imóveis situados no Brasil.

5. (OAB-2021) John, de nacionalidade americana, possui interesse em visitar seu filho Mário, brasileiro nato, de 18 anos, que reside no Brasil com sua mãe. Em sua visita, John pretende permanecer no país por apenas 10 (dez) dias. Diante do interesse manifestado por John em visitar o filho no Brasil, à luz da atual Lei de Migração (Lei n. 13.445/2017), assinale a afirmativa correta.

A) Uma vez obtido o visto de visita, é direito subjetivo de John ingressar no Brasil.

B) John tem direito subjetivo ao visto de visita, em razão de a política migratória brasileira estabelecer a garantia do direito à reunião familiar, independentemente de outros requisitos previstos na atual Lei de Migração.

C) John, mesmo após obter o visto de visita, poderá ser impedido de ingressar no Brasil, caso tenha sido condenado ou esteja respondendo a processo em outro país por crime doloso passível de extradição segundo a lei brasileira.

D) Se John tiver o intuito de estabelecer residência por tempo determinado no Brasil, deverá obrigatoriamente solicitar visto para trabalho, uma vez que a Lei de Migração não possui a previsão de concessão de visto temporário para reunião familiar.

RESPOSTAS

1. C
2. D
3. B
4. C
5. C

9

Direitos políticos e partidos políticos

O *jus civitatis*, ou direitos cívicos, reflete a possibilidade de participação direta ou indireta dos nacionais no processo decisório de participação política, seja elegendo seus representantes, seja manifestando-se diretamente, por meio de instrumentos criados para tal finalidade.

Por Estado de Direito, segundo Bobbio,[1] existem duas interpretações possíveis: é aquele limitado pelo Direito, ou o Estado cujo poder é efetivado nas formas de Direito e com garantias pré-estabelecidas; por outro lado, pode ser concebido como aquele que possui a função principal de instituir um "estado de coisas" em que, segundo a definição kantiana do Direito, cada um possa coexistir com os outros segundo uma lei universal de liberdade.

Aliada a essa ideia de liberdade no Estado de Direito surge o sistema representativo com a presença dos cidadãos exercitando seus direitos políticos em igualdade de condições, a fim de tornar operacional a democracia e legitimar os governantes em suas decisões e cargos eletivos.

Os direitos políticos são reafirmados pelo prescrito no parágrafo único do art. 1º da CF, ao estabelecer que todo poder emana do povo, bem como pela afirmação de existência da soberania popular, exercida pelo sufrágio universal e pelo voto direto e secreto, com valor igual para todos, e, nos termos da lei, prevista no *caput* do art. 14 da CF.

1 *Diritto e Stato nel pensiero di E. Kant*, p. 233-4.

1. CONCEITO

Infere-se, portanto, segundo José Afonso da Silva,[2] que os direitos políticos positivos asseguram o direito subjetivo de participação no processo político e nos órgãos governamentais.

O modelo da democracia brasileira é **semidireta**, de acordo com o parágrafo único do art. 1º da Constituição, ao dispor que o poder emana do povo, que o exerce por representantes eleitos – fórmula representativa comum à democracia indireta ou representativa – ou diretamente – participação popular por meio de plebiscito, referendo, iniciativa popular.

Referidos direitos, garantidores da participação popular no processo democrático, munem o nacional com a prerrogativa de cidadão, viabilizando o poder deste, por seu livre arbítrio, participar dos processos de escolhas de políticas governamentais e dirigentes eletivos.

Ao dispor acerca da cidadania, Ferreira Filho[3] entende que essa qualificação foi apenas aberta a parcela dos nacionais. Contudo, ainda é largamente difundido no Brasil o uso da expressão para designar todo e qualquer nacional. Assim, cidadão é o que intervém no processo governamental, seja em regime democrático ou oligárquico. Cidadania é *status* ligado ao regime político e à democracia.

2. DIREITO DE SUFRÁGIO

Fato observado de maneira corriqueira na história da humanidade é a realização de pleitos para a manutenção de grupos influentes no poder. Em princípio, observava-se a existência do voto censitário ou seletivo. Nesses sistemas só eram considerados eleitores aqueles que possuíssem determinado *status* social ou possuíssem terras em seu nome.

Historicamente, surgiu na Revolução Francesa a ideia de "sufrágio universal", nas palavras de Feu Rosa.[4] Este seria igual para todos, como consequência da igualdade natural defendida pelo direito natural. Por esse motivo a Declaração Universal dos Direitos do Homem e do Cidadão proclamava ser "a lei expressão da vontade geral" e que "cada cidadão tem o direito de participar de sua formação".

---

2 *Curso de direito constitucional positivo*, p. 348.

3 *Curso de direito constitucional*, p. 116.

4 *Direito constitucional*, p. 443.

José Afonso da Silva[5] ainda esclarece o fato de serem distintas as expressões **sufrágio** e **voto**, muitas vezes consideradas sinônimas. A Constituição teria dado sentido distinto a cada uma delas, pois, pelo art. 14, o sufrágio é universal e o voto, direto. Por este meio é que se tem a instituição fundamental da democracia representativa e é pelo seu exercício que o eleitorado, instrumento técnico do povo, outorga legitimidade aos governantes.

Nesse sentido tem-se que:

Voto – Pode ser considerada espécie do gênero sufrágio, é o instrumento que retrata o direito de votar em eleições ou ainda em outros processos decisórios, reservados ao cidadão.

Escrutínio – Há algumas acepções concatenadas a essa terminologia. Em um primeiro sentido, mais restrito, refere-se ao ato de contagem de votos. Em sentido mais amplo, essa noção se desdobra em apuração, abertura e contagem de votos. Há ainda o sentido conectado ao modo que se exerce tal direito, que pode ser aberto ou fechado.

2.1. Espécies de sufrágio

Universal – É aquele conferido indistintamente a todos os nacionais. Não obstante a adjetivação "universal" que, segundo José Afonso da Silva,[6] ocorreria "quando se outorga o direito de votar a todos os nacionais de um país, sem restrições derivadas de condições de nascimento, fortuna e capacidade especial", as legislações sempre incluem alguns requisitos a serem observados com o fito de tornar o nacional um cidadão. Portanto, correto está Bonavides[7] ao afirmar que "não há sufrágio completamente universal".

Restrito – Nesta modalidade são feitas algumas reservas a fim de outorgar ao nacional a qualidade de eleitor. Podem ser estas de caráter econômico, o **voto censitário**, tal como prescrevia a Constituição Imperial de 1824, a qual selecionava os eleitores de acordo com a renda anual; esta ficou conhecida como a Constituição da Mandioca, pois só conferia o direito de voto aos que possuíssem renda anual superior ao valor de 5,4 toneladas de mandioca. A Constituição de 1891 ainda manteve afastados do pleito as mulheres, os soldados e os analfabetos.

Capacitário – Aqui se considera como critério de valoração o grau de instrução alcançado pelo nacional a fim de ser considerado cidadão. Pinto Fer-

5 *Curso de direito constitucional positivo*, p. 350.
6 *Curso de direito constitucional positivo*, p. 351.
7 *Ciência política*, p. 233.

reira,[8] citando Barthélemy-Duez, refere-se à legislação do Mississippi/EUA, a qual exigia que os eleitores soubessem ler pelo menos uma parte da constituição e pudessem interpretá-la convenientemente. Refere-se também ao Estado de Nova Iorque/EUA, o qual exigia, há pouco tempo, de seus eleitores, a interpretação de um texto aleatoriamente escolhido para tal finalidade antes de ser considerado eleitor. No Brasil também houve exigência de ser alfabetizado para ser eleitor, anteriormente à vigência da Emenda à Constituição n. 25/85; atualmente o analfabeto pode votar.

2.2. Direitos políticos positivos: plebiscito, referendo e iniciativa popular

O voto é o meio que exterioriza o direito público subjetivo de sufrágio. Refere-se à manifestação da soberania popular na democracia representativa e um dever sociopolítico.

Inicialmente, vale dizer que o voto é **direto**, isto quer dizer que não há figuras intermediárias entre o eleitor e o candidato. Exceção feita nas hipóteses de **vacância** do cargo de presidente e vice-presidente da República, cuja eleição (indireta – § 1º do art. 81 da CF) deverá ser feita **trinta dias** depois de aberta a última vaga, pelo **Congresso Nacional**, para ambos os cargos.

Quanto ao plebiscito e referendo, a Lei n. 9.709/98, ao regulamentar os dispositivos constitucionais, refere-se a eles como "consultas formuladas ao povo para que delibere sobre matéria de acentuada relevância, de natureza constitucional, legislativa ou administrativa".

O referido diploma esclarece que:

Plebiscito – O § 1º do art. 2º preceitua ser possível a convocação popular com anterioridade a ato legislativo ou administrativo, cabendo ao povo, pelo voto, aprovar ou denegar o que lhe tenha sido submetido.

Referendo – De acordo com o § 2º do art. 2º, estabelece ser ele autorizado com posterioridade a ato legislativo ou administrativo, cumprindo ao povo a respectiva ratificação ou rejeição.

Iniciativa popular – No art. 13 da Lei e nos termos do § 2º do art. 61 da CF, essa se consubstancia na apresentação de projeto de lei (formulado ou não) à Câmara dos Deputados, subscrito por, no mínimo, 1% do eleitorado nacional, distribuído pelo menos por cinco Estados, com não menos de 0,3% dos eleitores de cada um deles.

8 *Princípios gerais do direito constitucional moderno*, p. 315.

Competência para convocar plebiscito e autorizar referendo – O art. 49, XV, da CF dispõe ser competência **exclusiva** do Congresso Nacional autorizar referendo e convocar plebiscito.

2.3. Capacidade eleitoral ativa

A característica de capacidade ativa corresponde à forma de participação do cidadão na democracia representativa, pelos meios estabelecidos na Constituição (opção dos constituintes brasileiros) ou ainda por norma materialmente constitucional. A aquisição dos direitos políticos faz-se mediante alistamento eleitoral, condição indispensável para a elegibilidade.

Esta capacidade eleitoral deve cumprir as seguintes condições:

Nacionalidade brasileira – observou-se, anteriormente, a questão da quase nacionalidade. Assim, nos termos do Estatuto de Reciprocidade firmado entre Brasil e Portugal é possível haver reconhecimento em termos de capacidade eleitoral ativa e passiva. Já se observou anteriormente a dificuldade deste reconhecimento. A PEC n. 25/2012, de autoria de Aloysio Nunes Ferreira, veio a buscar a modificação dos arts. 5º, 12 e 14 da Constituição Federal a fim de que aos estrangeiros, com residência permanente no Brasil, fossem estendidos os direitos inerentes aos brasileiros de forma a conferir capacidade eleitoral ativa e passiva nas eleições municipais. Esta PEC não prosperou e foi arquivada ao final da legislatura (21.12.2018). O indivíduo só terá capacidade eleitoral passiva, consistente na capacidade de ser votado, se for brasileiro nato, naturalizado ou português equiparado.

O português equiparado é o que se equipara ao brasileiro naturalizado, nos termos do Estatuto da Reciprocidade entre os dois países.

Idade mínima de dezesseis anos – a Constituição estabelece ainda ser o **voto obrigatório** para os eleitores de 18 a 70 anos; **facultativo** para eleitores analfabetos, maiores de 16 e menores de 18 anos, e maiores de 70 anos (§ 1º do art. 14 da CF).

Posse de título de eleitor e não ser conscrito em serviço militar obrigatório.

A partir dessas disposições têm-se duas categorias frequentemente questionadas:

Inalistáveis (§ 2º do art. 14 da CF) – conscritos[9] e estrangeiros.

Inelegíveis (§ 4º do art. 14 da CF) – inalistáveis e analfabetos.

9 Conscrito é o que presta serviço militar obrigatório.

2.4. Exercício do sufrágio – voto

O art. 14, I e II, indica ainda ser a soberania popular efetivada diretamente pelos seguintes meios: plebiscito, referendo e iniciativa popular.

Pode-se apontar alguns caracteres relacionados ao voto, que são:

a) pessoalidade – não se admite representação no dever eleitoral;

b) igualdade – cada eleitor vale um voto;

c) universalidade e obrigatoriedade – todos devem votar, com apenas algumas exceções;

d) liberdade – o eleitor pode escolher entre o voto branco, nulo ou ainda indicar o candidato de sua preferência;

e) sigilosidade – o voto é secreto;

f) periodicidade – coincide com o período que antecede o término do mandato para escolha do novo representante.

Registre-se que já existiram sistemas de voto desigual correspondente à característica de sistemas que consideram o valor de bens de determinado eleitores ou ainda com capacidades especiais (sufrágio restrito).

A diferença fundamental entre o sufrágio e o voto, nas palavras de José Afonso da Silva,[10] que encontra, inclusive, apoio na Constituição (art. 14, § 1º), revela que o sufrágio é apenas um direito, e que o voto é uma manifestação do plano prático de um dos atos de seu exercício.

2.5. Obrigatoriedade e facultatividade do voto

Os maiores de 18 anos e menores de 70 têm **obrigatoriedade** em seu alistamento eleitoral e voto. Quanto aos analfabetos, maiores de 70 anos, maiores de 16 e menores de 18 anos, existe a **facultatividade** do exercício do voto (art. 14, § 1º, da CF).

Alistamento eleitoral é a inscrição, nos termos das prescrições constitucionais e normativas, necessárias ao exercício do voto. Nesse momento, há a verificação dos requisitos necessários para tanto. Uma vez inscrito, ao alistando reputa-se o poder-dever de voto nas eleições.

No tocante à pandemia e seus reflexos, a Lei n. 14.042, de 19.08.2020, instituiu o Programa Emergencial de Acesso a Crédito (PEAC) para fazer frente aos impactos a ela relacionados. Podem usufruir do Programa empresas de pequeno e médio porte, associações, fundações de direito privado e sociedades cooperativas, excetuadas as sociedades de crédito, que tenham sede ou estabe-

---

10 *Curso de direito constitucional positivo*, p. 355.

lecimento no País e tenham auferido no ano-calendário de 2019 receita bruta superior a R$ 360.000,00 (trezentos e sessenta mil reais) e inferior ou igual a R$ 300.000.000,00 (trezentos milhões de reais).[11]

O brasileiro nato ou naturalizado sócio ou administrador eleitor, que não cumpriu seus compromissos eleitorais ou ainda não justificou, não poderá fazer jus aos benefícios concedidos pelas agências oficiais (bancos ou caixas econômicas estatais) a fim de conduzirem seus respectivos negócios.

2.6. Capacidade eleitoral passiva ou elegibilidade

Consiste na possibilidade de votar e ser votado, o que pressupõe a qualidade de eleitor, bem como o preenchimento dos requisitos necessários para ajustar-se ao cargo eletivo em disputa, por meio das eleições populares.

O § 3º do art. 14 estabelece os requisitos para a elegibilidade. São eles:

> I – nacionalidade brasileira;
>
> II – o pleno exercício dos direitos políticos;
>
> III – o alistamento eleitoral;
>
> IV – o domicílio eleitoral na circunscrição;
>
> V – a filiação partidária;
>
> VI – a idade mínima de:
>
> *a)* trinta e cinco anos para Presidente e Vice-Presidente da República e Senador;
>
> *b)* trinta anos para Governador e Vice-Governador de Estado e do Distrito Federal;
>
> *c)* vinte e um anos para Deputado Federal, Deputado Estadual ou Distrital, Prefeito, Vice-Prefeito e juiz de paz;
>
> *d)* dezoito anos para Vereador.

Alguns pontos merecem comentários, como os preceitos da Lei n. 9.504/97; inicialmente, o de que a idade mínima estabelecida na Constituição é observada na data da posse. Critério cuja aferição deveria se realizar no ato da candidatura. O aspecto do domicílio também tem sido mais flexível que o civilmente considerado nos cargos eletivos. Como domicílio se entende não somente o lugar onde a pessoa mora, mas onde possua vínculos jurídicos, políticos, profissionais, tal como se observa nas decisões do TSE sobre a matéria. A filiação

---

11 BRASIL. Lei n. 14.042, de 19.08.2020, que institui o Programa Emergencial de Acesso a Crédito – PEAC. Disponível em: L14042 (planalto.gov.br). Acesso em: 05.12.2020.

partidária é condição de elegibilidade e deve ocorrer, nos termos do art. 18 da LOPP,[12] até um ano antes das eleições. Ocorrendo o primeiro turno no primeiro domingo de outubro, antes disso o candidato deverá ter comprovada sua filiação partidária.

Natureza jurídica do mandato – Não se relaciona com a representação do direito privado. Em princípio, porque o titular do cargo eletivo não está sujeito às determinações do mandante. Tampouco pode ter revogado por este seu mandato ou ainda ter diminuído seus poderes, sequer existe necessidade de prestar contas.

A par dessas considerações, o § 3º do art. 14 da CF, anteriormente referido, estabelece algumas classificações quanto à elegibilidade, denominadas condições de elegibilidade próprias. As impróprias, por outro lado, são as estabelecidas na norma ordinária que trata do processo eleitoral: alfabetização, especiais para militares,[13] indicação em convenção partidária e desincompatibilização.

3. INELEGIBILIDADES

As inelegibilidades têm motivo de existência por razões de ordem moral e ética. Buscam evitar o uso da máquina pública para fins eleitorais. Na verdade, todos seus preceitos foram estruturados de forma a manter-se a ética, a normalidade e a legitimidade nas eleições. Entretanto, a partir da Emenda Constitucional n. 16/97, a qual viabilizou a reeleição dos chefes do Executivo (Presidente da República, governadores de estado e do DF, e prefeitos) e de quem os houver sucedido ou substituído no curso dos mandatos, para um único período subsequente, algumas proibições tornaram-se desnecessárias.

Nova candidatura poderá ser efetivada sem necessidade de afastamento ou desincompatibilização, desde que concorram para o mesmo cargo e, nos casos de governadores e prefeitos, para o mesmo estado ou municipalidade.

Certamente, a possibilidade de reeleição do titular do cargo tornou sem sentido a manutenção da proibição contida no § 7º do art. 14, que veda a reeleição por parentesco ou reflexa, como se verificará a seguir.

A Lei Complementar n. 64, de 18.05.1990, reitera os casos de inelegibilidade nas esferas subnacionais; também elenca nos itens de 1 a 10 as espécies de condenação, com trânsito em julgado ou proferida por órgão judicial colegia-

---

12 Lei Orgânica dos Partidos Políticos.

13 Não há restrições quanto aos policiais militares em qualquer nível. Entretanto, profissionais que prestam serviço militar obrigatório (médicos, dentistas etc.), nos termos da Lei n. 5.292/67, e alunos de órgão de formação da reserva são considerados inelegíveis.

do, desde a condenação até o transcurso do prazo de 8 (oito) anos após o cumprimento da pena, pelos crimes, nos termos da Lei Complementar n. 135/2010.[14]

3.1. Absolutas e relativas

Como anteriormente referido, inelegíveis são os inalistáveis e os analfabetos, nos termos do § 4º do art. 14 da CF. Deve-se atentar ao fato de que os analfabetos são alistáveis, ou seja, têm apenas capacidade eleitoral ativa.

Inalistáveis são os estrangeiros (art. 14, § 2º), os conscritos (art. 14, § 2º), os menores de 16 anos (art. 14, § 1º, II, *c*) e os menores de 18 anos não alistados (art. 14, § 1º, II, *c*).

3.2. Por parentesco ou reflexa

Outros casos de inelegibilidade,[15] além dos previstos na Lei Complementar n. 64, de 18.05.1990, estão relacionados constitucionalmente, entre eles: a do cônjuge (companheiro[16]) e dos parentes consanguíneos ou afins até o segundo grau ou por adoção, do Presidente da República, de governador de estado ou do DF, de prefeito ou de quem os haja substituído dentro dos seis meses anteriores ao pleito, salvo se já titular de mandato eletivo e candidato à reeleição (art. 14, § 7º, da CF).

O entendimento do TSE e do STF, quanto a isso, nas palavras de Mendes, Coelho e Branco,[17] foi o de que,

> afastando o impedimento do titular para a reeleição, não faria mais sentido impedir que o seu cônjuge ou parente disputasse o mesmo cargo. Todavia, verificada a eleição de cônjuge ou parente, resta ele impedido de postular a reeleição. Da mesma for-

---

14 BRASIL. Lei Complementar n. 64/90. Disponível em: Lcp64 (planalto.gov.br). Acesso em: 03.12.2020.

15 Registre-se que existem projetos de lei complementar e de lei ordinária que tratam de alterações na Lei Complementar n. 64/90, conhecida como Lei das Inelegibilidades. Uma das inovações importantes propostas pela Lei Complementar n. 135/2010 é a proibição de candidatos condenados pela Justiça em primeiro grau concorrerem a cargos eletivos, modificando a necessidade do trânsito em julgado. Também deve valer para crimes eleitorais, contra o sistema econômico e financeiro, contra a economia popular e para outros relacionados à corrupção. Decisões dos tribunais de contas terão também validade, impedindo a suspensão por meio de ações judiciais.

16 Súmula n. 6 do TSE.

17 *Curso de direito constitucional*, p. 757.

ma, o seu afastamento anterior do cargo não permitirá nova postulação por parte de outro familiar.

3.3. Militares

Destinam-se aos membros das Forças Armadas e aos militares das diversas esferas federativas. Nesse particular não houve alteração pela Emenda à Constituição n. 16/97, viabilizadora da reeleição para os cargos de chefia do Executivo.

O militar alistável poderá ser eleito se atendidas as condições do art. 14, § 8º, I e II, da CF:

a) se contar com menos de dez anos de serviço, deverá afastar-se da atividade;

b) se contar com mais de dez anos de serviço, será agregado pela autoridade superior. Destarte, uma vez eleito, passa diretamente para a inatividade.

Há uma antinomia normativa no referente à filiação eleitoral do militar, quando a própria Constituição Federal veda a ele filiação partidária, exigível, contudo, a quem deve concorrer aos cargos eleitos. Diante dessa questão, o TSE manifestou-se no seguinte sentido: "a filiação partidária contida no art. 14, § 3º, V, da Constituição Federal não é exigível ao militar na ativa que pretenda concorrer a cargo eletivo, bastando o pedido de registro de candidatura após prévia escolha em convenção partidária".[18]

Assim, não há exigência de prévia filiação partidária do militar da ativa, bastando o pedido de registro de candidatura após escolha em convenção partidária. Resoluções ns. 20.614/2000 e 20.615/2000 do TSE: militar da reserva deve se filiar em 48 horas, ao passar para a inatividade, quando esta ocorrer após o prazo limite de filiação partidária, mas antes da escolha em convenção.[19]

4. SISTEMAS ELEITORAIS

Sistema eleitoral é o complexo de dispositivos e regras que viabilizam a conversão de votos válidos de forma a tornar os candidatos mais votados em ocupantes de cargos eletivos disponíveis. Esse complexo envolve capacidade eleitoral e a maneira pela qual o sistema atribui cargos aos candidatos pelos diversos partidos.

---

18 TSE, Consulta n. 1.014/DF, rel. Min. Humberto Gomes de Barros.

19 *Código Eleitoral anotado*. Disponível em: http://www.tse.gov.br/servicos_online/catalogo_publicacoes/codigo_eleitoral/Volume1/partidos/Tit_2_4.htm; acesso em: 14.11.2008.

Jorge Miranda[20] entende o sistema eleitoral como regras, procedimentos e práticas, com coerência e lógica interna, aos quais sujeitam-se as eleições em qualquer país, condicionando, portanto, o exercício do direito de sufrágio; em sentido restrito, entende ser a forma de expressão da vontade eleitoral, o modo pelo qual a vontade dos eleitores de escolher este ou aquele candidato se manifesta; traduz-se em um resultado global final, o modo como a vontade de cada eleitor ou do conjunto dos eleitores é interpretada ou transformada.

O Brasil possui a votação eletrônica, fato extremamente controverso em vista de alegações acerca de possível fraude. Mesmo contestado, esse sistema existe desde 1996 e já é referência internacional. O Tribunal Superior Eleitoral (TSE) reputa essa fórmula extremamente eficiente, sendo a tecnologia compartilhada com países da América do Sul e Central. Se por um lado existem elogios, Marcelo Santana afirma em seu trabalho que "a urna eletrônica proposta pelo governo está muito longe de ser considerada confiável e segura, como quer fazer parecer o TSE. Sendo assim, as críticas feitas à urna são válidas".[21]

A verdade é que o sistema eletrônico de eleição dificilmente atenderá a todos os requisitos de segurança, pois é tarefa extremamente complexa. Por outro lado, retornar ao sistema impresso parece ser outro ato de retrocesso. O que pode ser aceitável talvez é a implementação de plena transparência por meio de mecanismos capazes de viabilizar o voto de cada eleitor, o que pode ser considerado inaceitável por este ser secreto, em cláusula pétrea constitucional. A situação possui aspectos contrastantes. De um lado, o anonimato do voto, de outro, a acuidade e segurança computacional atribuída ao processo computacional nas eleições.

4.1. Sistemas eleitorais majoritários e proporcionais

Em princípio, cabe afirmar que o sistema nacional, por meio da democracia representativa, atribui aos partidos políticos a escolha de seus respectivos candidatos para concorrerem aos cargos eletivos, o que condiciona os candidatos à prévia filiação, com a antecedência determinada pela Constituição e pela lei eleitoral.

No Brasil há duas espécies fundamentais de sistemas eleitorais:

Chefes do Poder Executivo, seus respectivos vices e os Senadores – Eleições pelo **voto majoritário.**

Deputados federais, estaduais e vereadores – Eleitos pelo **sistema proporcional**, definido pelo coeficiente eleitoral.

---

20 *Ciência política*, p. 203.

21 PINTO SANTANA, Marcelo Nardelli. "Sobre a urna eletrônica". Monografia do curso de Segurança de Dados 1/02, 2002.

CARGO ELETIVO	SISTEMA
Chefes do Executivo e Senadores	MAJORITÁRIO
Deputados federais, estaduais e vereadores	PROPORCIONAL

4.2. Sistemas de representação majoritária

Ele é assim denominado porque só serão diplomados e convocados a ocupar os cargos aqueles que obtiveram a maioria dos votos, o voto da maioria é que será computado. Por esse meio se elege o candidato que obter maior número de votos. Não logrando, no primeiro turno, a obtenção dessa maioria absoluta, deve convocar-se o segundo turno com a participação dos dois candidatos mais votados. Essa é a forma aplicada para os cargos de chefe do Executivo – Presidente da República, governadores de estado e distrital e prefeitos municipais. Todas as especificidades da eleição do chefe do Executivo estão expressas no art. 77 e parágrafos da CF.

Para os senadores, nos termos do *caput* do art. 46 da CF, sem possibilidade de segundo turno, o sistema majoritário aplicado é o da maioria relativa. Neste, o vencedor é determinado pelo que obtiver maior número de votos.

4.3. Sistemas de representação proporcional

Essa orientação, segundo Pinto Ferreira,[22] foi aplicada a partir do século XIX e passou a impressionar os espíritos. Essa seria mais conforme a realidade. Não é aceito este sistema nas mais importantes democracias do mundo, sobretudo nos países anglo-saxões.

Este sistema tende a assegurar, aos diferentes partidos, as cadeiras parlamentares de forma proporcional ao número de votos obtidos em determinado pleito.

Importante mencionar que cada partido define internamente, por meio de suas convenções, quem serão seus candidatos para as vagas oferecidas aos cargos de deputados federais, estaduais e vereadores. Isso é o que está expresso no art. 45 da CF.

Dessarte, conta-se o percentual de votos obtidos por cada partido. As cadeiras serão distribuídas proporcionalmente de acordo com o número de votos. Certamente, os candidatos mais votados de cada legenda partidária ocuparão o cargo eletivo que seu partido fizer jus, desde que atinja o coeficiente eleitoral determinado.

22 *Curso de direito constitucional*, p. 256.

5. PRIVAÇÃO DOS DIREITOS POLÍTICOS

O texto constitucional estabeleceu rol exaustivo de hipóteses de cassação dos direitos políticos, sistematizando-o em duas formas:

Perda (via de regra definitiva) – Há duas hipóteses previstas para tal ocorrência:

a) cancelamento de naturalização – pela perda da nacionalidade brasileira, por sentença transitada em julgado, em virtude de atividade nociva ao interesse nacional (art. 12, § 4º, I);

b) recusa de cumprir obrigação legal a todos imposta ou prestação alternativa – o art. 5º, VIII, é claro ao dispor que haverá privação de direitos na hipótese de o brasileiro eximir-se de tais obrigações.

Hipóteses implícitas – O brasileiro nato que optar voluntariamente por outra nacionalidade perde a brasileira, como expresso na CF. Consequentemente, perde seus direitos políticos. Contudo, essa perda, como já referido, não é definitiva, pois, caso queira voltar ao Brasil, poderá requerer novamente a nacionalidade brasileira e, também, os respectivos direitos políticos. O art. 76 da Lei n. 13.445/2017 dispõe que "o brasileiro que, em razão do previsto no inciso II do § 4º do art. 12 da Constituição Federal, houver perdido a nacionalidade, uma vez cessada a causa, poderá readquiri-la ou ter o ato que declarou a perda revogado, na forma definida pelo órgão competente do Poder Executivo".

Suspensão (temporária) – Hipóteses prescritas na norma constitucional de forma a sustar o exercício de direitos políticos. Uma vez reabilitado, o nacional voltará a ser cidadão, podendo livremente exercitar tais direitos. O gozo desses direitos implica a possibilidade de alistar-se eleitoralmente, habilitar-se a candidaturas em cargos eletivos ou mesmo a nomeações para alguns cargos públicos (arts. 87, 89, VII, 101 e 131, § 1°, da CF).[23]

Incapacidade civil absoluta – Esta incapacidade é superveniente, consequente de sentença judicial decretadora de interdição que causa a suspensão de direitos políticos; uma vez interditada, a pessoa torna-se incapaz enquanto durarem os efeitos da interdição.

Condenação criminal transitada em julgado – Enquanto durarem seus efeitos. Observe-se que não se trata de pena acessória. Uma vez condenado, suspende-se os direitos políticos do condenado.[24]

---

23 Lembre-se de que a capacidade passiva corresponde ao direito de não somente candidatar-se a cargos eletivos, mas também participar de sufrágios, votar em eleições, plebiscitos e referendos, apresentar projetos de lei pela via da iniciativa popular (arts. 29, XI, e 61, § 2°, da CF) e propor ação popular (art. 5°, LXXIII, da CF).

24 A Lei Complementar n. 64/90 estabelece, ainda, a duração por mais três anos, após cumprimento da pena, da inelegibilidade decorrente de condenação criminal transitada em

Improbidade administrativa – O art. 37, § 4º, da CF prevê, em tais casos, a suspensão dos direitos políticos, a perda da função pública, a indisponibilidade dos bens e o ressarcimento ao erário, na forma e na gradação previstas em lei, sem prejuízo da sanção penal cabível, reforçando a previsão de suspensão dos direitos políticos do art. 15, V, da CF.

6. PRINCÍPIO DA ANUALIDADE E FIM DA VERTICALIZAÇÃO

A redação original do art. 16 da CF prescrevia o seguinte: "a lei que alterar o processo eleitoral entrará em vigor um ano após sua promulgação". A EC n. 4, de 14.09.1993, reescreveu o dispositivo, que passou a prescrever: "a lei que alterar o processo eleitoral entrará em vigor na data de sua publicação, não se aplicando à eleição que ocorra até um ano da data de sua vigência".

Essa redação dava margem a interpretações errôneas, o que veio a ser sanado na EC n. 4/93. Assim, a lei eleitoral vigora a partir da publicação, não se aplicando à eleição que ocorra até um ano da data de sua vigência.[25]

Após consulta de parlamentar,[26] o TSE baixou a Resolução n. 22.993/2002, normatizando no sentido de que os partidos políticos com candidato à eleição de presidente da República não poderão formar coligações para eleição de governador de estado ou do Distrito Federal, senador, deputado federal, estadual ou distrital com partido político que tenha, isoladamente ou em aliança diversa, lançado candidato à eleição presidencial. Essa resolução foi objeto da ADIn n. 2.626/DF, em que o STF não conheceu da ação.

7. PARTIDOS POLÍTICOS

O *caput* do art. 17 viabiliza o pluripartidarismo, bem como a criação, fusão, incorporação e extinção de partidos. Resguarda a soberania nacional e o regime democrático.

Características dos partidos no Brasil:

julgado pela prática de crimes contra a economia popular, a fé pública, a administração pública, o patrimônio público, o mercado financeiro, pelo tráfico de entorpecentes e por crimes eleitorais. Existe projeto de lei em tramitação no Congresso Nacional a fim de se excluir a expressão "trânsito em julgado". Caso o PL seja aprovado, não haverá mais necessidade desse trânsito.

25 Dessa forma, nas eleições realizadas no dia 1º de outubro de 2008 (1º turno), não se aplicam as leis publicadas após o dia 30 de setembro de 2007.

26 Deputado Miro Teixeira (PDT/RJ), em fevereiro de 2002.

a) caráter nacional do partidos – não se concebe um partido estadual ou regional. Deve projetar-se em todo o território;

b) recursos recebidos – não pode ser proveniente de entidade ou governo estrangeiro ou subordinado a eles;

c) necessidade de prestação de contas – deve-se declarar à Justiça Eleitoral o total de gastos realizados durante a campanha. Os partidos têm direito a recursos do fundo partidário e deste também devem prestar conta;

d) autonomia partidária – os partidos possuem autonomia para a definição de sua estrutura interna, organização, funcionamento e coligações eleitorais. Após a EC n. 56/2006 estabeleceu-se a desnecessidade de se vincular as candidaturas em âmbito nacional, estadual, distrital ou municipal;

e) registro dos estatutos – após a obtenção de personalidade jurídica devem registrar seus estatutos no TSE;

f) acesso gratuito ao rádio e à TV – nas formas e condições estabelecidas em lei;

g) vedações – não é possível a utilização de organizações paramilitares.

h) apoio a gêneros – a EC n. 111/2021 outorga vantagem ao partido que venha a propiciar a eleição de mulheres e negros. Estabelece que os votos a esses candidatos e candidatas devem ser contados em dobro para efeito da distribuição dos recursos do Fundo Partidário e do Fundo Especial de Financiamento de Campanha (FEFC) – também chamado de Fundo Eleitoral – nas eleições de 2022 a 2030. Isso certamente auxilia na promoção da igualdade política de pessoas que, até então, ainda que numerosos no meio social, estariam sub-representadas na política nacional. É iniciativa elogiável, não obstante consultas populares prévias nesse sentido já tenham sido feitas e reiteradas indo ao encontro da adoção dessas medidas.

Essas iniciativas estão em compasso com a adoção das medidas como a exigência de que as chapas proporcionais dos partidos tenham distribuição adequada dos gêneros (art. 10, § 3º, Lei n. 9.504/97); elas têm sido objeto constante de modificações, sobretudo indicando que os recursos do Fundo Partidário e do Fundo Especial de Financiamento das Campanhas, assim como tempo de rádio e TV, sejam distribuídos proporcionalmente entre negros e mulheres.

8. EMENDAS CONSTITUCIONAIS NS. 111 E 112 DE 2021

A Emenda Constitucional n. 111/2021 incluiu dois dispositivos (§§ 12 e 13) ao art. 14 da CF, promovendo a possibilidade de consultas populares, concomitantes às eleições, acerca de questões locais aprovadas pelas câmaras municipais e encaminhadas à Justiça Eleitoral noventa dias antes da data das eleições, com observância do número de questões a serem propostas. Trata-se de possível plebiscito ou referendo, que pode ser proposto pelo órgão legislativo municipal.

As campanhas eleitorais veicularão possíveis posicionamentos acerca das questões aventadas. Não se pode utilizar da propaganda gratuita no rádio e na TV. Essa proposta já tinha sido objeto da Resolução n. 23.385/2012: "Art. 1º Entende-se como consulta popular a realizada mediante plebiscito ou referendo, para que o povo delibere sobre matéria de acentuada relevância, de natureza constitucional, legislativa ou administrativa, consoante previsto nos §§ 1º e 2º do art. 2º da Lei n. 9.709/1998".

A Emenda em discussão é tentativa de tornar institutos da **democracia semidireta** viáveis e praticáveis, tendo em vista seu obscurantismo por serem apenas possíveis quando propostos nos termos do art. 49, XV, da CF, como competência **exclusiva** do Congresso Nacional. Ainda que louvável essa tentativa, não parece muito viável que o Legislativo municipal faça tais questionamentos, a não ser que imprescindíveis, diante da complexidade da tarefa, dos possíveis resultados e outros fatores desfavoráveis ao empoderamento de munícipes.

A Emenda n. 112, nos termos da Agência Câmara de Notícias,[27] determina que a União deve repassar para os municípios 23,5% da arrecadação com o Imposto de Renda e com o Imposto sobre Produtos Industrializados (IPI). O 1% adicional será depositado no Fundo de Participação dos Municípios (FPM) no início de setembro de cada ano.

QUESTÕES

1. (TJMA-2009-IESES) Quanto aos Direitos Políticos, analise as afirmações a seguir.

I. São condições de elegibilidade, entre outras, filiação partidária, o alistamento militar e a nacionalidade brasileira.

II. Constitui condição de elegibilidade, na forma da lei, a idade mínima de trinta e cinco anos para senador.

III. É vedada a cassação de direitos políticos, porém, a perda destes se dará em caso de cancelamento da naturalização por sentença transitada em julgado.

IV. Os partidos políticos, após adquirirem personalidade jurídica, na forma da lei civil, registrarão seus estatutos no Tribunal Regional Eleitoral.

---

27 BRASIL. Agência Câmara de Notícias. "Congresso promulga nesta quarta emenda que aumenta repasse para municípios". Disponível em: http://www.camara.leg.br/noticias/820723-congresso-promulga-nesta-quarta-emenda-que-aumenta-repasse-para-municipios/; acesso em: 21.10.2021.

A alternativa que contém todas e somente as afirmações corretas é:

A) I – II – IV

B) I – II – III

C) III – IV

D) II – III

2. Os Tribunais Regionais Eleitorais, em sua composição, contarão com

A) dois juízes nomeados pelo Presidente da República, selecionados entre advogados com mais de dez anos de efetiva atividade profissional, indicados em lista sêxtupla pelo respectivo órgão de representação classista ao Tribunal de Justiça respectivo, que, por sua vez, formará lista tríplice e a encaminhará à apreciação presidencial.

B) três juízes nomeados pelo Presidente da República dentre seis advogados de notável saber jurídico e idoneidade moral, indicados pelo Tribunal de Justiça do Estado, ainda que não contem com mais de dez anos de efetiva atividade profissional.

C) dois juízes nomeados pelo Presidente da República dentre seis advogados de notável saber jurídico e idoneidade moral, indicados pelo Tribunal de Justiça do Estado, desde que contem com mais de dez anos de efetiva atividade profissional.

D) dois juízes escolhidos, dentre os juízes de direito, pelo Tribunal Superior Eleitoral.

E) um juiz integrante do Tribunal Regional Federal com sede na Capital do Estado ou no Distrito Federal, sendo vedada a escolha de juiz federal para exercer, ainda que supletivamente, o cargo.

3. (FGV-OAB-2011) De acordo com a Constituição da República, são inalistáveis e inelegíveis:

A) somente os analfabetos e os conscritos.

B) os estrangeiros, os analfabetos e os conscritos.

C) somente os estrangeiros e os analfabetos.

D) somente os estrangeiros e os conscritos.

RESPOSTAS

1. D
2. C
3. D

10

Direitos e garantias constitucionais

Os direitos e as garantias constitucionais consubstanciam direitos paulatinamente conquistados pelo povo em face dos governantes. Esses direitos reconhecidos como indisponíveis e inalienáveis refletem um conjunto de medidas destinadas a proteger a dignidade da pessoa humana. Certamente o jusnaturalismo exerceu papel fundamental nesse reconhecimento. A teoria da igreja católica e seus doutrinadores tiveram especial relevo na afirmação de tais direitos.

A Declaração Universal dos Direitos do Homem e do Cidadão estabelece, em seu art. 16, que a sociedade em que os direitos não estejam assegurados ou inexista a tripartição de poderes não tem constituição. O papel fundamental desta é reunir normas de maior importância para um Estado. A posição hierárquica superior retrata a supremacia existente entre ela e as demais normas. Este, como será visto, é o fundamento do controle de constitucionalidade.

Como referido, sempre se discutiu a questão da posição normativa constitucional dos dispositivos relacionados aos direitos fundamentais. A teoria predominante era aquela que afirmava serem as normas a eles relativas consideradas normas supranacionais, não necessitando sua inclusão na constituição.

O reconhecimento de tais direitos foi essencial à limitação do poder estatal. Inverteu-se, a partir dessa consagração, a posição entre Estado e súdito. Isso pelo fato de primeiro reconhecer-se direitos ao indivíduo e, posteriormente, deveres dele em face do Estado.

As expressões **direitos humanos, direitos do homem** e **direitos fundamentais** comportam diversas interpretações, que disponibilizam noções diferenciadas em matéria constitucional. Fundamental, em verdade, refere-se a tudo o que seja essencial e necessário. Nesse contexto, esses direitos seriam aqueles indispensáveis à própria manutenção da vida humana, ou melhor, aqueles direitos imprescindíveis a uma vida digna. Como afirma Flávia Piovesan, "[...] todos os direitos humanos constituem um complexo integral, único e indivisível em que os diferentes direitos estão necessariamente inter-relacionados e interdependentes".[1]

Existe ainda o entendimento de que os direitos humanos são os consagrados internacionalmente, enquanto os fundamentais estariam prescritos em normas material ou formalmente constitucionais. A forma empregada por nossa Constituição foi a de Direitos Fundamentais, razão pela qual por essa designação será tratado o tema.

1. FINALIDADE DOS DIREITOS E GARANTIAS FUNDAMENTAIS

Os direitos fundamentais, sob o escólio de Ingo Sarlet, "ao menos de forma geral, podem ser considerados concretizações das exigências do princípio da dignidade da pessoa humana".[2]

Em verdade, a dignidade da pessoa ganha, a cada momento, um novo contexto e necessita novas proteções. Não há como estancar os direitos fundamentais em um rol fixo. A partir do momento em que a realidade alcança novas perspectivas, sua limitação poderia induzir a erro quem a isso se proponha. Bobbio[3] aponta quatro dificuldades na delimitação de tais direitos: a) a primeira refere-se ao fato da expressão "direitos do homem" ser mal-definível, o que leva o intérprete a escolher a ideologia mais afinada a ele; b) trata-se de direitos relativos e não absolutos, o que induz a uma permanente mutabilidade; c) a heterogeneidade dos direitos fundamentais é outro fator que estabelece a existência de determinado rol de direitos válidos para determinadas categorias e para outras não; d) existência de direitos que consignam liberdades em antinomia com outros que atribuem poderes – enquanto os primeiros exigem do Estado um *non facere*, nos segundos deve existir uma ação positiva. Segundo ele, "quanto mais aumentam os poderes dos indivíduos, tanto mais diminuem as liberdades dos mesmos".

2. PLANOS BÁSICOS EM QUE OS DIREITOS E GARANTIAS CONSTITUCIONAIS SE PROJETAM

Existem dois planos básicos que se protegem nos direitos fundamentais:

Jurídico-político – É aquele conhecido por ser um campo de atuação no qual o Poder Público não pode interferir, ou seja, veda-se a interferência na esfera individual de direitos.

1 *Temas de direitos humanos*, p. 214.
2 *A eficácia dos direitos fundamentais*, p. 109.
3 *A era dos direitos*, p. 21.

Jurídico-subjetivo – Trata-se daquele que intitula o sujeito a exigir do Estado a não interferência em determinadas áreas e, por sua vez, a possibilidade de exercer os direitos que lhe são garantidos.

3. GERAÇÕES OU DIMENSÕES DE DIREITOS (DO ESTADO LIBERAL AO ESTADO INTERVENCIONISTA)

Norberto Bobbio é considerado o mentor da teoria das gerações ou dimensões de Direito. Contudo, segundo Cançado Trindade, não pertencem a Bobbio tais teorias. Afirma que Karel Vasak inovou relacionando as gerações em conferência ministrada em 1979, no Instituto Internacional de Direitos Humanos, em Estrasburgo. Para o autor, essa teoria não possui anteparo jurídico e, em verdade, é inadequada por ser fragmentadora.[4]

A teoria levou em consideração os dizeres da bandeira francesa "*liberté, egalité, fraternité*" e referem-se ao avanço das conquistas populares em termos de direitos obtidos em face dos governantes. A inadequação de se referir à geração e a propriedade do termo dimensão alude à possibilidade de cumulação de direitos; não são direitos que se excluem, na verdade somam-se aos anteriormente consagrados. As dimensões, por poderem sobrepor-se, são designações que mais se adéquam ao contexto e permitem uma concepção mais abrangente.

4. DIREITOS DE PRIMEIRA, SEGUNDA, TERCEIRA E QUARTA DIMENSÕES

1ª geração ou dimensão – São aqueles pertencentes às liberdades clássicas (propriedade, liberdade, igualdade etc.). Podem ser aí incluídos também os direitos políticos e de nacionalidade.

2ª geração ou dimensão – Gerados a partir da necessidade de intervenção do Estado para coibir determinados abusos do Estado liberal, surgiram com o denominado intervencionismo estatal. São os direitos sociais, previdenciários ou ainda aqueles que viabilizam a intervenção do Estado na economia.

3ª geração ou dimensão – Trata-se dos denominados direitos transindividuais ou coletivos. Buscam a defesa do meio ambiente, dos direitos do consumidor, do idoso, da infância e da juventude.

4ª geração ou dimensão – Atualmente se aponta para uma quarta ou ainda outras dimensões de direitos que buscam equacionar os avanços tecnológicos e a ânsia humana em se autossuperar com valores morais, culturais e tecnológicos. Assim, há um redimensionamento humano a fim de se conquistar um

4 http://www.dhnet.org.br/direitos/militantes/cancadotrindade/cancado_bob.htm.

novo espaço (cibernético globalizado), exigindo do Direito uma nova construção de princípios, regras e valores que tenham a capacidade de compatibilizar os direitos consolidados ao longo desses mais de três séculos de história constitucional e as novas perspectivas que se apresentam à realidade humana.

5. DIREITOS IMPLÍCITOS E EXPLÍCITOS

O art. 5º, § 2º, da Constituição refere-se à existência de direitos implícitos e explícitos ou, ainda, formais ou não formais (quando fora do texto constitucional).

Os explícitos, apesar da discussão quanto ao seu rol limitar-se ou não ao art. 5º da CF, parecem não causar grande dúvida. Problema maior existe no tocante aos implícitos. Nesse particular, Ferreira Filho[5] põe a questão da essência da fundamentalidade, ou seja, aquelas características essenciais a fim de se reconhecer um direito como fundamental. Basicamente a encontrar "nas notas fundamentais que os constituem. Caso contrário, esta fundamentalidade estará ao arbítrio do intérprete".

O problema mantém-se centrado no princípio da dignidade da pessoa humana e suas repercussões. A evolução no tempo/espaço depende do reconhecimento de alguns direitos em tratados internacionais de direitos humanos, geralmente. Por esse motivo, reputa-se ao direito internacional público, sobretudo, aquele que viabiliza o reconhecimento de cada vez maior número de princípios implícitos. Certamente, a inserção do § 3º no art. 5º trouxe a possibilidade de deixar clara a questão da fundamentalidade de um direito, exigindo votação diferenciada aos tratados de direitos humanos e, consequentemente, a possibilidade de torná-los explícitos.

Não obstante essa orientação quanto aos tratados e convenções internacionais que o Brasil faça parte, outros dispositivos são reconhecidamente fundamentais, ainda que não enumerados no Título II, Capítulo I da CF, a exemplo das limitações ao poder de tributar, entre outros, conforme decisão do STF (ADIn n. 939-7/DF, rel. Min. Sidney Sanches).

6. DISTINÇÃO ENTRE DIREITOS E GARANTIAS CONSTITUCIONAIS

Os direitos individuais expressos na Constituição delimitam uma esfera de ação da pessoa a ser respeitada por terceiros e, sobretudo, por autoridades go-

5 *Revista jurídica*, v. 8, n. 82.

vernamentais. José Afonso da Silva[6] admite serem "bens e vantagens conferidos pela norma"; Ingo Sarlet[7] entende serem as

> posições jurídicas concernentes às pessoas que, do ponto de vista do direito constitucional positivo, foram, por seu conteúdo e importância (fundamentalidade em sentido material), integradas ao texto constitucional e, portanto, retiradas da esfera de disponibilidade dos poderes constituídos (fundamentalidade formal).

Quanto às garantias, consistentes em mecanismos assecuratórios oferecidos ao indivíduo a fim de preservar e assegurar os direitos constitucionalmente conferidos, podem ser divididas, segundo lição de Ruy Barbosa, em

> disposições meramente **declaratórias**, que são as que imprimem existência legal aos direitos reconhecidos, e as disposições **assecuratórias**, que são as que, em defesa dos **direitos**, limitam o poder. Aquelas instituem os **direitos**; estas, as **garantias**; ocorrendo não raro juntar-se na mesma disposição constitucional, ou legal, a fixação da garantia, com a declaração do direito.[8]

Outro aspecto de relevante importância é o fato de não haver sinonímia entre garantias e direitos fundamentais. Esta, em verdade, é espécie do gênero garantias. Os direitos não são sempre protegidos pelos *writs* constitucionais. Muitas vezes a garantia é expressa na própria norma veiculadora do direito, a exemplo do inciso X da CF, o qual assegura a inviolabilidade da intimidade, da vida privada, da honra e da imagem das pessoas, assegurando (garantia) o direito à indenização pelo dano material ou moral decorrente de sua violação.

Vale ainda remarcar a subdivisão indicada por José Afonso da Silva,[9] o qual reconhece dois tipos de garantias: gerais e constitucionais (individuais, coletivas, sociais e políticas) – esta última subdivide-se em:

a) garantias constitucionais gerais – como mecanismos próprios da Constituição com o objetivo de impedir o arbítrio, bem como assegurar a eficácia das normas que outorguem direitos fundamentais e, sobretudo, garantir o princípio da tripartição dos poderes;

b) garantias constitucionais especiais – asseguram aos titulares dos direitos a manutenção dos bens e das vantagens, por intermédio de meios e técnicas, instrumentos e procedimentos limitadores dos órgãos estatais.

---

6 *Curso de direito constitucional positivo*, p. 412.
7 *A eficácia dos direitos fundamentais*, p. 80.
8 *Apud* SILVA, José Afonso da. *Curso de direito constitucional positivo*, p. 413.
9 *Curso de direito constitucional positivo*, p. 412.

7. CARACTERÍSTICAS ESSENCIAIS DOS DIREITOS FUNDAMENTAIS

Fundamentalidade	São valores expressos na constituição como supremos, superiores e a base de valores estabelecidos por uma sociedade.
Universalidade	São direitos que valem em todo o território estatal e a todas as pessoas.
Imprescritibilidade	O não exercício do direito não implica a prescrição extintiva de direitos. Não atinge os direitos personalíssimos. Contudo, atinge os direitos de caráter patrimonial.
Indivisibilidade	As diversas "gerações" de direitos não excluem as anteriores, são cumulativas. Portanto, não há como separar os direitos individuais dos sociais, por exemplo.
Inalienabilidade	Não possuem conteúdo econômico. A pessoa não tem disponibilidade para alienar seus direitos individuais.
Concorrência ou complementaridade	Podem ser exercidos de forma concomitante ou complementar. Exemplo típico é o direito de informação como complementar ao de opinião.
Irrenunciabilidade	Da mesma forma que são indisponíveis, são irrenunciáveis. A pessoa pode não exercitá-lo, mas o direito sempre existirá.
Limitabilidade	Existem direitos com restrições ao seu exercício. As limitações estão prescritas no próprio texto, a exemplo do princípio da função social da propriedade (XXIII) em face do princípio da propriedade (XXII).
Aplicabilidade imediata	Nos termos do art. 5º, § 1º, os direitos fundamentais têm aplicabilidade imediata. Excepcionalmente esses direitos necessitam de complementação normativa.

8. FUNÇÕES DOS DIREITOS FUNDAMENTAIS

Doravante será indicada a questão das funções dos direitos fundamentais. Por meio dessa classificação a doutrina identificou as múltiplas serventias desses direitos e as funções que desempenham nas sociedades em que se aplicam.

Canotilho[10] identifica as seguintes funções:

Defesa ou liberdade – Aqui se impõe um *non-facere* por parte do Estado, a partir do delineamento da esfera de direitos individuais traçado pelas normas constitucionais. Essa função impede a emissão de atos retroativos que possam prejudicar os indivíduos, impõe ao Estado o dever de garantir a privacidade, o sigilo nas comunicações, entre outros. Canotilho refere-se a uma dupla dimensão: no primeiro plano jurídico objetivo, impor-se regras de competência negativa para os poderes estatais, vedando ingerências nefastas; no plano jurídico subjetivo a possibilidade de emitir normas em prol do exercício dos direitos fundamentais e exigir omissões dos órgãos públicos a fim de evitar transgressões.

10 *Direito constitucional e teoria da constituição*, p. 407-10.

Prestação social – Neste âmbito se incluiriam todas as ações estatais em prol do benefício do Estado em ações sociais. Relaciona-se com os direitos à moradia, à educação, ao transporte, à saúde.

Prestação perante terceiros – Aqui se fala em **eficácia horizontal dos direitos fundamentais**, ou seja, o reconhecimento dos direitos individuais para a solução de conflitos entre indivíduos. O Estado deve intervir para garantir a proteção interindividual. Pode-se exemplificar a ação do juiz que, antes de qualquer análise, deve verificar os direitos individuais e suas projeções no campo interpessoal. Um dos exemplos que se pode oferecer está no inciso XX do art. 5º da CF, que assegura ao indivíduo o direito de se tornar parte de uma associação e deixar de sê-lo conforme sua própria vontade, nada podendo impedi-lo de exercer essa faculdade. A exclusão do associado somente pode ser por justa causa, prevista em estatuto, após ter exercido ampla defesa, nos termos do art. 5º, LV, da CF.

Não discriminação – Nesse campo, reflete-se integralmente a proteção à igualdade. Isto é, ninguém pode ser privado de direitos, sejam eles civis, políticos, sociais, econômicos etc., por motivos de discriminação.

9. ROL *NUMERUS APERTUS* DO ART. 5º DA CF

O § 2º do art. 5º da CF prescreve que os direitos e garantias constitucionais não excluem outros decorrentes do regime e dos princípios por ela adotados, ou dos tratados internacionais em que a República Federativa do Brasil seja parte. Isso indica não ser taxativo o rol prescrito no artigo. Essa assertiva confirmou-se por meio da própria jurisprudência do STF que incluiu o princípio da anterioridade como garantia fundamental ao julgar a questão da implementação do IPMF.[11]

Destarte, não se pode restringir como direitos fundamentais apenas aqueles elencados nos incisos do art. 5º. Tampouco, é possível fazê-lo levando em consideração aqueles direitos expressos no texto constitucional, sejam eles de primeira, segunda, terceira, quarta ou tantas outras dimensões existentes em matéria de direitos fundamentais. Aqui se refere à questão dos implícitos e explícitos e de que maneira seria possível identificá-los em um número considerável de artigos.

Ferreira Filho[12] indica que esta Constituição foi a mais abrangente e extensa de todas as anteriores; além de contemplar as liberdades clássicas, conferindo ênfase aos direitos em matéria penal; por outro lado, identifica novos di-

11 ADI n. 939/DF, rel. Min. Sydney Sanches, j. 15.12.1993, *DJ* 18.03.1994.

12 *Curso de direito constitucional*, p. 296.

reitos, a exemplo da defesa do consumidor, direito à informação. Inclusive, sublinha o novo capítulo aberto para definir os direitos sociais, que, desde a CF de 1934, estavam inseridos no capítulo referente à ordem econômica e social.

Além da dificuldade em se entabular limites aos artigos que possuam fundamentalidade, existem aqueles denominados **implícitos**; o art. 5º, § 2º, seguiu a mesma linha do que já se prescrevia na CF anterior[13] ao prever que os direitos e as garantias previstos na Constituição não excluiriam outros direitos decorrentes do regime e dos princípios que ela adota. José Afonso da Silva, ao classificar os três grupos de direitos constitucionais, entende serem os implícitos "aqueles que estão subentendidos nas regras de garantias, como o direito à identidade pessoal, certos desdobramentos do direito à vida, o direito à atuação geral (art. 5º, II)".[14]

10. TRATADOS E CONVENÇÕES SOBRE DIREITOS HUMANOS

O art. 5º, § 2º, indica que os direitos e garantias constitucionais incluem também outros decorrentes do regime e dos princípios por ela adotados, ou dos tratados internacionais que a República Federativa do Brasil seja parte. O § 3º, introduzido pela EC n. 45/2004, apenas considera como norma constitucional aquelas aprovadas em forma de emenda – aprovada por 3/5 de cada uma das Casas em dois turnos. Caso contrário, se passar pela dupla ratificação, recebendo o decreto legislativo e o executivo, com a respectiva publicação e numeração, as normas do tratado serão consideradas infraconstitucionais. Antes desta Emenda, os tratados de direitos humanos não poderiam ser equivalentes às normas constitucionais. Aqui teremos normas materialmente e formalmente constitucionais. Após o julgamento do Recurso Extraordinário n. 466.343/SP, que tratou da prisão do depositário infiel, a Corte Suprema se posicionou quanto à possibilidade de se considerar a norma como sendo "supralegal". Na verdade considerou a previsão constitucional da prisão civil do depositário infiel como não revogada, mas sim sem aplicabilidade.[15]

A decisão vai mais adiante e afirma que, "diante da necessidade de se dar efetividade à proteção dos direito humanos nos planos interno e internacional, torna-se imperiosa uma mudança de posição quanto ao papel dos tratados internacionais". Nesse sentido, oferece posicionamento hodierno relacionado ao âmbito supranacional a fim de se proteger o ser humano. Portanto, alguns tratados detêm *status* hierárquico inferior à Constituição mas superior à legisla-

13 Art. 153, § 36, da CF/67.

14 *Curso de direito constitucional positivo*, p. 193.

15 Disponível em: http://www.stf.jus.br/imprensa/pdf/re466343.pdf. Acesso em: 11.12.2019.

ção infraconstitucional. Esse posicionamento viabilizou a ocorrência da denominada norma "supralegal".

Podem existir problemas quando houver antinomia entre norma constitucional e norma de tratado, menor será o impacto quando houver passado pelo procedimento do § 3º do art. 5º. Caso isso ocorra, os princípios da unidade e harmonização entre os dispositivos podem solucionar o conflito. Não obstante, Cançado Trindade[16] opina que, mesmo na seara infraconstitucional, deveria haver o desvencilhar da polêmica entre monistas e dualistas, pois nos direitos humanos não há falar-se em primazia do direito internacional sobre o direito interno, mas sim da norma mais abrangente ou que melhor proteja.[17]

O que se quis alcançar com o dispositivo introduzido foi gerar uma possibilidade de alçar à categoria de formalmente constitucional norma materialmente constitucional. Isto é, norma de tratado em vias de ratificação pode ser equiparada à norma constitucional, caso venha a passar pelo procedimento de aprovação de emendas à constituição, indicadas no já referido § 3º do art. 5º da CF. Além disso, a decisão referida conferiu a determinadas normas o caráter de supralegal, em decorrência de sua relevância e ocorrência por um tratado formalmente firmado pela República brasileira.

11. DIREITOS E GARANTIAS INDIVIDUAIS E COLETIVOS: TITULARIDADE

O Título II da CF consigna cinco capítulos diferenciados, cada qual relaciona uma série de direitos individuais e coletivos (I), direitos sociais (II), de nacionalidade (III), políticos (IV) e os partidos políticos (V). Reconhecem-se também os denominados direitos econômicos, cujo intuito é viabilizar alguns dos institutos já mencionados no art. 5º, a exemplo do princípio da função social da propriedade, mais adiante ratificado e melhor conformado pelo art. 182 da CF.

Relativamente a tais direitos fundamentais indaga-se: eles excluem as *pessoas jurídicas* ou referem-se unicamente às físicas. O parâmetro, a partir das declarações de direitos, posteriormente incorporadas aos textos constitucionais, sempre foi a pessoa física. Contudo, atualmente não há como negar que as pessoas jurídicas possuem direito de propriedade, garantias relacionadas ao sigilo de correspondência, direito reconhecido à indenização por dano moral, entre outros tantos relacionados na CF. O art. 52 do CC pode parecer firmar o con-

---

16 *A proteção dos direitos humanos nos planos nacional e internacional*, p. 317.

17 O Supremo Tribunal Federal entende ser adequada a aplicação da Teoria Dualista moderada, recebendo o Tratado Internacional *status* de lei ordinária, por disposição constitucional, exceto os Tratados sobre Direitos Humanos, que receberam eficácia de norma supralegal, nos termos do § 2º do art. 5º.

trário; contudo o legislador, diante do princípio da operabilidade que permeia a legislação civil, estabeleceu que pessoas jurídicas poderiam ter as mesmas tutelas jurisdicionais das naturais, no que coubesse.[18] Outro fator marcante são os dispositivos que tratam das associações, e que se relacionam diretamente à proteção a uma das formas de pessoa jurídica, e sua proteção em face da intervenção estatal indevida (art. 5º, XVIII). Por sua vez, não há falar-se em direitos políticos ou sociais das pessoas jurídicas. As garantias cingem-se aos assuntos que com elas possam se relacionar.

A dimensão jurídica dos direitos fundamentais é de importância cardeal diante do que se tem no plano subjetivo, cuja ótica estabelece que o direito fundamental cinge-se em um aspecto individualista; em outro plano, o objetivo, os direitos fundamentais recebem uma perspectiva comunitária, que repercute em todo o ordenamento jurídico, gerando efeitos e expandindo seu significado e sua aplicação (eficácia irradiante). Nesse sentido, o Estado não pode se restringir em se abster de violar tais direitos. Imperativo que o poder público aja ativamente na proteção desses direitos em face de agressões e ameaças oriundas de fontes privatísticas, estranhas aos atores públicos, como particulares, de forma individual e coletiva, entre tantas outras. Nesse quadro, o poder público tem a obrigação de garantir condições materiais mínimas para que os indivíduos exerçam suas liberdades públicas. Portanto, é fundamental o reconhecimento de que existe uma dimensão objetiva dos direitos fundamentais que vai mais além das relações entre indivíduo e Estado. Trata-se das relações jurídicas entre particulares.

Em face dessa nova realidade, Daniel Sarmento esclarece que, em casos específicos, os direitos fundamentais deveriam restringir a autonomia privada com o fito de proteger o cidadão de forças opressoras exercidas por particulares e grupamentos sociais não estatais, presentes na sociedade contemporânea.[19] Para melhor esclarecer, Mendes e Branco complementam o raciocínio afirmando que a dimensão objetiva atribui eficácia irradiante aos direitos fundamentais, fazendo com que estes não sejam considerados sob perspectiva individualista, mas um bem em si que deve ser tutelado e preservado. Esse aspecto irradiante é o que os converte em diretriz para os demais ramos do Direito.[20]

Dispondo os incisos do art. 5º sobre alguns direitos processuais, certamente as pessoas – sejam elas físicas ou jurídicas – estão incluídas entre as quais fazem jus aos mesmos e isso implica a acessibilidade à justiça e a defesa de direitos em instâncias administrativas.

---

18 REALE, M. História do novo Código Civil, 2005, p. 193.
19 *Direitos fundamentais e relações privadas*, p. 107.
20 *Curso de direito constitucional*, p. 189-91.

A presente Constituição assegurou, no *caput* do art. 5º, aos brasileiros e estrangeiros **residentes** no país os direitos ali elencados no *caput* e incisos. Destaca-se também que os direitos previstos naquele dispositivo são extensíveis aos estrangeiros aqui residentes e, por força de tratados internacionais, aos que aqui estão de passagem; e, de acordo com o disposto no § 2º do mesmo artigo, são também conferidos a todos eles os direitos e garantias expressos em tratados internacionais que o Brasil seja parte.

A Convenção de Havana sobre Direitos dos Estrangeiros, de 1928, dispõe em seu art. 5º que os Estados são obrigados a "concederem aos estrangeiros domiciliados ou de passagem em seu território todas as garantias individuais que concedem a seus próprios nacionais e o gozo dos direitos essenciais". A Lei de Migração vigente no país, Lei n. 13.445/2017, conferiu amplos direitos aos imigrantes, asilados e outras espécies migratórias.

Outros diplomas internacionais prescrevem a igualdade dos estrangeiros em seus enunciados, entre eles o Pacto Internacional de Direitos Econômicos, Sociais e Culturais de Nova York; o Pacto Internacional de Direitos Civis e Políticos também de Nova York, ambos de 19.12.1966, arts. 2º e 26, respectivamente, com o patrocínio da Organização das Nações Unidas; isso sem contar com o que prescreve o art. 1º da Convenção Americana sobre Direitos Humanos de São José da Costa Rica, de 22.11.1969. Atualmente a Lei da Migração estabelece, em seu art. 111, que ela não prejudica direitos e obrigações estabelecidos por tratados vigentes no Brasil e que sejam mais benéficos ao migrante e ao visitante, em particular os tratados firmados no âmbito do Mercosul.

12. DIREITOS INDIVIDUAIS *VERSUS* RESTRIÇÕES OU LIMITAÇÕES

Antes de se ingressar nos direitos individuais por espécie, relevante é o aspecto de sua limitação em face dos bens coletivos que se quer preservar. Os direitos individuais, como princípios que são, podem ter restrições impostas pela própria norma constitucional, ou ainda por norma infraconstitucional, na hipótese de se estar diante de uma norma de eficácia contida (art. 5º, XIII) ou mesmo limitada (art. 5º, XV e XXVIII). A possibilidade de se restringir direitos já estava prevista na própria Declaração Universal de Direitos do Homem e do Cidadão, de 26.08.1789, que assim dispunha:

> Art. 4º A liberdade consiste em poder fazer tudo que não prejudique o próximo. Assim, o exercício dos direitos naturais de cada homem não tem por limites senão aqueles que asseguram aos outros membros da sociedade o gozo dos mesmos direitos. Estes limites apenas podem ser determinados pela lei.

As restrições podem ser:

Impostas ou previstas por norma constitucional – Nesta categoria se enquadram, por exemplo, a possibilidade de se exercer o direito de reunião, previsto no art. 5º, XVI, desde que pacificamente, sem armas.

Impostas ou previstas por norma constitucional nas hipóteses de defesa do Estado ou das instituições democráticas – Previstas nos arts. 136 a 141 da CF: restrições temporais (enquanto durar o estado de defesa ou de sítio) aos direitos de reunião, ainda que exercida no seio das associações; sigilo de correspondência e sigilo de comunicação telegráfica e telefônica ou, ainda, na redação do art. 138 da CF, das garantias que se fizerem necessárias ao restabelecimento da ordem.

Restrições ou limitações legais – Existe, nesta hipótese, autorização constitucional expressa para se condicionar ou limitar a norma de acordo com normatização infraconstitucional, a exemplo dos já citados incisos XIII e XV do art. 5º da CF.

Mendes, Coelho e Branco[21] classificaram as espécies normativas em **reserva legal simples**, quando a constituição não faz maiores reservas e dá maior discricionariedade ao legislador para elaborar a norma infraconstitucional da maneira que considerar mais adequada; já as normas classificadas como **reserva legal qualificada**, ocorrem quando a constituição estabelece alguns fins a serem perseguidos e a norma deve ser elaborada dentro de critérios de razoabilidade, cabendo ao Judiciário verificar sua legitimidade.

No sistema nacional, a questão das restrições e dos limites deve ser bem equacionada pelo Legislativo no momento da regulamentação, de maneira a não prejudicar o exercício de um direito constitucionalmente previsto. Portanto, toda e qualquer normatividade deve considerar critérios de razoabilidade a fim de viabilizar o acesso e o gozo de todos os indivíduos.

13. DIREITOS E GARANTIAS INDIVIDUAIS, COLETIVOS, TRANSINDIVIDUAIS E A RESERVA DO POSSÍVEL

A vigente Constituição, ao contrário da anterior que preferiu consignar dispositivos relacionados à estrutura do Estado e seus Poderes nos dispositivos iniciais, fez o inverso, referiu-se aos direitos e deveres individuais e coletivos entre as primeiras normas constitucionais.

Os direitos individuais possuem como característica essencial a sua autonomia e, principalmente, a possibilidade de serem oponíveis ao Estado. Existe,

21 *Curso de direito constitucional*, p. 306-9.

a partir de sua edição, o delineamento de uma esfera individual que deve ser respeitada pelo Estado.

Os direitos coletivos têm como característica genérica o seu exercício por um grupamento de sujeitos. Na verdade, é o direito conferido a uma pluralidade de pessoas com características afins. Na prática poderiam ser identificados com o direito de reunião, associação e organização sindical.

A Constituinte, de acordo com José Afonso da Silva,[22] tinha propostas relacionadas a se abrir capítulo específico em matéria de direitos coletivos, a exemplo do direito a um meio ambiente sadio, melhoria da qualidade de vida, transporte coletivo, saneamento básico, trabalho, entre outros. Referidos direitos foram consignados na Constituição, caracterizados como "direitos sociais". Para o autor, alguns deles, apesar de considerados direitos coletivos, são, na verdade, direitos individuais de expressão coletiva, a exemplo das liberdades de reunião e de associação.

Ao lado dos individuais e coletivos ainda existem os difusos, como sendo aqueles relacionados à proteção do meio ambiente, do patrimônio histórico-cultural, os relativos à defesa do consumidor, entre outros. Seu conceito foi oferecido pelo art. 81, parágrafo único, I, da Lei n. 8.078/90 (Código de Defesa do Consumidor). Para José Afonso da Silva, interesses ou direitos difusos, assim entendidos, são os transindividuais, de natureza indivisível, de que sejam titulares pessoas indeterminadas e ligadas por circunstâncias de fato.

A par de inúmeras discussões, ainda se argumenta a questão entre prestações positivas previstas na Constituição Federal, cuja implementação deveria ser efetivada pelo Estado dentro de suas prioridades e possibilidades orçamentárias. Essa questão gerou a discussão acerca da denominada "reserva do possível". Referida na Convenção Americana de Direitos Humanos, art. 26, consignou o seguinte:

> Os Estados-Partes comprometem-se a adotar providências, tanto no âmbito interno como mediante cooperação internacional, especialmente econômica e técnica, a fim de conseguir progressivamente a plena efetividade dos direitos que decorrem das normas econômicas, sociais e sobre educação, ciência e cultura, constantes da Carta da Organização dos Estados Americanos, reformada pelo Protocolo de Buenos Aires, na medida dos recursos disponíveis, por via legislativa ou por outros meios apropriados.

22 *Curso de direito constitucional positivo*, p. 194.

Esse Comitê da ONU sobre Direitos Econômicos, Sociais e Culturais, buscou interpretar o que seria "realização progressiva", constante do art. 2º do Pacto. Para ele, a locução não deve ser entendida como a plena possibilidade dos Estados decidirem o momento apropriado de implementar o direito, mas sim uma espécie de obrigação a fim de que adotem as medidas dentro do período menor possível, a fim de realizar tais direitos.

A seguir, serão analisados os direitos em espécie, de acordo com sua sequência no texto constitucional. Comparada aos textos anteriores, nas palavras de Cunha Ferraz,[23] a Constituição de 1988 mantém os direitos dantes reconhecidos, mas, por outro lado, traz inúmeras inovações no rol de direitos, garantias e na proteção jurisdicional e jurídica dos direitos fundamentais. Referidas inovações foram fruto da significativa participação popular nas propostas de emendas constitucionais.

14. RESPEITO AO PRÓXIMO

O princípio da dignidade da pessoa humana seria o grande centro de gravidade no qual orbitam os demais valores constitucionais relacionados aos indivíduos. O *caput* do art. 5º não é inovador no que se refere aos dispositivos que elenca, sobretudo por reproduzir o que já se encontra nas declarações de direito que tratam do assunto.

Não há análise nos livros da matéria acerca do respeito ao próximo. Não obstante, Marmelstein[24] consignou-o em primeiro lugar em seus comentários aos direitos individuais e coletivos; sob o ponto de vista do jurista, a expressão **todos são iguais perante a lei, sem distinção de qualquer natureza** nada mais faz do que enunciar um dever ético-jurídico de respeito ao outro. O dever, como decorrente da dignidade à pessoa humana, materializa-se por meio de preceitos relacionados à não discriminação, tolerância, combate ao preconceito e ao racismo.

A isso se somam outros dispositivos contempladores do respeito ao próximo, a exemplo do previsto no art. 3º, IV, da CF que inclui como objetivo da República Federativa do Brasil a promoção do "bem de todos, sem preconceitos de raça, sexo, cor, idade e quaisquer outras formas de discriminação". Isso sem referir-se a diversos dispositivos do art. 5º da CF.

---

23 "Aspectos da positivação dos direitos fundamentais na Constituição de 1988", p. 164.
24 *Curso de direitos fundamentais*, p. 78.

15. DIREITO À VIDA

O *caput* do art. 5º indica a igualdade de todos perante a lei, garantindo-se aos brasileiros e estrangeiros **residentes no país** a inviolabilidade do **direito à vida**, à liberdade, à igualdade, à segurança e à propriedade.

O **direito à vida** possui inúmeras significações e repercussões. O direito à vida deve ser assegurado desde o momento em que o indivíduo nasce ou ainda no momento da fecundação (o art. 2º do Código Civil adota a teoria natalista, em que a personalidade jurídica é adquirida apenas com o nascimento com vida. Nesse sentido, o nascituro teria apenas expectativa de direitos). Portanto, deve existir estrutura adequada capaz de garantir o nascimento, bem como para prover uma vida saudável (saneamento básico, educação, prevenção e manutenção da saúde), além dos meios para se ter um nível de vida compatível com o que se entende por **digno**. Aqui se poderia mencionar o disposto no art. 7º, IV, ao se referir ao alcance do salário-mínimo, como próprio para o atendimento das **necessidades vitais básicas**: moradia, alimentação, educação, saúde, lazer, vestuário, higiene, transporte e previdência social.

Além dessas medidas, novas normas foram estabelecidas em prol do desenvolvimento da vida, a exemplo do art. 7º do Estatuto da Criança e do Adolescente (Lei n. 8.069/90), que assegura à criança e ao adolescente direito à proteção da vida e à saúde por meio de políticas sociais públicas que permitam o nascimento e um desenvolvimento sadio e harmonioso.

Para Moraes,[25] aqui se estabelece uma dupla obrigação ao Estado: uma delas relacionada ao cuidado que se deve ter diante de toda pessoa humana que não disponha de recursos suficientes e seja incapaz de obtê-los e ainda pela efetivação por parte de órgãos públicos ou privados que prestem serviços públicos adequados de maneira a prevenir, diminuir ou extinguir as deficiências existentes para um nível mínimo de vida digna da pessoa humana.

O tema mereceu comentário de Canotilho, que a ele referiu-se de forma categórica:

> relativamente o direito à vida, cremos que nenhum autor, mesmo liberal "à outrance", tem hoje a coragem de dizer que o cidadão não tem qualquer direito perante o Estado a prestações mínimas [...]. O cidadão, no campo das prestações existenciais mínimas do direito à vida, tem um **direito subjetivo** (originário, definitivo) a prestações existenciais, ao qual corresponde um dever correlativo por parte deste.[26]

---

25 *Direitos humanos fundamentais*, p. 87.
26 *Estudos sobre direitos fundamentais*, p. 57.

A importância deste direito fundamental gera algumas repercussões relacionadas a alguns aspectos da integridade corporal, assim como relacionadas à reprodução e geração de outras vidas. Segue, abaixo, quadro com os principais desdobramentos relacionados a essa proteção constitucional.

Desdobramentos relacionados ao direito à vida	
Pena de morte	Apesar de estar incluída entre as cláusulas pétreas, a Constituição, no art. 5º, XLVII, faz uma única ressalva relacionada à possibilidade de imposição de pena de morte em caso de guerra declarada, nos termos do art. 84, XIX. Não obstante a existência deste dispositivo, Dallari[27] o considera "contraditório, imoral e inútil". O Código Penal Militar[28] prevê a possibilidade de sua aplicação em casos específicos, arts. 355 a 408 do CPM.
Aborto	Consiste na interrupção do processo gravídico, com a respectiva morte do feto. Há punição, nos termos do Código Penal, com relação ao abortamento. Existem as seguintes condutas: a) autoaborto (art. 124, 1ª parte); b) consentimento da gestante (art. 124, 2ª parte); c) provocado por terceiro sem o consentimento da gestante (art. 125); d) com consentimento ou consensual (art. 126); e) qualificado (art. 127); e f) legal (art. 128); este último não é tipificado como crime. Quanto à possibilidade de se abortar o nascituro acometido por anencefalia, existe a ADPF n. 54, com o voto do relator Ministro Carlos Ayres Brito, no sentido de não ser criminalizado o aborto.
Eutanásia	Consiste no desligamento de aparelhos que mantêm o paciente artificialmente vivo, sem os quais estaria morto clinicamente. Esta é hipótese de interrupção de vida extrauterina. Do grego, significa *boa morte*. Existem discussões acerca dessa possibilidade e trata-se de questão amplamente discutida no biodireito ou bioética. No Brasil, ainda é crime; configura homicídio doloso que, diante da motivação do agente, pode ser considerado privilegiado. Atualmente existe a possibilidade de que o interessado venha a redigir um testamento vital a fim de que, no pleno gozo de suas faculdades mentais, indique os procedimentos e tratamentos a que queira ou não se submeter.
Integridade física	Refere-se ao direito à incolumidade do corpo, bem como aos órgãos que lhe pertencem. Isso também se aplica aos presos (art. 5º, XLIX) e à impossibilidade de se imputar tortura, tratamento desumano ou degradante, cruel, de banimento, entre outras. A questão do direito às partes separadas do corpo refere-se igualmente à integridade física orgânica. A chamada atividade hemoterápica consiste na coleta, processamento, transfusões e todas as terapias que empregam sangue. Nessas atividades, não se permite qualquer remuneração, exceto os gastos relacionados aos insumos e materiais empregados em sua coleta (mão de obra, descartáveis etc.). A retirada de órgãos duplos, com autorização do doador, é perfeitamente possível. A retirada de tecidos e órgãos *post mortem* depende da não objeção do doador em seus documentos pessoais; independe de autorização da família. Alguns destes detalhes também podem ser dispostos por meio de testamento vital, outros por testamento público ou particular ou ainda codicilo.

27 *Direitos humanos e cidadania*, p. 22.

28 Decreto-lei n. 1.001, de 21.10.1969.

16. ISONOMIA OU IGUALDADE

Em princípio, refere-se ao tratamento idêntico que se deve dar a todos os que se encontrem em situações similares. Existem basicamente dois tipos de igualdade:

Formal (indicada no *caput* do art. 5º) – Também conhecida como igualdade civil, substancial ou jurídica, nada mais é do que a igualdade perante a lei. Existem escolhas feitas em decorrência de aptidões, impossíveis de serem evitadas, pelo menos no âmbito do direito privado. Busca evitar que existam discriminações ou vantagens indevidas.

Material – Conhecida como igualdade real, foi proposta por Montesquieu, o qual informava ser a verdadeira igualdade aquela que trata igualmente os iguais e desigualmente os desiguais, repetida por Rui Barbosa em sua famosa *Oração aos moços*. Trata da igualdade baseada em fatores determinados, a exemplo das diferenças materiais, como entre os sexos.

A Constituição não diferencia as duas espécies de "isonomias". O princípio está, na verdade, em todo o texto constitucional e não se atém a este ou aquele aspecto. A seguir, os assuntos de maior relevo relacionados à igualdade:

Desdobramentos relacionados ao direito à vida	
Igualdade entre os sexos	Nos termos do inciso I, não há como prever qualquer espécie de tratamento desigualador. Até a condução da sociedade conjugal foi equalizada, nos termos do § 5º, do art. 226, da CF. Outorga particularmente à mulher os seguintes direitos: às presidiárias o direito de permanecer com seus filhos durante a amamentação (art. 5º, L), licença-maternidade (art. 7º, XVIII e XIX) e outros que se relacionam à dupla jornada, reduzindo-lhe em cinco anos o prazo para se aposentar.
Igualdade racial e normas inclusivas	O art. 3º, IV, da CF estabelece ser um dos objetivos fundamentais do Estado brasileiro a promoção do bem de todos, sem preconceitos de origem, raça, sexo, cor, idade e quaisquer outras formas de discriminação. A Lei n. 12.711/2012, em seu art. 3º, estabelece que, em toda instituição federal de ensino superior, as vagas devem ser preenchidas, por curso e turno, por autodeclarados pretos, pardos e indígenas e por pessoas com deficiência, nos termos da legislação, em proporção ao total de vagas no mínimo igual à proporção respectiva de pretos, pardos, indígenas e pessoas com deficiência na população da unidade da Federação onde está instalada a instituição, segundo o último censo da Fundação Instituto Brasileiro de Geografia e Estatística – IBGE. No art. 5º, XLII, da CF se estabeleceu que a prática de racismo é crime inafiançável e imprescritível, sujeito à pena de reclusão. A Lei n. 13.146/2015 instituiu a Lei brasileira de inclusão da pessoa com deficiência, destinada a assegurar e promover o exercício de liberdades fundamentais dessas pessoas.

(continua)

Desdobramentos relacionados ao direito à vida *(continuação)*	
Idade	Reitera-se aqui a proibição do art. 3º, IV, o qual veda a discriminação relacionada à idade, assim como o art. 7º, XXX, veda a diferença de salários, de exercício de funções e de critérios de admissão. Não se pode dizer que exista tal preconceito quando houver determinação do constituinte originário acerca da idade e sua limitação; existe inclusive a possibilidade de conferir à lei infraconstitucional a limitação da idade, a exemplo do art. 142, § 3º, X, da CF. O Estatuto do Idoso assegura a eles todos os direitos fundamentais inerentes à pessoa humana, sem prejuízo da proteção integral de que trata a Lei n. 10.741/2003, assegurando-se-lhes, por lei ou por outros meios, todas as oportunidades e facilidades para preservação de sua saúde física e mental e seu aperfeiçoamento moral, intelectual, espiritual e social, em condições de liberdade e dignidade.

Para Lembo,[29] esse princípio é consequência direta da cláusula geral de igualdade, encontrada no *caput* e inciso I do art. 5º da CF. Isso quer dizer que todos são iguais, mas limitados em suas atuações pela lei. Desse princípio ainda derivam algumas exigências ao legislador como a das normas serem sempre gerais e abstratas e duradouras. Ele ainda pode ser identificado como uma **ação afirmativa – ou discriminação positiva inversa** –, quando procura afastar situações em que algumas pessoas prevalecem sobre outras.

17. LEGALIDADE

O princípio da legalidade está prescrito no art. 5º, II, o qual prescreve que ninguém será obrigado a fazer ou deixar de fazer senão em virtude de lei. Este primado é mais próximo a uma garantia do que propriamente a um direito individual. Isso pela simples exigência de que a obrigação de fazer ou deixar de fazer só pode ser imposta pelas formas legais prescritas constitucionalmente.

Para alguns, pode parecer clara a criação de obrigações por este único meio. Não obstante, a Administração muitas vezes cria atos normativos que exorbitam de seu poder regulamentador. A possibilidade de sustação contida no art. 49, V, da CF não é empregada de maneira a evitar prejuízos, que têm sido comumente contidos pela impetração de remédios ou de outras formas processuais objetivando preservar direitos.

Bobbio adverte que

> uma coisa é o governo exercer o poder segundo leis preestabelecidas, outra coisa é exercê-lo mediante leis, isto é, não mediante ordens individuais e concretas. As duas exigências não se superpõem: num estado de direito, o juiz, quando emite

29 *A pessoa: seus direitos*, p. 165-6.

uma sentença que é uma ordem individual e concreta, exerce o poder *sub lege* mas não *per lege*; ao contrário [...], o constituinte exerce o poder *per lege*.[30]

Oportuno remarcar a opinião de José Afonso da Silva[31] no sentido de que o princípio da legalidade não deve ser compreendido isoladamente, mas dentro do contexto constitucional, sobretudo diante de regras de competência; disso decorre que o princípio aqui entabulado se funda na previsão geral do Poder Legislativo para legislar sobre matérias genericamente indicadas. Somente este Poder pode introduzir novidade modificativa da ordem jurídico-formal. Este princípio, entretanto, vincula-se a uma reserva genérica ao Legislativo, que não exclui a atuação secundária de outros Poderes.

17.1. Legalidade e reserva de lei

O princípio da legalidade, em termos doutrinários, é mais amplo e corresponde o respeito à lei e à sua submissão no que tange a matéria por ela regulada. A reserva de lei refere-se à exigência de se publicar lei formal. A diferença reside fundamentalmente na particularidade da segunda situação, em que a Constituição reserva um conteúdo especial à reserva de lei.

A diferença essencial remarcada por José Afonso da Silva é a de que "o princípio da legalidade (genérica) e o princípio da reserva de lei (legalidade específica) está em que o primeiro envolve primariamente uma situação de **hierarquia** das fontes normativas, enquanto o segundo envolve questão de **competência**".[32]

Especificamente na reserva, há uma previsão constitucional de que o regramento se faça por meio de ato normativo primário. Assim, quando se tratar da reserva legal, estar-se-á diante de expressões como: "por meio de lei", "nos termos da lei complementar" ou ainda "segundo a lei". Quanto à reserva, pode identificar-se a **reserva absoluta** quando não se admite delegação de competência; e **reserva relativa** quando se admite que a lei regule aspectos primordiais da norma deixando ao Executivo a possibilidade de maior complementação.

Vale ainda mencionar a modalidade normativa criada pela EC n. 32/2001, a qual alterou o art. 84, VI, da CF, permitindo ao Presidente da República dispor de forma autônoma, sem lei, restrita e única nos seguintes casos: "*a)* organização e funcionamento da administração federal, quando não implicar au-

---

30 *O futuro da democracia*, p. 158.

31 *Curso de direito constitucional positivo*, p. 420-1.

32 Ibidem, p. 423.

mento de despesa nem criação ou extinção de órgãos públicos; *b)* extinção de funções ou cargos públicos, quando vagos".

18. LIBERDADE DE MANIFESTAÇÃO DO PENSAMENTO, DIREITO DE RESPOSTA E INDENIZAÇÃO POR DANOS

Existem dispositivos constitucionais asseguradores dessa liberdade: o art. 5º, IV, prevê a livre manifestação do pensamento vedando o anonimato. O art. 220 da CF complementa no sentido de que "a manifestação do pensamento, a criação, a expressão e a informação sob qualquer forma, processo ou veículo não sofrerão qualquer restrição, observado o disposto nesta Constituição". O § 2º desse mesmo artigo consigna a vedação de qualquer forma de censura política, ideológica e artística.

O primeiro elemento que se extrai dos dispositivos é que o autor deve identificar-se, necessariamente. Pode escrever por meio de pseudônimos ou heterônimos, a exemplo dos inúmeros empregados por Fernando Pessoa (Alberto Caeiro, Álvaro Campos e Ricardo Reis), por exemplo, ou por cognomes ou alcunhas, que possam ser posteriormente identificados.

As normas referidas, além de assegurarem direitos, já dispõem acerca de limitações. A do inciso IV veda o anonimato e a do art. 220 restringe a censura política, ideológica ou artística. O que se quer alcançar com a vedação do anonimato é a possibilidade do abuso de direito na manifestação de pensamento, com violação dos direitos da personalidade de terceiros, tais como: vida privada, honra ou intimidade.

A censura não é permitida, porém não é defeso efetivar o prescrito no art. 220, § 3º, I, da CF, que permite a indicação de faixas etárias recomendadas para os programas apresentados; assim se estabelecem horários determinados para a apresentação de apresentações públicas.

No abuso do direito da manifestação de pensamento contempladas no art. 5º, V e X, legitima as vítimas da transgressão a pleitear danos morais, materiais ou à imagem, e o violador pode ser responsabilizado administrativa, civil e criminalmente.

O direito de resposta consignado no inciso V corresponde à possibilidade de argumentar acerca de uma ofensa ou afirmação falsa veiculada por mídia ou qualquer canal informativo. Esse direito consubstancia-se um verdadeiro desagravo diante de uma lesão ofensiva, de modo a preservar a honra e a imagem e outros danos porventura causados.

A resposta ou réplica oferecida pelo ofendido deve ter **proporcionalidade**, isto é, deve ter as mesmas dimensões, duração (rádio ou TV) ou ser na mesma seção (revistas ou periódicos). Essa possibilidade de defesa é direito do ofendido e deve ser disponibilizado pelo veículo ofensivo e não diretamente pelo ofensor.

Moraes transcreve a decisão do Min. Aliomar Baleeiro neste particular:

> O exercício do direito de resposta se negado pelo autor das ofensas deverá ser tutelado pelo Poder Judiciário. Garantindo-se o mesmo destaque à notícia que o originou. Anote-se que o ofendido poderá desde logo socorrer-se ao Judiciário para obtenção de seu direito de resposta.[33]

19. LIBERDADE DE CONSCIÊNCIA, CRENÇA, CONVICÇÃO FILOSÓFICA OU POLÍTICA

O art. 5º, VI, protege a liberdade de consciência ou crença e a liberdade no exercício dos cultos religiosos, bem como suas liturgias, protegendo-os de toda e qualquer agressão. Prescreveu a norma necessidade de regulamentação para os cultos e liturgias, eis que amparados por dispositivo de eficácia limitada. A Lei n. 10.825/2003, que define as organizações religiosas e os partidos políticos como pessoas jurídicas de direito privado, estabeleceu que é livre sua criação, organização, estruturação interna e funcionamento. É vedado ao poder público negar-lher reconhecimento ou registro de seus atos constitutivos necessários ao seu funcionamento. Isso deve ser efetivado junto ao Registro Civil de Pessoas Jurídicas, nos termos estabelecidos na Lei n. 6.015/73.

Entre as constituições brasileiras não há nenhuma que tenha vedado a liberdade de culto ou religião.[34] A de 1824 estabelecia ser a Religião Católica Apostólica Romana a religião do Império. As demais religiões eram permitidas, desde que o culto fosse doméstico ou particular, sem forma exterior de templo. As constituições brasileiras que se seguiram também não limitavam o culto religioso, desde que não fossem contrários aos bons costumes e à ordem e à tranquilidade públicas.

Esclarece Moraes[35] que somente foi permitida a liberdade de culto, de expressão e de imprensa na primeira emenda à constituição norte-americana, es-

---

33 *Direitos humanos fundamentais*, p. 123.

34 Constituição de 1824: "Art. 5. A Religião Católica Apostólica Romana continuará a ser a Religião do Império. Todas as outras Religiões serão permitidas com seu culto doméstico, ou particular em casas para isso destinadas, sem forma alguma exterior do Templo". Art. 179, V: "Ninguém pode ser perseguido por motivo de Religião, uma vez que respeite a do Estado, e não ofenda a Moral Pública".

35 *Direitos humanos fundamentais*, p. 126.

tabelecendo que o Congresso não estaria autorizado a estabelecer religião determinada ou a proibir o livre exercício dos cultos.

O art. 19, I, da CF dispõe sobre a vedação à União, aos estados, ao Distrito Federal e aos municípios "estabelecer cultos religiosos ou igrejas, subvencioná-los, embaraçar-lhes o funcionamento ou manter com eles ou seus representantes relações de dependência ou aliança, ressalvada, na forma da lei, a colaboração de interesse público". Essa determinação impede qualquer apoio governamental às seitas e religiões existentes, exceto nos casos de interesse público; por exemplo, quando houver atividades de interesse social promovida por entidade religiosa e ela, reconhecidamente, for declarada de utilidade pública.

As restrições contidas na Constituição relativamente às seitas e religiões devem-se ao fato de ser o Estado brasileiro laico, sem qualquer religião oficial. Por essa razão, há críticas ao preâmbulo constitucional brasileiro, o qual invoca a proteção de Deus, entidade superior para algumas religiões, quando do exercício do poder constituinte. De outro lado, Souza Araujo afirma que

> isso torna relativa toda soberania social. Afasta toda tirania absolutista que sacraliza o poder e pretende fazer de um dirigente um Deus na terra. A economia, a política, a ciência e as artes não podem separar-se da fé que lhes determina seus fins divinos e humanos. A vida, em todas as dimensões, encontra em Deus sua unidade.[36]

Na questão relativa ao preâmbulo, cabe informar que sempre é fundamento histórico presente nas diversas Constituições brasileiras. Esclarece seus valores essenciais e atesta a questão da legitimidade, no sentido de ser fruto de uma assembleia nacional constituinte. Nessa parte se consigna a palavra Deus. Isso não quer reputar ao país uma filiação religiosa. A Constituição é laica, pois não há indicação de nenhuma preferência, tal como existia na de 1824.

19.1. Assistência religiosa

O inciso VII do art. 5º refere-se à possibilidade dessa assistência aos que se encontram internados em estabelecimentos coletivos. São locais da espécie: hospitais, estabelecimentos prisionais, estabelecimentos de ensino e tantos outros em que se agrupem pessoas.

---

36 Disponível em: http://www.senado.gov.br/web/cegraf/ril/Pdf/pdf_143/r143-01.pdf; acesso em: 21.04.2009.

Referido dispositivo existe desde a Constituição de 1934, sendo seguido pela de 1946 e seguintes. Na verdade, objetivou-se preservar a liberdade de religião em estabelecimentos que poderiam vedar o acesso a pessoas determinadas com o intuito de prestar assistência religiosa. Portanto, caso o interno queira receber alguma espécie de auxílio religioso ou espiritual, é plenamente possível o acesso a quem queira fornecê-lo.

19.2. Alegação de crença religiosa ou convicção filosófica ou política para eximir-se de obrigação a todos imposta

O art. 5º, VIII, refere-se àqueles que alegam crença religiosa ou filosófica para eximir-se de obrigação legal a todos imposta. Essas obrigações cingem-se basicamente à obrigação de votar, ser jurado, serviço militar obrigatório (para pessoas do sexo masculino). O art. 15, IV, da CF reitera esse dispositivo impondo a perda dos direitos políticos aos que se recusarem a cumprir obrigação a todos imposta ou prestação alternativa. A novidade dos referidos dispositivos é a possibilidade de cumprir prestação alternativa, que deve ser fixada por lei.

Especificamente, é o art. 143 da CF que estabelece a obrigatoriedade do serviço militar. Os serviços alternativos deveriam ser também estabelecidos pelas forças armadas, de acordo com lei específica. Para esse propósito, publicou-se a Lei n. 8.239, de 04.10.1991, regulamentadora dos §§ 1º e 2º do já referido art. 143 da CF, estabelecendo alternativas ao serviço militar.[37]

20. INVIOLABILIDADE DA INTIMIDADE, DA VIDA PRIVADA E DA HONRA

No art. 5º, X, encontra-se a proteção à expressão intelectual, artística, científica e de comunicação, acarretando indenização por danos morais e materiais na eventualidade de desrespeito.

Araujo e Nunes Jr.[38] esclarecem que, enquanto a opinião diz respeito a um juízo conceitual, uma afirmação do pensamento, a expressão consiste na sublimação da forma das sensações humanas; ou seja, nas situações em que o indivíduo manifesta seus sentimentos ou sua criatividade, independentemente da formulação de convicções, juízos de valor ou conceitos.

A proteção também inclui a veiculação da imagem nos veículos de comunicação e outros meios publicitários. A intimidade e a vida privada possuem

---

37 *Vide* regulamento da Lei de Prestação do Serviço Alternativo, Portaria n. 2.681 – Cosemi, de 28.07.1992.

38 *Curso de direito constitucional*, p. 143-4.

grande ligação, no entender de Bulos.[39] Mesmo tendo o constituinte dividido uma da outra, não há como dissociá-las. São sinônimos. Para Ferreira Filho,[40] há grande interligação, contudo, para ele, vida privada possui maior amplitude, abrangendo não só os laços familiares e de amizade, como também os comerciais, o trabalho e o estudo.

Honra refere-se à opinião de terceiros em relação à pessoa determinada. Motta e Barchet[41] afirmam estar a honra distanciada dos dois anteriores. Refere-se, assim, ao juízo positivo que a pessoa tem de si (honra subjetiva) e ao juízo positivo que dela fazem os demais (objetiva), conferindo-lhe respeitabilidade no meio social.

O domínio individual, indevassável, formado por esses direitos individuais, uma vez transgredidos pode ser objeto de indenização por danos morais e materiais. Isso também se aplica às pessoas jurídicas que possuem uma esfera a ser também reconhecida e respeitada. Uma vez violada, pode ser objeto de indenização. A jurisprudência a ela se refere como honra objetiva.

20.1. Inviolabilidade de domicílio, correspondência e comunicações

O art. 5º, XI, refere-se à casa como **asilo inviolável**. Para nela penetrar é necessário consentimento do morador ou ordem judicial, desde que expedida para efetivá-la durante o dia, exceto nas hipóteses de flagrante delito, para prestar socorro ou no caso de desastre.

O conceito casa, no entendimento do STF, de acordo com o Ministro Celso de Mello, para os fins da proteção a que se refere a Constituição, é amplo, abrangendo a tutela de qualquer aposento ocupado de habitação coletiva e qualquer compartimento privado onde alguém exerce profissão ou atividade. Foi por esse motivo que a Segunda Turma entendeu ser diligência fiscal em escritório de contabilidade, acompanhada da polícia judiciária, sem mandado judicial e sem a concordância do acusado, transgressora ao artigo em análise.[42]

Não existindo flagrante, desastre ou prestação de socorro, somente a autoridade judicial pode autorizar a entrada de alguém em domicílio, durante o dia e sem o consentimento do morador. Nem mesmo a autoridade policial, membro do Ministério Público ou da administração tributária, podem ingressar em domicílio alheio, desprovido de ordem judicial, para realizar qualquer tipo de diligência ou mesmo apreender objetos.

---

39 *Constituição federal anotada*, p. 146.

40 *Comentários à Constituição brasileira*, p. 35.

41 *Curso de direito constitucional*, p. 180.

42 *HC* n. 82.788/RJ, j. 12.04.2005.

Contudo, ainda que exista posicionamento nesse sentido, o próprio STF já decidiu que casa, mesmo como asilo inviolável, não pode ser transformada em garantia de impunidade de crimes, que em seu interior se praticam.[43]

Complexa ainda a questão de um entendimento mais seguro do que seja "dia" a fim de se viabilizar o ingresso na **casa**. Nos termos do Código de Processo Civil, entende-se que esse período é compreendido como das seis às vinte horas. Por sua vez, o entendimento dominante na doutrina é o de que dia refere-se ao período em que haja luz solar. Ao final do dispositivo existe ainda a necessidade de determinação judicial, sem a qual não será possível o ingresso.

Dia	Flagrante delito, prestar socorro, desastre + determinação judicial.
Noite	Flagrante delito, prestar socorro, desastre.

A Constituição vigente conferiu à inviolabilidade do domicílio tratamento mais generoso em face das constituições anteriores. Pela jurisprudência, não há espaço para atuação do legislador ordinário na matéria. A norma é considerada de eficácia plena.

21. SIGILO DE CORRESPONDÊNCIA E DE COMUNICAÇÃO

No inciso XII da CF protegem-se quatro distintos sigilos: a) correspondência; b) comunicações telegráficas, c) dados e d) comunicações telefônicas. Quanto ao item "d", o inciso faz uma ressalva de possível violação desde que seja por ordem judicial para fins de investigação penal ou mesmo ação penal em andamento. Existe reserva jurisdicional, o que exclui outras autoridades para autorizar tal interceptação telefônica.

A redação em comento gera interpretações duvidosas que paulatinamente vêm sendo aclaradas pela jurisprudência do STF sobre sua real função. De um lado, resguarda o sigilo das comunicações em todas as formas, a quebra desse sigilo somente será aprovada nas hipóteses de comunicação telefônica verbal (hoje está estendida para os dados) para os fins penais já mencionados e somente mediante autorização judicial.

A inviolabilidade de comunicação de dados também foi objeto de proteção constitucional. Objetiva-se proteger as informações contidas em banco de dados digital, alimentadas por diversas fontes eletrônicas. Essa troca de dados entre computadores foi objeto de inúmeras discussões pelo fato de também envolve-

43 *RTJ* 74/88 e 84/302 *apud* MORAES, Alexandre de. *Direitos humanos fundamentais*, p. 143.

rem o sigilo da pessoa física ou jurídica. Contudo, o STF posicionou-se no sentido de que tais comunicações estão também albergadas pelo comando normativo do inciso em análise, ou seja, considerou tal interpretação extensiva ao negar medida liminar em ADI cujo intuito era invalidar o art. 1º da Lei n. 9.296/96, sob a tese de que o art. 5º, XII, da Constituição não incluiria tais hipóteses.

Desta forma, o inciso deve ser interpretado de maneira a salvaguardar o interesse coletivo e impedir que o direito ao sigilo seja empregado de forma contrária ou mesmo temerária ao interesse público. São os limites impostos aos direitos fundamentais para defesa da segurança pública, sempre precedido de **autorização judicial para fins de investigação criminal ou instrução processual penal, além das hipóteses legalmente previstas,** o que garante a **quebra da inviolabilidade de correspondência, das comunicações telegráficas e de dados.**

Nos termos da norma, da doutrina e da jurisprudência, a prova obtida por meio de gravação de conversa telefônica será ilícita se realizada por terceiros sem autorização judicial. Aqui deve diferenciar-se a escuta telefônica da interceptação telefônica. Na **escuta,** um dos comunicadores sabe que a conversa está sendo captada. Na **interceptação,** não sabem que está sendo gravada. Somente a **interceptação** pode ser autorizada.[44]

A Constituição faz ressalva à fruição desse direito na hipótese de decretação de estado de defesa, nos termos do art. 136, § 1º, I, *b* e *c*. O decreto presidencial deve indicar se o sigilo da correspondência e da comunicação telegráfica ou telefônica sofrerá restrições. No estado de sítio, essa possibilidade está consignada no art. 139, III. Lembrando que as fases são invertidas nesse procedimento, ou seja, o presidente deve primeiro solicitar autorização para a decretação do estado de sítio, nos termos do art. 137, *caput*.

22. LIBERDADE DE REUNIÃO

É direito público subjetivo, garantido desde as primeiras declarações de direitos, que pressupõe um grupamento momentâneo e intencional de duas ou mais pessoas com o intuito de realizar algum objetivo comum. Isso pode ser exteriorizado por meio de uma passeata, um protesto, um comício, entre outras formas de organização.

---

44 "Art. 1º A interceptação de comunicações telefônicas, de qualquer natureza, para prova em investigação criminal e em instrução processual penal, observará o disposto nesta Lei e dependerá de ordem do juiz competente da ação principal, sob segredo de justiça. Parágrafo único. O disposto nesta Lei aplica-se à interceptação do fluxo de comunicações em sistemas de informática e telemática."

É um direito coletivo, porque só se forma a partir da união de duas ou mais pessoas. Essas pessoas devem estar conscientemente unidas em prol de um objetivo em comum. Não devem unir-se a esmo, de maneira acidental.

Dentre os elementos observados durante o exercício da liberdade de reunião, Serrano Nunes Jr. e David Araujo[45] enumeram:

a) participação de duas ou mais pessoas;

b) caráter temporário;

c) consciência e vontade dos participantes;

d) objetivo próprio e imanente à razão de ser da reunião;

e) finalidade lícita, nela incluído o caráter pacífico;

f) ausência de armas, nas reuniões de caráter público;

g) comunicação da autoridade competente, em caso de utilização de espaços públicos.

Ainda cabe sublinhar os seguintes aspectos:

a) não há necessidade de autorização da autoridade; basta "comunicação";

b) essa comunicação possui dupla vertente: de um lado, impede-se perturbações na reunião e, por outro, evita que se frustre outra anteriormente marcada para o mesmo dia e local;

c) existe comunicação de determinado local, o qual pode ser um ponto de partida, no caso de uma passeata ou protesto, ou ainda ser o próprio local, na hipótese de manifestações públicas;

d) seus participantes devem estar desarmados, e as reuniões devem realizar-se em locais abertos.

Aliado ainda a esses fatores deve-se atentar que nas reuniões deve existir uma coordenação, pois não se considera reunião um encontro casual. Ademais, é um grupamento passageiro, não obstante seus participantes tenham objetivo comum.

A relatividade desse direito deve também ser compreendida de maneira a resguardar o interesse coletivo. Isso porque existe risco de se empreender atividade ilícita, sob o manto de "liberdade de reunião", desrespeitando outros direitos da mesma estirpe, em detrimento da tranquilidade e da paz pública. Devem-se mirar os direitos fundamentais, sejam eles quais forem, sempre sob uma ótica relativa, de forma a não gerar interpretações contrastantes ou desarmônicas entre os próprios dispositivos constitucionais.

Nesse sentido, Ferreira Filho[46] alerta que "da proibição, é claro, cabe controle judiciário. No caso de locais particulares, a proibição só pode ser excepcional, por motivo grave e imperioso".

---

45 *Curso de direito constitucional*, p. 164.

46 *Curso de direito constitucional*, p. 303.

23. LIBERDADE DE ASSOCIAÇÃO

Ao lado da liberdade de reunião está a de associação. A diferença marcante entre as duas está na perenidade da segunda e na temporariedade da primeira. Esta liberdade referida no art. 5º, XVII e XXI, da CF abrange tanto as associações com finalidade de lucro, como aquelas formadas em prol de alguma atividade filantrópica.

Algo que se assemelha ao direito de reunião é ser o de associação direito público subjetivo. Não obstante, tem caráter de permanência, não havendo, geralmente, determinação temporal para sua existência, com o escopo de se efetivar atividade lícita. Para Jorge Miranda, a liberdade de associação é um direito complexo, com dimensões múltiplas. É considerada individual e institucional, positiva e negativa, interna e externa, cada qual com sua lógica própria.[47]

Introduziu-se este direito entre as constituições brasileiras a partir da Primeira Constituição Republicana de 1891. Trata-se de direito coletivo, pois, para existir judicialmente, deve possuir mais de uma pessoa em sua composição. Pode-se citar como exemplo: as cooperativas (arts. 5º, XVIII, e 174, § 2º, da CF) e os partidos políticos (art. 17 da CF).

Sob o escólio de José Afonso da Silva,[48] existem quatro desdobramentos dessa liberdade: a) o de criar uma associação (e cooperativas na forma da lei); b) o de aderir a qualquer associação, pois ninguém é obrigado a associar-se ou manter-se associado; c) o de desligar-se da associação, nenhum associado é obrigado a se manter naquela entidade; e d) o de dissolver espontaneamente a associação, nada nem ninguém pode obrigar a associação a se manter em funcionamento.

Características genéricas das associações:

a) somente é permitida a criação de associações para fins lícitos. Não é possível para fins paramilitares (fins bélicos, a exemplo de grupo de guerrilheiros);

b) é vedada a interferência estatal no funcionamento das associações. As cooperativas devem obedecer lei própria para seu funcionamento. A expressão "na forma da lei", do inciso XVIII, refere-se à adequação dos atos em face à lei das cooperativas;

c) as associações devem ser livremente criadas e expandir-se; sem qualquer limitação, sua criação **independe de autorização estatal**. Os associados não podem ser expulsos, mesmo que o estatuto venha a prever esta possibilidade. Deve ser assegurada a ele a ampla defesa;

d) podem ter suas atividades suspensas por **decisão judicial**;

---

47 *Manual de direito constitucional.*

48 *Aplicabilidade das normas constitucionais*, p. 267.

e) somente podem ser dissolvidas por **sentença judicial com trânsito em julgado**.

As associações possuem capacidade processual. Em sentido processual, podem postular direitos alheios em nome da associação. A representação de filiados em juízo ou fora dele depende, especificamente, de autorização dos associados para que a entidade os represente. Não existindo essa autorização, a associação não possui legitimidade para tanto.

Importante remarcar que as associações têm ganhado cada vez mais amplitude em termos de representatividade. Exemplo típico é o do art. 14, II, da Lei n. 13.465/2017, que prevê a possibilidade de a associação de moradores requerer regularização fundiária urbana (Reurb) em prol de seus beneficiários, individual ou coletivamente, desde que tenham por finalidade atividades nas áreas de desenvolvimento urbano ou regularização fundiária urbana.

24. LIBERDADE DE PROFISSÃO

O art. 5º, XIII, é exemplo de norma de eficácia contida. Destarte, ainda que se assegure a liberdade da pessoa eleger livremente a profissão que lhe pareça mais ajustada, existem profissões para as quais a lei já estabeleceu pré-requisitos a serem cumpridos a fim de viabilizar a possibilidade de seu exercício. No entanto, enquanto não regulamentada, não há obstáculos ao seu respectivo exercício, a exemplo da polêmica, objeto de recente decisão do STF, quanto à necessidade ou não de se cursar comunicação ou jornalismo como pré-requisito para tornar-se jornalista.[49] O argumento empregado foi o de que a necessidade do diploma constituía obstáculo ao pleno exercício de algumas liberdades democráticas.

Por outro lado, a determinação constitucional também dá a liberdade de escolha de profissão, ou seja, não interfere na decisão da pessoa quanto à carreira que deve seguir. Ela poderá ser livremente decidida pelo indivíduo.

---

49 No dia 30 de abril de 2009, o Supremo Tribunal Federal decidiu revogar todos os dispositivos vigentes da Lei de Imprensa. A completa suspensão teve apoio de sete dos onze ministros do STF. O Ministro Carlos Alberto Menezes Direito, primeiro a votar, afirmou que há uma incompatibilidade entre a Lei – editada em 1967, durante o Regime Militar (1964-1985) – e a Constituição de 1988. Segundo o Ministro, na Constituição há mecanismo para garantir a liberdade de imprensa com equilíbrio, como o direito de resposta. Ainda inferiu que a limitação da atuação da imprensa pode trazer prejuízo à sociedade. "O preço do silêncio para a liberdade dos povos é muito mais alto do que a livre circulação das ideias." No dia 17 de novembro de 2009, o plenário do STF decidiu, por 8 votos a 1, a não obrigatoriedade do diploma de jornalista para a profissão, afirmando ser a exigência inconstitucional. Acolheu-se o recurso interposto pelo Sertesp (Sindicato das Empresas de Rádio e Televisão no Estado de São Paulo) e Ministério Público Federal contra a obrigatoriedade do diploma.

25. DIREITO DE PROPRIEDADE E DA FUNÇÃO SOCIAL DA PROPRIEDADE

A propriedade é direito subjetivo, objeto de concepções privatísticas e publicísticas. É direito real, sujeito a limitações impostas pelo ordenamento jurídico no que seja considerado função social, referida no art. 5º, XXIII, logo após o XXII, que estabelece o direito de propriedade, além de outras disposições que a lei consignar. Nosso atual Código Civil adotou o princípio da socialidade, que está de alguma forma nos moldes desse dispositivo e dos próprios arts. 182 e 225 da CF. Isso é possível notar no disposto pelo § 1º do art. 1.228 do CC e se consubstancia na necessidade de o direito de propriedade ser exercido em consonância com as suas finalidades econômicas e sociais e de modo que sejam preservados, de conformidade com o estabelecido em lei especial, a flora, a fauna, as belezas naturais, o equilíbrio ecológico e o patrimônio histórico e artístico, bem como evitada a poluição do ar e das águas.

Destaca Neves Amorim[50] o fato de as teorias do passado considerarem também o nome da pessoa física um direito patrimonial, teoria essa descartada por não ter como objeto um bem patrimonial, excluindo-se a natureza dominial, e por não ser exterior à pessoa.

Observa-se que o direito de propriedade pode ser visto sob o ângulo do direito privado e, nesse particular, estaria adequada sua inserção entre os direitos individuais. Por outro lado, pelo entendimento de José Afonso da Silva, "deveria ser prevista apenas como uma instituição da ordem econômica, como instituição de relações econômicas, como nas constituições da Itália (art. 42) e de Portugal (art. 62)".

Essa relativização do direito e inserção entre os institutos de ordem econômica, inclusive com a consignação da observância de sua função social, extrai dela seu conteúdo meramente individual para situá-lo também entre os da ordem econômica, de acordo com o prescrito no art. 170, II e III, da CF.

A consequência direta da sua consignação nos dispositivos da ordem econômica é impingir na propriedade restrições e limitações em prol dos interesses difusos e coletivos, bem como adequá-la aos moldes do que seja considerado justiça social. Não existe mais o caráter absoluto concebido no período liberal. Limitações à propriedade, no âmbito do direito comparado, surgiram já no Código de Napoleão, o qual previu a impossibilidade de empregá-la contra a lei e os regulamentos. A propriedade não é sagrada, conforme se extrai da Declaração de 1789. Segundo Ferreira Filho,[51] não está acima nem abaixo dos demais.

---

50 *Direito ao nome da pessoa física*, p. 7.

51 *Curso de direito constitucional*, p. 308.

Não sendo um direito absoluto está sujeito a uma série de restrições e normas. Pode ser desapropriada, por necessidade ou utilidade pública e, caso esteja cumprindo sua função social, receberá do Poder Público expropriante justa e prévia indenização, em dinheiro (art. 5º, XXIV). Se não cumpre sua função social, fica sujeita à desapropriação como forma de sanção. Se for rural, o pagamento indenizatório será em títulos da dívida agrária (TDA), previstos no art. 184 da CF; se urbana, o procedimento será efetivado pelo município, dentro das condições do art. 182, § 4º, III, da CF e após plano diretor aprovado por meio de lei específica, em que os títulos da dívida pública (TDP) serão o pagamento da desapropriação, de emissão previamente aprovada pelo Senado Federal, com prazo de resgate de até dez anos, em parcelas anuais, iguais e sucessivas, assegurados o valor real da indenização e os juros legais.[52] Esta última desapropriação depende da inserção do imóvel no contexto do plano diretor e ela é antecedida de parcelamento ou edificação compulsórios. Se o proprietário se mantiver inerte lhe será imposta sanção expropriatória.

Restrições ao direito de propriedade:

Art. 5º, XXV – requisição	Autoriza a autoridade competente a usar a propriedade particular. Só haverá direito à indenização posterior, se houver dano.
Art. 243 – expropriação, sanção	Expropriação de glebas empregadas para culturas ilegais de plantas psicotrópicas.
Art. 182, §§ 3º e 4º, III – descumprimento da função social urbana	Imóveis urbanos somente podem ser desapropriados após prévia e justa indenização, em dinheiro, quando não se tratar da desapropriação sancionatória. No inciso III, há previsão da sanção em caso de descumprimento da determinação do Poder Público Municipal, a ser pago em títulos da dívida pública, previamente autorizado pelo Senado.
Art. 184 – descumprimento da função social (rural)	Desapropriação, pela União, por interesse social, para fins de reforma agrária, do imóvel rural que não esteja cumprindo sua função social, mediante prévia e justa indenização em títulos da dívida agrária.
Art. 5º, XXVI	Pequena propriedade rural, assim definida em lei, trabalhada pela família, não será objeto de penhora para pagamento de débitos decorrentes de sua atividade produtiva, dispondo a lei sobre os meios de financiar o seu desenvolvimento.

52 O art. 8º do Estatuto da Cidade prescreve que, "decorridos cinco anos de cobrança do IPTU progressivo sem que o proprietário tenha cumprido a obrigação de parcelamento, edificação ou utilização, o município poderá proceder à desapropriação do imóvel, com pagamento em títulos da dívida pública" (Lei n. 10.257/2001).

26. DIREITO DE HERANÇA

O direito de herança está garantido pelo art. 5º, XXX, da CF, como desdobramento do direito de propriedade. Os herdeiros sucedem o falecido nos seus direitos e obrigações. A sucessão pode ser testamentária ou legítima. Esse direito está regulado pelos arts. 1.784 e segs. do Código Civil e ocorre apenas após a morte do autor da herança. Não se fala em herança de pessoa viva.

De modo que seja a herança transmitida aos herdeiros após a morte, é preciso detalhar a partilha e formalizar a transferência por meio do inventário, consistente na relação dos haveres (bens móveis, imóveis e créditos) e deveres (dívidas, obrigações).

O art. 5º, XXXI, refere-se à norma de direito internacional privado. Estabelece que a sucessão de bens estrangeiros situados no Brasil será regulamentada por lei brasileira em benefício do cônjuge ou dos filhos brasileiros, sempre que não lhes for mais favorável a lei pessoal do *de cujus*. Considerando o falecido estrangeiro, sem domicílio no Brasil, o **direito material** mais favorável será o aplicável. Certamente, o direito processual ou adjetivo aplicável sempre será o do local do bem, a não ser que as normas internas do país disponham de forma contrária. No Brasil, a lei **material** pode ser estrangeira, se mais benéfica. A processual, necessariamente, deve ser a brasileira.

27. PROPRIEDADE INTELECTUAL

Os incisos XXVII, XXVIII e XXIX do art. 5º da CF garantem a propriedade intelectual, que se consubstancia no direito de propriedade industrial e nos direitos do autor ou propriedade imaterial. Esses direitos são considerados bens móveis e podem ser objeto de alienação, cessão ou mesmo locação, desde que o beneficiário contrate com o proprietário uma licença de utilização remunerada ou não.

A utilização de obra, qualquer que seja, sem consentimento de seu autor, gera a violação do direito autoral e o autor pode ingressar com ação penal pública incondicionada respectiva, além da ação cível para se ver ressarcido.

São direitos morais do autor, nos termos do art. 24 da Lei n. 9.610/98:

> I – o de reivindicar, a qualquer tempo, a autoria da obra;
>
> II – o de ter seu **nome**, pseudônimo ou sinal convencional indicado ou anunciado, como sendo o do autor, na utilização de sua obra;
>
> III – o de conservar a obra inédita;

IV – o de assegurar a integridade da obra, opondo-se a quaisquer modificações ou à prática de atos que, de qualquer forma, possam prejudicá-lo ou atingi-lo, como autor, em sua reputação ou **honra**;

V – o de modificar a obra, antes ou depois de utilizada;

VI – o de retirar de circulação a obra ou de suspender qualquer forma de utilização já autorizada, quando a circulação ou utilização implicarem afronta à sua reputação e **imagem**;

VII – o de ter acesso a exemplar único e raro da obra, quando se encontre legitimamente em poder de outrem, para o fim de, por meio de processo fotográfico ou assemelhado, ou audiovisual, preservar sua memória, de forma que cause o menor inconveniente possível a seu detentor, que, em todo caso, será indenizado de qualquer dano ou prejuízo que lhe seja causado. [grifo nosso]

28. DEFESA DO CONSUMIDOR

O art. 5º, XXXII, estabelece a defesa do consumidor pelo Estado. Esta preocupação resultou no art. 48 do ADCT, o qual prescreveu o prazo de 120 dias para se elaborar um Código de Defesa do Consumidor. Este Código foi apenas publicado em 11 de setembro de 1990, pela Lei n. 8.078.[53]

A Lei trouxe proteções necessárias para as relações de consumo nas esferas: a) cível – define responsabilidades e mecanismos para a reparação de danos gerados a partir da infração; b) administrativa – mune o poder público de poderes legítimos e proporcionais para atuar nas relações de consumo; e c) penal – estabelece novos tipos criminais e as punições para os mesmos.

O CDC, basicamente, segundo Nunes:

> a) regula situações em que haja "destinatário final" que adquire produto ou serviço para uso próprio sem finalidade de produção de outros produtos ou serviços; b) regula também situações em que haja "destinatário final" que adquire produto ou serviço com finalidade de produção de outros produtos ou serviços, desde que estes, uma vez adquiridos, sejam oferecidos regularmente no mercado de consumo, independentemente do uso e destino que o adquirente lhes vai dar [...].[54]

Importante também mencionar que o CDC, entre outros, indica os princípios de defesa do consumidor, dispõe sobre a responsabilidade civil objetiva, os vícios dos produtos e dos serviços, as garantias, os danos ao consumidor, a res-

---

53 Alterado parcialmente pelas Leis ns. 8.656/93, 8.703/93, 8.884/94, 9.008/95, 9.298/96, 9.870/99, 11.785/2008, 11.800/2008, 11.989/2009 e 12.039/2009.

54 *Curso de direito do consumidor*, p. 83.

ponsabilidade dos prestadores de serviços, as práticas abusivas, a publicidade, o banco de dados, as cláusulas abusivas, a desconsideração da personalidade jurídica e define o que são os direitos difusos, coletivos e individuais homogêneos.

29. DIREITO DE PETIÇÃO E DE CERTIDÕES

O **direito de petição** existe em face de possível ilegalidade ou abuso de poder por parte de autoridade pública no exercício regular de suas funções. A **obtenção de certidões**, nas secretarias administrativas, viabiliza o esclarecimento de situações de âmbito pessoal, a fim de se esclarecer situações e defender direitos.

O direito de petição busca levar à autoridade uma reclamação ou mesmo recurso administrativo não contencioso. Sua missão também pode ser indagar à autoridade acerca de algum ato praticado ou mesmo sobre preterição de um direito garantido. Pode servir também como encaminhamento de sugestões, pretensões, denúncias. Não se pode cobrar qualquer espécie de taxa ou emolumento pelo encaminhamento desse instrumento (art. 5º, XXXIV) e sua característica fundamental é a informalidade. Basicamente o signatário indica o cargo ocupado por autoridade, identifica-se e indica a pretensão, o questionamento, a reclamação e a sugestão que deseja ver esclarecidos. Não há restrições quanto ao encaminhamento desses expedientes, que devem ser necessariamente respondidos pela autoridade receptora. A Lei n. 9.051/95 indica o prazo improrrogável de quinze dias, contado do registro do pedido no órgão expedidor (art. 1º).

Para o exercício do direito de petição, não é necessário que o peticionário sofra qualquer ofensa pessoal. A possibilidade de peticionar faz parte do rol de direitos fundamentais conferidos à pessoa física ou jurídica, independentemente de capacidade política ou civil. Pode fazê-lo diretamente, em seu próprio nome, para esclarecer interesse próprio ou coletivo, ou ainda em favor dos interesses da sociedade. No direito de ação, de forma inversa, exige-se interesse processual, pois serão pleiteados direitos subjetivos do autor e, nesse caso, não poderá agir diretamente sem advogado.

A Lei n. 9.784/99 regulamentou o processo administrativo no âmbito federal. Seu objetivo seria uma proteção aos direitos dos administrados em face dos atos praticados por autoridades públicas. O art. 9º da referida Lei estabelece aos legitimados interpor processo administrativo, entre eles:

> I – pessoas físicas ou jurídicas que o iniciem como titulares de direitos ou interesses individuais ou no exercício do direito de representação;
>
> II – aqueles que, sem terem iniciado o processo, têm direitos ou interesses que possam ser afetados pela decisão a ser adotada;

III – as organizações e associações representativas, no tocante a direitos e interesses coletivos;

IV – as pessoas ou as associações legalmente constituídas quanto a direitos ou interesses difusos.

É fundamental uma resposta adequada da autoridade competente. Deve ela esclarecer todos os quesitos formulados pelo peticionário. Não deve responder apenas por meio de dispositivos legais. Certamente deve indicar a fundamentação de suas decisões e o esclarecimento que a levou a tomar determinadas decisões. Exceção é feita quando se enquadra nas hipóteses estabelecidas no item seguinte.

30. INFORMAÇÕES SIGILOSAS

A parte final do inciso XXXIII do art. 5º estabelece, além do acesso amplo às informações mantidas pelo Poder Público, o sigilo daquelas imprescindíveis à segurança do Estado e da sociedade.

A Lei n. 12.527, de 18.11.2011, regula o acesso a informações e dispõe sobre os procedimentos a serem observados pela União, estados, Distrito Federal e municípios, com o fim de garantir o acesso a informações previsto no inciso XXXIII do art. 5º, no inciso II do § 3º do art. 37 e no § 2º do art. 216 da Constituição Federal. O art. 10 viabiliza a qualquer interessado a possibilidade de apresentar pedido de acesso a informações aos órgãos e entidades da União, estados, Distrito Federal e municípios, por qualquer meio legítimo, devendo o pedido conter a identificação do requerente e a especificação da informação requerida.

O art. 3º estabelece os princípios aplicáveis ao processo, que se destinam a assegurar o direito fundamental de acesso à informação. Eles devem ser executados em conformidade com os princípios básicos da administração pública e com as seguintes diretrizes: observância da publicidade como preceito geral e do sigilo como exceção; divulgação de informações de interesse público, independentemente de solicitações; utilização de meios de comunicação viabilizados pela tecnologia da informação; fomento ao desenvolvimento da cultura de transparência na administração pública e desenvolvimento do controle social da administração pública.

31. DIREITO DE AÇÃO E COMPROMISSO ARBITRAL

No art. 5º, XXXV, está o princípio da inafastabilidade do Judiciário. A redação do art. 2º do CPC/2015 não difere muito do que havia como redação no art. 262 do CPC/73. No primeiro consta que "o processo começa por iniciativa da parte e se desenvolve por impulso oficial, salvo as exceções previstas em lei". No atual CPC o processo civil começa por iniciativa da parte, mas se desenvolve por impulso oficial.

Existem opiniões divergentes com relação a determinados requisitos limitadores de acesso ao Judiciário, o qual deve ser o mais amplo possível. O STJ, por exemplo, pela Súmula n. 2, estabelece, no mesmo sentido do art. 8º da Lei n. 9.507/97, a admissão à concessão do *habeas data* a partir da prova da recusa ao acesso às informações ou do decurso de mais de dez dias sem decisão. Di Pietro,[55] contrariamente, considera essa exigência de esgotamento da via administrativa inconstitucional, pois não haveria fundamento constitucional para exigir o prévio recurso à via administrativa como condição para a propositura do *habeas data*.

Outros exemplos poderiam ser citados, como a necessidade de conciliação prévia para admissão de reclamação trabalhista. Nesse sentido, há opiniões em ambos os sentidos. Deveria predominar, certamente, aquela que veda qualquer subtração do Judiciário. Nessa hipótese, a restrição deveria ser unicamente de índole constitucional. As decisões do STJ e STF nem sempre são nesse sentido, predominando a opinião de que as limitações podem ser provenientes de leis infraconstitucionais.

Uma das discussões relativamente a essa subtração referiu-se à possibilidade de estar a arbitragem infringindo, além do princípio da inafastabilidade do Judiciário aqui enfocado, a garantia do devido processo legal (art. 5º, LVI, da CF), da ampla defesa e da dupla instância de julgamento (art. 5º, LV, da CF), criando tribunal de exceção (art. 5º, XXXVII, da CF) e infringindo o princípio do juiz natural (art. 5º, LIII, da CF).

Introduziu-se a arbitragem no ordenamento por meio da Lei n. 9.307/96, a qual viabilizou, em sede de direitos disponíveis, e entre pessoas capazes, que elejam essa forma de solução de controvérsias mediante a convenção de arbitragem materializada por meio de **cláusula compromissória** ou por meio de compromisso arbitral. Na primeira, estabelece-se a submissão à arbitragem nos litígios ocorridos em curso contratual. Por meio de acórdão do Supremo Tribunal Federal, publicado no *DJ* em 30.04.2004, declarou-se a constitucionalidade da Lei n. 9.307/96; nessa decisão, confirmou-se que a Lei não ofende o art. 5º, XXXV, da Constituição Federal. O Código atual, em seu art. 3º, § 1º, limita-se a afirmar que a arbitragem será admitida na forma da lei.

Alessandra Bonilha esclarece que a mediação disposta na Lei n. 13.140/2015 consiste em uma das formas de solução de controvérsias em que as partes esco-

---

55 *Direito administrativo*, p. 721.

lhem um terceiro, imparcial, para agir como facilitador na construção voluntária do acordo. A conciliação tem também o mesmo propósito. Contudo, diferentemente da postura do mediador, o conciliador tem participação proativa, ao contribuir com alternativas na solução da disputa. A arbitragem objetiva dirimir litígios relativos a direitos patrimoniais disponíveis, com utilização do juízo arbitral, a que as partes interessadas submetem a solução de seus litígios e conflitos, mediante a atuação de árbitros escolhidos, seja em função de cláusula compromissória, seja em razão de compromisso arbitral.[56]

32. PRINCÍPIO DA SEGURANÇA DAS RELAÇÕES JURÍDICAS

O art. 5º, XXXVI, da CF estabelece que a lei não prejudicará o direito adquirido, o ato jurídico perfeito e a coisa julgada.

Aqui se estabelece, certamente, a irretroatividade de norma que possa prejudicar o indivíduo. Implícito está que pode beneficiar, de acordo com o que já ocorre no âmbito tributário e penal.

Nos termos da LINDB, especificamente no art. 6º, § 2º, esclarece-se o que seja cada um desses institutos, nos termos da redação dada pela Lei n. 3.238, de 01.08.1957:

> § 1º Reputa-se **ato jurídico perfeito** o já consumado segundo a lei vigente ao tempo em que se efetuou.
>
> § 2º Consideram-se **adquiridos assim os direitos** que o seu titular, ou alguém por ele, possa exercer, como aqueles cujo começo do exercício tenha termo pré-fixo, ou condição preestabelecida inalterável, a arbítrio de outrem.
>
> § 3º Chama-se **coisa julgada ou caso julgado** a decisão judicial de que já não caiba recurso.

Ato jurídico perfeito	Corresponde ao ato/negócio jurídico que obedece regras impostas e não as transgride. É aquele apto a produzir efeitos legais, despido de qualquer condição. Legislação editada *a posteriori* ao ato acabado não o atinge.
Direito adquirido	Direito adquirido (não se confunde com expectativa de direito) revela-se aquele integrante do patrimônio do titular, tendo o direito de usufruir, no presente e no futuro, dos respectivos efeitos, mesmo quando a lei que o conferiu não estiver mais em vigor.
Coisa julgada	As sentenças, via de regra, transitam em julgado (coisa julgada formal); porém, apenas as definitivas, que efetivamente julgam o mérito, alcançam a autoridade da coisa julgada (coisa julgada material).

56 Disponível em: http://www.fachadabonilha.adv.br/artigo_2.html; acesso em: 02.06.2009.

Observações importantes:

Não há direito adquirido diante de normas constitucionais originárias. Isto é, não se pode invocar esse direito quando a norma oriunda do poder constituinte estabelecer de forma diversa. Modifica-se de acordo com o constitucionalmente prescrito.

No poder reformador, apesar de divergências doutrinárias, não se pode modificar o que foi garantido anteriormente. Isso pelo fato de estar protegido como cláusula pétrea nos termos do art. 60, § 4º. Motivo pelo qual se considera que as Emendas devem respeitar o direito adquirido.

Seguindo a doutrina e a jurisprudência nacional, com relação a regime jurídico de servidores públicos, o STF confirma: "Não há direito adquirido a regime jurídico".[57]

33. PRINCÍPIOS DO JUIZ NATURAL, DEVIDO PROCESSO LEGAL, CONTRADITÓRIO E AMPLA DEFESA

O inciso XXXVII preconiza não haver juízo ou tribunal de exceção. O inciso LIII, por sua vez, complementa no sentido de que ninguém será processado nem sentenciado senão pela autoridade competente.

Para esclarecer melhor este tema, Nery[58] afirma ser a garantia do juiz natural tridimensional. Isso quer dizer que: a) não há juízo ou tribunal *ad hoc* (de exceção); b) todos têm direito a submeter-se a julgamento por juiz competente, preestabelecido, de acordo com a lei; c) esse juiz deve ser imparcial.

Ainda que exista essa proibição é importante esclarecer que:

a) a prerrogativa de foro não afrontaria esse princípio basilar, a exemplo do que se observa no art. 52, I e II da CF;

b) a Justiça arbitral e os foros de eleição também não contrariam o princípio;

c) tribunais de ética dos conselhos profissionais (Crea, OAB, CRC etc.), cujas decisões podem ser revisas pelo Judiciário.

Tribunal de exceção é aquele não previsto constitucionalmente para efetivar a jurisdição. Geralmente são criados após a ocorrência dos fatos, em revoluções ou períodos pós-revolucionários, por estados ditatoriais onde não exista lei para a suposta infração cometida; não há as garantias normais oferecidas ao réu e sua competência geralmente é extraída dos tribunais comuns.

---

57 RE n. 99.522, rel. Min. Moreira Alves, j. 01.03.1983, *RDA* 153/110-3.

58 *Princípios do processo civil na Constituição Federal de 1988*, p. 66-7.

Não há correspondência entre tribunal de exceção e justiça especializada (militar, trabalhista e eleitoral). Estas são previstas constitucionalmente e só podem julgar após o estabelecimento das leis necessárias ao seu funcionamento e julgamento dos casos a eles submetidos. O exemplo típico dos tribunais de exceção são aqueles criados para julgar os perdedores que teriam cometidos crimes contra o Estado, a exemplo do que ocorreu em Nuremberg, na Alemanha, criado pelos aliados para julgar os nazistas após a Segunda Guerra Mundial.

Na verdade, o tribunal de exceção é uma verdadeira transgressão ao princípio da igualdade, ou do juízo legal comum, que oferece a todos a mesma jurisdição. Essa criação pode se estabelecer para fins de gerar privilégios ou mesmo de forma oposta, para punir com maior rigor.

O princípio do juiz natural, segundo Bulos, "não se personifica, do mesmo modo que não há mais de um juiz natural. Trata-se de uma ficção jurídica, criada para justificar a proibição dos juízos ou tribunais de exceção".[59]

O juiz natural é aquele pré-constituído, ou seja, encontra-se no exercício legal de suas funções antes do julgamento do fato. Este não tem conhecimento das causas que lhe serão atribuídas. Como consequência, tem-se algumas garantias fundamentais à judicatura (inamovibilidade, vitaliciedade e irredutibilidade de subsídio), além de existir, necessariamente, a imparcialidade e isenção no julgamento, que deve ser dispensado a toda e qualquer questão a ele submetida.

34. TRIBUNAL DE JÚRI

O júri, estabelecido pelo inciso XXXVIII, é reconhecido para o julgamento dos crimes dolosos contra a vida (homicídio, aborto, infanticídio, instigação, induzimento e prestação de auxílio ao suicídio, consumados ou tentados). Se a lei não classificar dessa forma e mesmo assim houver a morte da vítima, o réu não deve ser levado a júri popular, a não ser que a norma relacionada ao crime assim determine.

Nessas acusações, o réu será julgado por pessoas comuns, sem definição de classe ou mesmo nível cultural, que devem observar os elementos, fatos e normas relatados no processo. Não se trata de tribunal de exceção, eis que previsto constitucionalmente. A lei processual poderá incluir outras hipóteses de manifestação desse júri. Não se exaure nas hipóteses atualmente previstas na norma penal.

Entre seus princípios estão:

Plenitude de defesa – Reitera-se nesta alínea a ampla defesa estabelecida no inciso LV, de modo a proporcionar ao réu a possibilidade de defender-se com

---

59 *Curso de direito constitucional*, p. 243.

todas as provas e meios em direito admitidos. Uma vez desatendido esse princípio, o processo será considerado nulo. Deve-se oferecer ao réu o mesmo rol de oportunidades para defender-se empregado pelo acusador.

Sigilo das votações – A opinião dos jurados deve ser manifestada após a composição do Conselho de Sentença e da prestação do compromisso. A partir desse momento, os jurados não poderão manifestar-se sobre o processo, e ao final devem, sigilosamente, votar, de maneira que um não tenha conhecimento do voto do outro, exceto quando a votação for unânime (art. 495 do CPP).

Soberania dos veredictos – Essa soberania advém do simples fato de o juiz não poder substituir os jurados na decisão da causa. É vedado a outro tribunal a reforma da decisão. Motta e Barchet[60] consideram inconstitucional o art. 593, III, *d*, do CPP, o qual permite recurso violador da soberania, na possibilidade da decisão do júri ser manifestamente contrária à prova dos autos. Existem entendimentos divergentes no sentido de que se deve viabilizar a realização de novo júri na hipótese mencionada, pois o princípio em comento serve tão somente para inviabilizar a interferência do Judiciário na decisão dos jurados.

35. PRINCÍPIO DO DEVIDO PROCESSO LEGAL, GARANTIA DO CONTRADITÓRIO, AMPLA DEFESA E RAZOÁVEL DURAÇÃO DO PROCESSO (POSSIBILIDADE DE VIDEOCONFERÊNCIA)

Os incisos LIV e LV preceituam que "ninguém será privado da liberdade ou de seus bens sem o devido processo legal" e "aos litigantes, em processo judicial ou administrativo, e aos acusados em geral são assegurados o contraditório e ampla defesa, com os meios e recursos a ela inerentes".

No direito norte-americano é muito popular e é conhecido como *due process of law*, ou seja, assegura-se o devido e justo processo legal, tendo como características implícitas a adequada duração do processo.

Esses princípios tinham sido estabelecidos na Magna Carta de 1215 e reiterados na Declaração Universal dos Direitos do Homem. Assim, presume-se a pessoa inocente até que a culpabilidade tenha sido provada de acordo com a lei, em julgamento público, no qual lhe tenham sido asseguradas as garantias necessárias à sua defesa.

As proteções oferecidas aos indivíduos podem ser classificadas em:

Formais – devem-se observar procedimentos, prazos e ritos especificados nas normas processuais.

Materiais – referem-se à justiça, à plenitude de defesa, à razoabilidade, à proporcionalidade que devem ser observadas pelo juiz.

---

60 *Curso de direito constitucional*, p. 216.

Corolários do devido processo legal, sob o escólio de Moraes,[61] são a **ampla defesa** e o **contraditório**. Estes devem ser assegurados aos litigantes em processo judicial ou administrativo e aos acusados em geral. Assim, mesmo inexistindo, na área administrativa, a capitulação do ilícito administrativo, esta não deve ser tão aberta a ponto de impossibilitar o direito de defesa, pois nenhuma penalidade poderá ser imposta no âmbito administrativo ou judicial sem a necessária amplitude de defesa.

Uma das propostas da EC n. 45/2004, com a reforma do Judiciário, foi estabelecer no *due process of law*, um prazo razoável para sua duração. Pode-se até mesmo afirmar que no conceito amplo de Administração está o Judiciário e, portanto, o princípio da eficiência do *caput* do art. 37 seria aplicável aos processos, conforme afirmou Moraes. Nada obstante, não foi esse o intuito da inserção desse dispositivo segundo entendimento deste autor.[62]

Entre os mecanismos criados pela referida Emenda a fim de desburocratizar o Judiciário podem-se citar:

> [...] a vedação de férias coletivas nos juízos e tribunais de segundo grau, a proporcionalidade do número de juízes à efetiva demanda judicial e à respectiva população, a distribuição imediata dos processos, em todos os graus de jurisdição, a possibilidade de delegação aos servidores do Judiciário, para a prática de atos de administração e atos de mero expediente sem caráter decisório, a necessidade de demonstração de repercussão geral das questões constitucionais discutidas no caso para fins de conhecimento do recurso extraordinário, a instalação da justiça itinerante, as súmulas vinculantes do Supremo Tribunal Federal.[63]

Outro problema atual é a possibilidade de se realizar interrogatório por videoconferência, de maneira a agilizar o processo e pôr em prática o princípio da justa duração do processo. Em 2007, o Supremo Tribunal Federal (STF) julgou inconstitucional lei estadual do Estado de São Paulo que permitia o uso da videoconferência em interrogatórios. Em seu entendimento, referida norma deveria ser de cunho federal. A Lei n. 11.900/2009 alterou os arts. 185 e 222 do Código de Processo Penal. O interrogatório do réu preso por sistema de videoconferência poderá ser excepcionalmente realizado pelo juiz, por decisão fundamentada, de ofício ou a requerimento das partes, interrogando o réu preso por este sistema ou outro recurso tecnológico de transmissão de sons e imagens em tempo real.

---

61 *Direito constitucional*, p. 105.

62 *Vide* SALEME, Edson Ricardo. *Direito administrativo*.

63 *Direito constitucional*, p. 107.

Atualmente, a Resolução n. 329/2020 do CNJ estabelece que é garantida a realização de audiências por meio de videoconferência em processos criminais e de execução penal em plataforma disponibilizada pelo CNJ. Todos os atos devem obedecer o contraditório, o devido processo legal e a publicidade e todos os outros garantidos ao réu. A Resolução n. 314/2020 retoma os prazos processuais nos processos que tramitam em meio eletrônico sem qualquer tipo de escalonamento, sendo vedada a designação de atos presenciais.

36. DISPOSITIVOS RELEVANTES EM MATÉRIA PROCESSUAL CONSTITUCIONAL

Provas ilícitas	Art. 5º, LVI	Estas seriam inadmissíveis no processo. O STF manifestou-se oposto à admissibilidade e só excepcionalmente as considera.
Publicidade dos atos processuais	Art. 5º, LX	A publicidade só é restrita a determinados atos, quando a preservação do direito à intimidade e ao sigilo da pessoa não macule o interesse público à informação. São hipóteses de segredo de justiça, nos termos do art. 93, IX, da CF.
Assistência jurídica integral e gratuita	Art. 5º, LXXIV	As defensorias públicas estaduais foram recentemente instaladas com esse intuito. O § 2º do art. 134 da CF, inserido pela EC n. 45/2004, veio a prever autonomia funcional e administrativa às defensorias estaduais.
Erro judiciário	Art. 5º, LXXV	O § 6º do art. 37 da CF é claro ao estabelecer a responsabilidade objetiva do Estado, o que se aplica ao erro judiciário, fundamentada na teoria do risco integral.
Gratuidade das certidões de nascimento e óbito	Art. 5º, LXXVI	A Lei n. 9.534/97 deu nova redação ao art. 30 da Lei de Registros Públicos para assegurar a gratuidade do registro de nascimento, sendo tal ato imprescindível ao exercício da cidadania. Há estudos para o estabelecimento de lei que crie fundos de ressarcimento dos atos gratuitos praticados pelo registro civil.
Garantia de julgamento por juiz imparcial (quarentena)[64]	Art. 95	Determina a vedação aos juízes de exercer advocacia no juízo ou tribunal do qual se afastou, antes de decorridos três anos do afastamento do cargo por aposentadoria ou exoneração.

64 Não obstante não seja matéria do art. 5º, preferiu-se aqui inseri-la – de acordo com a redação dada ao art. 95, estabelecida pela Emenda Constitucional n. 45, de 2004 – em decorrência de sua grande incidência nas provas.

QUESTÕES

1. (OAB-2021) Em um programa de debate na rádio local sobre a questão da pena de morte, um dos debatedores, em certo ponto do programa, afirmou que, caso fosse aprovada uma Proposta de Emenda Constitucional (PEC) suprimindo a vedação da pena de morte presente na Constituição, o Brasil poderia adotar esse tipo de pena. Na opinião desse debatedor, tratar-se-ia apenas de vontade política e não de questão jurídica. Diante disso, cabe a você esclarecer que

A) essa PEC poderia ser aprovada pelo Congresso Nacional e surtir seus efeitos jurídicos mas, por se tratar de uma questão política, o ideal seria que essa decisão fosse precedida de amplo debate popular.

B) essa PEC poderia ser aprovada pelo Congresso Nacional mas, de acordo com a Constituição da República, uma decisão nesse sentido somente poderia ser implementada após aprovação em referendo popular.

C) essa PEC não é juridicamente adequada, porque tal vedação é cláusula pétrea da Constituição e porque o Brasil promulgou o Protocolo Adicional à Convenção Americana sobre Direitos Humanos referente à abolição da pena de morte.

D) de acordo com a Constituição da República e a Convenção Americana sobre Direitos Humanos, apenas o Supremo Tribunal Federal poderia admitir a pena de morte, porque possui competência para relativizar a proteção a um direito fundamental, desde que para proteger outro direito fundamental.

2. (OAB-2021) João, considerado suspeito de ter comercializado drogas ilícitas em festa realizada há duas semanas em badalada praia do Município Delta, após investigação policial, teve localizado seu endereço. Os policiais, sem perda de tempo, resolvem se dirigir para o referido endereço, e lá chegando, às 22h, mesmo sem permissão, entram na casa de João e realizam uma busca por provas e evidências. Segundo o sistema jurídico-constitucional brasileiro, a ação policial

A) respeitou o direito à inviolabilidade domiciliar, já que a Constituição da República dispensa a necessidade de mandado judicial em situações nas quais esteja em questão a possibilidade de obtenção de provas para investigação criminal em curso.

B) desrespeitou o direito à inviolabilidade domiciliar, já que, como a Constituição da República não prevê explicitamente qualquer exceção a este direito, o ingresso na casa alheia, contra a vontade do morador, sempre exige ordem judicial.

C) respeitou o direito à inviolabilidade domiciliar, já que o sistema jurídico brasileiro considera que a plena fruição desse direito somente pode ser relativizada em situações nas quais o seu exercício venha a conceder proteção a alguma ação criminosa.

D) desrespeitou o direito à inviolabilidade domiciliar, já que, embora esse direito não seja absoluto e possua restrições expressas no próprio texto constitucional, a atuação dos agentes estatais não se deu no âmbito destas exceções.

RESPOSTAS

1. C
2. D

11

Remédios constitucionais

Também denominados garantias constitucionais individuais, situam-se ao lado das garantias constitucionais gerais. Estas últimas, como visto, inserem-se no mecanismo de freios e contrapesos e, nas palavras de José Afonso da Silva, "visam a impedir o arbítrio, com o que constituem, ao mesmo tempo, técnicas assecuratórias de eficácia das normas conferidoras dos direitos fundamentais".[1]

Outras garantias constitucionais estão consignadas no texto constitucional: direito de petição, *habeas corpus*, *habeas data*, mandado de segurança individual e coletivo, mandado de injunção e ação popular. São instrumentos disponíveis aos indivíduos que tiverem seus direitos individuais violados, objetivando **sanar** a ilegalidade ou o abuso de poder violadores dos direitos individuais. O termo **remédio** é uma analogia a um termo médico que tem o sentido de reparação de lesão causada por autoridade pública na esfera individual de direitos.

Esses remédios também são conhecidos como *writs* constitucionais ou ações constitucionais. Na língua inglesa, o termo *writ* significa lei, ordem. Tecnicamente, no entendimento de Ackel Filho,[2] procede do direito inglês e o sentido hoje não é diverso. Isso porque é um mandamento expedido pelo órgão jurisdicional competente, no exercício da soberania de suas funções estatais.

Existem basicamente os seguintes instrumentos tuteladores das garantias individuais:

1 *Curso de direito constitucional positivo*, p. 412.
2 Writs *constitucionais*, p. 7.

Instrumento	Dispositivo constitucional	Surgimento nas constituições brasileiras
Direito de petição e certidão	Art. 5º, XXXIV, *a* e *b*	CF de 1937, art. 122, § 7º
Habeas corpus	Art. 5º, LXVIII	CF de 1891, art. 72, § 22
Habeas data	Art. 5º, LXXII	CF de 1988
Mandado de segurança coletivo	Art. 5º, LXX	CF de 1988
Mandado de segurança individual	Art. 5º, LXIX	CF de 1934, art. 113, 33
Mandado de injunção	Art. 5º, LXXI	CF de 1988
Ação popular	Art. 5º, LXXIII	CF de 1934, art. 113, 38

A regra nas constituições brasileiras é manter os institutos em prol dos indivíduos consignados nas anteriores, exceção feita à de 1937, cujo texto a desconsiderou completamente.

Existem formas limitadoras dos direitos individuais, isto é, grassam pelo texto constitucional previsões limitativas impostas ao exercício de grande parte desses direitos, de forma a tornar possível o exercício por todos os membros da coletividade. Diante de circunstâncias em que **existam direitos violados** ou em vias de sofrer violação, os remédios atuam como uma forma efetiva de impor à autoridade a limitação por meio de ordem judicial, uma vez invadida a esfera individual de direitos constitucionalmente protegidos.

A Constituição Federal de 1988 introduziu mais três espécies distintas de garantias buscando ampliar o rol de proteção: o *habeas data*, o mandado de injunção e o mandado de segurança coletivo. Podem ser empregados por pessoas físicas ou jurídicas, públicas ou privadas. Importante notar que o direito de petição e certidão são garantias de caráter administrativo. As providências devem ser tomadas pela Administração.

As garantias constitucionais, em sentido estrito, são os meios que a Constituição dispõe ao indivíduo/cidadão para a sua proteção diante das violações de qualquer natureza perpetradas pelo Poder Público ou autoridade delegada, a fim de preservar a legalidade e as limitações normativas em prol do indivíduo.

1. *HABEAS CORPUS*

A Constituição garante o pleno direito de ir e vir dos indivíduos que em território brasileiro se estabelecem em tempos de paz, nos termos preceituados pelo art. 5º, XV. Essa liberdade de locomoção também se aplica aos bens da pessoa.

Todos os direitos têm o correspondente limitativo constitucional ou infraconstitucional (desde que haja previsão nesse sentido), ou seja, a norma pode restringir o exercício da liberdade de locomoção em prol do direito subjetivo da coletividade. Nesse sentido, é plenamente legítimo a norma impor condições para o exercício da liberdade de locomoção, a exemplo do que ocorre quando se decreta estado de defesa ou de sítio, ou ainda intervenção federal.

1.1. Antecedentes históricos

O objeto central do *habeas corpus* é a proteção ao direito de ir e vir ilegítimo ou ilegalmente obstado. Proveniente do direito romano, seu intuito sempre foi defender o direito de locomoção.

Pinto Ferreira afirma ter ressurgido na Inglaterra, com outros *writs* destinados a proteger a liberdade, atribuindo-se sua origem ao reinado de Henrique II (1133-1189), "a princípio apenas amparando os barões e nobres, cuja prisão a Magna Carta de 1215 não admitiu sem julgamento de seus pares, não protegendo o homem comum, como sucedeu posteriormente".[3]

No Brasil, esse *writ* ganhou relevo a partir da primeira Constituição Republicana de 1891, em seu art. 72, § 22; contudo, não se restringia ao direito de locomoção. Tinha alcance amplo e buscava sanar a ilicitude de todo e qualquer ato praticado com ilegalidade ou abuso de poder. Ackel Filho explica que, atualmente, "o elenco de hipóteses que comportam o remédio é bem vasto, compreendendo, não apenas os casos de prisão arbitrária e ilegal, mas também toda ameaça idônea ou coação outra consumada contra a liberdade".[4]

Sob a óptica de José Afonso da Silva,[5] o objeto do remédio é amplo. Destina-se a tutelar o direito de liberdade de locomoção, direito de ir e vir, parar e ficar. A natureza jurídica desse instituto é de **ação constitucional penal.**

Já se impetrou *HC* para o trancamento de processo administrativo disciplinar militar. As possibilidades de cabimento estariam restritas à regularidade formal do processo administrativo disciplinar militar ou em casos de manifesta teratologia (decisões absurdas).

1.2. Particularidades processuais do *mandamus*

De acordo com os arts. 5º, LXVIII, da CF e 647 a 667 do CPP, esse remédio constitucional não é oneroso e possui a característica de ser informal; está à disposição de qualquer pessoa que esteja sofrendo ou na iminência de sofrer

3 *Curso de direito constitucional*, p. 154.

4 Writs *constitucionais*, p. 31.

5 *Curso de direito constitucional positivo*, p. 445.

violência ou coação em sua liberdade de locomoção, em virtude de ilegalidade ou abuso de poder.

Existem duas espécies de *habeas corpus*: o **liberatório ou repressivo** – para quem já sofreu o constrangimento ou a coação; e o **preventivo** – para quem se achar na iminência de sofrê-lo. Nessa situação, pode-se obter um salvo-conduto para o trânsito sem constrangimento.

Legitimidade e competência – Pode ser impetrado por qualquer pessoa, em benefício próprio ou alheio. Não há impedimento de a pessoa jurídica impetrá-lo, embora nunca possa ser beneficiária. Como já referido, ele é instrumento informal, não há moldes estabelecidos que possam condicionar seu exercício, desde que possa exprimir o ocorrido e busque liberar o impetrante ou terceiro. Não se exige capacidade postulatória. Essa característica é confirmada pelo art. 1º, § 1º, do Estatuto da OAB:[6] "não se inclui na atividade privativa de advocacia a impetração de *habeas corpus* em qualquer instância ou tribunal".

Sujeito passivo – É aquele que comete a ilegalidade ou o abuso de poder ou esteja na iminência de cometê-lo. É nominado como **autoridade coatora** e a indicação incide sempre sobre o cargo ocupado pela pessoa, sem identificar seu ocupante.

Natureza jurídica – Sob o ponto de vista constitucional, considera-se o instrumento em tela de índole eminentemente constitucional, com vistas à tutela da liberdade de locomoção, seja tentada ou consumada. Trata-se de ação constitucional. Pela óptica penal, trata-se de ação penal não condenatória, pois objetiva-se unicamente a liberdade do paciente em face da autoridade coatora. José Afonso da Silva[7] entende ser o *habeas corpus* uma ação constitucional penal.

Custas judiciais e honorários advocatícios – Essa é uma ação gratuita, nos termos da própria determinação constitucional contida no art. 5º, LXXVII, da CF. Como mencionado, não há sequer necessidade de causídico para o patrocínio da causa e tampouco qualquer formalidade processual.

Liminar – Não há previsão legal no sentido de se admitir a liminar. Não obstante, diante das circunstâncias, o Judiciário tem concedido, conforme reiteradas decisões judiciais. Se o *habeas corpus* for considerado procedente, libera-se o paciente. Caso não o seja, é possível ingressar com novo pedido.

Vedação constitucional – Existe uma vedação constitucional no que se refere ao *habeas corpus*. Nos termos do art. 142, § 2º, da CF, punições disciplinares não estão sujeitas a esse remédio constitucional. Na verdade, não há possibilidade de se analisar o mérito das decisões. Os pressupostos de legalidade,

---

6 Lei n. 8.906/94.

7 *Curso de direito constitucional positivo*, p. 445.

porém, podem ser objeto de *habeas corpus*. Isso é o que se extrai da decisão do STF, que confirma serem os aspectos extrínsecos do ato que aplicou a punição disciplinar objeto de apreciação pela via do *mandamus*.[8]

Competência para apreciação – Dependerá da autoridade coatora e, em alguns casos, do paciente, nos termos do art. 102, I, *d*, da CF, entre outros. Ex.: competência originária do STF quando o paciente seja o Presidente da República.

Abrangência do *HC* – considera-se também o remédio *iuris* próprio para sanar o abuso de poder ou mesmo com finalidade de cessar possível constrangimento ilegal, seu cabimento também é possível para trancar investigação ou ação instaurada sem fundamento legal.

2. MANDADO DE SEGURANÇA INDIVIDUAL E COLETIVO

O art. 5º, LXIX, da CF dispõe:

> conceder-se-á mandado de segurança para proteger direito líquido e certo, não amparado por *habeas corpus* ou *habeas data*, quando o responsável pela ilegalidade ou abuso de poder for autoridade pública ou agente de pessoa jurídica no exercício de atribuições do Poder Público.

Esse remédio constitucional revela-se verdadeira criação nacional em forma de ação constitucional de natureza civil. A primeira Constituição a contemplá-lo foi a de 1934, sendo seguida pelas demais, com exceção à de 1937. As regras relacionadas ao seu procedimento e outras normas estão dispostas na Lei n. 12.016, de 07.08.2009, o qual nada mais fez do que incorporar algumas súmulas e enunciados do STJ e do STF. Revogou, expressamente, as Leis ns. 1.533/51, 4.166/62, 4.348/64, 5.021/66, entre outros dispositivos de normas esparsas relacionados à matéria.

Esse instrumento constitucional deve ser impetrado em face de autoridades públicas, ou a elas equiparadas, quando praticarem atos ilegais ou abusivos. O art. 1º, § 2º, da Lei n. 12.016/2009 vedou expressamente a impetração desse remédio contra atos de gestão comercial praticados pelos administradores de empresas públicas, de sociedades de economia mista e de concessionárias de serviço público.

O art. 5º, III, da Lei n. 12.016/2009, estabelece ainda vedações à impetração de MS em face de decisão transitada em julgado (Súmula n. 268 do STF).

---

8 STJ, *HC* n. 5.397/DF, rel. Min. José Arnaldo da Fonseca, j. 28.05.1997, *DJ* 04.08.1997.

O § 3º do art. 6º estabelece ser a autoridade coatora "aquela que tenha praticado o ato impugnado ou da qual emane a ordem para a sua prática."

Ampla é a aceitação do conceito oferecido por Hely Lopes Meirelles, para o qual o mandado de segurança

> é o meio constitucional posto à disposição de toda pessoa física ou jurídica, órgão com capacidade processual, ou universalidade reconhecida por lei, para a proteção de direito individual ou coletivo, líquido e certo, não amparado por *habeas corpus* ou *habeas data*, lesado ou ameaçado de lesão, por ato de autoridade, seja de que categoria for e sejam quais forem as funções que exerça.[9]

2.1. Pressupostos do mandado de segurança

O controle jurisdicional, diante dos atos de ilegalidade e abuso de poder, pode ser oposto por qualquer pessoa, física ou jurídica, de forma individual ou coletiva, que sofra lesão ou ameaça de lesão ao denominado direito líquido e certo, não amparado por *habeas corpus* ou *habeas data*.

Essa ação civil possui pressupostos específicos que podem ser identificados como:

a) **ato comissivo** ou **omissivo** de autoridade;

b) **ilegalidade** ou **abuso de poder**;

c) **lesão** ou **ameaça de lesão a direito líquido e certo**;

d) **caráter subsidiário**.

O primeiro quesito diz respeito ao agente que realiza o ato ilegal ou que abusa do poder. Di Pietro considera **ato de autoridade** todo aquele que

> for praticado por pessoa investida de uma parcela de poder público. Esse ato pode emanar do Estado, por meio de seus agentes e órgãos ou de pessoas jurídicas que exerçam funções delegadas. Isto quer dizer que abrange atos praticados pelos órgãos e agentes da administração direta e da indireta (autarquias, fundações, empresas públicas, sociedades de economia mista, concessionárias e permissionárias de serviços públicos). E abrange também atos emanados de particulares que ajam por delegação do Poder Público.[10]

9 *Mandado de segurança, ação popular, ação civil pública, mandado de injunção,* "habeas data", p. 21.

10 *Direito administrativo*, p. 729.

Responde pelo ato **comissivo** a autoridade que teve a iniciativa de efetivar o ato e pelo omissivo, quem deveria realizá-los e nada fez. Estas seriam as **autoridades coatoras** contra quem se impetra o MS nos casos de ação e omissão.

Outra dificuldade que se impõe é a questão da posição de algumas normas existentes na Lei n. 12.016/2009:

a) o art. 5º, I, refere-se à impossibilidade de interposição de MS contra ato administrativo de que caiba recurso administrativo com efeito suspensivo, independente de caução;

b) o art. 5º, II, expõe a impropriedade do MS contra decisão judicial da qual caiba recurso com efeito suspensivo;

c) no art. 5º, III, de decisão transitada em julgado.

Não obstante o comentário tenha sido feito antes da promulgação da Lei 12.016/2009, seguem válidas as observações por ela ter repetido, até no mesmo artigo, as disposições da lei anterior. Para Di Pietro, tais posições devem ser relativizadas em face do que dispõe a Constituição Federal, pois sempre será cabível o MS se as "três exceções previstas não forem suficientes para proteger o direito líquido e certo do impetrante".[11]

Direito líquido e certo é aquele comprovado de plano. Entende-se como aquele que "se apresenta manifesto na sua existência, delimitado em sua extensão e apto a ser exercitado no momento da impetração", nas palavras de Hely Lopes Meirelles.[12] Esse conceito, segundo José Afonso da Silva,[13] é aceito pela doutrina e jurisprudência. Ainda, sob seu escólio, entende que, no direito líquido e certo, o direito invocado, para ser amparável, deve vir expresso em norma legal e trazer em si todos os requisitos e condições de sua aplicação ao impetrante. Se sua existência for duvidosa ou ainda depender de fatos indeterminados, e sua extensão não delimitada, não será possível sua impetração.

Assim, no momento da impetração, deve o impetrante apresentar na inicial: o direito, seus requisitos e a prova cabal para seu reconhecimento. Na verdade, não se oferece a possibilidade de dilação probatória. Isso não impede, contudo, a possibilidade de a dilação ser proveniente das informações da autoridade, que darão base para o MS. Nos termos do art. 6º, § 1º, da Lei n. 12.016/2009, se o documento necessário à prova do alegado se achar em repartição ou estabelecimento público ou ainda em poder de autoridade que se recuse a fornecê-lo, o juiz ordenará, preliminarmente, por ofício, a exibição do do-

---

11 *Direito administrativo*, 153.

12 *Mandado de segurança, ação popular, ação civil pública, mandado de injunção,* "habeas data", p. 35.

13 *Curso de direito constitucional positivo*, p. 447.

cumento em original ou em cópia autêntica, e marcará, para o cumprimento da ordem, o prazo de dez dias.

2.2. Possibilidade de impetração de mandado de segurança

É possível, outrossim, a impetração de mandado de segurança, que depende de advogado ou defensor público, nos seguintes casos:

a) ato administrativo específico – desde que ilegal e ofensivo a direito individual ou coletivo, líquido e certo do impetrante;

b) lei de efeito concreto – ainda que emanada do Legislativo, não possui caráter genérico abstrato. Na verdade, mais se assemelha a um ato administrativo;

c) lei autoexecutória – também é cabível MS, eis que dispensa ato administrativo *a posteriori* para produção de efeitos.

Observa-se, nos casos assinalados, a possibilidade de impetração pelo sentido material do ato, independente de sua natureza.

Por sua vez, considera-se **não cabível** o mandado contra:

a) lei em tese;

b) decisão judicial com trânsito em julgado e atos jurisdicionais do STF;

c) atos legislativos *interna corporis*;

d) extensão de vantagens pecuniárias concedidas de uma categoria para outra;

e) ato que caiba recurso administrativo com efeito suspensivo (independente de caução);

f) ato judicial passível de recurso com efeito suspensivo;

g) atos de gestão comercial efetivados pelos administradores de empresas públicas, de sociedade de economia mista e de concessionárias de serviço público (art. 1º, § 2º, da Lei n. 12.016/2009).

2.3. Peculiaridades processuais do mandado de segurança

O *rito* é do remédio é especial e possui peculiaridades próprias. A autoridade judiciária, ao receber a inicial, recebe-a normalmente, se houver ou não pedido liminar, despacha para que a autoridade coatora se manifeste em dez dias para prestar informações. Essas informações devem compreender **todos** os quesitos, provas e argumentos que a autoridade considerar importante pontuar. Não pode ser considerada contestação. A autoridade deve manifestar-se pessoalmente, acompanhada ou não de procurador. Após a manifestação da autoridade, o Ministério Público será ouvido no prazo de cinco dias e o juiz deve proferir sentença também em cinco dias.

Nos termos do art. 7º, como previsão final inovadora da Lei em comento, ao despachar a inicial, o juiz ordenará:

> III – que se suspenda o ato que deu motivo ao pedido, quando houver fundamento relevante e do ato impugnado puder resultar a ineficácia da medida, caso seja finalmente deferida, **sendo facultado exigir do impetrante caução, fiança ou depósito, com o objetivo de assegurar o ressarcimento à pessoa jurídica.**

A **legitimação ativa** é conferida a toda e qualquer pessoa física ou jurídica, pública ou privada, ou ainda a outras entidades a exemplo da universalidade patrimonial.

Autoridade coatora, também denominada **impetrado** ou **legitimado passivo,** é aquela que tenha realizado o ato ilegal ou abusivo e contra quem se alega o dano que eivou a esfera de direitos do impetrante.

Sentença em MS – na hipótese de concessão da segurança, a sentença possui ordem dirigida à autoridade coatora para que cesse a lesão ou execute o que omitiu, por meio de ofício do juiz, transmitido pela própria parte, em alguns casos, oficial de justiça ou pelo próprio correio.

Prazo para impetração – O art. 23 da Lei n. 12.016/2009 indica o prazo de 120 dias contados da ciência, pelo interessado, do ato impugnado. A Súmula n. 632 do STF já estabelecia esse prazo em face das discussões acerca da constitucionalidade ou não desse prazo legal. Importante observar que esse prazo é decadencial, não comportando interrupções ou suspensões.

Nos termos da Lei n. 13.676/2018, que modificou o art. 16 da Lei n. 12.016/2012, "nos casos de competência originária dos tribunais, caberá ao relator a instrução do processo, sendo assegurada a defesa oral na sessão do julgamento do mérito ou do pedido liminar".

Diante dessa modificação, tornou-se possível a sustentação oral na defesa do julgamento de mérito ou mesmo no pedido liminar. Ampliou-se, portanto, os mecanismos de defesa do remédio constitucional.

2.4. Mandado de segurança coletivo

A Constituição de 1988 trouxe novidade relacionada ao MS coletivo, o qual viabiliza a impetração dentro dos mesmos moldes do MS individual. O art. 5º, LXX, reiterado pelo art. 21 da Lei n. 12.016/2009, a qual trouxe regramento inexistente sobre a matéria, estabelece que o MS coletivo pode ser impetrado por:

a) partido político com representação no Congresso Nacional, na defesa de seus interesses legítimos relativos a seus integrantes ou à finalidade partidária;

b) organização sindical, entidade de classe ou associação legalmente constituída e em funcionamento há pelo menos um ano, em defesa dos interesses de seus membros ou associados, na forma de seus estatutos e desde que pertinentes às suas finalidades.

Direito coletivo, nos termos desse remédio, para Hely Lopes Meirelles,[14] é o que pertence a uma coletividade ou categoria representada por partido político, por organização sindical, por entidade de classe ou por associação legalmente constituída e em funcionamento há pelo menos um ano. Este só se presta a defender direito líquido e certo da categoria e não de um ou de outro membro da entidade representativa. Nele, postular-se-á direito de uma categoria ou classe, não de pessoas ou grupo.

José Afonso da Silva,[15] comentando afirmações de Celso Agrícola Barbi, refere-se aos debates da constituinte que decidiram excluir a expressão "direito líquido e certo" na proposta inicial da redação do inciso LXIX do art. 5º da CF, mas manteve-se nas discussões posteriores. Outro aspecto que pontua é o fato de a alínea *b* do inciso LXX referir-se a "interesses" e não a "direitos". Seria isso suficiente para excluir do remédio a prova de plano na inicial, ou seja, o direito líquido e certo? Para ele, esse requisito será sempre exigido quando a entidade impetrar o MS coletivo na defesa de direitos subjetivos individuais.

Nos termos da jurisprudência do STF, não se trata de nova ação constitucional, mas sim de forma diversa de legitimação processual. E assim, "os princípios básicos que regem o mandado de segurança individual informam e condicionam, no plano jurídico-processual, a utilização do *writ* mandamental coletivo".[16]

Podem ser destacadas as seguintes particularidades que diferenciam o mandado de segurança individual do coletivo:

Legitimação ativa – Partido político com representação no Congresso Nacional é aquele que possui pelo menos um representante na Câmara ou no Senado Federal. Pode ser em um dos dois ou em ambos. Se o parlamentar perder o mandato, o partido ainda mantém a capacidade. Outro aspecto relevante é a

14 *Mandado de segurança, ação popular, ação civil pública, mandado de injunção,* "habeas data", p. 36.

15 *Curso de direito constitucional positivo*, p. 461.

16 MS n. 21.615/RJ, rel. Min. Néri da Silveira, j. 10.02.1994, *DJ* 13.03.1998.

desnecessidade de o partido discutir apenas na seara dos direitos políticos. O entendimento é de que essa competência é mais ampla. Contudo, não pode discutir assuntos que fujam do âmbito de interesses daquele grupo. A jurisprudência oferece o exemplo do partido político (PSB-MA) que buscou valer-se desse *mandamus* para proteger direito líquido e certo da coletividade, impugnando exigência tributária (IPTU) diante da municipalidade. Nessa hipótese, o STF considerou inviável o MS para o partido substituir os contribuintes.[17]

A exigência de a entidade estar em funcionamento há pelo menos um ano refere-se unicamente às **associações** e não aos partidos políticos, entidades de classe e organizações sindicais.[18]

Relativamente à autorização dos associados, as Súmulas ns. 629 e 630 do STF confirmam que "a impetração de mandado de segurança coletivo por entidade de classe em favor dos associados independe da autorização destes".

Ainda que existam súmulas dispensando a autorização dos associados, sublinha-se que o *writ* coletivo objetiva a defesa coletiva de direitos e não a defesa de direitos coletivos, como visto no exemplo jurisprudencial citado. Por esse motivo, deveria ser imprescindível a anuência expressa dos membros da entidade impetrante. No REsp n. 1.841.604, o Ministro Mauro C. Marques afirmou que os efeitos da decisão proferida em mandado de segurança coletivo "beneficiam todos os associados – ou parte deles, cuja situação jurídica seja idêntica àquela tratada no *decisum* –, sendo irrelevante se a filiação ocorreu após a impetração do *writ*".[19]

O principal argumento em prol da criação desse instrumento seria evitar eventuais situações controvertidas que poderiam gerar grande número de ações tratando sobre tema de objeto semelhante, colaborando com o princípio da segurança jurídica. Outro aspecto relaciona-se com a economia que pode gerar para o Judiciário diante da desnecessidade de manifestações múltiplas em face da interposição por meio de entidade associativa ou partido político.

O STJ entendia que o ajuizamento de mandado de segurança coletivo por entidade não inibe o exercício individual do *mandamus* individual, o que foi incorporado por meio do § 1º do art. 22 da Lei n. 12.016/2009. Assim, os efeitos da litispendência não operam em sede de mandado de segurança coletivo.

---

17 RE n. 213.631/MG, rel. Min. Ilmar Galvão, j. 09.12.1999, *DJ* 07.04.2000.

18 RE n. 198.919/DF, rel. Min. Ilmar Galvão, j. 15.06.1999 (*Inf. STF* n. 431).

19 Disponível em: http://www. tj.jus.br/sites/portalp/Paginas/Comunicacao/Noticias/20062021-Definicoes-do-STJ-sobre-cabimento-legitimidade-e-outras-questoes-do-mandado--de-seguranca.aspx; acesso em: 26.10.2021.

Os direitos protegidos pelo MS coletivo, nos termos dos incisos I e II do parágrafo único do art. 21 da Lei n. 12.016/2009, com redação semelhante à do parágrafo único do art. 81 do Código de Defesa do Consumidor, referem-se tanto aos coletivos (transindividuais de natureza indivisível) como aos individuais homogêneos (decorrentes de origem comum e da atividade ou situação específica).

3. MANDADO DE INJUNÇÃO (MI)

Previsto no art. 5º, LXXI, da CF, revela-se como nova garantia conferida constitucionalmente com o objetivo de munir o indivíduo de meios adequados para o exercício de seus direitos. Nos termos do inciso, *verbis*: "conceder-se-á mandado de injunção sempre que a falta de norma regulamentadora torne inviável o exercício de direitos e liberdades constitucionais e das prerrogativas inerentes à nacionalidade, à soberania e à cidadania".

Esse *writ* é regulamentado pela Lei n. 13.300/2016. A norma repetiu que os titulares dessa ação são as pessoas naturais ou jurídicas que se afirmam titulares dos direitos, das liberdades ou das prerrogativas, sempre que a falta total ou parcial de norma regulamentadora torne inviável o exercício dos direitos e liberdades constitucionais e das prerrogativas inerentes à nacionalidade, à soberania e à cidadania.

A falta de norma regulamentadora gera o que se denominou "síndrome da inefetividade das normas constitucionais" como consequência direta da ausência de regulamentação às normas de eficácia limitadas consignadas constitucionalmente.

O impetrado será o órgão a quem compete a emissão da norma regulamentadora daquele específico direito ou liberdade.

Uma vez reconhecido o estado de mora normativa, será deferida a injunção para determinar prazo razoável para que o impetrado promova a edição de norma regulamentadora ou mesmo estabelecer as condições em que se dará o exercício dos direitos, das liberdades ou das prerrogativas reclamados ou, se for o caso, as condições em que poderá o interessado promover ação própria visando a exercê-los, caso não seja suprida a mora no prazo determinado. Isso está consignado no art. 8º da Lei, e seus efeitos terão eficácia subjetiva limitada às partes e perdurarão até o advento da norma regulamentadora. O primeiro parágrafo adverte que poderá ser conferida eficácia *ultra partes* ou *erga omnes* à decisão, quando isso for inerente ou indispensável ao exercício do direito, da liberdade ou da prerrogativa objeto da impetração.

Uma vez transitada em julgado a ação, seus efeitos podem ser estendidos aos casos análogos, por decisão monocrática do relator. Outro aspecto interessante é a possibilidade de se renovar a impetração fundada em outros elementos probatórios, caso o pedido tenha sido indeferido por insuficiência de prova.

A norma regulamentadora superveniente produzirá efeitos *ex nunc* em relação aos beneficiados por decisão transitada em julgado, exceto nos casos em que a aplicação da norma editada lhes seja mais favorável. Caso haja norma regulamentadora editada antes da decisão, a impetração estará prejudicada.

O art. 12 especifica quem pode impetrar o MI coletivo. Estão relacionados: o Ministério Público, quando se tratar da defesa da ordem jurídica, do regime democrático ou dos interesses sociais ou individuais indisponíveis; partido político com representação no Congresso Nacional, para assegurar o exercício de direitos, liberdades e prerrogativas de seus integrantes ou relacionados com a finalidade partidária; organização sindical, para assegurar o exercício de direitos, liberdades e prerrogativas de seus membros ou associados; e a Defensoria Pública, quando a tutela requerida for especialmente relevante para a promoção dos direitos humanos e a defesa dos direitos individuais e coletivos dos necessitados.

3.1. Antecedentes

A origem do mandado de injunção é indeterminada, conforme afirmou Ferreira Filho.[20] Apesar de existirem institutos com denominações próximas, a exemplo do *ingiunzione* italiano ou ainda do *writ of injuction* no direito anglo-americano, não há como aproximá-los daquele aqui instituído. Suas respectivas funções se prestam a outras finalidades, distantes daquela estabelecida constitucionalmente ao mandado de injunção nacional.

De acordo com as decisões do STF, parece não pairar dúvidas de que o mandado de injunção seja forma incidental ou controle difuso da constitucionalidade. Destarte, qualquer indivíduo pode ingressar no Judiciário com a finalidade de obter pronunciamento adequado para suprir a falta de norma regulamentadora que inviabilize o exercício de direito determinado.

Diversas foram as interpretações dadas ao remédio. Imaginava-se que o Judiciário supriria a falta de norma regulamentadora por meio de uma decisão. Contudo, pela decisão do STF ficou clara sua mera função de controle incidental da omissão.

20 *Curso de direito constitucional*, p. 324.

Várias foram as decisões do STF que tolheram a utilidade dessa ação constitucional, de forma a equipará-la à ação direta de inconstitucionalidade por omissão. Isto pode ser comprovado na jurisprudência transcrita. O intuito da impetração desse MI foi buscar na cúpula do Judiciário seu entendimento sobre o instituto, a fim de viabilizar sua impetração. Segundo seu entendimento, a ação visa a obter do Poder Judiciário

> a declaração de inconstitucionalidade da omissão se estiver caracterizada a mora em regulamentar por parte do poder, órgão, entidade ou autoridade de que ela dependa, com a finalidade de que se lhe dê ciência dessa declaração, para que adote as providências necessárias, à semelhança do que ocorre com a ação direta de inconstitucionalidade por omissão (art. 103, § 2º, da Carta Magna).[21]

3.2. Elementos necessários para impetração do MI

Devem estar presentes alguns elementos importantes para a impetração do MI:

a) existência de norma de eficácia limitada que necessite de norma regulamentadora, que torne efetiva norma constitucional (art. 103, § 2º, da CF e art. 2º da Lei n. 13.300/2016);

b) o impetrante (pessoas naturais ou jurídicas) deve ser beneficiário do direito, liberdade ou prerrogativa, cujo exercício é inviabilizado pela falta de norma regulamentadora (art. 3º da Lei n. 13.300/2016);

c) sempre que a falta total ou parcial de norma regulamentadora torne inviável o exercício de direitos e liberdades constitucionais ou ainda quando for constatada a regulação parcial que resulte insuficiente a norma editada pelo legislador competente (art. 2º da Lei n. 13.300/2016).

Para José Afonso da Silva,[22] o interesse de agir decorre da titularidade do bem reclamado, de modo que a sentença tenha utilidade direta para o demandante. Não pode, por exemplo, reclamar acesso ao ensino fundamental se não precisa pessoalmente dele; não pode pleitear garantia empregatícia se está desempregado. Assim, o cabimento do Mandado de Injunção será para tornar efetiva norma ainda não regulamentada. A falta dela torna inviável o exercício e este será o objeto central da demanda, o direito. A Lei n. 13.300, de 23 de junho de 2016, disciplinou o processo e o julgamento dos mandados de injunção individual e coletivo.[23]

---

21 MI n. 107/DF, rel. Min. Moreira Alves, j. 21.11.1990, *DJU* 02.08.1991.

22 *Curso de direito constitucional positivo*, p. 449.

23 MI n. 107/DF, rel. Min. Moreira Alves, j. 21.11.1990, *DJU* 02.08.1991.

3.3. Espécies de MI

A seguir serão divididas as duas formas admitidas de impetração desse mandado:

MI individual (arts. 2º e 3º)	As pessoas naturais ou jurídicas que se afirmam titulares dos direitos, das liberdades ou das prerrogativas sempre que a falta total ou parcial de norma regulamentadora torne inviável o exercício dos direitos e liberdades constitucionais e das prerrogativas inerentes à nacionalidade, à soberania e à cidadania.
MI coletivo (arts. 12 e 13)	Podem impetrar MI coletivo o Ministério Público (defesa da ordem jurídica, do regime democrático ou dos interesses sociais ou individuais indisponíveis); partido político com representação no Congresso (para assegurar o exercício de direitos, liberdades e prerrogativas de seus integrantes ou relacionados com a atividade partidária); organização sindical, entidade de classe ou associação legalmente constituída e em funcionamento há pelo menos 1 ano; e a Defensoria Pública quando a tutela for relevante para a promoção de direitos humanos e defesa dos direitos individuais e coletivos dos necessitados.

3.4. Peculiaridades processuais

O processamento eletrônico do Mandado de Injunção deve conter a petição inicial ordenando a notificação do impetrado sobre seu conteúdo, a fim de que, em dez dias, apresente informações. Deve ser dada ciência do ajuizamento da ação ao órgão de representação da pessoa jurídica interessada. Advém do que se denominou na doutrina "síndrome da inefetividade das normas constitucionais".

A petição inicial deve ser indeferida se o pedido for manifestamente incabível ou manifestamente improcedente.

Após o prazo de dez dias para as informações, o Ministério Público será ouvido para opinar. Com ou sem parecer, os autos seguirão conclusos para decisão. Uma vez constatada a mora normativa, a injunção será deferida para que, em prazo razoável, o impetrado promova a edição da norma regulamentadora ou estabeleça as condições em que se dará o exercício dos direitos, das liberdades ou das prerrogativas reclamados ou, se for o caso, as condições em que poderá o interessado promover ação própria com o objetivo de exercê-los.

A decisão terá efeito *inter partes* e produzirá efeito até a edição da norma regulamentadora. De outra forma, é possível que o órgão judicante confira eficácia *ultra partes* ou *erga omnes* à decisão, quando essa providência for fundamental ao exercício do direito, da liberdade ou da prerrogativa.

Relativamente à decisão tomada nesse âmbito, o STF identificou duas possibilidades: a posição concretista e a posição não concretista. Na primeira, o STF reconhece a ausência da norma, comunica ao órgão competente que sua regulamentação seria necessária e, além de reconhecer a omissão, confere o direito ao tutelado ou alguma outra providência cabível em face da omissão constatada. Na segunda, constata apenas a mora normativa, indicando ao órgão esse fato para tomar as providências devidas.

Nos termos da decisão prolatada no MI n. 0221846/DF, de 2019, obteve-se decisão adequada em face da mora legislativa. Com o deferimento, inobstante ter sido parcial, estabeleceu-se prazo para purgação da mora; caso não ocorresse, os cidadãos impedidos de exercer, na vida civil, a atividade profissional indicada, poderiam requerer reparação econômica.[24]

4. *HABEAS DATA*

4.1. Antecedentes

Este *writ* constitucional está presente na Constituição da Espanha, art. 18, e na de Portugal (art. 35). Trata-se de proposta concebida nas discussões das reuniões constituintes que anteciparam a publicação da CF vigente.[25]

É tema recente no Direito brasileiro. Segundo Dallari, ao dispor acerca do instituto há muitos anos. Sua origem estaria conectada "[...] às circunstâncias políticas estabelecidas em consequência de um golpe militar, em 1964, e alteradas com a busca de restauração democrática através de uma nova Constituição". O autor reitera que o instituto não tem tradição no sistema jurídico nacional, sendo sua primeira ocorrência na Constituição de 1988.

O autor segue sua ilação afirmando que antes da presente Constituição o tema nunca foi objeto de debate ou qualquer espécie de discussão. Porém, há o registro de dados falsos criados no período de governo militar no país, existente desde 1964, criados por resistência reacionária. O que se notou, na época, é o fato de que os registros se limitavam a pessoas de baixa renda, insuficientes para reclamar mais atenção do público.

---

24 BRASIL. STF, Mandado de injunção (MI) n. 0221846-71.2019.3.00.0000/DF.

25 DALLARI, D. A. "O *habeas data* no sistema jurídico brasileiro". *Revista da Faculdade de Direito*, Universidade de São Paulo, 97, p. 239-53. Disponível em: https://www.revistas.usp.br/rfdusp/article/view/67544; acesso em: 22.10.2021.

Já existia a possibilidade de obtenção de informações para a **defesa de direitos**. Caso não lhe fosse dado esse direito, o cidadão poderia recorrer ao Judiciário por meio de mandado de segurança, existente desde a CF de 1934.[26]

O *habeas data*, no Brasil, é inovação jurídica introduzida pelo art. 5º, LXXII, da CF de 1988, *verbis*:

> LXXII – conceder-se-á *habeas data*:
>
> *a)* para assegurar o conhecimento de informações relativas à pessoa do impetrante, constantes de registros ou bancos de dados de entidades governamentais ou de caráter público;
>
> *b)* para a retificação de dados, quando não se prefira fazê-lo por processo sigiloso, judicial ou administrativo;

A Lei n. 9.507, de 12.11.1997, regulamenta o remédio e estabelece o rito a ser aplicado. Da mesma forma que ao mandado de injunção, enquanto não existia regulamentação, aplicava-se a mesma relativa ao mandado de segurança (Lei n. 1.533/51, atualmente Lei n. 12.016/2009). O art. 8º estabelece que a petição inicial deve preencher os requisitos dos arts. 282 a 285 do atual Código de Processo Civil. Deve ser apresentada em duas vias. Os documentos que instruírem a primeira serão reproduzidos por cópia na segunda.

No direito norte-americano existem normas relacionadas à possibilidade do particular obter informações relacionadas à sua pessoa constantes de registros públicos ou privados por meio de norma específica: o *Freedom of Information Act*, reformado pelo *Freedom of Information Reform Act*; o primeiro de 1974 e o segundo de 1978.

4.2. Finalidades

A finalidade desse instrumento é dúplice: a primeira delas é a obtenção de dados, o termo *data* refere-se às informações que devem ser objeto da ação. Assim, a pessoa pode exigir da autoridade que proceda à informação acerca de sua pessoa constante em banco de dados públicos ou mesmo privados. Estes últimos são aqueles que têm interesse público, a exemplo da Serasa (Centralização de Serviços Bancários) e do SPC (Serviço de Proteção ao Crédito), consultados frequentemente por instituições de crédito.

---

26 Idem.

Isso está prescrito no art. 1º da Lei n. 9.507/97, bem como no art. 43 do Código de Defesa do Consumidor, Lei n. 8.078/90, no sentido de considerar público o registro ou banco de dados contendo informações que sejam ou possam ser transmitidos a terceiros.

A possibilidade de obter informações, nas hipóteses do *habeas data*, cingem-se à pessoa do impetrante. Isso quer dizer que, além de pessoal, a informação refira-se à própria pessoa de quem ingressa com o *mandamus*.

4.3. Objeto do *habeas data*

O primeiro deles é disponibilizar a todos o amplo acesso aos bancos de dados públicos e privados (equiparados a públicos por força de lei), a fim de que possam obter informações relacionadas à sua pessoa.

Nos primeiros *habeas data* impetrados, o STJ os recebeu, em face do antigo Sistema Nacional de Informações (SNI), em 1989, denegando todos diante do fundamento de que este nasceria no momento em que houvesse a negativa no fornecimento de dados. Portanto, deveria existir algum "ato gerador" da provocação para ser fundamental o provimento jurisdicional.[27]

Em segundo lugar, é plenamente possível constatar algum erro nos registros. Se isso ocorrer, o impetrante terá direito à retificação dos dados. Podendo até exigir a supressão, quando absoluto o equívoco.

Certamente não há necessidade de se ingressar com dois *habeas corpus* para tais finalidades. No primeiro, o juiz, constatada a passagem pela via administrativa sem obtenção dos dados, determinará a quem detenha os dados que os libere. Uma vez constatada a incorreção, determinará sua exclusão ou retificação no mesmo processo. Não há necessidade de um novo *habeas data* para tanto.

4.4. Necessidade de recusa ao acesso às informações

Essa necessidade está impressa na Súmula n. 2 do STJ, ao estabelecer que "não cabe o *habeas data* se não houve recusa de informações por parte da autoridade administrativa".[28]

O já citado art. 8º da Lei n. 9.507/97, nos termos dos incisos I, II e III, exige que a petição inicial seja instruída com a prova da recusa ao acesso às informações, do decurso de mais de dez dias sem decisão, da recusa em fazer-se a retificação ou da recusa em efetiva anotação.

---

27 *HD* n. 001/DF, Reg. n. 8.865001-5, rel. Min. Milton Pereira, j. 02.02.1989.
28 STJ, 1ª S., 18.05.1990.

Observou-se anteriormente que Di Pietro opina em sentido oposto. Considera inconstitucional o prévio esgotamento da via administrativa para interposição do *habeas data*. Moraes acertadamente infere que a exigência poderia ser excluída quando a pessoa decide ir diretamente ao Judiciário, sem ter passado pela instância administrativa. Na prática, tudo depende do Tribunal que recebe o *mandamus*.

Como referido anteriormente, diante das primeiras decisões exaradas a partir de 1989, em face do SNI, o Judiciário esclarecia que o dano pleiteado pelo impetrante apenas se configuraria quando houvesse lesão ao direito. Esta pode ser observada na hipótese de **recusa ou mora administrativa.** Caso não exista essa pretensão resistida, não haveria lide.

4.5. Gratuidade do instrumento

O art. 5º, LXXVII, estabelece a gratuidade do *habeas data*, da mesma maneira que isentou o *habeas corpus* e todos os atos necessários ao exercício da cidadania. Não há incidência de custas, taxas, emolumentos ou quaisquer outros encargos relacionados aos processos judiciais em geral.

O art. 8º da Lei exige que a petição inicial do *habeas data* preencha os requisitos dos arts. 300 a 302 do CPC vigente, o que se traduz na imprescindibilidade de advogado para acompanhar o procedimento judicial. No administrativo, é possível o acompanhamento por um advogado, mas não é imprescindível. Há possibilidade de concessão de liminar desde que isso não acarrete a irreversibilidade dos efeitos da decisão.

4.6. O *habeas data* e o direito a informação, obtenção de certidões, sigilo e espécies

O remédio aqui analisado não pode ser confundido com a garantia ao **direito à informação** previsto no art. 5º, XXXIII, o qual permite a todos o recebimento dos órgãos públicos de informações relativas a seu interesse pessoal ou de interesse coletivo ou geral. Exceção feita, na parte final, para aquelas relacionadas à segurança do Estado e da Sociedade, regulamentada pela Lei n. 11.111/2005.

Outra questão que se levanta é a existência ou não de **sigilo no *habeas data*.** Isto é, sendo os dados relacionados à própria pessoa, existe alguma informação que seja a ela inacessível? Motta e Barchet[29] indicam posições contrárias

29 *Curso de direito constitucional*, p. 292.

à manutenção de sigilo, pois se trata de informações **relacionadas ao impetrante**. Contudo, essa posição é minoritária. A predominante refere-se à manutenção de sigilo, mesmo que seja à própria pessoa, quando assim considerada dentro dos trâmites da retrocitada Lei n. 11.111/2005.

A informação objeto do *habeas data* diz respeito à pessoa do impetrante. As informações do art. 5º, XXXIII, são de interesse geral e coletivo e são materializadas por meio de certidões que conterão as informações desejadas.

Hely Lopes Meirelles reitera esse entendimento no seguinte sentido:

> o *habeas data* não se confunde com a garantia constitucional de obter certidões, justificando-se pelo simples interesse, que não necessita de maiores motivações, do impetrante que deseja conhecer o teor dos dados e registros e eventualmente retificá-los. A doutrina dominante considera que só cabe a impetração se a autoridade se recusa a prestar as informações ou a fazer as correções em tempo razoável.[30]

Ainda aqui se observa que existe a possibilidade de tutela diferenciada no que tange ao momento da lesão. Assim, é possível impetrar *HD* preventivo, quando a lesão estaria prestes a se concretizar, evitando sua materialização; e o *HD* repressivo, quando o dano ocorreu ou está ocorrendo.

4.7. Legitimidade ativa e natureza do remédio

Basicamente, o *habeas data* conecta-se a pessoas físicas. Contudo, não há como excluir as jurídicas dessa possibilidade, eis que também são incluídas nos bancos de dados de instituições que servem a estabelecimentos comerciais e financeiros.

Certamente as pessoas jurídicas, da mesma forma que as físicas, podem impetrar o *habeas data*, ou seja, possuem legitimação ativa. Estão aptas igualmente para requerer a retificação que se fizer oportuna no banco de dados que erroneamente tenha consignado dados, ulteriormente à verificação da informação.

O *habeas data* é ação constitucional de caráter civil. Seu intuito é revelar as informações relativas à pessoa do impetrante e retificá-los, se houver anotações errôneas ou incorreções relativas à pessoa. Pode ser interposto, como visto, perante repartições públicas e privadas, que sejam consideradas públicas por força de lei.

---

30 *Mandado de segurança, ação popular, ação civil pública, mandado de injunção,* "habeas data", p. 232.

A interposição desse instrumento deveria ser **personalíssima,** como anota José Afonso da Silva.[31] Pode ser interposto por estrangeiro. Cita decisão do STJ, quando ainda era TFR, no sentido de permitir que o cônjuge supérstite e os herdeiros ingressem com *habeas data* a fim de impetrar o *writ*, pois injusto que o nome do falecido registre informações equivocadas ou errôneas, sem que elas possam ser retificadas, uma vez que haja tal constatação.

O *habeas data* é uma ação constitucional, de caráter civil, que tem por objeto a proteção de direito líquido e certo do impetrante a conhecer informações e registros relacionados à sua pessoa, consignados em repartições públicas ou particulares acessíveis ao público, para eventual retificação de seus dados.

4.8. Processamento do *habeas data*

Ao interpor-se a inicial, em duas vias, o advogado deve observar os requisitos exigidos pelos arts. 319 a 321 do CPC vigente e pela Lei n. 9.507/97. Deve instruí-la com os documentos já citados, ou seja, prova de esgotamento do recurso administrativo ou inobservância de prazo para a entrega das informações. Com sucesso, vários dispensam a prova de esgotamento da via administrativa, indicando na inicial que preferiram ingressar diretamente no Judiciário.

Apelação poderá ser interposta na hipótese de a autoridade judicial indeferir a inicial por constatar ausência de algum dos requisitos previstos na Lei; caberá dessa decisão recurso de apelação.

Ao dar andamento ao processo, o juiz determinará a notificação do coator, para que, em dez dias, preste as informações que julgar necessárias. Após o prazo, será ouvido o Ministério Público em cinco dias, e os autos seguem conclusos ao juiz, para que, também em cinco dias, se manifeste. Cabe apelação da sentença que concede ou nega o *habeas data*.

O parágrafo único do art. 15 da citada Lei regulamentadora dispõe que quando a sentença concede o remédio do *habeas data*, o recurso tem apenas efeito devolutivo. A execução da sentença, consequentemente, é imediata, mediante o cumprimento da determinação da autoridade judiciária. O presidente do Tribunal ao qual competir o conhecimento do recurso pode ordenar ao juiz, excepcionalmente e nos casos que sejam necessários, a suspensão da execução da sentença. De acordo com o art. 18, ainda tem-se que "o pedido de *habeas data* poderá ser renovado se a decisão denegatória não lhe houver apreciado o mérito".

---

31 *Curso de direito constitucional positivo*, p. 454.

4.9. Revitalização do *writ*

A Lei de Acesso à Informação, Lei n. 12.527/2011, ampliou o panorama horizontal do acesso informativo, trouxe novo patamar para todos os cidadãos, pois a ninguém seria denegada informação que solicitasse, seja o assunto mantido pela administração direta, indireta ou ainda por entidades privadas sem fins lucrativos que recebam recursos públicos para a realização de ações de interesse público.

Na decisão de Gilmar Mendes, do STF, a proteção à informação, sobretudo em face dos novos aparatos tecnológicos, recebeu a atenção devida e, dessa forma, o tratamento de dados ganhou um entendimento mais amplo. Ao mesmo tempo, criticou o tratamento restrito do *HD* até então, que se preocuparia com a temática processual, sem explicitar o direito tutelado.[32]

Essa decisão ainda merece menção quando afirmou que as informações conexas ao contribuinte, mesmo sigilosas, não devem se manter dessa forma a quem se referem, somente à sociedade em geral.

5. AÇÃO POPULAR

5.1. Antecedentes

A Constituição Imperial de 1824 já previa ação popular. Outorgava esse direito a qualquer um do povo. As duas seguintes constituições não previram esse remédio. Porém, a partir da CF de 1946, manteve-se nas ulteriores.

A Constituição atual prevê em seu art. 5º, LXXIII, *verbis*:

> qualquer cidadão é parte legítima para propor ação popular que vise a anular ato lesivo ao patrimônio público ou de entidade de que o Estado participe, à moralidade administrativa, ao meio ambiente e ao patrimônio histórico e cultural, ficando o autor, salvo comprovada má-fé, isento de custas judiciais e do ônus da sucumbência.

O objetivo da ação popular é controlar atos ou contratos administrativos ilegais e lesivos ao patrimônio federal, estadual ou municipal, ou ao patrimônio de autarquias, entidades paraestatais e pessoas jurídicas que recebem auxílio pecuniário do Poder Público.

Regulamentada pela Lei n. 4.717, de 29.06.1965, a ação popular é ação constitucional de natureza processual; mune os cidadãos de remédio fiscaliza-

---

32 Gilmar Mendes, RE n. 673.707/MG, de 17.06.2015.

tório de atos governamentais, sobretudo os administrativos, de todas as esferas federativas, uma vez que haja desvio de sua finalidade estabelecida em lei.

5.2. Legitimação e competência

A característica específica dessa ação é a interposição unicamente por cidadão, qualidade que possui o eleitor. As demais ações constitucionais não fazem essa exigência, o que inclusive viabiliza a interposição por pessoas jurídicas e estrangeiros. Nesse caso, há de se anexar à inicial o título de eleitor, a fim de comprovar o *status* de eleitor do impetrante.

O art. 113, 38, da CF de 1934 dispôs, sem nomear o instituto em análise, que "qualquer cidadão será parte legítima para pleitear a declaração de nulidade ou anulação dos atos lesivos do patrimônio da União, dos Estados ou dos Municípios".

Parece ser tradição nas constituições a manutenção da redação dos dispositivos das anteriores, mesmo diante da necessidade de adaptação em face da ampliação do conteúdo normativo. No caso da CF de 1988, a exigibilidade de ser cidadão foi mantida. Porém, diante dos bens protegidos pela ação popular, o rol deveria ter sido ampliado. O constituinte deveria seguir a mesma fórmula adotada nos demais remédios.

A legitimação passiva é ampla. O dispositivo fala em "entidade de que o Estado participe". Entende-se que todas as entidades com participação pública estão aí incluídas, tenha ou não participação majoritária de capital público na mesma. Há indicação de quem poderia estar no polo passivo. Contudo, as pessoas indicadas na Lei não esgotam o rol de legitimados passivos.

O processamento e julgamento dependerão da origem do ato. Não importa a posição ocupada pelo agente institucionalizador do ato administrativo impugnado.

5.3. Objeto, aspectos processuais e requisitos

Existem três elementos que devem concorrer para interpor-se uma ação popular:

Qualidade de eleitor do impetrante – Mesmo com a possibilidade de se impugnar por outros motivos, somente pessoa física e ainda no gozo de seus direitos políticos foi autorizada. Para Elival Ramos,[33] a ação popular é instrumento de atuação do cidadão enquanto agente fiscalizador do Poder Público.

33 *A ação popular como instrumento de participação política*, p. 198.

Ato ilegal – Essa exigência é complexa, pois o ato pode aparentar ser legal e, de fato, não sê-lo. A ilegalidade está referida no art. 2º da Lei n. 4.717/65, indicando os elementos dos atos administrativos e quando serão considerados nulos logo nas alíneas de seu parágrafo único.

Lesividade – A lesividade ocorre em decorrência da ilegalidade ou imoralidade e não se limita à subtração do erário em decorrência desses atos. São assim considerados os atos que possam gerar dano ou outra afronta a bens culturais, paisagísticos, ambientais ou históricos. Por esse motivo, é possível ingressar na defesa do ambiente natural e cultural por meio desse procedimento, inclusive com pedido liminar nas hipóteses de dano iminente a tais bens.[34]

Outro aspecto que merece comentário é o apontado por Hely Lopes Meirelles,[35] para quem a ação popular pode ser desvirtuada e empregada como forma de oposição política de uma administração a outra, o que exigiria redobrada atenção do Judiciário, a fim de não transformar o instrumento em um joguete político e tampouco impedir a realização de obras e serviços essenciais à comunidade.

A parte final do inciso LXXIII do art. 5º prevê que o autor, salvo comprovada má-fé, fica isento de custas judiciais e do ônus da sucumbência; de outra forma, de acordo com o art. 13 da Lei n. 4.717/65, a sentença que, apreciando o fundamento de direito do pedido, julgar a lide manifestamente temerária, condenará o autor ao pagamento do décuplo das custas.

Merece ainda transcrição a Reclamação n. 424 do STF, a qual entende ser a ação popular um caso de

> singular de substituição processual, pois se é certo que o cidadão exerce um direito político seu e, por isso, age em nome próprio, não menos certo é que o faz não para perseguir interesse de que seja titular, mas, sim, em defesa do patrimônio público, vale dizer, de direito alheio, isto é, do Estado.[36]

Outra peculiaridade da ação popular é que se houver conexão ou continência entre duas ou mais ações, a competência do juízo passa a ser daquele que primeiro considerar a citação válida, pelo que preconiza o art. 5º, § 3º, da Lei n. 4.717/65, ou que despachar o processo em primeiro lugar.

---

34 Existem situações peculiares, tal como a proteção de um bem cultural, que ensejariam procedimento de tombamento prévio e sua respectiva declaração; na questão ambiental, por ser "bem ambiental", nos termos do art. 225, sua destruição ou descaracterização pode, sim, ter na ação popular um remédio protetivo.

35 *Mandado de segurança, ação popular, ação civil pública, mandado de injunção*, "habeas data", p. 115.

36 STF, Reclamação n. 424/RJ, rel. Min. Sepúlveda Pertence, j. 05.05.1994, *DJ* 06.09.1996.

5.4. Prazo para a propositura

Nos termos do art. 21 da Lei n. 4.717/65, o prazo para interposição da ação será de cinco anos a contar da realização do ato impugnado, e não do conhecimento por parte do impetrante/eleitor. Esse prazo é de prescrição e está sujeito às suspensões e interrupções previstas nas normas processuais.

O prazo de contestação, uma vez recebida a inicial, será de vinte dias, podendo ser prorrogado por igual prazo na eventualidade de dificuldade de defesa, desde que haja pedido nesse sentido por parte da autoridade coatora. Esse prazo não se relaciona com as prerrogativas da administração previstas nos arts. 180, 183 e 186 do CPC vigente.

Outro aspecto relevante é a possibilidade de cumulação de pedidos, além do pedido de anulação ou declaração de nulidade do ato impugnado. Certamente ele deve estar conectado ao ressarcimento do erário pelos prejuízos sofridos. O inciso constitucional modificou-se e relacionou outras espécies de dano: o ambiental, à moralidade administrativa e ao patrimônio histórico-cultural. Assim, o Judiciário deve estabelecer novas formas de recomposição de danos, se possível, ou ainda ressarcimento monetário, pura e simplesmente, na hipótese inversa.

O Ministério Público também deve estar envolvido, seja como **autor** (art. 9º da Lei n. 4.717/65), na hipótese de abandono do impetrante, ou apenas como fiscal da ordem jurídica (art. 127 da CF). O art. 6º, § 4º, da Lei prevê a impossibilidade de defesa do ato impugnado pelo MP. Contudo, esse dispositivo é considerado inconstitucional, por violar o princípio da independência do *parquet*.

QUESTÕES

1. 179 (Magistratura – SP) Marque a assertiva correta.

A) Qualquer pessoa natural é parte legítima para propor ação popular que vise anular ato lesivo ao patrimônio público ou de entidade de que o Estado participe.

B) O mandado de segurança coletivo não pode ser utilizado para a proteção de direitos que nascem de uma relação jurídica em que o bem é divisível e pertence a um grupo de pessoas determinadas.

C) A legitimidade passiva no âmbito do mandado de injunção se concentra nos órgãos públicos que deveriam zelar pela aplicabilidade da norma, sendo vedada a impetração contra entidades de direito privado.

D) São passíveis de figurar no polo passivo do *habeas data*, unicamente, as instituições públicas, da administração direta e indireta, que tenham registros de dados de cidadãos.

2. (Atividade notarial e de registro – SC 2008) É direito constitucional fundamental do cidadão brasileiro

A) o direito de petição aos Poderes Públicos, mediante o pagamento de taxa, em defesa de direitos ou contra ilegalidade ou abuso de poder.

B) a obtenção de certidões em repartições públicas, para defesa de direitos e esclarecimento de situações de interesse pessoal, de terceiros ou de interesse coletivo.

C) propor ação popular que vise a anular ato lesivo ao patrimônio público ou de entidade de que o Estado participe, à moralidade administrativa, ao meio ambiente e ao patrimônio histórico e cultural, ficando o autor, em qualquer caso, isento de custas judiciais e do ônus da sucumbência.

D) a razoável duração do processo, exclusivamente no âmbito judicial, e os meios que garantam a celeridade de sua tramitação.

E) a garantia de não ser extraditado, salvo o brasileiro naturalizado, em caso de crime comum, praticado antes da naturalização, ou de comprovado envolvimento em tráfico ilícito de entorpecentes e drogas afins, na forma da lei.

3. (TJMA-2013) Assinale a opção correta a respeito das ações constitucionais.

A) Tal como ocorre no mandado de segurança, há, no procedimento do *habeas data*, o denominado reexame necessário ou recurso de ofício.

B) Conforme entendimento do STF, não se admite a impetração de *habeas corpus* para o trancamento de ação de improbidade administrativa.

C) Quando praticados por administradores de empresas públicas e de sociedades de economia mista, os atos de gestão comercial podem ser objeto de mandado de segurança.

D) Tratando-se de mandado de segurança impetrado contra nomeação de magistrado de competência do presidente da República, o chefe do Poder Executivo não poderá ser considerado, de acordo com o STF, autoridade coatora quando o fundamento da impetração for nulidade ocorrida em fase anterior do procedimento.

4. (TJMG-2012) Assinale a alternativa que apresenta informação incorreta.

A) De acordo o entendimento do STF, a impetração de mandado de segurança coletivo, por entidade de classe em favor dos associados, independe da autorização destes.

B) Inexiste direito líquido e certo amparado por mandado de segurança, quando fundado em lei cujos efeitos foram anulados por outra declarada inconstitucional pelo STF.

C) Conforme reconhece o STF, a entidade de classe tem legitimidade para o mandado de segurança, ainda que a pretensão veiculada interesse apenas a uma parte da respectiva categoria.

D) A controvérsia sobre matéria de direito impede a concessão de mandado de segurança, já que este exige o direito líquido e certo.

5. (TJMG-2012) Analise as afirmativas a seguir.

I. Os chamados pela doutrina de "direitos fundamentais de primeira geração" estão relacionados com a igualdade e compõem alguns direitos sociais, tais como os direitos trabalhistas, previdenciários, econômicos e culturais, e outros vinculados à educação e à saúde.

II. As normas fundamentais de direitos sociais, previstas na Constituição Federal brasileira, não vinculam o legislador, cuja liberdade envolve o seu juízo de discricionariedade para que haja concretização de programas e fins constitucionais.

III. O STF tem considerado incidente sobre determinadas matérias a cláusula da "reserva constitucional de jurisdição", como no caso de busca domiciliar e de interceptação telefônica.

IV. A liberdade constitucional de locomoção encontra restrições próprias à sua manifestação ou mesmo impostas por regulamentações dos poderes públicos.

Está correto apenas o contido em

A) II.
B) IV.
C) I e III.
D) III e IV.

RESPOSTAS

1. C
2. E
3. B
4. D
5. D

12

Controle de constitucionalidade

A existência desse controle justifica-se por vários motivos, mas principalmente pelo conceito formal de constituição esculpido pelo positivismo jurídico em contraposição àquele existente no jusnaturalismo.

Nesse sentido, a constituição passou a ser a "Lei Maior" ou "Magna Carta"; aquela que goza de superioridade em face das demais. Por isso mesmo, centra-se a atenção nos critérios diferenciadores das constituições rígidas e flexíveis, pois somente quando existir essa diferença deverá ocorrer o controle. Pode-se cogitar do controle também na semirrígida ou semiflexível, se ainda houvesse emprego dessa espécie constitucional. As flexíveis caracterizam-se justamente pela simples alterabilidade por lei ordinária subsequente.

Outro ponto de fundamental importância é a teoria do Poder Constituinte, a qual também sinaliza a supremacia das normas constitucionais pela necessidade de criação e manifestação de um poder específico para sua elaboração, o qual se extingue uma vez aprovada a nova constituição pelos deputados constituintes.

Diante de todas as características que cercam os sistemas normativos cuja constituição seja rígida, estabelece-se o princípio da supremacia da constituição, motivo pelo qual todas as normas e atos normativos que contrastem com seus dispositivos são maculados ou eivados com o vício da inconstitucionalidade. Essa é a característica própria do Estado de Direito e o fundamento da estabilidade institucional do Estado brasileiro.

1. CONSIDERAÇÕES PRELIMINARES

Onde incide o controle? Quais são os atos a serem ajustados à constituição?

A **lei** *lato sensu* deve ser objeto de prévia inspeção. Esse comando genérico e abstrato tem as características de imperatividade e generalidade. Existem requisitos de ordem formal e material a serem observados.

A Constituição brasileira de 1988 seguiu o modelo de Kelsen quanto à supremacia constitucional. Segundo ele, a ordem jurídica "não é um sistema de normas jurídicas ordenadas no mesmo plano, situadas umas ao lado das outras, mas é uma construção escalonada de diferentes camadas ou níveis de normas jurídicas".[1]

Isso significa dizer que a validade de uma norma depende de outra, considerada superior. Assim, todas as normas e atos normativos devem ajustar-se em face da norma maior. Dessa preeminência ou supremacia é que se costuma denominar a constituição como *Lex legum* ou lei máxima existente em determinado sistema.

O denominado **princípio da supremacia constitucional**, conforme Palu,[2] constrói o alicerce no qual se assenta o edifício do direito público atual. Normas constitucionais estão acima das demais. Citando Bathélemy, refere-se à particularidade de existir essa preeminência em todas as constituições, sejam elas rígidas ou flexíveis, escritas ou costumeiras. Esses são aspectos intrínsecos da supremacia da constituição.

A afirmação de que existe superioridade constitucional em todas as espécies de constituição parece não proceder de modo absoluto. Isso porque, como bem explicitou Barroso, a "**rigidez constitucional** é igualmente pressuposto do controle".[3] A superioridade é também consequência do estabelecimento de processo mais árduo e solene dedicado à confecção dessas normas. Caso isso não ocorresse, nenhuma distinção formal existiria entre as duas espécies normativas – normas constitucionais e infraconstitucionais.

A existência da incompatibilidade entre normas do mesmo nível resulta na supremacia daquela editada posteriormente. Na verdade, a afirmação decorre da existência de duas espécies de supremacia constitucional. Uma de índole **material** e outra **formal**. A primeira refere-se àquelas que, mesmo na falta de fórmulas especiais para sua revisão, devem inspirar o legislador ordinário e os demais poderes na tomada de decisão e emissão de atos normativos. A norma material pode ou não estar consignada na constituição. Pode, outrossim, fazer parte de normas esparsas, com conteúdo essencialmente constitucional, a exemplo do que ocorre com a lei eleitoral. A **formal** nada mais é do que a oriunda do processo diferenciado dedicado às normas pertencentes ao texto constitu-

1 *Teoria pura do direito*, p. 310.

2 *Controle de constitucionalidade*, p. 22.

3 *O controle de constitucionalidade no direito brasileiro*, p. 2.

cional. Elas vão integrar o texto tendo ou não matéria essencialmente constitucional.

Seguindo o ensinamento de Canotilho,[4] ao falar-se do valor normativo da constituição, aludiu-se a ela como *Lex superior*, isso pelo fato de ela se revelar como fonte de produção normativa e também por lhe ser reconhecido um valor normativo hierarquicamente superior; essa superlegalidade material faz dela um parâmetro obrigatório aos demais atos normativos e a norma primária da produção jurídica, o que também conduz à exigência da conformidade substancial de todos os atos do Estado e dos Poderes Públicos com suas normas e seus princípios hierárquicos.

1.1. Espécies normativas sujeitas ao controle

Normas constitucionais derivadas – São aquelas provenientes do poder reformador ou revisor (art. 60 da CF). No direito brasileiro, conforme Mendes,[5] não há qualquer reserva quanto ao controle judicial de constitucionalidade de norma constitucional derivada, seja do ponto de vista formal ou do material. Nesse particular, o STF já teve oportunidade de manifestar-se algumas vezes, a exemplo da antecipação do plebiscito previsto no art. 2º do Ato das Disposições Constitucionais Transitórias.[6]

Normas primárias ou atos normativos primários – Retiram sua validade diretamente do texto constitucional (art. 59 da CF). O processo legislativo previsto na CF estabelece espécies normativas próprias, a exemplo das leis ordinárias, complementares, delegadas, decretos legislativos, resoluções legislativas, atos normativos autônomos (regulamentos, por exemplo). Certamente tais atos podem ter alguns, ou mesmo todos, dispositivos contrários à CF e serem questionados por meio do controle difuso ou concentrado.

Atos normativos não primários ou atos normativos propriamente ditos – Caso haja oposição, tais normas são ilegais e não inconstitucionais; são aqueles oriundos do poder normativo ou regulamentar cometido aos chefes do Executivo. São os decretos, regulamentos, convenções, instruções normativas. Podem ser tanto objeto de ações constitucionais pelo controle concentrado ou difuso, como também objeto de **sustação**, nas hipóteses previstas no art. 49, V, da CF.

4 *Direito constitucional*, p. 826.

5 *Jurisdição constitucional*, p. 95-7.

6 A Emenda n. 2, de 1992, veio a prever a antecipação do plebiscito. O STF concluiu que o legislador não realizou qualquer inconstitucionalidade. ADIs ns. 829/DF e 830/DF, rel. Min. Moreira Alves, j. 14.04.1993, *DJ* 16.09.1994.

Normas primárias – O STF já teve oportunidade de se manifestar acerca de ação direta de inconstitucionalidade impugnando normas do Poder Constituinte originário. Com base em Bachoff,[7] a Corte manifestou-se de forma a entender-se incompetente para ser o fiscal daquele poder, mesmo com a finalidade de observar a adequação do texto com os denominados "princípios suprapositivos".[8]

2. PRESSUPOSTOS DO CONTROLE

Existem dois pressupostos básicos para a existência do controle, sem os quais não haveria necessidade dele.

Existência de constituição rígida – James Bryce elaborou teoria na qual identificou a existência de modalidades de constituição. De um lado, as rígidas, cuja característica essencial é a busca pela permanência e pela estabilidade de suas normas. Isso não significa serem elas imutáveis ou inalteráveis. Estas não seriam um instrumento apto a balizar as normas estatais; não acompanham o fluxo mutatório da sociedade e são incapazes de se manterem como instrumentos adequados. De outro lado, identificam-se as flexíveis, com características a serem abordadas adiante.

A constituição rígida possui normas com processo diferenciado para alteração. A previsão constitucional deve abordar processos normativos próprios: um para a alteração de seus dispositivos e outro para as espécies normativas de outro *status* hierárquico.

Constituição flexível é aquela não identificadora de espécies normativas, ou seja, altera-se a norma constitucional da mesma forma que outra de espécie diferenciada, porquanto, não existe supremacia de umas sobre as outras. Destarte, pode ser reformada por processo idêntico ao das leis infraconstitucionais e a qualquer momento.

---

7 Essa obra clássica foi traduzida por José Manuel M. Cardoso da Costa e publicada pela editora Almedina, de Coimbra, em 1994. O livro denominou-se *Normas constitucionais inconstitucionais?*

8 ADI n. 815/DF, rel. Min. Moreira Alves, j. 28.03.1996, *DJ* 10.05.1996, *RTJ* 163/872: "Para o relator as cláusulas pétreas não poderiam ser invocadas para sustentação da tese da inconstitucionalidade de normas constitucionais inferiores em face de normas constitucionais superiores, porquanto a Constituição as prevê apenas como limites ao Poder Constituinte derivado ao rever ou ao emendar a Constituição elaborada pelo Poder Constituinte originário, e não como abarcando normas cuja observância se impôs ao próprio Poder Constituinte originário com relação a outras que não sejam consideradas cláusulas pétreas".

Com relação às constituições, Veloso[9] refere-se à atual como da espécie rígida, como são todas aquelas dos países que possuem uma Lei Fundamental escrita. A constituição de Israel é flexível, assim como a consuetudinária da Inglaterra. Acrescentou o fato de existirem graus de rigidez. Alguns temas, como na Constituição de 1988, em seu art. 60, § 4º, há um núcleo imodificável.

Supremacia da constituição – Referiu-se anteriormente à importância que determinado Estado reserva à sua constituição como norma suprema. Nos sistemas que incorporam o controle de constitucionalidade, mantém-se a constituição no ápice do ordenamento. Nesse sentido, o escalonamento kelseniano é fonte inspiradora desse sistema. A constituição é, assim, a fonte de validade de todos os demais atos normativos e leis. Consequentemente, todos eles devem subsistir somente se com ela guardarem conformidade.

A supremacia projeta-se sobre todas as pessoas sem exceção. Ainda que as teorias desenvolvidas sobre inconstitucionalidade tenham se baseado nos atos desenvolvidos por pessoas jurídicas de direito público, as consequências vêm se ampliando para as pessoas privadas, contudo por meio de instrumentos de controle próprios para tanto.

3. ORIGEM DO CONTROLE

O controle teve como primeiro precedente o caso Marbury *vs.* Madison. Na transição entre os presidentes John Adams para Thomas Jefferson, nas eleições americanas em meados de 1800,[10] aquele foi derrotado pela oposição republicana. Objetivando manter no Judiciário a influência política de seu partido, Adams aprovou a lei denominada "*The Circuit Court Act*". Entre outros dispositivos, a norma reduzia o número de ministros da Suprema Corte e aumentava cargos de juiz federal. Outra lei[11] autorizou o presidente a prover mais 42 cargos de juiz de paz. Após a nomeação e confirmação pelo Senado, o secretário de Estado da época, John Marshall, ficou encarregado de entregar os atos de investidura aos novos juízes de paz. Como não houve tempo hábil para tanto, o novo secretário, James Madison, secretário de Estado de Jefferson, recebeu ordem desse presidente para não entregar o título da comissão a Willian Marbury, para o cargo de Juiz de Paz, no condado de Washington, no Distrito de Colúmbia. Entendia que a nomeação estaria incompleta até o ato da entrega da comissão. Marbury não tomou posse do cargo e requereu ao Tribunal a notificação de Madison para apresentar os motivos da negativa de entrega do título viabilizando a pos-

---

9 *Controle jurisdicional de constitucionalidade*, p. 25.

10 A decisão foi de 1803.

11 *The Organic Act of the District of Columbia*, de 27.02.1801.

se. Essas razões poderiam ser suficientes para embargar um eventual pedido de *writ of mandamus*. Madison não apresentou os embargos. Marbury, por sua vez, ingressou com o instrumento. Dois anos mais tarde, o juiz Marshall decidiu que Marbury teria direito a assumir o cargo.

Esse caso tornou-se célebre entre as decisões relacionadas às funções do Judiciário e aos limites do Executivo. Por um lado, expôs que existiriam dois atos do Executivo fora do controle judicial, os de natureza política e os que têm discricionariedade conferida pela constituição. Por outro lado, afirmou estarem os atos do Executivo submetidos ao controle judicial, seja quanto à sua legalidade ou constitucionalidade.

A decisão que veio a imprimir ao mundo jurídico nova dimensão quanto ao controle de constitucionalidade reconheceu a Marbury o direito à investidura do cargo, e sua justificativa referiu-se à inconstitucionalidade da norma[12] criadora de mais uma hipótese de competência originária da Suprema Corte, além daquelas estabelecidas no art. 3º da Constituição americana de 1787.

4. NATUREZA DO ATO OU NORMA INCONSTITUCIONAL

Apesar de inúmeras críticas à decisão de Marshall, sobretudo pelo fato de não ter se declarado impedido, por ter tido envolvimento direto com o fato, seu ato trouxe inúmeras consequências, dentre as quais:

a) a supremacia constitucional e a submissão de todos os poderes a ela;

b) o Judiciário como intérprete da constituição;

c) a possibilidade de invalidação dos atos a ela contrários.

A consequência, portanto, é considerar a inconstitucionalidade nula *ipso jure* e *ex tunc* da lei ou ato declarado inconstitucional.

No Brasil, as Leis ns. 9.868/99 e 9.882/99, a primeira estabelecendo normas sobre as ações diretas e a segunda sobre a arguição de descumprimento de preceito fundamental, estabeleceram regras específicas para se propor o controle concentrado e também relacionado aos efeitos da declaração, cuja regra consistia em imprimir-lhe eficácia *ex tunc* desconstituindo seus efeitos, desde a sua edição.

Como observado anteriormente, pelo princípio da supremacia da constituição, toda norma deve ter compatibilidade com a Carta Maior, justamente por dela retirar sua respectiva validade. Nos seus expressos termos, todo e qualquer ato ou norma incompatível com a constituição está eivado de nulidade absolu-

---

12 § 3º da Lei Judiciária de 1789.

ta e ineficácia plena, pois ausente o fundamento validador da norma. A nulidade, portanto, é preexistente. A norma já nasce inválida.

Nesse diapasão, cabe salientar que atualmente a tese da **nulidade absoluta é tomada com certas restrições no direito nacional,** de acordo com o denominado Princípio da Ponderação. Existem princípios interpretativos que devem ser tomados em conta quando se está por declarar nula determinada norma ou ato. Conveniente é a citação de Bachoff, por Mendes, quando indica estar o Judiciário "não só autorizado, mas inclusivamente obrigado a ponderar as suas decisões, a tomar em consideração as possíveis consequências destas".[13]

Disso resulta a sistemática atual adotada pelo STF no sentido de conferir às suas decisões, sejam liminares ou definitivas, a possibilidade de atribuir ou não às mesmas eficácia retroativa, incluindo nelas a "modulação" ou diferimento dos efeitos da decisão tomada. No art. 27 da Lei n. 9.868/99, preconiza-se que o STF, ao:

> declarar a inconstitucionalidade de lei ou ato normativo, e tendo em vista razões de segurança jurídica ou de excepcional interesse social poderá, por maioria de dois terços de seus membros, restringir os efeitos daquela declaração ou decidir que ela só tenha eficácia a partir de seu trânsito em julgado ou de outro momento que venha a ser fixado.

Nos parágrafos do art. 927 do CPC se estabelece a possibilidade de os tribunais "modularem" suas decisões por alteração no "interesse social" ou mesmo em termos de "segurança jurídica". Esse dispositivo espelha o que o STF estabelece em face de decisões que podem gerar efeitos complexos, contrários ao interesse público.

5. DEFESA E PROTEÇÃO DA CONSTITUIÇÃO: O CONTROLE DE CONSTITUCIONALIDADE

A existência da constituição rígida e do princípio da supremacia constitucional reflete a existência de um **conceito de controle de constitucionalidade** como sendo o exame de pertinência formal e material de determinada norma ou ato normativo em face da constituição federal.

Observou-se que a falta do controle sinaliza uma constituição flexível, cujas normas são modificadas por outras posteriores que tratem do mesmo assunto.

---

13 *Jurisdição constitucional*, p. 299.

Segundo Ferreira Filho,[14] não há necessidade de existir previsão expressa do controle. Basta existir elementos suficientes para classificá-la como tal.

A proteção à Carta Magna, segundo Bulos,[15] é onde reside a razão de ser do controle. Para ele, não é suficiente serem as normas constitucionais hierárquica e formalmente superiores às leis em geral. Há necessidade de um instrumento capaz de socorrer os casos de violação à ordem suprema do Estado. É dessa feita que se materializa o controle de constitucionalidade.

Como **inconstitucionalidade formal** entende-se a violação dos procedimentos constitucionais eminentemente jurídicos destinados à elaboração de uma lei. Isso pode ser com relação ao sujeito competente para proposição da norma (requisitos subjetivos); também pode referir-se à espécie normativa (lei ordinária ou complementar) ou ainda ao procedimento a ser adotado para sua votação, nos termos regimentais (requisitos objetivos).

Para Moraes, "a inobservância das normas constitucionais de processo legislativo tem como consequência a inconstitucionalidade formal da lei ou ato normativo produzido possibilitando pleno controle repressivo de constitucionalidade por parte do Poder Judiciário".[16]

Como exemplo, pode-se referir ao ocorrido com a tentativa de instituição do Regime Jurídico Múltiplo para as entidades de direito público, substituindo o Regime Jurídico Único, o qual foi mantido. Alguns partidos políticos[17] impetraram ADI alegando inconstitucionalidade formal e material da referida emenda. Formal por não ter sido aprovada pela maioria qualificada de três quintos da Câmara dos Deputados em primeiro turno, ferindo o requisito do art. 60, § 2º, da CF.[18]

A **inconstitucionalidade material** incide basicamente sobre o conteúdo da norma, ou seja, sobre o que ela prescreve, dispõe ou determina a sua compatibilidade em face da Constituição Federal.

6. EVOLUÇÃO HISTÓRICA DO CONTROLE NO BRASIL

Nada existia na Constituição Imperial brasileira de 1824 sobre o controle. Dispunham seus dispositivos que ao Legislativo competia elaborar leis,

14 *Revista Jurídica*, 2007, p. 34.

15 2008, p. 106.

16 2004, p. 600.

17 Partido dos Trabalhadores, Partido Democrático Trabalhista, Partido Comunista do Brasil e Partido Socialista do Brasil.

18 Em 02.08.2007, deferiu-se parcialmente Medida Cautelar sobre a ADI n. 2.135 por oito votos a três no quanto ao *caput* do art. 39 da CF, suspendendo sua eficácia e voltando a vigorar a redação anterior à EC n. 19 – Regime Jurídico Único.

interpretá-las, suspendê-las e revogá-las e, assim, velar pela Constituição. Não obstante a famosa decisão de Marshall tenha sido anterior a essa Carta, o Judiciário da época não se aventurava a contrariar normas ou ainda decisões governamentais.

Diferentemente tratou a Constituição Federal de 1981, que recebeu do direito americano grande parte dos institutos renovadores do Estado, a exemplo do federalismo, do presidencialismo, entre outros. Em princípio, implementou o controle difuso. Emenda posterior conferiu a todos os tribunais, fossem eles federais ou estaduais, a competência para decidir acerca de questões constitucionais.

A CF de 1934 apenas veio a exigir quorum de maioria absoluta dos membros dos tribunais nas questões relacionadas à constitucionalidade dos atos e normas e veio a prever a participação do Senado na suspensão da execução de lei ou ato, deliberação ou regulamento declarados inconstitucionais pelo Judiciário. Importante mencionar que foi essa Constituição a primeira a prever a possibilidade de intervenção da União nas hipóteses de violação aos princípios sensíveis[19] e à execução de leis federais.

A Constituição de 1937 estabelecia a obrigatoriedade de maioria absoluta de votos da totalidade dos seus juízes para que os tribunais pudessem declarar a inconstitucionalidade de lei ou ato do Presidente da República. Contudo, no próprio art. 96, parágrafo único, estabeleceu que essa declaração de inconstitucionalidade poderia ser afastada e tornada sem efeito por decisão do Legislativo, por meio de iniciativa do Presidente da República.

A Constituição de 1946 voltou às linhas democráticas da CF de 1934 e, por meio da Emenda n. 16/65, trouxe o controle concentrado de constitucionalidade de lei ou ato normativo. Essa foi a possibilidade de controle abstrato da norma em tese, inserindo o modelo austríaco no ordenamento nacional. Inaugurou-se, portanto, o sistema **misto** ou **híbrido** de controle de constitucionalidade.

---

19 CF/34: "Art. 12. A União não intervirá em negócios peculiares aos Estados, salvo: I – para manter a integridade nacional; II – para repelir invasão estrangeira, ou de um Estado em outro; III – para pôr termo à guerra civil; IV – para garantir o livre exercício de qualquer dos Poderes Públicos estaduais; V – para assegurar a observância dos princípios constitucionais especificados nas letras *a* a *h*, do art. 7º, I, e a execução das leis federais; VI – para reorganizar as finanças do Estado que, sem motivo de força maior, suspender, por mais de dois anos consecutivos, o serviço da sua dívida fundada; VII – para a execução de ordens e decisões dos Juízes e Tribunais federais. § 1º Na hipótese do inciso VI, assim como para assegurar a observância dos princípios constitucionais (art. 7º, I), a intervenção será decretada por lei federal, que lhe fixará a amplitude e a duração, prorrogável por nova lei. A Câmara dos Deputados poderá eleger o Interventor, ou autorizar o Presidente da República a nomeá-lo".

A Constituição atual manteve todas as conquistas das anteriores, como a ação direta de inconstitucionalidade (ADI). Ademais, aumentou o rol de legitimados a propor as ações de constitucionalidade, antes restritas ao Procurador-Geral da República. Introduziu ainda a arguição de descumprimento de preceito fundamental (ADPF), a ação direta de inconstitucionalidade por omissão (ADO), a ação declaratória de constitucionalidade (ADC), e, ainda, a possibilidade de os estados efetivarem o controle, por meio de seus respectivos tribunais, dos atos estaduais e municipais em face das constituições estaduais.

7. ESPÉCIES DE CONTROLE DE CONSTITUCIONALIDADE

7.1. Quanto ao momento de sua efetivação

Diante do processo legislativo, até o momento em que determinada norma é publicada, existem várias possibilidades de fiscalização.

Controle preventivo – Realizado antes da norma ou ato ingressar no universo jurídico. Impede que referidos atos gerais e abstratos venham a produzir efeitos. Não é só o Legislativo que o realiza, por meio da Comissão de Constituição e Justiça (CCJ). O Executivo está apto a realizá-lo pelo veto a projetos de leis, sobretudo quando justifica sua inconstitucionalidade; o Judiciário, excepcionalmente, quando chamado a se manifestar por parlamentar por este entende ser o projeto de lei em discussão inconstitucional.

Controle repressivo – Efetivado posteriormente, a partir do momento que o ato passa a vigorar efetivamente. Assim, busca reprimir a inconstitucionalidade após a publicação da norma ou ato.

7.1.1. Controle preventivo

Existem basicamente duas formas de se efetivar este controle:

Comissões de Constituição e Justiça – Criadas como comissões permanentes. Devem estar presentes em todas as Casas Legislativas (Senado, Câmara, Assembleias Legislativas, Câmara Distrital e Câmaras Municipais). A tarefa fundamental dessas comissões é a análise preventiva de projetos de lei ou emendas submetidos à sua apreciação, conferindo a constitucionalidade, a juridicidade e a técnica legislativa dos projetos de lei apresentados no Legislativo. Nos termos do art. 58 da CF, devem estar previstas nos respectivos regimentos internos. Isso não significa que a questão da inconstitucionalidade não possa ser objeto de análise do plenário da respectiva Casa Legislativa.

Veto jurídico – Nos termos do art. 66, § 1º, o Presidente da República participa da fase final do controle de constitucionalidade, por ocasião de sua sanção (aceitação: expressa ou tácita) ou negação (veto). Importante mencionar que as emendas à Constituição não estão sujeitas ao veto presidencial, eis que são promulgadas pelas mesas da Câmara e do Senado Federal, nos termos do art. 60, § 3º, da CF. É inadmissível o controle judicial das razões oferecidas pelo chefe do Executivo por ocasião do veto. Trata-se de ato soberano do Poder Executivo insuscetível desse controle. É possível, outrossim, o controle da intempestividade do veto, desde que o Legislativo já tenha se manifestado previamente a respeito.

Existe mais um *leading case* (STF, MS n. 24.667-Ag. Reg./DF, rel. Min Carlos Velloso, j. 04.12.2003) que torna o parlamentar e somente este legítimo "para impetrar mandado de segurança com a finalidade de coibir atos praticados no processo de aprovação legislativa ou de emenda constitucional incompatíveis com disposições que disciplinam o processo legislativo".

7.1.2. Controle repressivo

Há a previsão de controle repressivo jurídico ou judiciário de constitucionalidade em nosso sistema jurídico. Nele é o Poder Judiciário quem fiscaliza a constitucionalidade em tese ou não de leis ou atos normativos já publicados.

Existem basicamente dois sistemas de controle Judiciário da constitucionalidade:

Via de ação – Principal, reservado ou concentrado (*principaliter tantum*).

Via de exceção ou defesa – difuso, aberto, incidental (*incidenter tantum*).

O sistema jurídico de constitucionalidade nacional possui características de controle difuso-concreto com outras do sistema concentrado-abstrato, por este motivo é considerado um sistema **misto**, pois prevê ambas as formas de controle. Como visto, primeiro surgiu o difuso, por meio da CF de 1891, e posteriormente o controle principal foi introduzido por meio da EC n. 16/65 à Constituição de 1946.

Controle repressivo realizado pelo Legislativo

Existem duas previsões do exercício dessa espécie de controle na CF:

Atos normativos exorbitantes – São aqueles que disciplinam além dos lindes legais, seja em matéria de delegação legislativa, seja na regulamentação de normas. Nessas hipóteses, o art. 49, V, da CF prevê a possibilidade de o Congresso **sustar** os atos normativos do Executivo que ultrapassem o poder regulamentar ou os limites de delegação legislativa.

Medida provisória inconstitucional – As medidas provisórias são atos normativos com força de lei. Nos termos do art. 62 da CF, a MP passa a ter vigência a partir de sua publicação. Elas somente podem ser emitidas nos casos de **relevância** e **urgência**. Para sua análise, é criada uma **comissão temporária mista** com o propósito de analisar sua constitucionalidade. Caso apontem qualquer irregularidade nesse particular, com base no parecer dessa comissão, haverá a exclusão da MP. Importante mencionar que elas também podem ser objeto de controle de constitucionalidade pelo Judiciário, mesmo diante de sua característica de ato normativo temporário, dependente de ratificação. Isso porque entram em vigor na data da publicação.

Controle repressivo do Judiciário

Sublinhou-se claramente a admissibilidade, no sistema nacional, tanto do controle concentrado quanto por via difusa, o que resulta no modelo misto aplicável. Ao Poder Judiciário cometeu-se a tarefa de guardião da Constituição competindo-lhe processar e julgar as ações constitucionais elencadas a seguir. Isto conforme preceitua o art. 102, I, *a*, da CF.

Na ação direta não se estará analisando um caso concreto, mas a norma ou o ato em tese, isto é, *in abstrato*; conhecido também por controle objetivo, pois não há necessidade de violação a direito individual. O controle concentrado tem este nome por ser de exclusiva competência do STF, em primeira e única instância, a verificação de adequação, segundo se depreende da CF.[20] Isso não obsta o STF de analisar o controle incidental ou difuso, a cargo também de qualquer juiz ou tribunal.

A seguir serão observadas as espécies de controle difuso e concentrado e suas principais características.

Controle *incidenter tantum* (incidental), difuso, por via de exceção ou defesa

Existente no Brasil desde a Constituição de 1891, consiste na possibilidade de verificação, **por qualquer juiz ou tribunal**, da pertinência de determinada norma ou ato em face da Constituição. Isso será possível no âmbito da **Consti-**

20 Importante mencionar que o STF faz o controle concentrado de leis e atos federais, estaduais e distritais em face da Constituição Federal. No âmbito estadual, é o Tribunal de Justiça quem efetiva tal controle em relação à Constituição Estadual. Se houver concomitância, o Tribunal deve aguardar o julgamento do STF antes de se pronunciar sobre o assunto.

tuição Federal e **Estadual** diante de normas e atos possivelmente inconstitucionais, o que será aferido ao final. O Ministro Cunha Peixoto (RE n. 92.162-SP) reconheceu que a Constituição Federal não incluiu as normas e leis municipais pelo STF. Assim, a Justiça de cada estado deve verificar a inconstitucionalidade de leis e atos normativos estaduais e municipais, sem exceção. A via de defesa é ampla e permite indagação dos atos e normas incidentes em obrigações cuja constitucionalidade é questionada em processo judicial. Há, contudo, situações complexas em que o próprio STF declarou que o Tribunal, nos termos da Reclamação n. 383/STF, reconheceu:[21]

> por seu Pleno, que é admissível a propositura da ação direta de inconstitucionalidade perante o Tribunal de Justiça local sob a alegação de ofensa a dispositivos constitucionais estaduais que reproduzem dispositivos constitucionais federais de observância obrigatória pelos Estados-membros – e, portanto, por via de consequência, seu julgamento por esses Tribunais com base nesses dispositivos constitucionais estaduais –, com possibilidade de recurso extraordinário se a interpretação da norma constitucional estadual que faz essa reprodução contrariar o sentido e o alcance da norma constitucional federal reproduzida.

O controle incidental é o que possui grande possibilidade de debates em torno de norma supostamente inconstitucional. As diversas fases e discussões acerca do tema objeto da ação permitem uma melhor reflexão das possíveis inconstitucionalidades. Ademais, presume-se que exista um distanciamento de decisões políticas e uma análise mais centrada no aspecto técnico-jurídico da questão.

A particularidade é realçada por Bernardes, ao afirmar que

> se o controle judicial abstrato de constitucionalidade caracteriza-se pelo modo jurídico com que é exercido, deve trabalhar com parâmetro de controle composto por normas, além de preexistentes, indisponíveis por parte do órgão controlador (parâmetro normativo-objetivo de controle), a partir de racionalidade decisória também jurídica.[22]

Extraiu-se essa forma de controle do caso julgado pelo Juiz Marshall, que reconhecia ao Judiciário a competência para interpretar e aplicar a lei. Na ocor-

---

21 BRASIL, STF. Reclamação n. 358, de 08.06.2001, Min. Moreira Alves. Disponível em: http://www. jurisprudencia.stf.jus.br/pages/search?base=acordaos&sinonimo=true&plural=-true&page=1&pageSize=10&queryString=Reclamação%20383&sort=_score&sortBy=-desc; acesso em: 20.10.2021.

22 *Controle abstrato de normas:* elementos materiais e princípios processuais, p. 119.

rência de conflito entre ambas, deveria reconhecer a superioridade da norma constitucional em face da ordinária.

A decisão deve pronunciar-se apenas sobre questão prévia e não sobre a lei em tese, ou seja, nos casos de aplicação hipotética da lei. O reconhecimento da inconstitucionalidade apenas reflete a desnecessidade de submeter-se ao que prescreve a norma inconstitucional; a decisão é apenas válida para o(s) requerente(s) (*inter partes*). A norma mantém-se válida até ser excluída por decisão final do STF com ratificação do Senado ou mesmo por via direta, a qual isenta manifestação do Senado *a posteriori*.

Importante o remarcado por Barroso, ao explicitar que

> não se confundem, conceitualmente, o controle por via incidental – realizado na apreciação de um caso concreto – e o controle difuso – desempenhado por qualquer juiz ou tribunal no exercício regular da jurisdição. No Brasil, no entanto, como regra, eles se superpõem, sendo que desde o início da República o controle incidental é exercido de modo difuso.[23]

O controle incidental passa pelas diversas instâncias. A última delas faz coisa julgada e garante a coisa julgada. Porém, não há o efeito *erga omnes* sem manifestação do Senado, após decisão. Existem peculiaridades remarcadas a seguir sobre a manifestação senatorial à declaração definitiva em controle incidental.

Manifestação do Senado

Nos termos do art. 52, X, da CF, a manifestação desse órgão é condição *sine qua non* para a retirada da norma ou ato inconstitucional do ordenamento jurídico, no controle incidental. Não se aplica no controle principal. Sua decisão, no entanto, apresenta particularidades que merecem ser observadas:

a) a natureza da atribuição é discricionária ou vinculada, ou seja, o Senado está obrigado a excluir a lei ou ato declarado inconstitucional? Existem posições em ambas vertentes. Contudo, inegável a posição soberana do Legislativo nessas condições. O STF e o Senado entendem que não há obrigatoriedade.[24]

---

23 *O controle de constitucionalidade no direito brasileiro*, p. 50.

24 Moraes (*Direito constitucional*, p. 612) relaciona os seguintes autores em prol da discricionariedade: Oswaldo Aranha Bandeira de Mello, Themistocles Brandão Cavalcanti, Nogueira da Silva, Elival da Silva Ramos e Celso de Mello Filho. Da vinculação ou em caráter compulsório: Manoel Gonçalves Ferreira Filho, Celso Bastos, Michel Temer, Lucio Bittencourt e Alfredo Buzaid.

b) deve o Senado observar os requisitos formais da decisão e a questão da conveniência da suspensão.

c) uma vez emitida resolução veiculando a suspensão da lei ou ato, de qualquer esfera federativa, não há como voltar atrás.

d) importante acompanhar a tendência do STF, que se inclina, cada vez mais, no sentido de reconhecer a eficácia geral de suas decisões de inconstitucionalidade oriundas de controle difuso, mesmo sem ratificação do Senado. Exemplo dessa situação foi o ocorrido com a atenuação da exigência da cláusula de reserva de plenário (art. 97 da CF), em decisões já prolatadas pelo STF, independente de ser tal decisão em controle abstrato ou concreto. O entendimento foi incorporado pelo art. 481 do CPC, introduzido pela Lei n. 9.756/98.

A tendência, portanto, é que o Senado se limite a atribuir publicidade à decisão da Corte, seja no controle principal ou incidental. Observa-se esse movimento a partir do Ministro Gilmar Mendes, que defende a atribuição de eficácia *erga omnes* em ambas as formas de controle.

Surgiu alguma celeuma acerca do tema quando o Gilmar Mendes afirmou não ter mais o Senado Federal a faculdade de suspender a eficácia de lei ou ato normativo declarado inconstitucional pelo Plenário do Supremo Tribunal Federal. Segundo seu escólio, teria apenas função de dar publicidade à decisão proferida pela Corte. Nesse diapasão, possíveis efeitos gerados no controle difuso de constitucionalidade afetaria todas as pessoas e órgãos do Judiciário e da Administração Pública.

A partir dos estudos de Nascimento dos Santos, esse entendimento atingiria a separação dos Poderes, sobretudo considerando que de suas decisões pelo controle incidental apenas 0,1% teve sua decisão comunicada ao Senado. Nesse sentido, esse órgão estaria impossibilitado de exercer a competência do inciso X do art. 52, e ademais essa interpretação levaria a uma "reforma silenciosa da Constituição". Por esse motivo, o autor sugere que, diante dessas interpretações, estaríamos tratando do enfraquecimento de algumas instituições em detrimento da atuação fortalecida de outras.[25]

Controle principal *(principaliter tantum)*

O STF tem como tarefa precípua a guarda da Constituição. Suas decisões devem se pautar pela neutralidade. A função do magistrado é a simples interpretação de lei ou ato e sua pertinência em face da Constituição. Isso caracteri-

---

25 NASCIMENTO DOS SANTOS, C. V. "Mutação à brasileira: uma análise empírica do art. 52, X, da Constituição". *Revista de Direito GV*. São Paulo, v. 10, p. 597-614, jul./dez. 2014.

zaria o formalismo hermenêutico sem espaço para construções jurisprudenciais. Contudo, observa-se, esporadicamente, a necessidade de determinadas adaptações a fim de buscar-se uma coerência e uma interpretação lógica e adequada à segurança jurídica.

Excepcionalmente, reconhece-se no Brasil, pela jurisprudência do STF, a admissibilidade da interpretação conforme a Constituição, a qual também possui limites. Esses lindes resultam não somente da expressão literal da lei, mas também da vontade do legislador. Esta será apenas possível se não configurar violência contra a expressão literal do texto e não alterar o significado do texto normativo, que implicaria mudança na própria concepção original do legislador.[26]

Nesse sentido, importante a conclusão do voto do Min. Gilmar Mendes, em decisão sobre o uso das células-tronco, no sentido de

> livrar o STF do vetusto dogma do legislador negativo e se alie à mais progressiva linha jurisprudencial das decisões interpretativas com eficácia aditiva, já adotadas pelas principais Cortes Constitucionais europeias. A assunção de uma atuação criativa pelo Tribunal poderá ser determinante para a solução de antigos problemas relacionados à inconstitucionalidade por omissão, que muitas vezes causa entraves para a efetivação de direitos e garantias fundamentais assegurados pelo texto constitucional.[27]

O controle principal foi adotado pelos tribunais dos países da Europa, a partir de articulações doutrinárias de Hans Kelsen, seu idealizador, consignado na Constituição da Áustria de 1920 e aperfeiçoado pela emenda de 1929 daquele país. No Brasil, surgiu apenas com a Constituição de 1946, não obstante existir um gérmen de controle de constitucionalidade no art. 12 da CF de 1934. Segundo Barroso,[28] outras duas razões fático-jurídicas induziram os países europeus ao desenvolvimento de um modelo alternativo:

a) os magistrados já possuíam carreira para a composição do Judiciário;

b) a introdução do *stare decisis* ainda não existente naqueles sistemas.

No Brasil, esse controle principiou-se a partir da EC n. 16/65, como referido, com a necessidade de representação do procurador-geral da República, a ADI genérica. Observe-se que já existia previsão de ação interventiva.

---

26 Rp. n. 1.454/DF, rel. Min. Octávio Gallotti, j. 24.03.1988, *RTJ* 125/997; Rp. n. 1.389/RJ, rel. Min. Oscar Corrêa, j. 23.06.1988, *RTJ* 126/514; Rp. n. 1.399/RJ, rel. Min. Aldir Passarinho, j. 26.05.1988, *DJ* 09.09.1988.

27 Disponível em: http://www.stf.jus.br/arquivo/cms/noticiaNoticiaStf/anexo/ADI3510GM.pdf.

28 *O controle de constitucionalidade no direito brasileiro*, p. 47.

Suas características principais são:

a) processo objetivo – análise do ato normativo "em tese", ou seja, de forma abstrata, sem necessidade de existência de caso concreto; o objeto principal é a simples declaração de inconstitucionalidade ou constitucionalidade;

b) legitimidade ativa – existência de rol taxativo de legitimados para propô-la.

A Constituição criou basicamente cinco formas de controle direto ou principal de constitucionalidade com características marcantes para cada uma delas. A Lei n. 9.868/99 cuida das ADIs e da ADC, e a Lei n. 9.882/99 trata especificamente da ADPF. Espécies de controle concentrado constitucionalmente previstos:

Denominação	Fundamento constitucional
Ação direta de inconstitucionalidade genérica (ADI)	art. 102, I, *a*, da CF
Ação direta de inconstitucionalidade interventiva (ADI)	art. 36, III, da CF
Ação direta de inconstitucionalidade por omissão (ADO)	art. 103, § 2º, da CF
Ação declaratória de constitucionalidade (ADC)	art. 102, I, *a*, da CF
Arguição de descumprimento de preceito fundamental (ADPF)	art. 102, § 1º, da CF

8. CARACTERÍSTICAS GERAIS DA ADI E DA ADPF

As ações para o controle de constitucionalidade sofreram algumas alterações desde seu surgimento na Constituição Federal.

8.1. Legitimação ativa

O controle abstrato possuía como *dominus litis*, em princípio, apenas o Ministério Público. Atualmente, ampliou-se o rol a fim de viabilizar maior número de legitimados capazes de provocar a jurisdição em prol de um posicionamento sobre a constitucionalidade. Ao contrário da Alemanha, onde qualquer pessoa pode mover a jurisdição de forma objetiva, no Brasil, existe relação restrita para tal fim. A decisão do STF é clara quanto a isso, no sentido de que "o rol do art. 103 da Constituição Federal é exaustivo quanto à legitimação para a propositura da ação direta de inconstitucionalidade".[29]

Kelsen não era favorável à criação de uma ação de inconstitucionalidade com legitimidade popular. Certamente haveria abuso em seu exercício, compro-

29 ADI n. 641/DF, rel. Min. Marco Aurélio, j. 11.12.1991, *DJ* 12.03.1993.

metendo o exercício da judicatura em assuntos de maior relevo e no próprio trato da constitucionalidade. José Afonso da Silva, ao contrário, opina ser uma "pena não ter incluído o cidadão".[30]

Importante observação fez Palu, ao afirmar que:

> a ampliação da legitimidade, se foi útil pela acessibilidade permitida à jurisdição constitucional, acarretou, entretanto, alguns problemas, eis que é inútil permitir o ingresso a excessivo número de agentes e entidade quando o número de juízes encarregados do julgamento é o mesmo e se não podem estes julgar somente as ações relevantes.[31]

Deveras, o STF, constituído por onze ministros, não se restringe apenas ao controle concentrado. Entre as atribuições há grande número de ações particulares aguardando julgamento e que não podem ser preteridas com relação às que discutem a constitucionalidade de determinado ato ou lei. Por outro lado, destaca-se fato noticiado no sentido de que "quase 950 ações penais de tribunais superiores prescreveram num intervalo de dois anos. Segundo números de 2017 [...] 830 processos que tramitaram no Superior Tribunal de Justiça (STJ) foram arquivados por prescrição em dois anos. No Supremo foram 116 casos".[32]

Essa situação torna autoridades públicas impunes aos atos praticados em desacordo com a lei, isso sem contar com tantos outros processados que deveriam ser processados e julgados e, talvez, condenados por suas práticas delituosas.

8.1.1. Legitimidade ativa universal ou legitimação geral

Os incisos do art. 103 da CF, reproduzidos no art. 2º da Lei n. 9.868/99, enumeram as pessoas que têm legitimidade para propor ações diretas. De acordo com suas missões institucionais e considerando a posição que cada órgão possui, não há necessidade de se demonstrar qualquer interesse específico entre eles e o ato que se questiona por via principal. Jamais será considerada inepta por falta de interesse de agir ou ainda por falta de pertinência temática a ação proposta por tais entes ou pessoas. Reconhece-se a **legitimidade ativa universal ou geral**: ao Presidente da República, às Mesas do Senado e da Câmara dos Deputados, ao Procurador-Geral da República, ao Conselho Federal da Ordem dos

30 *Curso de direito constitucional positivo*, p. 54.

31 *Controle de constitucionalidade*, p. 196.

32 "Impunidade? 950 casos prescrevem em tribunais superiores em 2 anos". *Revista Exame*. Disponível em: https://exame.com/brasil/impunidade-950-casos-prescrevem-em-tribunais-superiores-em-2-anos/; acesso em: 20.10.2021.

Advogados do Brasil e a partido político com representação no Congresso Nacional.[33] Estes seriam reconhecidos como tais em decorrência de suas próprias atribuições institucionais, conforme afirmou Milton Flaks.[34]

Outro aspecto relevante que se deve observar é que não se confunde a Mesa do Senado e da Câmara com a Mesa do Congresso Nacional. Observe-se que são três órgãos distintos com atribuições próprias e a composição desta última é de natureza mista, consoante se observa no § 5º do art. 57 da Constituição Federal.

Canotilho[35] afirma existir dois tipos de legitimidade ativa: a universal e a restrita, também conhecida como temática. Universal é a legitimidade para a impugnação da constitucionalidade reconhecida a qualquer pessoa (*quisque de populo*) na forma de ação popular. Já a legitimidade restrita, entende-se a reconhecida só a determinadas entidades ou a certos e determinados cidadãos que se encontram em determinada relação com o processo.

8.1.2. Legitimidade temática, especial ou específica

Abre-se este tópico para melhor elucidar quem compõe o rol e quais especificidades relacionadas ao tema. O STF consignou a expressão "legitimidade temática" a fim de se exigir uma relação de pertinência entre o legitimado e a espécie de análise objetiva que se quer discutir perante o STF. Em julgamento, o Ministro Rezek reitera a jurisprudência do STF quanto à pertinência entre o conteúdo material das normas impugnadas e a competência ou os interesses de determinados agentes.[36]

Dessa forma, presume-se que os legitimados universais tenham pertinência geral ou absoluta para discutir qualquer tema. Dos demais, exige-se prova da pertinência, no sentido de se provar a existência de real envolvimento entre eles e o objeto da discussão, lei ou ato reputado inconstitucional.

Quanto aos legitimados especiais, enumerados taxativamente pelo art. 103, além dos anteriormente citados, para a propositura da ação existem algumas restrições (governadores de Estado e mesas das Assembleias Estaduais, confederação sindical ou entidade de classe de âmbito nacional). O STF admite unicamente ação por parte de tais entes se a norma ou ato impugnado referir-se, de algum modo, às respectivas unidades federadas; e, pelas confederações e en-

---

33 ADI n. 1.254-MC/RJ, rel. Min. Celso de Mello, j. 14.06.1995, *DJ* 18.08.1995.
34 *Instrumentos processuais de defesa coletiva*, p. 69.
35 *Direito constitucional*, p. 968.
36 ADI n. 1.307-MC/DF, rel. Min. Francisco Rezek, j. 19.12.1995, *DJ* 24.05.1996.

tidades de classe, se a norma macular interesses dos respectivos filiados ou associados.

Entre eles destacam-se alguns traços peculiares sublinhados a seguir que devem ser considerados por ocasião da propositura da ação.

Entidades de classe ou confederações sindicais

A legitimidade ativa da confederação sindical – entidade de classe de âmbito nacional – para a ADI vincula-se ao objeto da ação. Certamente deve existir pertinência entre a norma impugnada e os objetivos indicados na ação. Outro aspecto que deve ser notado é a amplitude global. Isso deve ser demonstrado, de acordo com decisão do STF, além da atuação transregional, desde que a entidade tenha membros em pelo menos nove estados da Federação, cujo número resulta da aplicação analógica da Lei Orgânica dos Partidos Políticos. Esse critério, segundo Mendes e Martins,[37] deveria ser fixado pelo legislador. Nessa ausência, optou-se por fixar parâmetro idêntico ao estabelecido na Lei dos Partidos Políticos quanto à propositura da ação.

Partidos políticos com representação no Congresso Nacional

Neste caso, o requisito da legitimação ativa é satisfeito quando o partido possuir, pelo menos, um representante na Câmara dos Deputados ou no Senado Federal. Moraes, citando uma das decisões do STF,[38] sublinha que a perda da representatividade em alguma das duas casas não significa perda superveniente de legitimidade e consequente prejudicialidade da ação.

A representação em Assembleia Legislativa ou Câmara de Vereadores não legitima o partido a propor. Deve possuir, necessariamente, representação no Congresso Nacional.

9. PEDIDO DE CAUTELAR NAS AÇÕES DIRETAS

Conhecidas também como liminares, antecipações de tutela, entre outras designações, essas medidas destinam-se a assegurar o direito em face do *periculum in mora*, ou seja, possibilidade do perecimento do objeto diante da demora no julgamento. Na verdade, esses expedientes devem ser vistos com cautela e ao mesmo tempo devem buscar evitar prejuízos ou mesmo danos irreversíveis.

---

37 *Controle concentrado de constitucionalidade*, p. 156-7.

38 STF, ADI n. 1.063-9-MC/DF, rel. Min. Celso de Mello, j. 18.05.1994, *DJ* 27.04.2001.

Deve-se também observar o *fumus boni juris*, ou seja, o fundamento jurídico relevante, que nada mais é do que a necessidade do autor da ação apresentar, no mínimo, indícios daquilo que afirma para merecer a tutela pretendida.

Além da previsão contida no art. 102, I, *p*, da CF, a qual comete ao STF a competência para processar e julgar o pedido de medida cautelar nas ADIs, o art. 10 da Lei n. 9.868/99 também dispõe sobre a cautelar. Em seus termos, salvo no período de recesso, a medida cautelar na ação direta será concedida por decisão da maioria absoluta dos membros do Tribunal, em sessão com pelo menos oito Ministros (art. 22). Os órgãos ou autoridades emanadoras da lei ou ato normativo impugnado devem pronunciar-se no prazo de cinco dias. O § 1º deste mesmo artigo prevê que o relator, julgando indispensável, ouvirá o Advogado-Geral da União e o Procurador-Geral da República, no prazo de três dias. O § 2º faculta a sustentação oral dos representantes judiciais do requerente e das autoridades ou órgãos responsáveis pela expedição do ato, na forma estabelecida no Regimento do Tribunal. O § 3º dispõe que, em caso de excepcional urgência, o Tribunal poderá deferir a medida cautelar sem a audiência dos órgãos ou das autoridades das quais emanou a lei ou o ato normativo impugnado.

O princípio da presunção de constitucionalidade contido em atos normativos e leis remetem a uma condição de excepcionalidade, o exame das cautelares. Segundo Barroso,

> devido ao congestionamento da pauta do STF, a suspensão liminar da eficácia da norma impugnada adquire maior significação: seu indeferimento remete a apreciação da matéria para um futuro, que pode ser incerto; e seu deferimento, embora provisório por natureza, ganha, muitas vezes, contornos definitivos, pela prolongada vigência da medida liminar.[39]

Uma vez requerido o pedido de medida cautelar, o relator deve remetê-lo para o Tribunal, diante das evidências da relevância da matéria e seu especial significado para a ordem social e a segurança da matéria. Após a prestação das informações, no prazo de dez dias, deve receber-se a manifestação do Advogado-Geral da União e do Procurador-Geral da República, sucessivamente, no prazo de cinco dias.

Efeitos da concessão da liminar:

a) sua concessão implica suspensão de julgamento de outros feitos questionadores do ato ou norma nos controles incidentais perante o STF;

---

39 *O controle de constitucionalidade no direito brasileiro*, p. 166.

b) é possível o conhecimento de reclamações quanto à não observância da suspensão de eficácia da norma ou ato pelo STF;

c) torna aplicável a normatização anterior, caso exista, produzindo o conhecido *efeito repristinatório*, salvo expressa determinação em sentido contrário art. 11 (§ 2º);

d) terá eficácia contra todos e efeitos *ex nunc*, como regra; salvo se o tribunal entender que deva conceder-lhe eficácia retroativa.

e) excepcionalmente, considerando peculiaridades do caso, e nos termos do art. 12, § 1º, da Lei n. 9.868/99, pode conferir efeitos retroativos (*ex tunc*), uma vez demonstrada a conveniência, declarando expressamente os motivos determinantes da decisão.

Caso não seja concedida:

a) não existe possibilidade de se requerer a reconsideração de decisão que defere a liminar, sendo suspensa a eficácia;[40]

b) o indeferimento de liminar não tem efeito vinculante;

c) é possível reiterar o pedido, uma vez existindo novos elementos capazes de justificar o reexame.[41]

Caso concedida a medida, o STF fará publicar em seção especial do *Diário Oficial da União* e do *Diário da Justiça* a parte dispositiva da decisão, no prazo de dez dias. Deve, igualmente, requerer informações à autoridade criadora da norma ou do ato.

10. ATORES NO PROCESSO JUNTO AO STF

Judiciário – O controle de constitucionalidade no âmbito federal está a cargo do STF, desde que pairem dúvidas acerca da constitucionalidade de lei ou ato de procedência federal, estadual ou distrital.[42] Quando se tratar de lei ou ato estadual ou municipal em face da constituição do respectivo estado, o Tribunal de Justiça competente deve decidir acerca da constitucionalidade. Todas as decisões devem obedecer à cláusula de reserva de plenário.

Advogados – O STF admite capacidade postulatória plena, compreendida como aquela que dispensa a necessidade de advogado para representação, a autoridades e órgãos enumerados nos incisos I a VII da Constituição do art. 103

40 ADI(QO) n. 2.188/RJ, rel. Min. Néri da Silveira, j. 14.06.2000, *Inf. STF* 193.

41 ADI n. 1.667-9/DF, rel. Min. Ilmar Galvão, j. 03.04.2003, *DJ* 09.05.2003.

42 Não cabe controle de constitucionalidade genérico de lei municipal ou ato normativo respectivo que contrarie a Constituição Federal. Apenas cabe o controle por exceção, ou seja, o controle difuso, interposto como incidente na ação principal. Exceção feita a ADPF, que possui forma peculiar de tratamento de assuntos municipais.

da CF. Assim, seriam obrigados a ser representados por advogados: partidos políticos (VIII e IX) e confederação sindical ou entidade de classe de âmbito nacional.

Procurador-Geral da República – Foi o primeiro legitimado a propor o controle direto perante o Tribunal nacional. Além de possuir legitimação ativa, será o primeiro a ser ouvido no controle concentrado, sobretudo quando há pedido de liminar. Seu papel será de *custos constituitionis*, ou seja, fiscal da Constituição. Contudo, a opinião emitida em parecer terá apenas caráter opinativo. Martins e Mendes[43] apontam para o fato de que não se reconhece poder de disposição aos órgãos legitimados para desencadear o processo e o controle abstrato de constitucionalidade, sobretudo por sua natureza objetiva. Isso quer dizer que este legitimado não pode requerer a desistência. Pode, entretanto, propor a ação e, no momento de sua manifestação como *custos constituitionis*, posicionar-se favoravelmente ao indeferimento, divergindo de seu entendimento inicial.

Advogado-Geral da União – Cometeu-lhe a Constituição, no art. 103, § 3º, o papel de defensor do ato normativo ou norma legal que está tendo sua constitucionalidade questionada, em tese, perante o STF. Nesse sentido, terá como obrigação institucional defender o princípio da constitucionalidade das normas e atos e não poderá opinar desfavoravelmente com relação a isso.[44] Nos termos do art. 8º da Lei n. 9.868/99, deve manifestar-se em quinze dias na defesa do ato impugnado. Nas cautelares, deve o relator, caso considere indispensável, ouvi-lo nos prazos especificados nos arts. 10, § 1º, e 11, *caput*, da referida Lei.

Amicus curiae – Apesar da vedação à intervenção de terceiros, nos termos do art. 7º da Lei n. 9.868/99, o relator pode admitir pedido de interessados para atuarem como *amici curiae*. Trata-se de subsídio prestado por especialista no assunto que deve sublinhar os efeitos causados pela manutenção da norma ou do ato e sua eventual exclusão, manifestando-se no prazo das informações. Jurisprudência do STF já admitiu sustentação oral sob essa condição.[45] O CPC, em seu art. 482, já previa a possibilidade de manifestação desse ator durante a tramitação do incidente de declaração de inconstitucionalidade. A razão de sua inserção esclareceu-se na justificativa do projeto enviado ao Congresso. Segundo este, a contemplação desse agente enseja a possibilidade de o Tribunal decidir as causas com pleno conhecimento de todas as suas implicações e repercussões.[46]

---

43 *Controle concentrado de constitucionalidade*, p. 248.

44 STF, ADI n. 1.254-1-AgR/RJ, rel. Min. Celso de Mello, j. 14.08.1996, *DJU* 19.09.1997.

45 ADI(QO) n. 2.675/PE, rel. Min. Carlos Velloso; e ADI(QO) n. 2.777/SP, rel. Min. Cezar Peluso, j. 27.11.2003.

46 *Apud* VELOSO, Zeno. *Controle jurisdicional de constitucionalidade*, p. 82.

Observe-se que há um momento certo para essa manifestação. Nos termos da ADIn n. 4.071, o Ministro Menezes Direito, em 2008, considerou essa participação diante da junção de três elementos, dois indicados na Lei n. 9.868/99, quais sejam: relevância da matéria (requisito objetivo) e representatividade dos postulantes (requisito subjetivo). No processo referido, entendeu-se ainda que o ingresso só seria permitido até a inclusão do processo na pauta de julgamento.[47]

11. ADI – AÇÃO GENÉRICA

Objetivo da ADI – Reconhecimento, perante o STF, da inadequação ou incompatibilidade vertical entre norma ou ato normativo oriundo do Poder Legislativo ou de órgãos administrativos. Diante dos argumentos já expendidos relacionados ao sistema nacional de superioridade constitucional e existência de constituição rígida, a simples incompatibilidade seguida da declaração reconhece o ato nulo ou írrito.

Competência para julgar – Nos termos do art. 102, I, *a*, da CF, compete ao STF, sobretudo por tratar-se de controle principal. A alínea *a* restringe a análise aos publicados no âmbito federal e estadual. O controle de atos ou normas municipais pode ser feito pelo controle incidental ou por ADPF, conforme será visto adiante. Naquele em que norma municipal ou estadual seja objeto de discussão, o Tribunal do Estado terá essa competência.

Pressuposto processual implícito para o controle – Uma vez incompatível com a Constituição, o ato ou norma deve ser excluído do ordenamento. Para Barroso, no controle por via principal "o juízo de constitucionalidade é o próprio objeto da ação, a questão **principal** a ser enfrentada: cumpre ao tribunal manifestar-se especificamente acerca da validade de uma lei e, consequentemente, sobre sua permanência ou não no sistema".[48]

Cabimento da ação – Seu objetivo nada mais é que a nulidade da lei por meio de decisão judicial. Isso corresponde a uma verdadeira sanção, pois retira a norma do ordenamento jurídico, uma vez constatada sua inadequação.

Cabimento de liminar – Para Mendes,[49] em sede de ADIs optou-se por estabelecer a possibilidade de emissão da liminar somente em caso de excepcional urgência, o tribunal somente a concederá por decisão da maioria absoluta de seus membros, após a audiência dos órgãos ou das autoridades das quais emanou a lei ou o ato normativo impugnado, nos termos do art. 10 da Lei n. 9.868/99.

---

47 BRASIL, STF. ADIn n. 4.071-Ag. Reg., Pleno, rel. Min. Menezes Direito, j. 22.04.2009, *DJe*-195 16.10.2009.

48 *Controle jurisdicional de constitucionalidade*, p. 134.

49 *Jurisdição constitucional*, p. 137.

Legitimação – Todos aqueles legitimados nos incisos do art. 103 da CF, observando-se as respectivas legitimidades temáticas acerca do ato ou norma que se quer debater.

Objeto – O controle pode incidir sobre leis e atos normativos; além das espécies relacionadas no art. 59 da CF, há possibilidade de discussão de atos com conteúdo normativo em geral. Destarte, é possível examinar os decretos normativos que tenham exorbitado de seus lindes (art. 49, V), bem como os autônomos editados com base no art. 84, VI e XII, da CF. Os atos normativos e as leis municipais que contrariarem as constituições estaduais devem ser decididos pelos respectivos tribunais de justiça (art. 125, § 2º, da CF). Quanto aos tratados internacionais, existem duas situações distintas: a primeira forma é aquela estabelecida no art. 49, I, por meio de decreto legislativo. Uma vez aprovado e publicado, segue a regra de qualquer norma infraconstitucional, aplicando-se-lhe as regras da LINDB. Por outro lado, uma vez incorporadas pelos mecanismos do art. 5º, § 3º, as normas do tratado de direitos humanos ingressam como norma constitucional. A compatibilidade de normas introduzidas por emendas e de normas infraconstitucionais segue a regra já apontada. Uma vez conflitando com o texto original, o controle pode incidir.

Peculiaridades – A Lei que regula presentemente o controle concentrado de constitucionalidade é a n. 9.868, de 10.11.1999, oriunda de projeto encaminhado em abril de 1977, pelo então Presidente da República. A regulamentação normativa consolidou o que já estava em prática na jurisprudência do STF. Um dos pontos mais polêmicos foi o art. 27 da referida Lei, que viabiliza a restrição dos efeitos da declaração, desde que haja concordância de maioria qualificada do STF, inclusive com repercussões de âmbito temporal.

12. ADI – AÇÃO INTERVENTIVA

Objetivo da ADI – Reconhecimento, perante o STF, da desobediência por lei ou ato normativo estadual dos denominados **princípios constitucionais sensíveis**[50] relacionados nas alíneas do art. 34, VII, da CF. O STF reconhece que não apenas os atos normativos podem estar sujeitos a esse controle, mas também atos de índole material ou, ainda, omissões que possam comprometer tais prin-

---

50 Art. 34, VII: "assegurar a observância dos seguintes princípios constitucionais: *a)* forma republicana, sistema representativo e regime democrático; *b)* direitos da pessoa humana; *c)* autonomia municipal; *d)* prestação de contas da administração pública, direta e indireta; *e)* aplicação do mínimo exigido da receita resultante de impostos estaduais, compreendida a proveniente de transferências, na manutenção e desenvolvimento do ensino e nas ações e serviços públicos de saúde".

cípios. O Distrito Federal, nos termos do art. 32, § 1º, da CF também efetiva atos de natureza estadual, que podem estar sujeitos a essa espécie de controle. Existe também a ADI interventiva estadual, cujo propósito é corrigir efeitos produzidos por ato municipal violador da constituição do estado.

Competência para julgar – Nos termos do art. 102, I, *a*, da CF, compete ao STF, sobretudo por tratar-se de controle principal. Os atos e leis municipais que transgredirem princípios sensíveis da constituição estadual devem ser processados perante o Tribunal de Justiça local.

Características processuais do controle – A Lei n. 4.337/64, recepcionada por nossa CF, é que regulamenta o procedimento da presente ação. O Regimento Interno do STF, em seus arts. 350 a 354, refere-se ao procedimento interventivo. Também são aplicáveis os arts. 19 a 22 da Lei n. 8.038/90. A inicial deve conter a indicação do princípio sensível violado, além dos documentos imprescindíveis à sua comprovação. Proposta unicamente pelo Procurador-Geral da República, ou o que o equivaler em sede estadual, o relator – o próprio presidente do STF – deve ouvir os órgãos responsáveis pela emissão do ato questionado. Caso o relator não entenda estarem atendidos seus pressupostos, poderá determinar o arquivamento do processo. Uma vez declarada a inconstitucionalidade, o ato deverá ser revogado pela iniciativa do próprio Estado-membro, ou ainda pela intervenção normativa ou efetiva da União, nos casos de insuficiência da medida para o restabelecimento da normalidade.

Objetivo – O objeto da ação não se limita à declaração de inconstitucionalidade de norma ou ato que venham a transgredir princípios sensíveis. Seu objetivo é apreciar conflito estabelecido entre União e estados-membros, a fim de viabilizar ou não a intervenção federal.

Cabimento de liminar – Existem opiniões doutrinárias divergentes quanto à admissibilidade ou não de liminar nos processos da espécie. Pela inadmissibilidade, advogam os constitucionalistas que interpretam estar o art. 102, I, *p*, viabilizando a medida unicamente nas ações diretas genéricas. Ademais, a concessão de medida liminar não poderia implicar na antecipação de efeitos práticos inalteráveis pela decisão final, que se restringe à declaração de inconstitucionalidade. Em que pesem tais argumentos, o STF não está adstrito a tais interpretações e já se manifestou liminarmente em processos da espécie.

Legitimação – O art. 36, III, da CF atribui ao Procurador-Geral da República a legitimidade para propositura da ADI interventiva federal. A legitimidade ativa para a propositura da ADI interventiva estadual é conferida ao Procurador-Geral de Justiça, nos termos do art. 129, IV, da CF. O ente federativo que vier a infringir um dos princípios sensíveis deve figurar no polo passivo da ação, o qual deve ser representado por meio da respectiva procuradoria, de acordo com o que preceitua o art. 132 da CF.

13. ADO – AÇÃO DIRETA DE INCONSTITUCIONALIDADE POR OMISSÃO

Características gerais – Existe previsão de remédio constitucional individual concreto em face da omissão, assim como ação constitucional abstrata para tratar dela. Por meio do **mandado de injunção**, previsto no art. 5º, LXXI, da CF, prevê-se a possibilidade de qualquer pessoa obstada no exercício de seus direitos por falta de norma regulamentadora ingressar perante o Judiciário, diante da inércia do ente que deveria proceder à regulamentação.

Assim, a falta de norma regulamentadora que obstaculize o exercício dos direitos e liberdades constitucionais e das prerrogativas inerentes à nacionalidade, à soberania e à cidadania pode ser objeto de mandado de injunção, inclusive no âmbito estadual, se assim houver previsão nessa esfera federativa.

Nas palavras de Veloso, existe previsão na vigente Constituição desse instrumento "para que não se transformasse num patético 'catálogo de intenções' deixando de ter aplicabilidade por causa da inércia ou da resistência do legislador e das autoridades incumbidas de editar leis ou atos reguladores de normas constitucionais que careçam dessas providências".[51]

Ao lado desse instrumento de cunho individual, com efeitos concretos, criou-se o controle abstrato, nos termos do art. 103, § 2º, da CF. Portanto, compete ao STF, por via de ação direta, reconhecer a omissão normativa por parte dos órgãos administrativos ou do Poder Legislativo. A constatação efetiva da omissão é relevada por meio de ciência ao poder competente; em se tratando de órgão administrativo, o prazo para suprir a omissão é de trinta dias.

Canotilho[52] ensina que a doutrina refere-se à distinção entre omissão em sentido formal e material; entre omissões absolutas e omissões relativas. Segundo o autor, o conceito jurídico-constitucional de omissão é compatível com **omissões legislativas parciais**, isto é, omissões derivadas de atos legislativos concretizadores de imposições legiferantes favorecedores de certos grupos ou situações em detrimento de outros. Isso pode ocorrer de forma proposital ou não, violando o princípio da igualdade. Nessas hipóteses, diante da incompleta apreciação das situações de fato, mas sem o propósito de se favorecerem só certos grupos ou situações, haverá inconstitucionalidade por omissão e não por ação. A omis-

---

51 *Controle jurisdicional de constitucionalidade*, p. 247.

52 *Direito constitucional*, p. 1.114-8.

são ocorre quando o legislador não cumpre ou cumpre incompletamente o dever constitucional de emanar normas.

É desta forma que se revela a ADO. Oriunda do Direito português, o qual apenas viabiliza o controle de atos legislativos, não incluindo o dos órgãos administrativos, a ADO não se revela como instrumento constitucional que poderia, segundo José Afonso da Silva,[53] ter ido muito além da ADO portuguesa, pois: a) não incluiu o cidadão como parte legítima para propor e não criou o Tribunal Constitucional; b) a mera ciência da decisão se mostra ineficaz, porque o órgão legiferante não está obrigado a legislar, tem discricionariedade ampla nesse aspecto; c) uma das formas de revestir tal ação de eficácia seria a de, no reconhecimento da omissão, o STF se pronunciar acerca da matéria, tal como fez com a extensão dos efeitos da lei de greve do setor privado para o público, porém em sede de MI.[54]

O STF tem sido mais incisivo nessas questões e foi além daqueles efeitos menos significativos previstos na Constituição. Em sede de ADI por omissão, aquele Tribunal reconheceu, além da demora do legislador na regulamentação do art. 18, § 4º, da CF, o **dever constitucional de legislar** do Congresso Nacional, impondo um prazo de dezoito meses para cumprir a sua obrigação e elaborar a lei complementar a que se refere o preceito constitucional.[55]

Objetivo da ADO – Reconhecimento, perante o STF, da omissão total ou parcial pelo Poder Legislativo ou órgãos administrativos, estabelecendo-se a este último o prazo de trinta dias, para regulamentar norma necessária a fim de suprir a omissão de medida de caráter normativo necessária ao cumprimento de preceito estabelecido constitucionalmente.

Competência para julgar – Nos termos do art. 102, I, *a*, da CF, compete ao STF, sobretudo por tratar-se de controle principal. O controle incidental dessa falta de norma regulamentadora é feita por meio do mandado de injunção, nos termos do art. 5º, LXXI, da CF.

---

53 *Curso de direito constitucional positivo*, p. 48.

54 Em outubro de 2007, o STF teve oportunidade de declarar a "omissão legislativa" do Congresso, por não ter aprovado lei regulamentando o direito de greve no serviço público, quase 20 anos após a promulgação da Constituição. Garantiu o exercício do direito de greve aos servidores públicos e determinou que fossem aplicadas as regras previstas na Lei de Greve vigente para a iniciativa privada. Mandados de Injunção (MI) ns. 670, 708 e 712 impetrados, respectivamente, pelo Sindicato dos Servidores Policiais Civis do Estado do Espírito Santo (Sindpol), pelo Sindicato dos Trabalhadores em Educação do Município de João Pessoa (Sintem) e pelo Sindicato dos Trabalhadores do Poder Judiciário do Estado do Pará (Sinjep).

55 *Apud* CUNHA JUNIOR, Dirley da. *Controle judicial das omissões do poder público*, p. 572-3.

Pressuposto processual implícito para o controle – Os pressupostos processuais foram indicados na Lei n. 12.063/2009, estabelecendo novos mecanismos para a ação direta de inconstitucionalidade por omissão.

Cabimento da ação – Podem propor ação direta de inconstitucionalidade por omissão os legitimados à propositura da ação direta de inconstitucionalidade e da ação declaratória de constitucionalidade, segundo o que dispõe o art. 12-A. A petição deve indicar a omissão inconstitucional total ou parcial quanto ao cumprimento de dever constitucional de legislar ou quanto à adoção de providência de índole administrativa e o pedido, com suas especificações.

Caberá agravo da decisão que indeferir a petição inicial. Ademais, uma vez proposta, tal como as demais ações, não se admitirá a desistência.

Cabimento de liminar – A medida cautelar poderá consistir na suspensão da aplicação da lei ou do ato normativo questionado, no caso de omissão parcial, bem como na suspensão de processos judiciais ou de procedimentos administrativos, ou ainda em outra providência a ser fixada pelo tribunal. Nos casos em que se comprove excepcional urgência e relevância da matéria, o tribunal, por decisão da maioria absoluta de seus membros, observado o disposto no art. 22, poderá conceder medida cautelar, após a audiência dos órgãos ou autoridades responsáveis pela omissão inconstitucional, que deverão pronunciar-se no prazo de cinco dias. Uma vez concedida a medida cautelar, o STF publicará, em seção especial do *Diário Oficial da União* e do *Diário da Justiça da União*, a parte dispositiva da decisão no prazo de dez dias, devendo solicitar as informações à autoridade ou ao órgão responsável pela omissão inconstitucional, observando-se, no que couber, o procedimento estabelecido na Seção I do Capítulo II da Lei n. 12.063/2009.

Legitimação – Todos aqueles legitimados para a propositura de Ação Direta de Inconstitucionalidade mencionados nos incisos do art. 103 da CF.

Objeto – Reconhecimento de que o legislador ou administrador permaneceram inertes, deixando de elaborar norma constitucional específica, ou mesmo de que houve uma omissão legislativa parcial, deixando o legislador de reconhecer grupos ou situações que, em decorrência do princípio da igualdade, deveriam ter sido contempladas.

Peculiaridades – A Constituição vigente é essencialmente dirigente ou programática, ou seja, possui grande número de normas cujo objetivo é o estabelecimento e a implementação de políticas públicas. A jurisprudência do STF, não obstante em julgamento de ADPF (n. 45), inclinou-se no sentido de apurar os elementos fundamentais da dignidade da pessoa humana a partir dos quais seriam estabelecidos os alvos prioritários dos gastos públicos. A partir dos recursos remanescentes é que se poderia discutir outros projetos de investimento, ou seja, após a verificação das prioridades orçamentárias é que se verificará a questão das verbas orçamentárias disponíveis para implementar políticas públicas em prol da efetivação das normas constitucionais com conteúdo programático.[56]

Declarada a inconstitucionalidade por omissão, será dada ciência ao Poder competente para a adoção das providências necessárias. Caso a omissão seja imputável a órgão administrativo, as providências deverão ser adotadas no prazo de trinta dias, ou em prazo razoável a ser estipulado excepcionalmente pelo tribunal, tendo em vista as circunstâncias específicas do caso e o interesse público envolvido.

14. ADC – AÇÃO DECLARATÓRIA DE CONSTITUCIONALIDADE

Características gerais – Criada pela Emenda Constitucional n. 3, de 1993, introduziu-se no ordenamento esse instrumento com designação nova, mas efeitos antigos e já conhecidos. Sua inserção foi objeto de argumentações contraditórias e polêmicas.

Em princípio, criticou-se essa modalidade de ação como inconstitucional por ser, segundo opinião de Borges, "eivado de grave e irreparável vício técnico, porquanto não seria possível identificar o réu".[57] Geraldo Ataliba reputava a ação declaratória como comprometedora do órgão de cúpula com a elaboração legislativa, inibindo o Judiciário todo e, via de consequência, impedindo os cidadãos de invocarem a proteção jurisdicional. Ao abolir o contraditório, a emenda criou um processo sem parte, sem duplo grau de jurisdição e sem recursos.

Outras críticas ainda foram tecidas com relação ao fato de transformar o Judiciário em legislador, consequentemente ofensivo ao princípio da tripartição dos poderes; argumentou-se também ser afronta ao princípio do contraditório e da ampla defesa. Em que pesem tais argumentos, a ação declaratória consubstancia meio de controle objetivo de normas ou atos.

Enquanto nas ações diretas busca-se eliminar da ordem jurídica o ato ou a norma incompatível com a Constituição ou que a ela apresentem qualquer afronta, corrige-se, destarte, a incompatibilidade extraindo do ordenamento norma ou ato total ou parcialmente inconstitucional. Nas ações declaratórias, busca-se eliminar a insegurança jurídica causada por decisões polêmicas em torno de lei cuja constitucionalidade está sendo questionada.

Sublinhe-se aqui o efeito dúplice ou o caráter ambivalente da representação de inconstitucionalidade, consistente na possibilidade de competir ao Pro-

---

56 STF, ADPF n. 45/DF, rel. Min. Celso de Mello, j. 29.04.2007, *DJU* 04.05.2004.

57 *Apud* MENDES, Gilmar Ferreira. *Jurisdição constitucional*, p. 52.

curador-Geral da República requerer a declaração de inconstitucionalidade de norma ou ato, bem como defender a declaração de sua constitucionalidade.

O art. 173 do Regimento Interno do STF já dispunha acerca da existência da declaração de constitucionalidade de norma. Isso porque, no que se refere à ADI, dispõe: "efetuando o julgamento, com o *quorum* do art. 143, parágrafo único, proclamar-se-á a inconstitucionalidade ou a constitucionalidade do preceito ou do ato impugnados, se num ou noutro sentido se tiveram manifestado seis Ministros".[58]

Ainda segundo Mendes,[59] essa ação era anteriormente denominada representação de inconstitucionalidade, desenvolvimento direto da representação interventiva instituída pela Constituição de 1934, aperfeiçoada pela Constituição de 1946.

Objetivo da ADC – Reconhecimento, perante o STF, da constitucionalidade de determinada norma ou ato, estabelecendo-se a certeza de sua compatibilidade com a Constituição, afastando incertezas e criando entendimento homogêneo para os operadores do Direito. Trata-se, segundo Barroso, de uma "ratificação da presunção de constitucionalidade".[60]

Competência para julgar – Nos termos do art. 102, I, *a*, da CF, compete ao STF, sobretudo por tratar-se de controle principal. Se não houver provocação, a cúpula não se manifesta, caso exista, a decisão deve circunscrever-se ao pedido.

Pressuposto processual implícito para o controle – Pode tanto incidir em controvérsia constitucional como também em dúvida sobre a constitucionalidade de norma ou ato capaz de abalar a presunção de constitucionalidade. Somente pode ser objeto de ação a lei ou ato normativo federal; as normas estaduais não estão inclusas. A controvérsia judicial sobre a constitucionalidade de determinado ato ou norma é relevante para o exercício desse procedimento. A Lei n. 9.868/99 ratificou que essa controvérsia deve ser de índole puramente judicial e não doutrinária. A petição inicial deve comprovar a existência demonstrando efetivamente a controvérsia.

---

58 Observe-se que na vigência da Constituição de 1967, em 1969, previu-se, por emenda (EC n. 7/77), a representação interpretativa, cujo objetivo seria fixar o entendimento ou sentido acerca de determinada norma, e a avocatória, que permitia ao STF, após requerimento do PGR, suspender decisões judiciais que gerasse perigo de grave lesão à ordem, à saúde, à segurança ou às finanças públicas; tais institutos não foram mantidos no presente texto constitucional.

59 MENDES, Gilmar Ferreira e MARTINS, Ives Gandra da Silva (orgs.). *Ação declaratória de constitucionalidade*, p. 67.

60 *O controle de constitucionalidade no direito brasileiro*, p. 203.

Cabimento da ação – Quando existir insegurança jurídica oriunda de pronunciamentos contraditórios dos órgãos judiciais ordinários quanto à inconstitucionalidade de determinada norma. Busca corrigir situação particularmente grave de incerteza, suscetível de desencadear conflitos e de afetar, pelas suas proporções, a tranquilidade geral.

Cabimento de cautelar – Não obstante a omissão da norma constitucional quanto à admissibilidade, o STF admite a possibilidade da concessão de liminar neste controle abstrato de normas, mesmo sem previsão normativa nesse sentido, devido ao fato de ser o poder de cautela inerente à própria atividade jurisdicional.[61]

Legitimação – De acordo com a redação original da EC n. 3/93, existiam apenas quatro legitimados, cujo elenco estava disposto no art. 103, § 4º. A EC n. 45/2004 aumentou o rol de legitimados, passando a serem os mesmos indicados para a propositura de ADI.

Objeto – Reconhecimento explícito da compatibilidade de determinada norma ou ato normativo em face da Constituição Federal. Com relação aos atos e normas estaduais, reconhece-se a possibilidade de se incluir nas respectivas constituições essas ações, a serem interpostas junto aos tribunais de justiça correspondentes. Os objetos centrais dessa tutela são a certeza e a segurança jurídicas.

Diferencial com relação às demais ações – Nos termos da decisão do STF, "está que o estado da incerteza é combatido direta e preventivamente, em processo autônomo, tomando-se a questão constitucional em si mesma, e não para a tutela de direitos subjetivos".[62]

15. ADPF – ARGUIÇÃO DE DESCUMPRIMENTO DE PRECEITO FUNDAMENTAL

Características gerais – A arguição foi regulamentada pela Lei n. 9.882/99. Apenas após a promulgação dessa Lei é que o instituto pôde ser empregado, por ter o STF reconhecido o § 1º do art. 102 como norma de eficácia limitada.

Preliminarmente, levanta-se um questionamento diante desse instrumento: o que é um preceito fundamental? Mendes, Coelho e Branco esclarecem: "até que o STF se pronuncie acerca do efetivo alcance da expressão **preceitos fundamentais**,[63] ter-se-á de assistir ao debate entre os defensores de uma interpreta-

---

61 Rp. n. 933 (liminar), rel. Min. Thompson Flores, j. 11.12.1975, *RTJ* 76/342-3; *apud* MENDES, Gilmar, op. cit., p. 88.

62 ADC n. 1/DF, rel. Min. Moreira Alves, *DJ* 16.06.1995, p. 18.212, *RTJ* 157/371-411.

63 A ADPF n. 671/2020 pediu a intervenção do Judiciário para a regulação da utilização dos leitos de unidades de tratamento intensivo na rede privada durante a pandemia do coro-

ção ampla e aberta e os defensores de uma leitura restritiva e fechada do texto constitucional".[64]

As normas que constituem o núcleo fundamental essencial do Estado de Direito poderiam estar aí compreendidas, além de todos os princípios contidos no Título I da CF, além das garantias do art. 60 da CF. Enfim, não há como precisar quais preceitos seriam fundamentais ou não. A jurisprudência do STF deve fornecer linhas gerais para melhor conformar essa designação imprecisa, que permite interpretações amplas ou restritivas.

O elemento mais marcante relacionado ao instituto é a sua natureza de cunho eminentemente subsidiário, isso por ter o art. 4°, § 1°, da Lei n. 9.882/99 prescrito que "não será admitida a arguição de descumprimento de preceito fundamental quando houver qualquer outro meio eficaz de sanar a lesividade". Peña de Moraes afirma que seu objeto "é a ampliação da jurisdição constitucional orgânica, na medida em que o regular exercício da arguição de descumprimento é condicionado à inexistência de outro meio adequado para a impugnação de determinada lei ou ato normativo".[65]

Características processuais – Outra indagação que se faz relacionada ao instituto é se ele possui caráter principal ou incidental, isso porque a ADPF pode ser interposta nos casos de provocação com base em situações realmente existentes que levem à impugnação de ato normativo ou norma propriamente dita, ou ainda questionamento direto destas. Pode ser de norma federal, estadual ou mesmo municipal.

Pressupostos – O primeiro deles refere-se à questão do descumprimento a preceito fundamental, cuja definição pode ser futuramente estabelecida em face das decisões do STF. Para Barroso,[66] não se trata da futura elaboração de um rol exaustivo, mas de parâmetros a serem testados a partir das situações da vida real e das arguições apreciadas pelo STF. Outro elemento já discutido é o caráter subsidiário da ADPF. Não deve existir outro meio idôneo capaz de discutir a questão.

Possibilidades de arguição – Esse instituto pode apreciar situações específicas, sobretudo nos casos de: apreciação de normas pré-constitucionais, norma municipal em dissonância com a CF ou ainda disposição regulamentar ou lei infraconstitucional já revogada.

---

navírus. De acordo com Ricardo Lewandowski, o Judiciário não deveria ingressar na análise de políticas públicas, pois isso desrespeitaria o princípio da separação dos Poderes.

64 *Curso de direito constitucional*, p. 1.146.

65 *Curso de direito constitucional*, p. 259.

66 *O controle de constitucionalidade no direito brasileiro*, p. 250.

Legitimação – A arguição, seja autônoma ou incidental, pode ser proposta por todos os legitimados das demais ações diretas (art. 2º da Lei n. 9.882/99). O elenco está relacionado nos incisos do art. 103 da CF, obedecendo a questão de serem universais ou temáticos. Há ainda o que a doutrina denomina legitimação passiva. Segundo Barroso, "caberá ao órgão ou agente ao qual se imputa a violação do preceito fundamental a prestação de informações, a exemplo do que ocorre com os demais processos objetivos".[67]

Relevante fundamento da controvérsia constitucional – A Constituição estabeleceu a possibilidade de ajuizamento da arguição quando ocorrer descumprimento de "preceito fundamental decorrente desta Constituição". A lei regulamentadora estabeleceu outro critério além desse no parágrafo único do art. 1º, que seja ele "relevante fundamento da controvérsia constitucional". Para Mandelli Junior, "é sempre relevante a controvérsia em que se discute o descumprimento de preceito fundamental, a fim de preservá-lo".[68] A adjetivação desse parâmetro não pode servir como filtro em virtude do grande número de processos sob responsabilidade do STF.

Propositura da arguição e andamento processual – Dentro das mesmas exigências previstas nas ações constitucionais, o art. 3º da Lei n. 9.882/99 estabelece que a petição inicial deve conter

> a indicação do preceito fundamental que se considera violado; a indicação do ato questionado; a prova da violação do preceito fundamental; o pedido, com todas as suas especificações; e, se for o caso, a comprovação da existência de controvérsia judicial relevante sobre a aplicação do preceito fundamental que se considera violado.

Os legitimados devem se fazer representar por advogado; o Procurador-Geral da Justiça não necessita de advogado ou procuração nos autos. Caso seja indeferida a inicial, caberá agravo em cinco dias. O próprio relator pode indeferir a liminar quando faltar um dos requisitos estabelecidos pela lei. Uma vez proposta, não há como desistir da arguição.

Medida cautelar – A Lei n. 9.882/99, no art. 5º, § 3º, prevê a possibilidade de cautelar, que consistirá na determinação de que juízes e tribunais suspendam o andamento de processo ou os efeitos de decisões judiciais ou de qualquer outra medida que apresente relação com a arguição, ressalvados os efeitos decorrentes da coisa julgada.

---

67 Ibidem, p. 261.

68 *Arguição de descumprimento de preceito fundamental:* instrumento de proteção dos direitos e da constituição, p. 119.

Decisão final – Aqui também deve ser observada a cláusula de reserva de plenário nas decisões, conforme estabelecido no art. 97 da CF, ou seja, a maioria absoluta dos ministros do STF. Da mesma forma que já se efetivava no controle concentrado de constitucionalidade, uma vez julgada a arguição, nos termos do art. 10 da Lei n. 9.882/99, o STF deve comunicar "as condições e o modo de interpretação e aplicação do preceito fundamental". Para Mandelli Junior,

> na arguição de descumprimento outros limites, ainda, devem ser colocados, pois esta ação pode ter como objeto sindicável ato concreto do Poder Público, não normativo, que não admita um espaço de decisão necessário para a aplicação das referidas técnicas de interpretação.[69]

Efeitos da decisão – Nos termos do art. 10, § 3º, a decisão terá eficácia contra todos, efeito vinculante relativamente aos demais órgãos do Poder Público. Os efeitos retroativos podem ser passiveis de restrição. O art. 12 ainda estabelece que a decisão é irrecorrível, não podendo ser objeto de ação rescisória.

Aqui se pode exemplificar como ADPF diferenciada e de tema complexo a recentemente julgada pelo ministro Luís Roberto Barroso que determinou, sob o pedido ADPF n. 709 , "[...] que o governo federal adote uma série de medidas para conter o contágio e a mortalidade por Covid-19 entre a população indígena".

Entre as medidas propostas estariam: "planejamento com a participação das comunidades, ações para contenção de invasores em reservas e criação de barreiras sanitárias no caso de indígenas em isolamento ou contato recente".[70]

16. CARACTERÍSTICAS COMUNS DAS AÇÕES CONSTITUCIONAIS

Eficácia contra todos ou *erga omnes* – São efeitos que têm por finalidade estender os limites subjetivos, ordinariamente oriundos da coisa julgada e de outras hipóteses de preclusão, a quem não foi parte na relação processual. Aplica-se o parágrafo único do art. 28 da Lei n. 9.882/99.

Impossibilidade de desistência – Apesar de existir ampla discricionariedade em propor a ação, uma vez proposta, torna-se indisponível a desistência por parte de qualquer um dos legitimados a ingressar com ela. O ajuizamento da ação direta de inconstitucionalidade não se submete à observância de qualquer prazo de natureza prescricional ou de caráter decadencial, isso porque os atos

---

69 Ibidem, p. 169.

70 BRASIL. STF. "Barroso determina que governo federal adote medidas para conter avanço da Covid-19 entre indígenas". Disponível em: Supremo Tribunal Federal (stf.jus.br). Acesso em: 02.12.2020.

inconstitucionais jamais se convalidam pelo decurso temporal. Preceito extraído da Súmula n. 360" (ADI n. 1.247-MC, Plenário, rel. Min. Celso de Mello, j. 17.08.1995, *DJ* 08.09.1995).

Efeito vinculante – Uma vez declarada pelo STF, pela maioria absoluta de seus membros, a constitucionalidade ou inconstitucionalidade da lei, a decisão além da já mencionada eficácia *erga omnes* produz efeito vinculante em relação aos órgãos do Poder Judiciário e às administrações públicas federal, estadual e municipal,[71] além de outros efeitos de ordem processual. Isso porque impede a realização de um julgamento independente. Deve orientar-se pela declaração da cúpula. Quem porventura possuir ação em andamento, seja em primeiro ou segundo grau, perde a garantia de uma solução individual. A inobservância da sentença do STF pode resultar em reclamação. Aqui se coloca o princípio do *stare decisis*, do direito norte-americano, segundo o qual atribui-se eficácia vinculante às decisões da Corte Constitucional ou da força de seus precedentes; ou seja eficácia *erga omnes* a todas as suas decisões.

Eficácia *ex tunc* – A regra é a eficácia *ex tunc* da declaração. Existindo problemas gravíssimos, razões de segurança jurídica ou para atender relevante interesse social, faculta-se ao STF, desde que haja aprovação de dois terços de seus membros (oito ministros), a possibilidade de determinar que produza efeito após o trânsito em julgado da sentença, ou mesmo em outro momento a ser fixado.

Interposição de reclamação – Nos termos do que dispõe o *site* do STF, consiste em um instrumento, não uma ação, regulamentado pelo art. 13 da Lei n. 8.038/90 e pelos arts. 156 e seguintes do Regimento Interno da Corte (RISTF), que deve ser ajuizado diretamente perante o Tribunal, a quem cabe analisar se o ato questionado na ação invadiu competência da Corte ou se contrariou alguma de suas decisões.

Caráter dúplice ou ambivalente das ações diretas – Nos termos do art. 24 da Lei n. 9.868/99, uma vez proclamada a constitucionalidade, será julgada improcedente ação direta de inconstitucionalidade. Nesse sentido, uma vez considerada procedente a ação declaratória, a ADI com objeto idêntico será julgada improcedente.

Parcelaridade ou princípio da parcelaridade – Fundamental nas decisões efetivadas por controle concentrado. O STF está apto a julgar parcialmente procedente pedido de declaração de inconstitucionalidade, excluindo do texto, entre outras, apenas palavras, expressões ou locuções. Não se equipara a norma

71 Esta é, de alguma forma, a redação do art. 102, § 2º, da CF, a qual foi dada pela EC n. 45/2004.

que estabelece o veto do Poder Executivo nos projetos para aprovação final que apenas permitem incisos, parágrafos, alíneas ou artigos.

Efeito repristinatório da declaração – Considerando que o processo declaratório de constitucionalidade ou inconstitucionalidade reconhece a nulidade de determinada lei ou ato normativo inconstitucional vigente, consequência inseparável é a declaração de nulidade do ato. Isso gera o "efeito repristinatório", o que torna a lei anteriormente revogada vigente. Isso porque a lei nula torna-se elemento ineficaz e que não teria possibilidade de revogar a anterior.

Importante observar que em todos os casos o STF pode fazer a modulação dos efeitos da sua decisão, por motivos de segurança jurídica. Isso em todas as suas decisões, sobretudo quando houver a revogação integral da norma e a repristinação da anterior, que certamente deve se manifestar quanto a possíveis situações em que se possa colocar em risco a segurança jurídica.

QUESTÕES

1. Quanto ao controle, pode-se afirmar que não se baseia no:

A) Princípio da superioridade da Constituição Federal.

B) Princípio da função social da norma.

C) Existência de órgão de controle que fiscaliza a observância constitucional.

D) Supremacia entre as normas constitucionais em face das demais.

E) Princípio da ascendência constitucional diante das demais normas.

2. Relativamente à teoria do Poder Constituinte, é correto afirmar que:

A) Foi criada por Rousseau, na França, no século XIX.

B) Nasceu a partir da Revolução Francesa, que estabeleceu os princípios da Igualdade, Fraternidade e Liberdade.

C) Surgiu a partir das ideias americanas e da Constituição daquele país em 1787.

D) O panfleto "O que é o terceiro Estado" trouxe o esclarecimento do que seria um Poder constituinte.

E) É proveniente do direito espanhol, criado em 1791.

3. Relativamente à origem do controle e sua ocorrência inicial, é possível afirmar:

A) Surgiu a partir de uma contenda que entendia a perfeita igualdade entre todas as normas constitucionais e ordinárias e manteve essa opinião.

B) É proveniente do controle efetivado pela Suprema Corte americana no caso "Marbury *x* Madison".

C) Surgiu a partir da decisão do Juiz Marbury, sendo o caso estabelecido entre dois americanos com propósitos diversos.

D) Não pode ser considerado o paradigma em termos de decisões acerca da primazia das normas constitucionais.

E) Oriundo do direito francês, surgiu também a partir das ideias de Rousseau, que trouxe alento às ideias revolucionárias.

4. Diante da teoria da superioridade das normas constitucionais, é errado afirmar que, nas constituições dos países que assim estabelecem:

A) existe a supremacia constitucional e a submissão de todos as normas a ela.

B) é possível que o Judiciário ou o Executivo sejam seus intérpretes.

C) existe a possibilidade de invalidação dos atos a ela contrários.

D) caso a norma não esteja de acordo com a constituição, pode ser considerada nula.

E) não existe submissão de normas de estados federados à constituição principal.

5. Responda a alternativa correta:

A) quando ao momento, pode ser por ação ou exceção.

B) quanto à forma, pode ser repressivo ou preventivo.

C) as ações principais (ou diretas) podem ser propostas por qualquer pessoa, perante qualquer juiz ou tribunal.

D) o controle incidental não analisa a lei em tese, somente seus efeitos.

E) não é possível que o cidadão realize o controle incidental ou principal de constitucionalidade.

6. (TJ, Vunesp/2015, Juiz) Conforme decidido pelo Supremo Tribunal Federal no julgamento da Rcl n. 4.345/AC, na declaração de inconstitucionalidade de lei em sede de controle difuso, os efeitos da decisão

A) podem ter efeito geral em relação aos Juízes e Tribunais Estaduais se e quando convertidos em Súmulas Vinculantes.

B) podem gerar efeitos gerais, *ultra partes*, assemelhados a um caráter vinculante.

C) se tiverem reconhecida a sua eficácia geral, a vinculação ao decidido limita-se à parte dispositiva daquela decisão.

D) não podem ter caráter geral em relação aos Tribunais Estaduais, e a Súmula Vinculante n. 10 (cláusula de reserva de plenário) impede a declaração de inconstitucionalidade de lei por órgão fracionário do Tribunal ou pelas Turmas Recursais dos Juizados Especiais.

7. (TJ, Vunesp/2015, Juiz) Ao analisar decisões do Supremo Tribunal Federal na aplicação do princípio da igualdade, por exemplo na ADPF n. 186/DF (sistema de cotas para ingresso nas universidades públicas), é correto afirmar que

A) as discriminações positivas correspondem a maior efetividade ao princípio da igualdade.

B) a Constituição Federal não estabelece distinção entre igualdade formal e material.

C) o princípio da igualdade é absoluto no que se refere à igualdade de gênero.

D) a diferença salarial entre servidores com igual função em diferentes entes públicos não se sustenta diante do princípio da isonomia, a justificar revisão por parte do Judiciário.

8. (TJ, Vunesp/2015, Juiz) Diante de informação relativa a iminente publicação de matéria considerada ofensiva à intimidade e à honra de autoridade pública em jornal local, nos termos definidos pelo Supremo Tribunal Federal no julgamento da ADPF n. 130/DF, é possível conceder ordem judicial que

A) assegure, após configurado o dano causado à honra e à intimidade, a sua reparação.

B) proíba a inserção da matéria considerada ofensiva naquela publicação jornalística, embora autorizada sua circulação.

C) proíba a circulação da publicação jornalística considerada ofensiva, com base no art. 5º, V e X, da Constituição Federal.

D) imponha alteração do conteúdo da matéria a ser divulgada, a fim de riscar ou suprimir expressões ofensivas à honra e à intimidade da vítima.

9. (TJ, Vunesp/2015, Juiz) Determinada Câmara Municipal tem a iniciativa de, por meio de emenda à Lei Orgânica Municipal, estabelecer mudança na base de cálculo de benefício a servidor municipal e o respectivo pagamento é implementado. No ano seguinte, o novo Prefeito ingressa com a ação direta de inconstitucionalidade daquela alteração legislativa, sendo correto decidir (conforme precedente do órgão Especial do Tribunal de Justiça do Estado de São Paulo na ADI n. 2222132-48.2014) que

A) não existe inconstitucionalidade da modificação legislativa, tendo em vista sua aceitação pelo Prefeito anterior e como medida de proteção à segurança jurídica e boa-fé dos servidores.

B) existe inconstitucionalidade e seus efeitos são *ex tunc*, sendo que a modulação dos efeitos somente é permitida ao Supremo Tribunal Federal, preservando-se apenas pagamentos feitos até a data da decisão judicial.

C) existe inconstitucionalidade por vício de iniciativa e a decisão judicial tem eficácia *ex nunc*, aplicando a modulação dos seus efeitos e declarando que os valores recebidos pelos servidores são irrepetíveis.

D) existe inconstitucionalidade por vício de iniciativa e, diante do efeito repristinatório inerente à desconstituição da norma inconstitucional, devem ser devolvidos pelos servidores os valores recebidos, mediante compensação nos vencimentos futuros.

10. (Atividade notarial e de registro – SC 2008) A Ação Declaratória de Constitucionalidade, conforme estabelece a Constituição Federal de 1988,

A) possui eficácia contra todos e efeito vinculante relativamente aos demais órgãos dos Poderes Executivo, Legislativo e Judiciário.

B) não é cabível contra atos ou leis estaduais.

C) pode ser ajuizada pelos mesmos legitimados à propositura da arguição incidental de inconstitucionalidade.

D) exige a citação do Advogado-Geral da União, para a defesa da lei ou do ato impugnado.

E) não admite a concessão de liminar.

11. (Atividade notarial e de registro – SC 2008) Sobre o controle concreto de constitucionalidade no direito brasileiro, é correto afirmar que

A) tem como uma das suas características o de ser dotado de efeitos *erga omnes*.

B) exige, necessariamente, para ser exercido, a alegação de uma das partes litigantes, não podendo a inconstitucionalidade ser apreciada, de ofício, pelo juiz.

C) exige, quando exercida pelos tribunais, quórum de maioria absoluta de seus membros, e para obter efeito *erga omnes* depende de decisão do Senado.

D) a reserva de plenário não pode ser dispensada mesmo que haja decisão anterior do STF que tenha decidido sobre a matéria discutida e pronunciada a inconstitucionalidade.

E) a declaração de inconstitucionalidade in concreto não permite ao STF a modulação dos efeitos da sua decisão.

12. (CESPE-2014-Juiz) No que se refere à impetração de mandado de segurança por vício de inconstitucionalidade e ao ajuizamento de ADI contra PEC em tramitação no Congresso Nacional, assinale a opção correta.

A) Se a PEC for tendente a abolir cláusula pétrea, admitir-se-á o controle jurisdicional de constitucionalidade material ainda durante a tramitação da proposta, mediante impetração de *writ* por qualquer cidadão.

B) Somente parlamentar tem legitimidade para impetrar *mandamus* contra atos ditos incompatíveis com disposições constitucionais sobre processo legislativo e praticados durante o trâmite de PEC.

C) É insuperável a carência de ADI antes da publicação da norma impugnada, ainda que esta ocorra antes da decisão final da Corte.

D) O controle jurisdicional de constitucionalidade preventivo não é possível quando se tratar de PEC.

E) Se uma PEC for aprovada, parlamentar interessado poderá, individualmente, provocar o controle abstrato repressivo de constitucionalidade perante o Poder Judiciário.

13. (TJMA-2013) À luz da jurisprudência do STF, assinale a opção correta em relação ao exercício do controle concentrado ou abstrato de constitucionalidade.

A) Não é admitida a participação do *amicus curiae* na ADI por omissão.

B) É cabível a intervenção de terceiros na arguição de descumprimento de preceito fundamental.

C) De acordo com o STF, não é admissível o ajuizamento de ADI contra ato estatal de conteúdo derrogatório, ou seja, contra resolução administrativa normativa que incida sobre atos normativos.

D) Para ajuizar ação declaratória de constitucionalidade, o partido político com representação no Congresso Nacional deve estar representado por advogado.

14. (TJAP-2014) O Governador do Amapá apresentou proposta de emenda à Constituição (PEC) do Estado para ter a prerrogativa de editar medidas provisórias conforme as regras básicas do processo legislativo previstas na Constituição da República. O processo de discussão e votação desta PEC encontra-se em trâmite na Assembleia Legislativa do Amapá. Nesse caso, a referida proposta é

A) inconstitucional, pois a edição de medidas provisórias é ato privativo do Presidente da República, excluindo-se, portanto, a possibilidade de os Governadores de Estado editarem medidas provisórias.

B) inconstitucional, pois o Governador do Estado não tem legitimidade para apresentar proposta de emenda à Constituição Estadual.

C) constitucional, considerando-se aprovada se obtiver, no mínimo, 3/5 dos votos dos Deputados Estaduais, em dois turnos de votação.

D) inconstitucional, podendo ser objeto de ação direta de inconstitucionalidade perante o Supremo Tribunal Federal em face da Constituição da República.

E) constitucional e, caso seja aprovada, deverá ser promulgada pelo Governador do Estado.

15. (TJAP-2014) A Assembleia Legislativa do Amapá, ao discutir e promulgar a Constituição do Estado, estava no exercício do poder

A) constituinte derivado reformador, sendo que o texto promulgado, em decorrência do princípio da simetria, submete-se ao controle de constitucionalidade perante o Supremo Tribunal Federal.

B) constituinte originário, em razão da autonomia federativa estadual, mas o texto promulgado deve, obrigatoriamente, obedecer aos princípios da Constituição da República.

C) legislativo ordinário, sendo que o processo para a aprovação do texto constitucional estadual exige votação, em dois turnos, com interstício mínimo de 10 dias, e aprovação da matéria por 2/3 dos membros da Assembleia Legislativa.

D) legislativo extraordinário, sendo que o processo para a aprovação do texto constitucional estadual exige votação, em dois turnos, pela maioria absoluta da Assembleia Legislativa, e posterior ratificação da matéria pelo Congresso Nacional.

E) constituinte decorrente, sendo que a Constituição do Estado do Amapá expressamente prevê que poderá ser emendada mediante proposta de mais da metade das Câmaras Municipais do Estado, manifestando-se, cada uma delas, pela maioria relativa de seus membros.

16. (TJMA-2013) À luz da jurisprudência do STF, assinale a opção correta em relação ao exercício do controle concentrado ou abstrato de constitucionalidade.

A) Não é admitida a participação do *amicus curiae* na ADI por omissão.

B) É cabível a intervenção de terceiros na arguição de descumprimento de preceito fundamental.

C) De acordo com o STF, não é admissível o ajuizamento de ADI contra ato estatal de conteúdo derrogatório, ou seja, contra resolução administrativa normativa que incida sobre atos normativos.

D) Para ajuizar ação declaratória de constitucionalidade, o partido político com representação no Congresso Nacional deve estar representado por advogado.

RESPOSTAS

1. B
2. D
3. B
4. E
5. D
6. B
7. A
8. A
9. C
10. B
11. C
12. E
13. D
14. C
15. E
16. D

13

Poder Legislativo

Para Montesquieu,[1] o corpo legislativo era composto pelo parlamento de natureza bicameral, sendo uma delas representante do povo e a outra, da nobreza. Isso de modo a permitir que uma câmara pudesse frear a outra de maneira autônoma.

Nos estados norte-americanos, a doutrina da obra *O espírito das leis*, de Montesquieu, teve grande repercussão. Naquele sistema, deliberou-se pelo modelo bicameral, sendo que uma das câmaras representa os estados-membros; no Brasil, decidiu-se estabelecer o mesmo: uma das câmaras representa o povo e a outra os estados-membros da Federação.

A ideia de representação merece ser previamente comentada, de forma a estabelecer distinções entre o mandato de direito privado e o público. Para tanto, Pinto Ferreira[2] ensina que nas relações políticas atuais a representação se resume em manifestações de vontades emanadas por diversos indivíduos ou grupos; estes teriam a mesma força e produziriam os mesmos efeitos que se elas emanassem diretamente dos cidadãos. A delegação, portanto, é conceito de direito privado; a representação é um conceito jurídico-constitucional. As doutrinas sobre representação política prendem-se às exigências socioculturais de cada época histórica.

Na sistemática da separação dos Poderes, o Legislativo, segundo Ferreira Filho[3] é o principal. Isso decorre não só por ele estar mais próximo do considerado poder soberano, mas também de ser quem elabora a lei que todos obriga.

1 *O espírito das leis*, p. 53.

2 *Princípios gerais do direito constitucional moderno*, p. 219-20.

3 *Curso de direito constitucional*, p. 156.

Entre as tarefas distribuídas aos Poderes, o Legislativo guarda como principal função a elaboração de normas gerais e abstratas. Contudo, suas atribuições não se encerram aí. Ele também tem sob sua responsabilidade a fiscalização orçamentária, o julgamento do presidente da República, entre outras funções. Todas elas circunscritas constitucionalmente.

1. FUNÇÕES TÍPICAS E ATÍPICAS LEGISLATIVAS

Para a teoria de Montesquieu,[4] o corpo de representantes também não deve ser escolhido para tomar resolução ativa, coisa que ele não faria bem; mas para fazer leis, ou para verificar se executaram corretamente as leis que ele fez, coisa que ele pode fazer muito bem, e que só ele pode fazer bem.

Com isso tem-se a função típica do Legislativo e que lhe empresta o nome "legislar", elabora normas gerais e abstratas, coercitivas que podem inovar ou não o ordenamento. Certamente, fundam-se em um texto maior, no caso brasileiro, a Constituição Federal.

Em *O espírito das leis*, a separação de poderes está associada ao conceito de liberdade, bem como dos direitos fundamentais. Essa proximidade resultou na redação do art. 16 da Declaração dos Direitos do Homem e do Cidadão, de 1789, na qual se estabelece que: "toda sociedade em que a garantia dos direitos não esteja assegurada nem a separação de poderes determinada não possui Constituição". A constituição norte-americana associou à teoria o sistema de freios e contrapesos. Não obstante a busca por tal equilíbrio, não houve o equilíbrio esperado entre as funções; ao contrário, evidenciou, a predominância de uma delas.

Cada um desses "Poderes" possui funções que lhe são próprias e lhe emprestam o nome, como já mencionado, são as denominadas "típicas", por outro lado, para garantir a independência e harmonia entre eles, as constituições lhe asseguram funções atípicas. Observe-se as funções atípicas do Legislativo:

Funções típicas – São as diretamente ligadas à principal atividade do poder estatal, no caso do Legislativo, elaborar normas gerais e abstratas; assim, todas as espécies normativas estabelecidas no art. 59 da CF, exceto as medidas provisórias e leis delegadas, colocadas à disposição do chefe do Executivo, nos moldes constitucionalmente previstos. Outra função de fundamental importância realizada pelo Legislativo, a qual também se considera típica, é a possibilidade de fiscalizar as atividades dos demais poderes, mormente do Executivo,

4 *O espírito das leis*, p. 173.

seja diretamente, seja por meio de seus órgãos auxiliares, os **tribunais de contas** (arts. 70 a 75 da CF).

Funções atípicas legislativas – Em princípio, esclarece-se que, tal como as típicas, derivam diretamente do texto constitucional. Isto é, só pode ser realizado o que está constitucionalmente previsto. Essa possibilidade permite a autonomia do Legislativo em realizar tarefas imprescindíveis ao seu devido funcionamento sem necessidade de recorrer aos outros dois Poderes. Pode-se exemplificar: está previsto no art. 52, I e II, a designação do Senado Federal em julgar as autoridades lá indicadas por crime de responsabilidade; nos arts. 51, IV, e 52, XIII, pode-se encontrar a previsão de o Legislativo organizar-se administrativamente, provendo seus cargos e contratando serviços necessários ao seu funcionamento. Também possui processos administrativos destinados a finalidades diversas, desde a contratação por licitação, dispensa ou inexigibilidade, assim como envolvendo temas disciplinares de seus servidores.

Nos capítulos precedentes falou-se do ativismo judicial como atuação considerada fundamental, em certas ocasiões e, em outras, diante de decisões. Trata de um funcionamento proativo do Poder Judiciário que interfere diretamente em decisões do Executivo e Legislativo:

> Sob o título *Supremo tem dez liminares valendo há mais de 5 anos*, matéria do competente jornalista Breno Pires noticiando que o Supremo Tribunal Federal necessita de um esforço concentrado para poder acabar com uma pilha de liminares pendentes de julgamento. O jornal identificou decisões monocráticas, tomadas por relatores há mais de cinco anos, suspendendo desde resoluções, a leis estaduais e federais, até emendas à Constituição. Todas em pleno vigor por decisão de um único ministro e que até hoje nem sequer começaram a ser julgadas pelo plenário do Supremo Tribunal.[5]

2. ESTRUTURA E FUNCIONAMENTO DO PODER

O funcionamento do Poder Legislativo a cargo da União ocorre por meio do Congresso Nacional. Nosso sistema, a partir do exemplo norte-americano, seguiu o bicameralismo federativo, segundo o qual a Câmara dos Deputados representa o povo; e o Senado, os estados-membros e o DF.

---

5 PIRES, B. "Supremo tem liminares valendo há mais de dez anos". *Jornal* O *Estado de S.Paulo*. Disponível em: https://politica.estadao.com.br/noticias/geral,supremo-tem-dez-liminares-valendo-ha-mais-de-cinco-anos,70003488558; acesso em: 20.10.2020.

Órgão legislativo	Modalidade de votação	Previsão da CF
Câmara dos Deputados	Sistema proporcional	Proporcional nos estados e no DF
Senado Federal	Sistema majoritário	Três para cada estado e DF

Existem, ainda, outros tipos de federalismo, conforme ensina Ferreira Filho,[6] de acordo com a natureza da segunda câmara:

Aristocrático – A Câmara alta representa a nobreza, cuja influência é quase nula, a exemplo da Grã-Bretanha.

Federativo – Os estados-membros (e DF no Brasil) são representados pela Câmara alta e a Câmara baixa representa o povo.

Sistemático ou de moderação – A exemplo do Senado italiano e francês. A finalidade da segunda câmara é refrear os impulsos da representação, ou seja, moderar o que é feito pela outra câmara.

Técnico – A segunda câmara é especializada e assessora tecnicamente a outra. Não é órgão consultivo.

O **unicameralismo** consiste na existência de apenas uma câmara para a decisão dos projetos legislativos. José Afonso da Silva[7] remarca que as limitações impostas ao Senado nas constituições de 1934 e 1967 tenderam para esse sistema.

Formalmente, as constituições brasileiras sempre foram bicamerais. As duas Casas Legislativas estão no mesmo nível, tanto que seus representantes possuem os mesmos subsídios. A única divergência está no mandato de oito anos do Senado Federal, no sistema de eleição, no menor número de seus membros e na necessidade de os senadores possuírem mais de 35 anos de idade. Contudo, não se deve esquecer que os projetos de lei, via de regra, iniciam-se na Câmara (art. 61, § 2º, da CF), com exceção daqueles de iniciativa do Senado ou de suas comissões. Ademais, o presidente da Câmara é o primeiro a substituir o presidente e o vice-presidente da República nos casos de impedimento ou vacância (art. 80 da CF).

3. CONGRESSO NACIONAL

Os trabalhos do Congresso são realizados durante as legislaturas. Nos termos do parágrafo único do art. 44 da CF, cada legislatura tem quatro anos que coincidem com os mandatos dos deputados. Esse período é relevante para as Casas Legislativas, porque, após esses períodos, as comissões provisórias, inclusive

6 *Curso de direito constitucional*, p. 169-70.

7 *Curso de direito constitucional positivo*, p. 509.

de inquérito, devem terminar, sobretudo porque muitos parlamentares não são reeleitos. A sessão legislativa (**anual**) é bipartida em dois períodos, nos termos do art. 57 da CF: a) 2 de fevereiro a 17 de julho e b) de 1º de agosto a 22 de dezembro. Nesses períodos ocorrem as sessões ordinárias, e fora deles, as extraordinárias (podem convocar: os presidentes do Congresso, da Câmara, do Senado ou mesmo a maioria dos membros das casas, nas situações de emergência ou ainda para o compromisso e posse). Os períodos sem sessão legislativa são denominados recessos parlamentares.

4. CÂMARA DOS DEPUTADOS

Formada por representantes do povo, nos termos do art. 45 da CF, eleitos pelo sistema proporcional. Nos termos desse mesmo dispositivo, é a lei complementar (Lei Complementar n. 78, de 30.12.1993)[8] que fixa o número de deputados federais e o número de representantes de cada estado e do DF. Para cada estado e o DF, existe um mínimo de oito e máximo de setenta deputados, a serem repartidos de acordo com o número de habitantes. Os territórios, se criados, terão direito a quatro deputados (art. 45, §§ 1º e 2º). Importante ressaltar que os deputados tem subsídio idêntico ao dos senadores e estão sujeitos à tributação como qualquer outro assalariado (art. 49, VII).

Para Ferreira Filho,[9] a repartição de cadeiras é injusta e ilógica, isso porque, de acordo com o critério constitucional, a representação de parcela do povo residente nos pequenos estados é mais valorizada em face dos estados mais populosos.

Missões precípuas da Câmara dos Deputados, de acordo com o art. 51 da CF:

a) autorizar, por dois terços de seus membros, a instauração de processo contra o presidente e o vice-presidente da República e os Ministros de Estado. Essa autorização pode conduzi-los à julgamento perante o Senado, nos crimes de responsabilidade, e, nos comuns, perante o STF;

b) tomada de contas do presidente da República se este não os prestar sessenta dias após a abertura da sessão legislativa;

c) dispor sobre seu funcionamento, organização, política, criação, transformação ou extinção de cargos;

d) eleger dois membros do Conselho da República.

---

8 "Art. 1º Proporcional à população dos Estados e do Distrito Federal, o número de deputados federais não ultrapassará quinhentos e treze representantes, fornecida, pela Fundação Instituto Brasileiro de Geografia e Estatística, no ano anterior às eleições, a atualização estatística demográfica das unidades da Federação."

9 *Curso de direito constitucional*, p. 176.

5. SENADO FEDERAL

O art. 46 preceitua que o Senado é composto por representantes de cada um dos estados e do DF. Eleitos pelo sistema majoritário, com dois suplentes cada, para mandato de oito anos (correspondente a duas legislaturas). A representação renova-se de quatro em quatro anos, alternadamente, por um e dois terços. O subsídio é idêntico ao dos deputados federais.

A concepção da existência do Senado, para José Afonso da Silva,[10] baseava-se na ideia implantada inicialmente nos EUA, de que se formava por delegados próprios de cada estado; estes participavam das decisões federais. Os senadores são eleitos diretamente pelo povo. Cada partido tem seu próprio senador (pode haver coalisões) e o vice é eleito juntamente com o que obteve maioria de votos. Este sistema pode não ser adequado, pois o povo não vota no substituto, que pode permanecer por todo o mandato.

Missões precípuas cometidas ao Senado de acordo com o art. 52 da CF:

a) processar e julgar o presidente e o vice-presidente da República nos crimes de responsabilidade, bem como os ministros de Estado e os comandantes da Marinha, do Exército e da Aeronáutica nos crimes da mesma natureza conexos com aqueles; ministros do STF, membros do Conselho Nacional de Justiça e do Conselho Nacional do Ministério Público, o procurador-geral da República e o advogado-geral da União, nos crimes de responsabilidade;

b) a Comissão de Constituição e Justiça do Senado é a responsável pela "sabatina".

6. SESSÕES CONJUNTAS (REUNIÃO DO CONGRESSO – SENADO E CÂMARA)

As sessões conjuntas podem ocorrer nos casos dos incisos do art. 57, § 3º, e do art. 166 da CF:

> Art. 57. [...]
>
> § 3º Além de outros casos previstos nesta Constituição, a Câmara dos Deputados e o Senado Federal reunir-se-ão em sessão conjunta para:
>
> I – inaugurar a sessão legislativa;
>
> II – elaborar o regimento comum e regular a criação de serviços comuns às duas Casas;
>
> III – receber o compromisso do Presidente e do Vice-Presidente da República;
>
> IV – conhecer do veto e sobre ele deliberar.

10 *Curso de direito constitucional positivo*, p. 511.

Art. 166. Os projetos de lei relativos ao plano plurianual, às diretrizes orçamentárias, ao orçamento anual e aos créditos adicionais serão apreciados pelas duas Casas do Congresso Nacional, na forma do regimento comum.

Mesa – É composta segundo os regulamentos internos da Câmara e do Senado. Conforme o art. 14[11] do RI da Câmara e o art. 46 do RI do Senado, será composta de uma presidência, duas vice-presidências e quatro secretarias.

Mesa do Congresso Nacional – Será presidida pelo presidente do Senado Federal, e os demais cargos serão exercidos, alternadamente, pelos ocupantes de cargos equivalentes na Câmara dos Deputados e no Senado Federal.

Decisões – Todas elas devem ser tomadas por maioria simples de votos, a qual corresponde à obtenção de quórum suficiente, que pode ser ou não igual a metade mais um (considerando situações em que deve haver subtração dos votos brancos e nulos).

7. COMISSÕES PERMANENTES E TEMPORÁRIAS

Comissões são órgãos técnicos responsáveis pela análise dos projetos. Existem basicamente três espécies de comissões:

Mista	Arts. 166, § 1º, e 72 e Comissão Parlamentar Conjunta do Mercosul e Comissão Mista de Deputados e Senadores (art. 166, § 1º), compõem-se de 84 membros titulares, sendo 63 deputados e 21 senadores, com igual número de suplentes.
Temporária	Órgãos técnicos, criados pelo respectivo presidente da Casa. Podem ser: comissões especiais (elaboração de códigos ou leis especiais), comissões externas ou grupo de trabalho, comissões parlamentares de inquérito.
Permanente	É o Regimento Interno de cada Casa que deve indicar quantas existirão. São órgãos capazes de discutir projetos a fim de emitir pareceres antes do assunto ser submetido a Plenário. Há projetos que votam diretamente, independente do Plenário.

Formação das comissões – A composição das comissões está diretamente conectada aos votos obtidos por parlamentares e seus respectivos partidos. Quanto maior o número, o partido poderá escolher as comissões de maior relevância (art. 58, § 1º, da CF). Estas fazem reuniões periódicas e podem ser compostas somente por deputados ou senadores ou, como visto, serem mistas. Podem

11 "Art. 14. À Mesa, na qualidade de Comissão Diretora, incumbe a direção dos trabalhos legislativos e dos serviços administrativos da Câmara. § 1º A Mesa compõe-se de Presidência e de Secretaria, constituindo-se, a primeira, do Presidente e de dois Vice-Presidentes e, a segunda, de quatro Secretários."

receber entidades da sociedade civil e outras entidades que tenham interesse na aprovação de determinado projeto.

Competência regimental para votação direta – Há determinadas comissões que têm competência para discutir assuntos sem submeter a Plenário o projeto de lei. Entretanto, nos termos do art. 58, § 2º, I, se houver recurso de um décimo dos membros da Casa, pode-se requerer discussão em plenário.

7.1. Comissões parlamentares de inquérito

Previstas no art. 58, § 3º, da CF, as comissões de inquérito possuem poderes de investigação próprios das autoridades judiciais, além de outros previstos nos regimentos das respectivas Casas.

Podem ser criadas de forma **mista,** deputados e senadores, ou **pura**, somente deputados ou somente senadores.

As CPIs, que não têm limitação a sua criação:

a) necessitam do requerimento de um terço de membros de cada Casa (para as comissões em conjunto, membros das duas Casas devem participar);

b) destina-se a apurar fato determinado;

c) devem ter prazo certo (não podem ser indefinidas);

d) as conclusões, se for o caso, podem ser encaminhadas ao MP para promover a responsabilidade civil ou penal daqueles contra quem se levanta dúvida.

Nos termos de decisão do STF, de acordo com o Mandado de Segurança n. 33.751, voto do Ministro Edson Fachin,[12] j. 15.12.2015, 1ª T., *DJe* 31.03.2016, as CPIs também objetivam melhor instrumentalizar a atividade do Parlamento. Nelas é avaliada a conveniência de alocações de recursos e de financiamento de políticas públicas. Diante desse quadro se outorga às CPIs ampla autonomia para o exercício desse mister. Nesse sentido, é possível que exista uma certa margem de liberdade para investigação do Legislativo. Nas palavras do relator, "[...] o âmbito de atuação da CPI deve ser compreendido não apenas a partir do destinatário subjetivo da apuração, mas, sobretudo, do âmbito material de investigação à luz das funções essenciais conferidas pela CF ao Congresso Nacional [...]".

O Supremo pode ter posições distintas em sua atuação. Sua posição contramajoritária se estabelece quando anula atos de outros Poderes com a justificativa de "melhor" interpretação constitucional. Assuntos polêmicos, muitos com contradições, geram decisões por vezes surpreendentes. Há ocasiões em que se posiciona até mesmo contrário a lei, a exemplo da decisão da soltura de criminosos

---

12 STF. Brasil. Mandado de Segurança n. 33.751, voto do Ministro Edson Fachin, j. 15.12.2015, 1ª T., *DJe* 31.03.2016. Disponível em: http://www.stf.jus.br/portal/constituicao/artigobd.asp?item=%20760; acesso em: 05.11.2018.

convictos já julgados em segunda instância, a exemplo do traficante que obteve pena maior de 25 anos de prisão, justificando melhor interpretar a Constituição.[13]

Postulado da reserva constitucional da jurisdição. Segundo assertiva do Ministro Celso de Mello no julgamento do MS n. 23.452/RJ,

> o postulado de reserva constitucional de jurisdição importa em submeter, à esfera única de decisão dos magistrados, a prática de determinados atos cuja realização, por efeito de explícita determinação constante do próprio texto da Carta Política, somente pode emanar do juiz, e não de terceiros, inclusive daqueles a quem haja eventualmente atribuído o exercício de poderes de investigação próprios das autoridades judiciais.

Nesse sentido, não poderá a CPI:

a) quebrar o sigilo das comunicações (seja ela qual for);

b) diligência de busca domiciliar;

c) ordem de prisão, salvo nos casos comuns de flagrante delito.

8. IMUNIDADES PARLAMENTARES

As imunidades parlamentares foram criadas para assegurar a defesa e independência do Parlamento. O direito anglo-saxão, por meio da proclamação do duplo princípio da liberdade de palavra e da imunidade à prisão arbitrária, no *Bill of Rights* de 1688, consagrou a liberdade de expressão e de debate ou mesmo a troca de opiniões em ambiente parlamentar.

As imunidades são direitos indisponíveis colocados à disposição dos parlamentares com o objetivo de assegurar ampla liberdade de ação dos mesmos. São prerrogativas próprias do cargo eletivo e não da sua pessoa.

A Constituição Federal, em seu art. 53, *caput*, com redação dada pela EC n. 35/2001, estabelece serem os deputados e senadores invioláveis, civil e penalmente, por quaisquer de suas opiniões, palavras e votos. A doutrina divide a imunidade em imunidade material ou inviolabilidade parlamentar e imunidade formal.

Imunidade material ou parlamentar (art. 53, *caput*) – Refere-se à imunidade relacionada à responsabilidade penal, civil ou política do parlamentar por suas opiniões, palavras e votos. Basicamente, ela exclui o crime nos casos admitidos. Assim, se o titular de cargo eletivo realizar a conduta descrita no tipo de calúnia, injúria ou difamação, não pratica crime. O fato típico deixa de cons-

---

13 O Ministro Marco Aurélio Mello concedeu a soltura do criminoso conhecido como André do Rap, que obteve essa pena exarada pelo Tribunal Regional Federal da 3ª Região. O Ministro Luiz Fux revogou a ordem.

tituir crime porque a norma constitucional afasta, para a hipótese, a incidência da norma penal. Outrossim, não pode responder por ação penal ou civil de reparação de danos, desde que tenha emitido opiniões no desempenho de funções parlamentares. Nos termos de sua nova redação, a acepção de imunidade é ampla, assegurando outros atos independentemente de atividade parlamentar formal.

Imunidade formal ou processual – É aquela que assegura ao parlamentar o direito de não ser preso a partir do momento de sua respectiva diplomação até o encerramento do mandato eletivo (art. 53, § 1º). Contudo, o art. 53, § 2º, da CF, excepciona o flagrante de crime inafiançável. Nesse caso, os autos devem ser remetidos dentro de 24 horas à Casa respectiva, para que, pelo voto da maioria de seus membros, resolva sobre a prisão.

Registre-se a alteração da EC n. 35/2001, alterando os parágrafos do art. 53, que tornou relativa a imunidade parlamentar material. Nos seus termos, uma vez recebida a denúncia contra senador ou deputado, por crime ocorrido após a diplomação, o STF dará ciência à Casa respectiva. Esta, por iniciativa de partido político nela representado e pelo voto da maioria de seus membros, poderá sustar o andamento da ação, até a decisão final. O pedido de sustação será apreciado pela Casa respectiva no prazo improrrogável de 45 dias pela Mesa Diretora.

Por outro lado, o STF decidiu ser possível prisão oriunda de sentença condenatória definitiva, posto que a imunidade formal, uma vez observado o devido processo legal, não impediria a execução da pena privativa de liberdade própria da sentença com trânsito em julgado.

Outras prerrogativas:

Foro (prerrogativa de função)	Os senadores e deputados federais somente podem ser processados perante o STF (art. 53, § 1º). Os deputados estaduais e do DF são processados e julgados pelo Tribunal de Justiça local, ressalvada a competência da Justiça Eleitoral. Os vereadores não possuem essa prerrogativa de função e são processados e julgados como qualquer cidadão, perante o juízo a Justiça comum.
Dever de testemunhar	Estão dispensados de testemunhar em relação a informações recebidas ou prestadas em razão do exercício do mandato e sobre as pessoas que lhes confiaram ou deles receberam informações.
Serviço militar	A incorporação de deputado federal ou senador às Forças Armadas depende de prévia licença da Casa a que pertence, mesmo em tempo de guerra.
Estado de sítio	As imunidades só podem ser suspensas mediante o voto de 2/3 dos membros da Casa respectiva, nos casos de atos praticados fora do recinto do Congresso Nacional, que sejam incompatíveis com a execução da medida.

Incompatibilidades:

Funcionais	Art. 54, I, *b* – Não podem os parlamentares aceitar ou exercer cargo, emprego ou função ou emprego remunerado em entidade da Administração indireta ou concessionárias de serviço público.
Negociais	Art. 54, I, *a* – Não podem firmar ou manter contrato com pessoa jurídica ou com entidade da Administração indireta ou empresa concessionária de serviço público, salvo quando o contrato obedecer a cláusulas uniformes.
Profissionais	Art. 54, II, *c* – É defeso serem proprietários, controladores ou diretores de empresa que goze de favor decorrente de contrato com pessoa jurídica de direito público, ou nela exercer função remunerada, bem como patrocinar causa em que seja interessada qualquer dessas entidades.
Duplicidade de mandato	Art. 54, II, *d* – Não podem ser titulares de mais de um cargo ou mandato público eletivo.

9. PROCEDIMENTOS LEGISLATIVOS

Comum ou ordinário	Destinado às leis ordinárias.
Sumário	Projetos de iniciativa do chefe do Executivo com pedido de urgência.
Especial	São aquelas em que há uma reunião unicameral, a exemplo das reuniões conjuntas do Congresso ou ainda previsão de manifestação diferenciada de cada Casa.

10. PROCESSO LEGISLATIVO

Por processo legislativo entende-se a cadência de atos ordenados efetivados por órgãos legislativos, com base na iniciativa, nas emendas, na análise de comissões, na votação, na sanção/veto, na publicação, com o objetivo de se elaborar normas jurídicas. Nos termos do art. 59 da CF estão compreendidas entre elas: as emendas à Constituição, as leis complementares, as leis ordinárias, as leis delegadas, as medidas provisórias, as resoluções e os decretos legislativos.

Interessante a observação de José Afonso da Silva[14] ao destacar que as medidas provisórias não estavam na enumeração do art. 59, e lá não deveriam estar, eis que sua formação não se dá por processo legislativo, mas por simples edição do Presidente da República. Ingressaram indevidamente na aprovação do texto final.

Para Ferreira Filho,[15] o rol do art. 59 engloba todos os momentos de produção normativa no plano federal até o nível primário. Ele identifica **atos pri-**

14 *Curso de direito constitucional positivo*, p. 524.
15 *Curso de direito constitucional*, p. 187.

mários como sendo aqueles que, em sua eficácia, se apresentam como atos derivados da Constituição. E, em segundo nível, os **secundários** (os regulamentos), como derivados dos primários, estando sua validade dependente daqueles.

A seguir, serão observados os atos destinados à criação das normas jurídicas submetidas à Constituição Federal.

A hierarquia própria de nosso sistema jurídico está na supremacia das normas constitucionais. Assim, todas as demais normas devem guardar obediência. Quanto às demais normas, não há hierarquia. Existe sim exigências constitucionais quanto à forma: ordinária ou complementar. Porém, entre uma e outra não existe superioridade.

10.1. Emendas à Constituição

Devem seguir todos os passos indicados no art. 60 da CF. Como visto, a Constituição brasileira é rígida e, portanto, é necessário procedimento solene e formal para sua alteração. Sua produção advém do poder constituinte derivado reformador.

Existem limitações que devem ser observadas nos seguintes termos:

Limitações formais (art. 60, I a III, §§ 2º e 3º)	Dizem respeito às formalidades que devem ser observadas: Iniciativa – Somente o Presidente da República; por 1/3, no mínimo, dos membros da Câmara dos Deputados ou do Senado Federal; de mais da metade das assembleias legislativas, manifestando-se, cada uma delas, pela maioria relativa de seus membros. Votação – É necessária aprovação de 3/5 dos deputados e senadores em dois turnos de votação. Promulgação – Deve ser pelas mesas da Câmara e do Senado, com o respectivo número de ordem. Não tem participação do Presidente da República.
Limitações circunstanciais (art. 60, § 1º, da CF)	A Constituição não poderá ser emendada na vigência de intervenção federal, de estado de defesa ou de estado de sítio.
Limitações materiais (art. 60, §§ 4º e 5º, da CF)	Cláusulas pétreas: a forma federativa de Estado; o voto direto, secreto, universal e periódico; a separação dos Poderes; os direitos e garantias individuais. Proibição de apresentação de projeto – Se a matéria constante de proposta de emenda rejeitada ou havida por prejudicada não pode ser objeto de nova proposta na mesma sessão legislativa.

As emendas à Constituição podem ser objeto de controle de constitucionalidade. Elas devem obedecer rigorosamente o procedimento indicado, sob pena de invalidade formal.

10.2. Lei complementar e ordinária

A lei complementar deve seguir o procedimento legislativo ordinário. A seguir, será indicado o fluxo de aprovação, o qual é seguido por todos os demais atos legislativos. A diferença entre elas está nos dois itens a seguir:

Quórum – A lei complementar exige maioria absoluta. A ordinária é residual, ou seja, o que não foi objeto de reserva à complementar, pode ser objeto da forma legislativa ordinária. Pode ser aprovada por maioria simples.

Previsão expressa ou taxatividade da previsão – Para ser exigível, a lei complementar sobre determinado tema depende da previsão expressa da norma constitucional. Caso não haja entre as hipóteses taxativas de regulamentação por esse meio, pode-se votar por meio de lei ordinária.

10.2.1. Iniciativa

É o ato que inaugura o procedimento legislativo. O *caput* do art. 61 enumera as seguintes pessoas para iniciar esse processo:

a) qualquer membro ou comissão da Câmara dos Deputados, do Senado Federal ou do Congresso Nacional;

b) Presidente da República;

c) Supremo Tribunal Federal e tribunais superiores;

d) procurador-geral da República;

e) cidadãos, na forma e nos casos previstos nesta Constituição.

10.2.2. Iniciativa privativa do Presidente da República

Nos termos do art. 61, § 1º, pertencem ao Presidente da República a iniciativa das normas que:

> I – fixem ou modifiquem os efetivos das Forças Armadas;
>
> II – disponham sobre:
>
> *a)* criação de cargos, funções ou empregos públicos na administração direta e autárquica ou aumento de sua remuneração;
>
> *b)* organização administrativa e judiciária, matéria tributária e orçamentária, serviços públicos e pessoal da administração dos Territórios;
>
> *c)* servidores públicos da União e Territórios, seu regime jurídico, provimento de cargos, estabilidade e aposentadoria;

d) organização do Ministério Público e da Defensoria Pública da União, bem como normas gerais para a organização do Ministério Público e da Defensoria Pública dos estados, do Distrito Federal e dos Territórios;

e) criação e extinção de Ministérios e órgãos da administração pública, observado o disposto no art. 84, VI;

f) militares das Forças Armadas, seu regime jurídico, provimento de cargos, promoções, estabilidade, remuneração, reforma e transferência para a reserva.

Espécies de iniciativa:

Comum ou concorrente (art. 61)	Há diversos legitimados para a proposição de projeto legislativo.
Reservada ou privativa (arts. 61, § 1º, 93 e 96, II, *b*)	Apenas um órgão pode principiar o projeto.
Vinculada (art. 59 do ADCT)	Há previsão para seu exercício.

Diferencia-se, ainda, a iniciativa **parlamentar** que se refere àquela conferida aos parlamentares e suas comissões. **Extraparlamentar** para os demais. Outra importante classificação diz respeito ao fato de que tais pessoas podem elaborar projeto de lei. Por isso se afirma que algumas pessoas têm o **poder de iniciativa geral**, o qual compreende a possibilidade de regulamentar qualquer assunto constitucional e, de outro lado, **o poder de iniciativa específica,** a exemplo dos tribunais, os quais devem conceber seus projetos para elaboração de regimento interno, alterar os membros dos tribunais inferiores, criar e extinguir cargos, entre outros atos.

Iniciativa popular – Consignada no art. 61, § 2º, da CF e regulada pela Lei n. 9.709/98, estabelece que é possível a submissão de projeto de lei, formulado ou não, à Câmara dos Deputados subscrito por, no mínimo, 1% do eleitorado, distribuído em pelo menos cinco estados, com não menos de 0,3% dos eleitores em cada um deles. As constituições estaduais podem estabelecer regras com relação à iniciativa popular nesse âmbito. No Estado de São Paulo, são exigidos cinco décimos por cento (0,5%) de assinaturas de todo o eleitorado estadual para que o projeto seja analisado e votado pela Assembleia Legislativa. Nos municípios, a lei orgânica respectiva deve prever esse procedimento, em regra deve-se reunir assinaturas correspondentes a 5% da população.

O que se critica em relação às condições de proporção dessas medidas é o percentual elevado para a participação popular. Outra crítica que se tece é a falta de regulamentação acerca da tramitação e de prazos.

10.2.3. Emendas

Essa possibilidade é conferida aos membros ou órgãos das Casas legislativas. Não são outorgadas aos denominados titulares extraparlamentares. São propostas de modificação, alteração, supressão, adição ou complementação do texto originalmente proposto.

José Afonso da Silva[16] indica que a presente Constituição restituiu aos Congressistas boa parte do poder de emendas que haviam perdido no regime constitucional anterior, por isso se admitem emendas, mesmo acarretando aumento de despesas ao projeto de lei do orçamento anual ou a projetos que o modifiquem, desde que observadas as condições previstas nos arts. 63, I, e 166, §§ 3º e 4º, da CF.

O STF já afirmou que a prerrogativa de propor emendas "não constitui derivação do processo de iniciar o processo de formação das leis – qualifica-se como prerrogativa deferida aos parlamentares, que se sujeitam, no entanto, quanto ao seu exercício, às restrições impostas, em *numerus clausus*, pela Constituição Federal".[17]

Há duas espécies de emendas com peculiaridades próprias:

Substitutivo – São emendas que, em decorrência do grau de alteração, substituíram integralmente o texto original. Pode se relacionar ao aspecto formal ou material do projeto legislativo.

Redação – Tem como objetivo o saneamento de problemas de redação ou relacionados aos termos de linguagem e a regularidade legislativa do projeto.

10.2.4. Votação

É precedida dos pareceres das comissões técnicas especializadas ou mesmo de comissões temporárias que discutem temas específicos compostos por juristas ou outros especialistas no assunto. A Comissão de Constituição e Justiça e de Cidadania, à qual se atribui o papel de controle preventivo de constitucionalidade, é uma das mais importantes das Casas legislativas. A Comissão avalia os aspectos constitucional, legal e jurídico das proposições.

Posteriormente, o projeto deve ser encaminhado para as comissões específicas que devem aquilatar o assunto que trata e debatê-lo em prol do interesse coletivo.

---

16 *Curso de direito constitucional positivo*, p. 527.

17 ADI n. 973-7-MC/AP, rel. Min. Celso de Mello, j. 17.12.1993, *DJ* 19.12.2006.

O ato decisório, consistente na votação do projeto, será dado de acordo com a natureza do ato legislativo e do quórum constitucionalmente estabelecido para sua aprovação. O art. 58, referente às Comissões, estabelece que estas devem oferecer parecer para serem apreciados pelo plenário, quando for o caso. Nos projetos, observa-se a exigência de **maioria simples ou relativa** para os atos legislativos em geral e **maioria absoluta** para as leis complementares, consistente na aprovação por quórum qualificado.

Nos termos dos arts. 47 da CF e 56, § 2º, e 57, X a XV, do Regimento Interno da Câmara dos Deputados, qualquer deputado pode tomar parte nos trabalhos e discussões de qualquer Comissão, mas só pode participar das votações naquela em que for membro integrante. Na votação, a Comissão pode aprovar ou rejeitar o parecer do Relator, total ou parcialmente, com ou sem emendas ou com substitutivo.

O projeto legislativo deve seguir até a última comissão de mérito. Após esse trâmite, se houver aspecto financeiro ou orçamentário a ser analisado, o projeto é remetido à Comissão de Finanças e Tributação, e depois, obrigatoriamente, à Comissão de Constituição e Justiça e de Cidadania (CCJC).

Apreciação conclusiva – Nos termos do art. 24, II, do Regimento Interno da Câmara dos Deputados, compete às comissões permanentes discutir e votar projetos de lei, dispensada a competência do Plenário, salvo o disposto no § 2º do art. 132 e excetuados os projetos: de lei complementar; de código; de iniciativa popular; de Comissão; relativos a matéria que não possa ser objeto de delegação, consoante ao § 1º do art. 68 da CF; oriundos do Senado, ou por ele emendados, que tenham sido aprovados pelo Plenário de qualquer das Casas; que tenham recebido pareceres divergentes; em regime de urgência. Após o pronunciamento de todas as comissões, o PL segue para a Mesa e mantém-se, pelo prazo de cinco sessões, para ser interposto recurso contrário à apreciação conclusiva pela comissão. São necessárias, para tanto, as assinaturas de pelo menos um décimo dos deputados (52) e deve haver aprovação pelo Plenário.

10.2.5. Deliberação

Fase em que os parlamentares discutem o projeto de lei. Pode ser aprovado ou rejeitado. De acordo com o sistema nacional, referidos projetos possuem a seguinte tramitação:

A Casa iniciadora é aquela onde o PL teve origem. Geralmente, é a Câmara dos Deputados. No Senado, apenas projetos ali propostos por seus membros ou comissões. Ambas as Casas devem aprovar o projeto para ser o mesmo submetido a sanção ou veto presidencial.

Uma vez aprovado na Casa iniciadora, o PL será remetido à outra para deliberação. Existem três possibilidades referentes a essa fase:

Aprovação – Integral ou parcial. Se aprovado integralmente, o PL segue para sanção presidencial. Se parcial, o PL volta para a Casa iniciadora a fim de se deliberar sobre as propostas de mutação da Casa revisora. Acolhendo-as ou não, deverá enviá-lo à sanção.

Rejeição – Uma vez rejeitado, o PL é arquivado. Se aprovado na Casa iniciadora e rejeitado na revisora, o PL será arquivado.

Reapresentação do PL – A matéria constante em PL rejeitado não poderia ser reapreciada na mesma sessão legislativa. Contudo, se a maioria absoluta dos membros de uma das Casas legislativa assinar a proposta, o PL poderá ser analisado na mesma sessão.

Votação secreta – A Emenda à Constituição n. 76/2013 veio a alterar o § 2º do art. 55 e o § 4º do art. 66 da Constituição Federal, para abolir a votação secreta nos casos de perda de mandato de deputado ou senador e de apreciação de veto.

10.2.6. Sanção

A sanção é a forma de o chefe do Executivo indicar sua concordância ou aquiescência a lei ordinária ou complementar já aprovada nas Casas Legislativas. É nesse exato instante que o PL se transforma em lei.

Existem duas espécies de sanção, nos termos constitucionais:

Expressa – Quando o chefe do Executivo, no prazo de quinze dias **úteis**, manifesta-se favoravelmente ao PL.

Tácita – Quando o chefe do Executivo deixa transcorrer o prazo de quinze dias sem anuir expressamente sua aquiescência ao PL. Não sanciona nem veta. Mantém-se silente sem manifestar-se. Entende-se seu silêncio como sanção (art. 66, § 3º).

Ferreira Filho afirma ter sido a aprovação tácita introduzida em nosso sistema jurídico a fim de "evitar o engavetamento de projetos pelo Presidente. Transformou-se em instrumento de covardia política, um modo de querer fingindo não querer".[18]

Importante observar que existe a expressão "remetida à sanção", que significa afirmar que se aprovou a matéria legislativa nas Casas correspondentes, ou seja, o projeto de lei foi acatado pela Câmara e pelo Senado.

18 *Curso de direito constitucional*, p. 197.

10.2.7. Veto

Regulado pelos §§ 1º a 6º do art. 66, é a negação ou discordância do chefe do Executivo ao projeto de lei. Deve manifestar-se nos quinze dias úteis do recebimento. O dia inicial do recebimento não se conta, incluindo o do término.

O chefe do Executivo é obrigado a **motivar** o veto, com o intuito de se conhecer os motivos que deliberou pela negativa. A formalidade exige que o veto seja sempre por escrito.

Total ou parcial – A negativa pode abranger o texto completo (total) ou apenas parte dele (parcial). Vedada está, outrossim, a exclusão de palavras ou termos que alterem o sentido normativo. Pode-se excluir artigos, incisos, parágrafos ou alíneas (art. 66, § 2º). Como visto, não é possível aditar nada a esse projeto de lei.

O **veto** no sistema nacional é apenas suspensivo. Não termina o processo legislativo. Após o veto, o presidente da República terá 48 horas para comunicar ao presidente do Senado os motivos do veto (art. 66, § 1º). Após essa comunicação, aquele convocará o Congresso para deliberar sobre o veto em trinta dias. A maioria absoluta exigida para contrariar o veto presidencial deve ser obtida separadamente na Câmara e no Senado. Uma vez logrado esse quórum, o veto é derrubado. Caso contrário, o projeto será arquivado (art. 66, §§ 4º e 5º). Após a derrubada do veto, a lei será encaminhada para promulgação do presidente da República em 48 horas. Se não o fizer, a lei será encaminhada ao presidente ou ao vice-presidente do Senado (art. 66, § 7º).

Não é admissível o controle judicial das razões do veto. Este é ato de natureza política do Poder Executivo. Não é suscetível de apreciação judicial. A motivação é sempre necessária. Contudo, suas razões são extraídas dos critérios discricionários do Executivo, que escapam da análise judicial.

10.2.8. Promulgação e publicação

A promulgação é a declaração formal que atesta a existência da lei. Nas palavras de José Afonso da Silva, "não passa de mera comunicação, aos destinatários da lei, de que esta foi criada com determinado conteúdo. Nesse sentido, pode-se dizer que é o meio de constatar a existência da lei. A promulgação não faz a lei, mas os efeitos dela somente se produzem depois daquela".[19]

---

19 *Curso de direito constitucional positivo*, p. 529. Pela decisão do STF, a promulgação difere da publicação, que é o meio pelo qual torna-se conhecida 45 dias depois de oficialmente publicada. "Pelo exposto, a lei, para todos os efeitos, não pode começar a vigorar

A **publicação** é o momento a partir do qual os atos necessários à formação da lei se completam. É a partir desse ato que a lei entra em vigor e torna-se eficaz. Importantes os mecanismos existentes na LICC. Pode a norma entrar em vigor na data de sua publicação ou indicar prazo para o início de sua validade. Se nada constar, vale a *vacatio legis*, período de 45 dias para início da vigência da lei após a publicação.

10.3. Outras espécies normativas: lei delegada

Espécie normativa prevista no art. 68 da CF, a lei delegada é um meio de se conceder poderes legislativos ao chefe do Executivo, a fim de que este possa legislar sobre conteúdo previamente delimitado. Trata-se de solicitação de concessão elaborada e encaminhada pelo presidente da República para que receba uma delegação dada por meio de resolução do Legislativo, a qual deve estabelecer as formas e limites para poder elaborar a lei. O controle da forma como está sendo empregada a resolução é efetivada dentro dos moldes do art. 49, V, ou seja, susta-se o que ultrapassar os limites da delegação; caso seja condicionada, o controle se faz unicamente pela rejeição. **Delegação plena** – Sem condicionantes. Há uma autorização, por meio da resolução, para que o presidente da República elabore, promulgue e publique lei, cuja autorização tenha solicitado, sem qualquer participação do Legislativo.

Delegação condicionada – O projeto deve ser encaminhado ao Congresso, a fim de analisar os termos da norma elaborada pelo presidente da República. O Congresso, sem possibilidade de oferecer emendas, deverá manifestar-se em votação única aprovando ou rejeitando. Nesta última hipótese, arquiva-se. Caso aprovado, segue para promulgação e publicação da lei.

Matérias não delegáveis – Elencadas nos incisos do § 1º do art. 68, são elas: os atos de competência exclusiva do Congresso Nacional; os de competência privativa da Câmara dos Deputados ou do Senado Federal; a matéria reservada à lei complementar; e a legislação sobre organização do Poder Judiciário e do Ministério Público, a carreira e a garantia de seus membros, a nacionalidade, a cidadania, os direitos individuais, políticos e eleitorais, os planos plurianuais, as diretrizes orçamentárias e os orçamentos.

---

a partir da data da sua promulgação, ato que lhe não confere a condição de conhecimento de todos que só a publicidade alcança." BRASIL. STF. Promulgação e publicação de leis. Disponível em: informações STF. Acesso em: 03.12.2020.

10.4. Medidas provisórias

A natureza jurídica da medida provisória é de ato normativo com força de lei. Nos termos do art. 62, nos casos de relevância e urgência, o presidente da República pode adotar medidas provisórias com força de lei. Deve submetê-las de imediato ao Congresso.

Como referido, não é a medida provisória espécie normativa, pois sua formalização dispensa qualquer processo legislativo, exceto a análise pela comissão mista parlamentar. Essa espécie de ato governamental foi introduzida como meio de sucessão do antigo decreto-lei estabelecido nas constituições brasileiras anteriores. Ao ingressar no Congresso Nacional, é estabelecida uma comissão mista, formada por deputados e senadores, para aprovar um parecer sobre a medida provisória. Na sequência, o texto segue para o plenário da Câmara e, finalmente, para o plenário do Senado.

As medidas provisórias devem atender pressupostos:

Formais – Relevância e urgência. Segundo José Afonso da Silva,[20] tais pressupostos sempre existiram e foram apreciados subjetivamente pelo presidente da República e nunca respeitados rigorosamente. Por essa razão, editaram-se MPs sobre assuntos irrelevantes e sem urgência. Jamais o Congresso ou o Judiciário se dispuseram a apreciá-los para julgá-los inconstitucionais.

Materiais – Introduzido pela EC n. 32/2001, inexistentes anteriormente, atualmente estão arrolados no art. 62, § 1º. As matérias vedadas são:

> I – relativas a:
>
> *a)* nacionalidade, cidadania, direitos políticos, partidos políticos e direito eleitoral;
>
> *b)* direito penal, processual penal e processual civil;
>
> *c)* organização do Poder Judiciário e do Ministério Público, carreira e garantia de seus membros;
>
> *d)* planos plurianuais, diretrizes orçamentárias, orçamento e créditos adicionais e suplementares, ressalvado o previsto no art. 167, § 3º;
>
> II – que vise a detenção ou sequestro de bens, de poupança popular ou qualquer outro ativo financeiro;
>
> III – lei complementar;
>
> IV – já disciplinada em projeto de lei aprovado pelo Congresso Nacional e pendente de sanção ou veto do Presidente da República.

20 *Curso de direito constitucional positivo*, p. 532.

Medidas provisórias em matéria tributária – Caso implique instituição ou majoração de impostos, exceto os previstos nos arts. 153, I, II, IV e V, e 154, II, só produzirá efeitos no exercício financeiro seguinte se houver sido convertida em lei até o último dia daquele em que foi editada, deve-se obedecer o prazo mínimo de noventa dias para vigência legislativa, nos termos da anterioridade nonagesimal (art. 150, III, *c*, da CF). Caso seja benéfica, entra em vigor na data da publicação.

Prazo para conversão em lei – Sessenta dias é o prazo constitucional para que a MP seja aprovada pelo Congresso. Esse prazo deve ser suspenso no recesso. Esse prazo é prorrogável uma única vez, por igual período. Contudo, a MP deve ser apreciada em até 45 dias, contados de sua publicação. Caso não o seja, ingressará em regime de urgência e as deliberações em tramitação ficam sobrestadas até que seja votada a MP.

Perda de eficácia da medida provisória – a) rejeição; b) conversão em lei; e c) perda de eficácia por decurso de prazo sem votação. Nas hipóteses "a" e "c", o Congresso deve disciplinar, por meio de decreto legislativo, as relações jurídicas decorrentes da produção de efeitos da MP no prazo constitucional.

Comissão para apreciação das medidas provisórias – A MP deve ser examinada em cada uma das Casas do Congresso em sessões separadas e, posteriormente, submetida a exame e parecer de uma comissão mista de deputados e senadores já referida, nos termos do art. 62, § 9º. Com o parecer, essa comissão elabora projeto de lei para sua conversão. Pode-se propor alterações em seu texto original pela Comissão. Nesse caso, manter-se-á em vigor até sanção ou veto do projeto (art. 62, § 12).

As medidas provisórias receberam uma normatividade do Congresso: a Resolução n. 1/2002-CN, que faz parte do Regimento Comum, dispõe basicamente de como o Congresso deveria apreciar as MPs do Presidente da República, com os motivos de relevância e urgência (que devem ser apreciados pelo plenário de cada Casa). Segundo essa norma, os avulsos da matéria (cópias da MP elaborada) serão distribuídos para todos, e deveria ser designada Comissão Mista para emitir parecer. Esta deve ser integrada por doze senadores e doze deputados, com igual número de suplentes. A comissão deve escolher um relator revisor e outro relator da MP, diferentes e de Casas diversas, escolhidos pelo presidente da Comissão; nesta deve-se observar que cada qual pertence a uma Casa diversa do outro, com alternância para a presidência e vice-presidência.

QUESTÕES

1. 24ª (SC-2012) Assinale a alternativa correta:

A) Segundo o processo legislativo descrito na Constituição Federal, as leis delegadas são elaboradas pelo Presidente da República, que deverá, por sua vez, solicitar a delegação ao Congresso Nacional. Contudo, não serão objeto de delegação os atos de competência exclusiva do Congresso Nacional, os de competência privativa da Câmara dos Deputados ou do Senado Federal e as matérias reservadas à lei complementar.

B) Por disposição expressa constitucional, o Presidente da República pode considerar o projeto de lei, no todo ou em parte, inconstitucional ou contrário ao interesse público, oportunidade em que o vetará total ou parcialmente, e o veto parcial, caso ocorrente, poderá abranger somente expressões. Neste caso, para esse fim terá o prazo de quinze dias úteis, contados da data do recebimento, e comunicará, dentro de 48 horas, ao Presidente do Senado Federal, os motivos do veto.

C) As comissões parlamentares de inquérito, que terão poderes de investigação próprios das autoridades judiciais, além de outros previstos nos regimentos das respectivas Casas, serão criadas pela Câmara dos Deputados e pelo Senado Federal, em conjunto ou separadamente, mediante requerimento de um terço de seus membros, para a apuração de fato determinado e por prazo certo, detendo em razão de suas conclusões competência de impor responsabilidade criminal e civil aos investigados.

D) Os decretos legislativos, restritos ao ambiente do Congresso Nacional, segundo a Constituição Federal, não fazem parte do processo legislativo.

E) As leis complementares exigem quórum qualificado, por isso são aprovadas, após discussão e votação, em dois turnos, com maioria simples nas duas casas legislativas.

2. (179 Magistratura – SP) Marque a assertiva incorreta.

A) Ao Poder Legislativo, por uma de suas Casas, compete privativamente processar e julgar o Presidente da República e os Ministros do Supremo Tribunal Federal, nos crimes de responsabilidade.

B) Os decretos e regulamentos expedidos pelo Presidente da República devem estar em conformidade com as leis aprovadas pelo Congresso Nacional.

C) Os Tribunais Superiores têm iniciativa de projetos de leis complementares e ordinárias.

D) O Chefe do Executivo pode apor veto a projeto de Emenda à Constituição, aprovada pelo Legislativo, se o considerar inconstitucional.

3. (179 Magistratura – SP) Dentro das normas estabelecidas pelo Sistema Eleitoral, assinale a afirmativa incorreta.

A) O Senado Federal compõe-se de representantes dos Estados e do Distrito Federal, eleitos consoante o sistema proporcional.

B) Será considerado eleito o candidato a Presidente ou a Governador que obtiver a maioria absoluta de votos, não computados os em branco e os nulos.

C) Se nenhum candidato alcançar a maioria absoluta na primeira votação, far-se-á nova eleição, concorrendo os dois candidatos mais votados, e considerando-se eleito o que obtiver a maioria dos votos válidos.

D) Nas eleições proporcionais, contam-se como válidos apenas os votos dados a candidatos regularmente inscritos e às legendas partidárias.

4. Na elaboração do processo legislativo, aponte a assertiva correta.

A) A Emenda à Constituição será promulgada pelas Mesas da Câmara dos Deputados e do Senado Federal, com o respectivo número de ordem.

B) Presentes os requisitos de relevância e urgência, o Presidente da República poderá editar Medida Provisória relativa à organização do Poder Judiciário e do Ministério Público, à carreira e à garantia de seus membros.

C) As leis complementares serão aprovadas por maioria simples.

D) A Constituição Federal não prevê a iniciativa privativa da Presidência da República na elaboração de leis que disponham sobre servidores públicos da União e Territórios, regime jurídico, provimento de cargos, estabilidade e aposentadoria.

5. (Atividade notarial e de registro, SC/2008) Assinale a alternativa correta:

A) Ao Poder Legislativo é vedado apresentar emendas em projeto de iniciativa privativa do Chefe do Poder Executivo.

B) Ao Poder Legislativo é permitido tomar a iniciativa de Emenda Constitucional dispondo sobre regime jurídico dos servidores públicos.

C) Os Estados não detêm competência concorrente para legislar sobre registros públicos.

D) Compete privativamente ao Senado Federal autorizar a instauração de processo contra o Presidente e o Vice-Presidente da República.

E) O veto do Presidente da República a projeto de lei só pode ser rejeitado pelo voto de dois terços dos Deputados e Senadores, em escrutínio secreto.

6. (Atividade notarial e de registro, SC/2008) O Deputado que sofrer condenação criminal em sentença transitada em julgado perderá o mandato

A) se assim for decidido pela Câmara dos Deputados, por voto secreto e maioria absoluta, mediante provocação da Mesa da Casa ou de partido político representado no Congresso Nacional, assegurada ampla defesa.

B) por decorrência automática da mesma decisão judicial.

C) se assim restar decidido em processo parlamentar perante o Conselho de Ética, com posterior ratificação do Plenário da Câmara dos Deputados, mediante voto aberto e pela maioria simples da Casa.

D) se a decisão, que deverá, obrigatoriamente, ser remetida à Câmara dos Deputados, for ratificada, posteriormente, pela respectiva Mesa da Casa.

E) se a decisão judicial for relativa a crime de responsabilidade política e dependerá de aprovação pela maioria simples do Plenário da Câmara dos Deputados.

7. (OAB-2021) A Assembleia Legislativa do Estado Alfa, castigado por chuvas torrenciais que causaram graves enchentes, aprovou lei complementar estadual de iniciativa parlamentar que instituiu empréstimo compulsório sobre a aquisição de veículos automotores no território estadual, vinculando os recursos obtidos ao combate dos efeitos das enchentes. Diante desse cenário, assinale a afirmativa correta.

A) A iniciativa da lei que instituiu o empréstimo compulsório é privativa do chefe do Poder Executivo.

B) O empréstimo compulsório necessita de lei complementar estadual para sua instituição.

C) O Estado não pode instituir empréstimos compulsórios.

D) A vinculação da receita de empréstimos compulsórios é inconstitucional.

8. (TJMA-2013) Considerando as disposições constitucionais e a jurisprudência acerca do processo legislativo, assinale a opção correta.

A) A rejeição expressa de medida provisória opera efeitos *ex nunc*.

B) Os projetos de lei de iniciativa popular poderão iniciar-se tanto na Câmara dos Deputados quanto no Senado Federal.

C) De acordo com entendimento do STF, a iniciativa de lei que verse sobre matéria tributária é concorrente entre o chefe do Poder Executivo e os membros do Legislativo.

D) De acordo com o regime de tramitação do projeto de lei complementar, é dispensável a submissão de seu conteúdo ao plenário da casa legislativa.

RESPOSTAS

1. E
2. D
3. A
4. A
5. C
6. A
7. C
8. C

14

Tribunal de Contas

O controle externo da atividade financeira do Estado compete ao Legislativo. Entre suas funções típicas estão a ação legiferante, fiscalizadora e controladora. O mister fiscalizatório viabiliza a inspeção mútua entre os Poderes.

O art. 70 da CF deixa claro que a fiscalização contábil, financeira, orçamentária, operacional e patrimonial da Administração direta e indireta será realizada pelo Congresso Nacional, mediante controle interno (efetivado pelos três Poderes de forma integrada) de cada Poder e externo a cargo do Legislativo com o auxílio do Tribunal de Contas correspondente. O art. 71 esclarece que o controle externo será exercido pelo Tribunal de Contas. No dispositivo, a referência é à União, competindo ao Tribunal de Contas da União essa responsabilidade. No estado, haverá o Tribunal de Contas dos Estados. Nos municípios, mantém-se o tribunal onde já existir; porém, o § 4º do art. 31 vedou a criação de tribunais ou conselhos de contas municipais.

O controle interno expresso no artigo pode ser entendido como a autotutela imposta a todos os órgãos da Administração, seja ela direta ou indireta. Servidores integrantes dos próprios quadros administrativos que geralmente indicam programas a serem cumpridos nas leis orçamentárias tornam-se os responsáveis pela análise do cumprimento dessa determinação e da aplicação de recursos.

Atualmente se destaca o tribunal acerca dos benefícios que o controle externo pode efetivar, maximizando seus resultados, estimulando o controle social e, além disso, como enfaticamente indicaram Lima e Oliveira, auxiliando "em medidas de prevenção que realmente possibilitem a transformação da realidade do país".[1]

---

1 OLIVEIRA, I. P.; LIMA, B. M. "A relevância da atuação preventiva do controle externo na infraestrutura". *Revista do Tribunal de Contas da União*, v. 1, n. 1, jan./jun. 2021, p. 150-67.

É possível igualmente sublinhar que os tribunais de contas (nas diversas unidades federativas) devem considerar o exaurimento dos recursos, evitar desperdícios, recomendar pela melhoria de alocação de recursos a fim de incrementar resultados, redução de danos ambientais e melhoria das políticas públicas.[2] Ao levar em conta que o Brasil é considerado o quinto país mais corrupto do mundo, nos termos da pesquisa divulgada no Fórum Econômico Mundial, realmente é de imensa responsabilidade a tarefa reputada a esses órgãos que analisam os que manejam recursos públicos, a pedido de qualquer pessoa ou entidade referida no art. 74, § 2º, da CF. Ainda sublinha-se no *Report* que o fraco desempenho da América Latina, como um todo, deve-se à falta de progresso da região em melhor coordenar acordo com líderes globais associado à baixa produtividade, alta informalidade, insuficiente diversificação e incapacidade de melhorar o número de postos de trabalho.[3]

Está ainda previsto no § 2º do art. 74 da CF que "qualquer cidadão, partido político, associação ou sindicato é parte legítima para, na forma da lei, denunciar irregularidades ou ilegalidades perante o Tribunal de Contas da União". Este atua na fiscalização do uso de recursos, bens públicos, subvenções ou mesmo renúncia de receitas; a indicação do controle como "externo" deve-se ao fato de o órgão estar fora da estrutura administrativa federal (art. 1º da Lei n. 8.443/92).

A natureza jurídica do Tribunal de Contas é única; trata-se de entidade administrativa independente, autônoma e desvinculada de qualquer Poder ou órgão em sua tarefa de controle. Nas palavras de Barreiro Soares, o TCU é "órgão administrativo autônomo, que não pertence à estrutura de nenhum dos Poderes da República, nem está subordinado a qualquer um deles".[4]

1. CONTROLE INTERNO

A Reforma Administrativa promovida pela Constituição de 1967 estabeleceu no Decreto-lei n. 200, de 20.02.1967, um modelo que viabilizava a utilização da prática de acompanhamento dos atos de administração de forma mais eficiente.

---

2 Ibidem.

3 FÓRUM ECONÔMICO MUNDIAL. "Regional Analysis and Selected Economy Highliths". In: *The Global competitiveness Report 2017-2018*. Disponível em: http://reports.weforum.org/global-competitiveness-index-2017-2018/competitiveness-rankings/#series=GCI.A.01.01.02; acesso em: 08.07.2020.

4 BARREIRO SOARES, J. R. "A natureza jurídica do Tribunal de Contas da União". *Revista de Informação Legislativa*, v. 33, n. 132, 1996, p. 259-62.

Silva da Costa esclarece que, em questão de controle interno, a Constituição de 1967 estabeleceu sua prática em todo o país e reforçou por meio da Lei n. 4.320/64 essas modificações. O termo "sistema de controle interno" ocorreu pela primeira vez no ordenamento pelo art. 71, que dispunha "Da Fiscalização Financeira e Orçamentária" do Poder Legislativo e por este deveria ser realizado o controle.[5]

O controle interno, atualmente, como forma de organização da Administração, busca nas unidades administrativas o processamento de informações a fim de avaliar suas próprias atividades e se houve ou não a correta tomada de decisões por parte de seus agentes institucionalizadores. Certamente coexiste com outras funções administrativas. Sua missão concentra-se basicamente nos seguintes elementos: verificar a gestão eficiente do patrimônio e de recursos confiados a determinada autoridade, com proficiência, sem desperdícios e desvios; e observar se foi empregada a prática da boa administração, de forma a permitir a verificação, futuramente, pelo controle externo, da atuação correta e competente do agente.

Pelo art. 74 da CF, o controle interno de cada secretaria pública possui as seguintes atribuições:

a) cumprir programas e metas estabelecidas no plano plurianual, executar os programas de governo e orçamentos;

b) verificar a legalidade, os resultados quanto a eficácia e eficiência da gestão orçamentária, financeira e patrimonial nos órgãos e entidades da administração, bem como aplicação de recursos públicos por entidades privadas;

c) exercer o controle das operações de crédito, avais, garantias, direitos e haveres da Administração;

d) apoiar o controle externo no que seja necessário.

O mesmo dispositivo afirma, ainda, que seu objetivo é a análise da legalidade, da legitimidade, da economicidade, da aplicação das subvenções e da renúncia de receita.

Legalidade	Controle dos atos que deram origem à arrecadação de receita, bem como à contratação de despesas e gastos gerais.
Legitimidade	Pode referir-se à ordem de prioridades estabelecidas em planejamento prévio.

(continua)

5 SILVA DA COSTA, B. "Sistema de controle interno do Poder Executivo Federal: mudanças e agentes políticos na Assembleia Nacional Constituinte de 1987". *Revista da CGU*, v. 12, n. 22, jul.-dez. 2020.

(continuação)

Economicidade	Refere-se à boa alocação de recursos, que pode ser aferida pelo melhor atendimento das necessidades públicas.
Aplicação das subvenções	Inspeção destinada a verificar se as entidades, com plena condição de funcionamento e em condições de receber a verba pública, estão realizando os serviços e metas a que se propuseram.
Renúncia de receita	Efetivada para verificar o benefício socioeconômico da renúncia por meio do julgamento de prestações de contas e auditorias e inspeções pelas entidades encarregadas da concessão.

O que se pode destacar é que a presente Constituição propôs desafios permanentes em prol da criação ou mesmo aperfeiçoamento das instituições relacionadas à rede de *accountability*, que estão relacionadas com monitoramento (Controladoria-Geral da União e o Tribunal de Contas), de investigação (Polícia Federal) e de sanção (Ministério Público); todas sofreram mudanças profundas sobretudo pela via legislativa, em prol da melhoria desses órgãos.[6]

2. CONTROLE EXTERNO

No Brasil, sem contar com as Juntas das Fazendas das Capitanias e a Junta da Fazenda do Rio de Janeiro, criadas em 1608, como se observa nas informações do TCU,[7] o Tribunal de Contas foi fruto de uma sugestão de Rui Barbosa, na vigência do Governo Provisório de Deodoro da Fonseca. Assim, por intermédio do Decreto n. 966-A, de 07.11.1890, estabeleceu-se esse Tribunal,[8] cuja tarefa essencial seria a revisão e o julgamento dos atos do Poder Executivo, precipuamente, a fim de não se desviar das leis de finanças.

A partir de então, os tribunais de contas passaram a constar nas constituições republicanas. Sua primeira previsão foi no art. 89 da Constituição de 1891 e passaram a ser objeto das que lhe sucederam. Existem em todos os 26 Estados da Federação e no Distrito Federal. Não obstante a vedação constitucional de se criarem novos tribunais municipais, alguns foram criados antes da proibição do § 4º do art. 31 (veda a criação de tribunais, conselhos ou órgãos de contas municipais). Na União, está o Tribunal de Contas da União fiscalizador da apli-

6 Ibidem.

7 Disponível em: http://portal2.tcu.gov.br/portal/page/portal/TCU/institucional/conheca_tcu/historia; acesso em: 01.10.2009.

8 A instalação do primeiro Tribunal de Contas ocorreu apenas em 17 de janeiro de 1893, graças ao empenho do Ministro da Fazenda Serzedello Corrêa, no governo de Floriano Peixoto.

cação de verbas, subsídios e outras formas de distribuição de receitas federais a cargo daquele ente federativo.

Os tribunais de contas são entidades de fiscalização superior no processo de apreciação de contas do governo. O intuito principal é o julgamento político das contas pelos membros do órgão fiscalizador. A primeira análise é de natureza técnica, com base em informações e dados coligidos por técnicos e especialistas financeiros dedicados a essa missão nas visitas às secretarias administrativas sob sua supervisão. Posteriormente, tal análise é submetida aos ministros/conselheiros do respectivo tribunal. Desde a publicação da Declaração de Lima, que se refere às entidades fiscalizadoras superiores, da qual os tribunais de contas são partes, aprovada em 1977, sobre diretrizes para preceitos de auditoria, surgiram esperanças de que os países atingiriam seus objetivos coibindo a corrupção e o desvio de recursos destinados a obras de infraestrutura e de outras fontes públicas.[9]

Em dezembro de 2010, a Lei de Introdução ao Código Civil – LICC (Decreto-lei n. 4.657/42) sofreu modificação pela Lei n. 12.376, que alterou sua designação para um nome mais adequado com o mesmo conteúdo de 1942. Outra mudança bem mais significativa ocorreu recentemente, em abril de 2018, por meio da Lei n. 13.655, que alterou a LINDB.

Nos termos do Relatório da Comissão de Constituição de Justiça e Cidadania, em análise do Projeto de Lei n. 7.448/2017, com a proposta do Senador Antonio Anastasia, em estudos e pesquisas dos professores Carlos Ari Sundfeld e Floriano de Azevedo Marques, ambos da Escola de Direito da Fundação Getulio Vargas, teria ele a finalidade de "aprimorar a qualidade decisória dos órgãos administrativos, judiciais e de controle nos três níveis da Federação brasileira".[10]

Nos termos do relatório, o objetivo desses novos nove artigos (na verdade são os arts. 20 a 30, introduzidos na LINDB, com o veto ao art. 25) é reduzir a insegurança jurídica proveniente de diversas opiniões, a partir de liminares e decisões de autoridades administrativas e judiciárias que podem decidir em sentidos opostos sobre uma mesma questão em face de conceitos jurídicos indeterminados ou outras hipóteses em que particulares possam ser prejudicados diante de decisões não inteiramente pacificadas.

---

9 INTOSAI (Organização Internacional de Entidades Fiscalizadoras Superiores). Declaração de Lima para Preceitos de Auditoria. Disponível em: www.issai.org; acesso em: 12.10.2021.

10 BRASIL. Câmara dos Deputados. Comissão de Constituição e Justiça e de Cidadania. Projeto de Lei n. 7.448/2017. Disponível em: http://www.camara.gov.br/proposicoesWeb/prop_mostrarintegra?codteor=1598338&filename=Tramitacao-PL+7448/2017; acesso em: 07.11.2018.

Nesse diapasão, as decisões nas esferas administrativa, controladora e judicial não podem ter como base valores jurídicos abstratos, sem que sejam consideradas as consequências práticas da decisão. A motivação do ato deve demonstrar a necessidade e adequação da medida imposta ou da invalidação de ato, contrato, ajuste, processo ou norma administrativa, inclusive em face das possíveis alternativas.

Nos termos do art. 24, a revisão, nas esferas administrativa, controladora ou judicial, quanto à validade de ato, contrato, ajuste, processo ou norma administrativa, cuja produção já se houver completado, levará em conta as orientações gerais da época, sendo vedado que, com base em mudança posterior de orientação geral, se declarem inválidas situações plenamente constituídas.

Essas normas são efetivamente necessárias para que o cidadão possa ter maior segurança jurídica em suas negociações. As decisões em conceitos abstratos efetivamente geram ainda grande prejuízo aos particulares sem que estes possam efetivamente se defender diante de lacunas ou omissões. Isso certamente se refletirá de forma direta nas decisões dos tribunais de contas, que em sua lida diária interpreta e dá concretude aos diversos princípios e normas estabelecidas em conceitos jurídicos indeterminados.

A corrupção, geralmente conectada ao crime organizado e a lavagem de dinheiro, sempre circundou a maioria dos governos nacionais e estrangeiros. As Nações Unidas já se preocuparam com esse fenômeno, sobretudo na América Latina, em face de reiteradas constatações na aplicação de recursos públicos e também privados. Ao todo, 186 países aderiram à Convenção das Nações Unidas contra a Corrupção (Convenção da ONU) em 9 de dezembro de 2003, na cidade de Mérida, no México. Por meio do Decreto Legislativo n. 348/2005 e Decreto Presidencial n. 5.687/2006, o país assumiu a obrigação de cumprir suas previsões.

3. MEMBROS

Os membros dos tribunais de contas são denominados ministros, no âmbito da União, e conselheiros, nos estados e municípios (apenas São Paulo e Rio de Janeiro). Essas autoridades têm as mesmas prerrogativas, garantias, impedimentos, sistema de percepção de subsídios e vantagens que os ministros do Superior Tribunal de Justiça (os valores são variáveis). O TCU possui sede no Distrito Federal e, para garantir sua independência, a Constituição lhe outorga o exercício das competências conferidas aos tribunais judiciários, estipuladas no art. 96 da CF. Os membros desse Tribunal são escolhidos entre brasileiros de idoneidade moral e reputação ilibada, devem possuir notórios conhecimentos jurídicos, contábeis, econômicos e financeiros ou de administração pública, ter mais de 35 anos de idade e mais de dez anos de exercício de função ou de efetiva atividade profissional que exija os conhecimentos técnicos indicados no art. 73, § 1º, III, da CF. A escolha de três deles está a cargo do presidente da República, com posterior aceitação do Senado; sendo dois alternadamente dentre auditores e membros do Ministério Público junto ao Tribunal, indicados em lista tríplice pelo Tribunal, segundo os critérios de antiguidade e merecimento; e seis membros escolhidos pelo Congresso Nacional. Nos estados (art. 75, parágrafo único, da CF) os TCEs serão integrados por sete conselheiros. São Paulo e Rio de Janeiro possuem tribunais de contas. No primeiro, nos termos do art. 151 (CE/SP), o órgão será composto de cinco conselheiros e deve obedecer os princípios da Constituição Federal e do estado.

4. PODERES DOS TRIBUNAIS DE CONTAS

O grande número de atos e contratos submetidos à inspeção dos tribunais de contas no Brasil, isso sem contar com a destinação de recursos públicos consideráveis nos respectivos territórios em que se situam (tribunais de contas da União, dos estados, DF e de alguns municípios), dificulta a plena realização de seu trabalho, que consiste em:

Apreciar	contas do chefe do Executivo (anualmente) e a legalidade dos atos de admissão de pessoal na Administração direta e indireta, excetuando-se os cargos em comissão.
Julgar	contas dos administradores e responsáveis por verbas públicas seja na Administração direta ou indireta ou fora dela.
Fiscalizar	contas nacionais das empresas supranacionais.
	aplicação de recursos das entidades federativas repassados por meio de convênio, acordo ou ajuste ou instrumentos semelhantes.
Prestar	informações solicitadas pelo Legislativo ou suas comissões acerca de fiscalizações e auditorias a seu cargo.
Assinar prazo	para que o órgão ou entidade adote as providências necessárias ao cumprimento da lei.
Sustar	caso não seja atendido pela entidade responsável, a execução do ato impugnado, comunicando ao Legislativo.
Aplicar	sanções previstas em lei aos responsáveis, na hipótese de ilegalidade de despesa ou irregularidade de contas.
Representar	irregularidades ou abusos apurados, por exemplo, o Ministério Público.

O exercício do controle pode ser efetivado de diversas formas:

Ex officio – Fiscalização, apreciação e julgamentos periódicos previstos constitucionalmente, além da possibilidade de tomada de outros atos anteriormente previstos.

Por provocação – Pode ser por comissão parlamentar de inquérito para apuração de fato determinado, com poderes de investigação próprios das autoridades judiciais; acolhimento de petição, reclamação, representação ou queixa de qualquer pessoa contra ato ou omissão de autoridade ou entidade pública, ou, ainda, o acolhimento de outras formas.

A função fiscalizadora advém da necessidade de se verificar a eficácia e efetividade social, desvios ou mesmo descumprimento das normas gerais produzidas pelo Poder.

Apesar de não existir previsão constitucional quanto à criação de tribunais estaduais, segundo José Afonso da Silva[11] isso foi feito indiretamente pelos arts. 31 e 75 da CF, sem deixar dúvida acerca da obrigatoriedade de instalação desses tribunais para o auxílio no controle externo, a cargo da respectiva Assembleia Legislativa. Além disso, há uma uniformização que desconsidera o número de habitantes do estado. Estabelece sete membros. Os estados não podem diminuir ou aumentar esse número.

Como mencionado, os Municípios de São Paulo e Rio de Janeiro já possuíam tribunal de contas anteriormente à Constituição de 1988. Nos demais, a fiscalização, mediante controle externo, é realizada pela respectiva Câmara municipal e sistemas de controle interno do Executivo local. Os tribunais de contas estaduais fiscalizam seus respectivos municípios, mediante a criação ou não de um conselho de contas municipal. Referidos órgãos possuem técnicos gabaritados que, regularmente, inspecionam *in loco* as contas municipais e registram as ilegalidades e outras inadequações observadas pela fiscalização. O resultado das inspeções é uma das ações que refletem a legalidade, a efetividade e a eficiência das ações das autoridades.

5. LINHAS DE ATUAÇÃO DO TRIBUNAL

Os tribunais de contas são órgãos de grande utilidade para controle dos atos e decisões dos agentes públicos. Suas ações são voltadas à fiscalização contábil, financeira, orçamentária, operacional e patrimonial dos entes da administração direta e indireta que estão sob sua jurisdição, quanto à legalidade, legitimidade, economicidade, finalidade, motivação, moralidade, publicidade e

11 *Curso de direito constitucional positivo*, p. 757.

interesse público, aplicação de subvenções e renúncia de receitas, **mediante controle externo**, que são anteriormente analisados pelos sistemas de controle interno de cada Poder. A fiscalização deve ser periódica e voltar-se à correta aplicação das normas vigentes e plena aplicação dos princípios da Administração Pública. Esses fatores são observáveis nos relatórios dos seus servidores intermediários. Os processos são profundamente analisados e nada passa despercebido dos olhos dos agentes fiscalizadores. A decisão dos conselheiros e ministros constituem etapa diferenciada quem podem ou não acatar o relatório.

Luciano Vieira expõe seu ponto de vista ao afirmar que

> Historicamente, tais requisitos vêm sendo sistematicamente vilipendiados. Num odioso fisiologismo e corporativismo, Executivo e Legislativo têm preenchido esses cargos por apadrinhados políticos, geralmente ocupantes de cargos de secretariado, e por deputados – apesar de a muitos deles faltar o indispensável conhecimento técnico ou atributos de ordem moral.[12]

Talvez o fator que gera a insatisfação efetiva é o fato de os "ocupantes de cargos" ficarem conectados a quem efetivou a indicação. Isso sim não vai ao encontro do interesse público, tampouco da moralidade, que deveria ser o primeiro princípio a ser primado pelo Tribunal.

Não obstante situações fáticas ocorridas neste país, é possível, contudo, observar que o TCU, em 1998, estabeleceu *novel* estratégia voltada ao meio ambiente por meio da Portaria n. 383/98, com treze artigos que regulamentam e viabilizam uma missão maior em termos de sustentabilidade; cria mecanismos de combate aos desvios fortalecendo a política de preservação. Essa Portaria aprovou a "Estratégia de Atuação para o Controle de Gestão Ambiental, resultante da implementação do Projeto de Desenvolvimento da Fiscalização Ambiental – PDFA".[13]

Pode-se observar que os tribunais aprofundaram essa estratégia. Aqui se dá o exemplo do Tribunal de Contas da Paraíba, conforme indicado por George Baracuhy Cruz Viana, o qual esclareceu:

> [...] na seara ambiental, o Programa "DECIDE" desenvolvido pelo Tribunal de Contas da Paraíba possui a finalidade de fomentar a aplicação das Leis n. 10.257/2001

---

12 VIEIRA, Luciano. "Escolha de conselheiro de Tribunais de Contas: uma questão de moral (e Cívica)". Disponível em: Artigo: Escolha de conselheiro de Tribunais de Contas: uma questão de moral (e Cívica) (estadao.com.br). Acesso em: 04.11.2020.

13 BRASIL, TCU. Portaria n. 383/98 – PDFA. Disponível em: Portaria TCU n. 383, de 05.08.1998 (normasbrasil.com.br). Acesso em 03.11.2020.

e n. 11.888/2008 pelos municípios paraibanos, que aderiram a um programa desenvolvido especialmente voltado para a questão ambiental, atendendo ao direito social à moradia digna e do correto uso das arrecadações municipais, auxiliando seus gestores quanto ao emprego de políticas públicas benéficas à sociedade, combatendo, assim, as irregularidades no tocante ao desenvolvimento urbano dos entes que aderiram ao Programa.[14]

Normas como essas são dignas de menção, pois os tribunais de contas estão realizando adequadamente seu trabalho em prol da manutenção do ambiente no país e da realização do princípio básico da sustentabilidade contido no art. 225 da CF.

Outro elemento que cabe indicar é o previsto no art. 10 do seu Regimento, de que a decisão em processo pode ser preliminar, definitiva ou terminativa. A primeira permite que o responsável pelas contas se manifeste quanto ao mérito delas; na segunda, o tribunal já determinou serem regulares ou irregulares as contas, com ressalvas ou não; na terminativa, simplesmente tranca as contas consideradas iliquidáveis.[15]

Outro fator que deve ser levado em consideração é que o tribunal de contas tem o poder de regulamentar sobre matéria de suas atribuições e acerca da organização de processos que devam ser a ele submetidos. Cabe ainda sublinhar fato muito peculiar ao Tribunal previsto no § 3º do art. 71 da CF no sentido de que as decisões por ele exaradas que resultem em imputação de débito ou multa "terão eficácia de título executivo".

QUESTÕES

1. Relativamente aos Tribunais de Contas, é correto afirmar

A) Seus membros são sempre denominados ministros.

B) É possível a criação de tribunal de contas municipal após a CF de 1988.

C) Existe mandato a ser respeitado pelos seus membros.

D) Os membros do TC são vitalícios.

2. É possível afirmar que o Tribunal de Contas pela jurisprudência dos tribunais superiores

---

14 CRUZ VIANA, George Baracuhy. "O papel do Tribunal de Contas na efetivação do direito fundamental ao meio ambiente ecologicamente equilibrado".

15 BRASIL. Lei n. 8.443, de 16 de julho de 1992, Dispõe sobre a Lei Orgânica do Tribunal de Contas da União. Disponível em: http://www.planalto.gov.br/ccivil_03/Leis/L8443.htm; acesso em: 02.10.2021.

A) Pertence ao Poder Legislativo.

B) Pertence aos Poderes Executivo e Legislativo.

C) É órgão independente, não obstante a indicação de seus membros.

D) Por ser um Tribunal, seus membros pertencem ao Judiciário.

3. Relativamente às afirmações abaixo quanto aos membros do TCU:

I – Os membros desse Tribunal são escolhidos entre brasileiros de idoneidade moral e reputação ilibada, devem possuir notórios conhecimentos jurídicos, contábeis, econômicos e financeiros ou de administração pública.

II – Devem ter mais de 35 anos de idade e mais de dez anos de exercício de função ou de efetiva atividade profissional que exija os conhecimentos técnicos indicados na CF (administrativos, técnicos, jurídicos).

III – A escolha de três deles está a cargo do presidente da República, com posterior aceitação do Senado; sendo dois alternadamente dentre auditores e membros do Ministério Público junto ao Tribunal, indicados em lista tríplice pelo Tribunal, segundo os critérios de antiguidade e merecimento; e seis membros escolhidos pelo Congresso Nacional.

IV – Precisa ser brasileiro nato.

A) todas estão corretas.

B) somente III e IV estão erradas.

C) somente a IV está errada.

D) as afirmações estão todas erradas.

E) somente as afirmações I e II estão corretas.

4. Relativamente às afirmações a seguir, indique a ERRADA

A) os membros dos tribunais estaduais são denominados conselheiros.

B) o DF não possui tribunal de contas.

C) os estados fazem o controle externo dos municípios que não possuem TC.

D) existem apenas 2 tribunais de contas municipais no Brasil.

E) os membros do TCU são denominados ministros.

5. Relativamente ao Tribunal de Contas, é errado dizer que:

A) são entidades de fiscalização superior no processo de apreciação de contas do governo.

B) o intuito principal é o julgamento político das contas pelos membros do órgão fiscalizador.

C) a primeira análise do Tribunal é de natureza técnica, com base em informações e dados coligidos por técnicos e especialistas financeiros dedicados a essa missão nas visitas às secretarias administrativas sob sua supervisão.

D) a análise final é submetida aos ministros/conselheiros do respectivo tribunal.

E) o Tribunal faz o controle interno e externo das entidades.

RESPOSTAS

1. D
2. C
3. C
4. B
5. E

15

Poder Executivo

1. SISTEMA DE GOVERNO NACIONAL

O Poder Executivo, nos dias atuais, está hipertrofiado, ou seja, há muitas atribuições a ele confiadas pela Constituição. Assim, certamente o orçamento a ele direcionado deve ter destinação adequada, motivo pelo qual seus líderes devem se honestos e competentes.

A simples função residual que possuía, como anota Bruno de Carvalho, em simplesmente aplicar a lei em situação não contenciosa (*inter volentes*), deixou de ser sua principal missão e passou a ter sob sua coordenação assuntos de importância vital. Por esse e outros motivos, houve grande entrave na discussão sobre presidencialismo no Brasil. A votação acirrada de 343 votos favoráveis contra os 213, em prol do parlamentarismo, já indicava a responsabilidade e a necessidade de haver líder à altura da função. Tudo isso fez com que constasse o art. 2º do Ato das Disposições Constitucionais Transitórias (ADCT), prevendo o plebiscito que manteve o presidencialismo como sistema.[1]

Conforme já exposto, entre os sistemas de governo existentes, o Brasil optou pelo presidencialista, desde o Decreto n. 1, de 1889, constando nas diversas constituições republicanas. O país teve condições de modificar essa situação, de acordo com o que previa o já referido art. 2º do ADCT. O eleitorado poderia definir, por meio de plebiscito, a forma (república ou monarquia constitucional) e o sistema de governo (parlamentarismo ou presidencialismo) que vigorariam no país. A forma e o sistema de governo definidos pelo plebiscito teriam vigên-

1 CARVALHO, W. Bruno de. "O Poder Executivo". *Revista de Direito da Universidade de Belo Horizonte*, n. 33, p. 75-86, 1991.

cia a partir de 1º de janeiro de 1995, nos termos da EC n. 2, de 25 de agosto de 1992.

Em 21 de abril de 1993, os brasileiros poderiam decidir acerca do **sistema** e da **forma** de governo. Após um processo marcado pela falta de divulgação das características das diversas formas e sistemas, das vantagens e desvantagens dos dois sistemas, o presidencialismo e a república venceram. Além desse fator, o que marcou o processo plebiscitário foi a grande abstenção, que chegou a 25,76% do eleitorado. Atualmente, grupos de interesses advogam pelo semipresidencialismo; contudo, de antemão parece não ser esse o sistema mais adequado, como anteriormente já se aclarou.

No plano jurídico-constitucional, Jorge Miranda[2] esclarece que existem três conceitos jurídicos quando se pensa em sistemas governamentais: a) separação entre os Poderes (especialização orgânico-funcional); b) dependência, interdependência ou independência quanto às condições de subsistência de seus titulares ou como um órgão pode ou não compor o outro; c) responsabilidade política entre os órgãos ou dos seus respectivos titulares.

A Constituição Federal brasileira estabelece, com relação aos pontos anteriormente indicados, que:

a) existe independência entre os Poderes – nos termos do art. 2º da CF, são Poderes da União, independentes e harmônicos entre si, o Legislativo, o Executivo e o Judiciário.

b) eleições diretas para o Legislativo e o Executivo – são eleitos os membros do Executivo (Presidente da República: art. 77) e do Legislativo (deputados federais: art. 45, e senadores: art. 46) diretamente pelo povo.

c) responsabilidade política do chefe do Executivo – está estabelecida nos crimes de responsabilidade do Presidente da República (art. 85).

O presidente da República exerce tanto a chefia de Estado quanto a de governo e escolhe livremente seus ministros para conduzir o Poder Executivo, de acordo com o que dispõe o art. 76 da vigente Constituição.

Os **ministros devem ser** brasileiros, estar em pleno gozo dos direitos políticos e ter mais de 21 anos. Entre as tarefas a eles atribuídas estão, nos termos do art. 87 da CF, referendar atos presidenciais, expedir instruções para a execução das leis, decretos e regulamentos. Exercem a orientação, a coordenação e a supervisão do ministério atribuído e respectivos órgãos desconcentrados.

O Poder Executivo pode assumir diferentes facetas, dependendo da maneira que o Estado e seu povo queiram adotá-lo. No presidencialismo, o líder

2 *Ciência política*, p. 126.

desse poder denomina-se presidente e é eleito pelo povo para mandatos regulares de quatro anos, acumulando as funções de chefe de Estado e de governo.

Aqui se destaca pesquisa feita por Neiva e Hiroi no sentido de considerar a relevância política dos ministérios. Na verdade, destacam que nunca foram iguais em importância, pois cada qual possui seu grau de relevância com base "[...] em orçamentos, capacidade regulatória, distribuição de cargos ou patronagem. [...] estes auxiliares devem possuir três atributos principais: suporte político, habilidade técnica e lealdade". O estudo demonstra que não há uma solução lógica para explicar a escolha, pois ela sempre estaria entre questões regionais e partidárias.[3]

As diferenças básicas entre as diversas chefias, segundo José Afonso da Silva,[4] são:

Chefia de Estado	Chefia de governo (exemplos)	Chefia da administração federal
Art. 84, VII, XIV (somente nomeação dos ministros do STF e tribunais superiores), XV (nomeação de um terço dos membros do TCU), XVI, primeira parte (magistrados do TRF, TRT, TRE, órgãos de outro Poder), XVIII, segunda parte (convocar e presidir o Conselho de Defesa Nacional), XIX, XX, XXI e XXII.	Art. 84, I, III, IV, V, IX, X, XI, XII, XIII, XIV (menos quanto à nomeação dos ministros do STF e tribunais superiores), XVII, XVIII, primeira parte (convocar e presidir o Conselho da República), XXIII, XXIV e XXVII.	Art. 84, II, VI, XVI, segunda parte (nomeação do advogado-geral da União), XXIV e XXV.

2. ELEIÇÃO DO PRESIDENTE E DO VICE-PRESIDENTE DA REPÚBLICA, POSSE NO CARGO E VACÂNCIA

Diferentemente da redação original da Constituição de 1988, a atual, dada pela EC n. 16/97, estabeleceu o primeiro domingo de outubro do ano anterior ao do término do mandato do antecessor como data do primeiro turno da votação dos chefes do Poder Executivo. São eles: presidente e vice-presidente da República, governadores dos estados e do DF e prefeitos municipais. Caso não tenha sido alcançada a maioria absoluta de votos no primeiro turno, será realizada nova eleição no último domingo do mesmo mês, concorrendo os candidatos que obtiveram o maior número de votos no primeiro turno (art. 77, §§ 2º e 3º, da CF).

3 HIROI, T.; NEIVA, P. "O cálculo do presidente ao nomear ministros no Brasil". *Revista de Administração Pública*. Rio de Janeiro, n. 55(5), p. 1.232-49, set.-out. 2021.

4 *Curso de direito constitucional positivo*, p. 549-50.

O princípio da maioria absoluta (**sistema eleitoral majoritário**) é que deve ser satisfeito. Não se exige, necessariamente, dois turnos de votação. Assim, o candidato que possuir maioria absoluta de votos válidos no primeiro turno será considerado eleito. Caso não logre, será convocado o segundo, e, para vencer, bastará maioria simples.

Antes da Emenda n. 25/85 à Constituição de 1967, a eleição do presidente da República era atribuída a um colégio eleitoral, em sessão pública e por votação nominal. A vigente Constituição confirma a eleição direta por voto direto e secreto.

Atualmente permite-se a **reeleição dos chefes do Executivo**, nos termos da Emenda Constitucional n. 16/97. É possível, portanto, para um "único período subsequente" (art. 14, § 5º, da CF).

Características do cargo de presidente e vice-presidente da República:

Idade mínima	35 anos completos
Nacionalidade	brasileiro nato
Elegibilidade[5]	pleno gozo dos direitos políticos
Partido político	deve possuir filiação partidária

Nos termos da EC n. 111/2021, a redação do art. 82 da CF modificou-se para constar que o mandato do presidente da República segue sendo de quatro anos e tem início no dia 5 de janeiro do ano seguinte ao de sua eleição. Essa nova regra somente se aplica após o mandato dos próximos que serão eleitos, que tomarão posse no dia 1º de janeiro de 2023, e os mandatos durarão até a posse de seus sucessores, em 5 (presidente da República) e 6 de janeiro de 2027 (governadores de estado e DF).

3. VACÂNCIA DO PRESIDENTE

Hipóteses em que se considera ausente o presidente e vacante o cargo, o vice assume. Este também se submete às mesmas regras:

a) morte;

b) incapacidade jurídica absoluta;

c) não haver, exceto nos casos de força maior, assumido o cargo dentro de dez dias fixado para a posse;

---

5 Não deve ser analfabeto, inelegível e inalistável; deve observar as limitações com cônjuge, parentes consanguíneos e afins até segundo grau ou por adoção.

d) perda dos requisitos necessários à eleição ou constatação, *a posteriori*, do não preenchimento dos mesmos;

e) ausência do país, acima de quinze dias, sem autorização congressual;

f) decisão condenatória do presidente por crime comum ou de responsabilidade;

g) renúncia.

4. SUCESSÃO DO PRESIDENTE DA REPÚBLICA E DO VICE-PRESIDENTE

Substitui o presidente da República, na vacância, seu respectivo vice, eleito com ele. Caso não haja vice ou este não possa assumir, deve-se obedecer a regra do art. 80:

Ordem de sucessão
Presidente da Câmara dos Deputados
Presidente do Senado Federal
Presidente do Supremo Tribunal Federal

Essa sucessão é temporária, até que se eleja novo presidente. O eleito deve completar o período do antecessor. Não significa novo mandato de quatro anos. Nesses termos, obedece-se a regra do art. 81 da CF:

a) vacância nos dois primeiros anos – **eleições diretas** (noventa dias depois de aberta a última vaga);

b) vacância nos últimos dois anos – **eleições indiretas pelo Congresso Nacional** (trinta dias depois de aberta a última vaga).

5. RESPONSABILIDADE DO PRESIDENTE DA REPÚBLICA

Existem duas possibilidades de se responsabilizar o chefe do Executivo, nos termos da Constituição vigente (arts. 85 e 86, I e II):

a) crimes comuns – sujeito à ação penal;

b) crime de responsabilidade – processo de cassação de mandato (*impeachment*).

Conforme elucida Barroso, esse termo *impeachment* não é empregado nos textos legais ou legislação. É empregado de forma ampla a fim de identificar o processo pelo qual se realiza a apuração e julgamento dos crimes de responsabilidade.[6]

---

6 BARROSO, L. C. "*Impeachment* – crime de responsabilidade – exoneração do cargo". *Revista de Direito Administrativo*, n. 212, p. 161-74, abr./jun. 1998.

Esse processo somente é possível para quem está no cargo. Não será legítimo contra aquele que já não mais o possui, sublinha ainda o autor.

5.1. Crimes de responsabilidade

São atos praticados pelo presidente da República que atentarem contra a Constituição Federal e especialmente contra:[7]

a) a existência da União (art. 5º da Lei n. 1.079/50) – atos que possam burlar o princípio fundamental da indissolubilidade da União estabelecido no *caput* do art. 1º da CF;

b) o livre exercício do Poder Legislativo, do Poder Judiciário, do Ministério Público e dos Poderes constitucionais das unidades da Federação (art. 6º da Lei n. 1.079/50) – nos termos do art. 2º da CF, há a previsão de três Poderes independentes e harmônicos, isso sem contar com a independência do Ministério Público. O chefe do Executivo não pode interferir neles sob pena de sofrer processo de *impeachment*;

c) o exercício dos direitos políticos, individuais e sociais (art. 7º da Lei n. 1.079/50) – esses direitos pertencem ao denominado "núcleo duro" da Constituição, ou seja, são conquistas populares protegidas pelas cláusulas pétreas. Deve-se respeitá-los em todas as ocasiões, contudo, existe a possibilidade de suspensão de algum deles quando houver declaração de estado de defesa ou de sítio;

d) a segurança interna do País (art. 8º da Lei n. 1.079/50) – a ordem pública é uma das tarefas mais antigas cometidas ao chefe do Executivo, que deve ser preservada com toda sua determinação;

e) a probidade na administração (art. 9º da Lei n. 1.079/50) – o art. 37, *caput*, da CF elenca alguns princípios inerentes à Administração, entre eles, de forma implícita, o da probidade administrativa. Em princípio, seria mais razoável imaginar ser a probidade gênero da qual a moralidade restaria como espécie. Sob o aspecto jurídico constitucional, não se confunde a probidade com a moralidade, embora os conceitos tenham pontos que tangenciam entre si. A improbidade é mais ampla que a moralidade; é ilicitude capaz de gerar a perda da função pública, ressarcimento ao erário, entre outras sanções cabíveis. Efetiva-

---

7 Importante sublinhar o disposto na Pet. n. 1.656 que "O processo de *impeachment* dos Ministros de Estado, por crimes de responsabilidade autônomos, não conexos com infrações da mesma natureza do Presidente da República, ostenta caráter jurisdicional, devendo ser instruído e julgado pelo Supremo Tribunal Federal. Inaplicabilidade do disposto nos arts. 51, I, e 52, I, da Carta de 1988 e 14 da Lei n. 1.079/50, dado que é prescindível autorização política da Câmara dos Deputados para a sua instauração" (STF, Pet. n. 1.656, rel. Min. Maurício Corrêa, j. 11.09.2002, *DJ* 01.08.2003).

mente, os atos do Presidente da República devem ser revestidos de moralidade e probidade, eis que ocupa o mais elevado cargo do País. Caso descumpra esse mister, deve ser responsabilizado;

f) a lei orçamentária (art. 10 da Lei n. 1.079/50) – pode-se indicar o art. 167, § 1º, da CF como o que melhor explicita tal crime ao estabelecer que "nenhum investimento cuja execução ultrapasse um exercício financeiro poderá ser iniciado sem prévia inclusão no plano plurianual, ou sem lei que autorize a inclusão, sob pena de responsabilidade";

g) o cumprimento das leis e das decisões judiciais (arts. 11 e 12 da Lei n. 1.079/50) – o respeito às normas constitucionais são essenciais para o pleno funcionamento do Estado. O chefe do Executivo jamais poderá desprezar uma norma ou decisão judicial, não se pode olvidar de seu compromisso prestado nos termos do art. 78 da CF de que deve manter, defender e cumprir a Constituição, observar as leis, promover o bem geral do povo brasileiro, sustentar a união, a integridade e a independência do Brasil.

Barroso afirma que "todas as Constituições republicanas brasileiras, a partir de 1891, capitularam, em caráter esquemático, as figuras referentes aos crimes de responsabilidade, prevendo sua definição em lei ordinária especial".[8] A redação do art. 85 da CF, que segue a mesma redação da Lei n. 1.079/50, alterada pela Lei n. 10.028/2000, define os crimes de responsabilidade e regula o respectivo processo de julgamento.

Nos termos do art. 2º da Lei n. 1.079/50, os crimes definidos pela lei, ainda que simplesmente tentados, são passíveis da perda do cargo, com inabilitação até cinco anos para o exercício de qualquer função pública.

Importante ainda remarcar que a imposição da pena por crime de responsabilidade não exclui o processo por crime comum na justiça ordinária.

O processo de julgamento estabelecido no art. 24 da referida Lei está indicado também na Constituição.

Denúncia – Deve ser o denunciante brasileiro e estar em pleno gozo dos direitos políticos. A denúncia será encaminhada à Presidência da Câmara, com a assinatura do impetrante devidamente reconhecida. Este deve indicar o crime cometido pelo presidente da República, sob seu ponto de vista.

Rito processual na Câmara – O presidente da Câmara recebe a denúncia sem ter que submetê-la a ninguém. Se considerar a denúncia não consistente, poderá mandar arquivá-la. Se o presidente da Câmara entender consistente, de-

---

8 BARROSO, L. C. "*Impeachment* – crime de responsabilidade – exoneração do cargo". *Revista de Direito Administrativo*, n. 212, p. 161-74, abr./jun. 1998.

termina que seja criada uma comissão especial (com representação de todos os partidos) para análise do assunto e obtenção de maior número de dados.

Defesa – Se admitida a denúncia, o presidente da República terá prazo de dez sessões ordinárias para apresentar sua defesa e enviá-la à comissão especial. A partir dessa defesa, no prazo de cinco sessões, a comissão especial deve reunir-se em 48 horas a fim de produzir o respectivo parecer.

Câmara (nos crimes comuns e de responsabilidade) – A comissão especial deve votar o parecer, aprovado por maioria simples. Essa votação não dispensa a do plenário da Câmara e, para ser aprovado e admitir a acusação, necessita do voto de dois terços dos deputados.

Senado (só nos crimes de responsabilidade) – Uma vez aprovado pela Câmara o pedido de *impeachment*, o processo segue para o Senado, com rito semelhante ao da Câmara. Se acatado o pedido, automaticamente, estará instaurado o processo de *impeachment* e o presidente da República será suspenso das funções (máximo de 180 dias – art. 86, § 2º, da CF). Neste julgamento, funcionará como presidente o do Supremo Tribunal Federal, limitando-se à condenação, que somente será proferida por dois terços dos votos do Senado Federal, à perda do cargo, com inabilitação, por oito anos, para o exercício de função pública, sem prejuízo das demais sanções judiciais cabíveis (art. 52, parágrafo único, da CF).

STF – Nos crimes de **responsabilidade**, o presidente do julgamento será o mesmo do STF. Nos crimes **comuns**, deve-se observar a prévia autorização da Câmara por dois terços de seus membros. Esse processamento será efetivado perante o STF, nos termos do arts. 86 e 102, I, *b*, da CF. O presidente deve afastar-se do cargo desde o recebimento da denúncia ou queixa-crime (art. 86, § 1º, II, da CF).

A Lei n. 8.038/90 estabelece normas para os processos de **crime comum** em face do presidente da República, perante o STF. Deve-se observar também o Regimento Interno do STF para complementar as normas relacionadas a esse tipo de crime.

Quanto aos crimes de responsabilidade, a tramitação obedece aos preceitos da Lei n. 1.079/50, que, segundo Brossard,[9] nunca foi posta em dúvida, quanto a sua sobrevivência, após a edição da Constituição de 1988, "sem embargo de haver dispositivos obviamente revogados". De fato, a Lei n. 10.018/2000 trouxe, ainda, novos elementos para a antiga Lei, o que confirma sua adequação, ou a recepção de grande parte de seus dispositivos pela CF. A jurisprudência a seguir indica pontos importantes no processo que devem ser objeto de maior atenção.

---

9 O *impeachment*, p. 9.

Nos termos da Constituição e da Lei n. 1.079/50, arts. 14 e 23, I, compete ao Senado processar e julgar o presidente da República nos crimes de responsabilidade (arts. 52, I, e 86, § 1º, II), depois de autorizada pela Câmara dos Deputados, por dois terços de seus membros, a instauração do processo (art. 51, I, da CF), ou admitida a acusação (art. 86 da CF). O Senado formulará a acusação (juízo de pronúncia) e proferirá julgamento (arts. 51, I, 52, I, e 86, §§ 1º, II, e 2º, da CF). A Câmara pode, diante da denúncia oferecida contra o presidente da República, examinar a admissibilidade da acusação (art. 86, *caput*, da CF), podendo rejeitar a denúncia oferecida na forma do art. 14 da Lei n. 1.079/50. No procedimento de admissibilidade, a Câmara profere juízo político. Em alegações e fundamentos plausíveis, ela verifica se a notícia do fato reprovável tem razoável procedência, não sendo a acusação simplesmente fruto de desavenças políticas. O Senado poderá promover as indagações probatórias admissíveis.[10]

6. ÓRGÃOS DE APOIO DO PRESIDENTE DA REPÚBLICA

A Constituição prevê dois órgãos superiores de auxílio do presidente da República nas hipóteses de instabilidade das instituições democráticas: intervenção federal, estado de defesa e de sítio, que devem pronunciar-se.

Participam do **Conselho da República**, nos termos do art. 89, já regulamentada e considerada atividade relevante e não remunerada (art. 3º, § 4º, da Lei n. 8.041/90):

> I – o Vice-Presidente da República;
>
> II – o Presidente da Câmara dos Deputados;
>
> III – o Presidente do Senado Federal;
>
> IV – os líderes da maioria e da minoria na Câmara dos Deputados;
>
> V – os líderes da maioria e da minoria no Senado Federal;
>
> VI – o Ministro da Justiça;
>
> VII – seis cidadãos brasileiros natos, com mais de 35 anos de idade, sendo dois nomeados pelo Presidente da República, dois eleitos pelo Senado Federal e dois eleitos pela Câmara dos Deputados, todos com mandato de três anos, vedada a recondução.

A Lei n. 13.844/2019 estabelece a organização básica dos órgãos da Presidência da República e dos Ministérios. Nos termos do art. 2º, integram a Presidência: a Casa Civil (ações, propostas matérias em tramitação e diretrizes

10 STF, MS n. 21.564/DF, rel. Min. Octávio Gallotti, j. 23.09.1992, *DJ* 27.08.1993.

governamentais), Secretaria de Governo, Secretariaa-Geral, Gabinete Pessoal, Gabinete de Segurança, Autoridade Nacional de Proteção de Dados Pessoais e Assessoria Especial.

Nos termos do art. 91 da CF, o **Conselho de Defesa Nacional** é órgão de consulta do presidente da República nos assuntos relacionados com a soberania nacional e a defesa do Estado democrático, e dele participam como membros natos: o vice-presidente da República, o presidente da Câmara dos Deputados, o presidente do Senado Federal, o ministro da Justiça, o ministro de Estado da Defesa, o ministro das Relações Exteriores, o ministro do Planejamento e os comandantes da Marinha, do Exército e da Aeronáutica.

O art. 2º da Lei n. 8.183/91 estabelece ainda que:

> § 1º O Presidente da República poderá designar membros eventuais para as reuniões do Conselho de Defesa Nacional, conforme a matéria a ser apreciada.
>
> § 2º O Conselho de Defesa Nacional poderá contar com órgãos complementares necessários ao desempenho de sua competência constitucional.
>
> § 3º O Conselho de Defesa Nacional terá uma Secretaria-Executiva para execução das atividades permanentes necessárias ao exercício de sua competência constitucional.

O parágrafo único do art. 1º da Lei n. 8.183/91, nos mesmos termos do § 1º do art. 91 da Constituição, confirmados pela Lei n. 13.844/2019, estabelece que compete ao Conselho de Defesa Nacional:

> *a)* opinar nas hipóteses de declaração de guerra e de celebração de paz;
>
> *b)* opinar sobre a decretação do estado de defesa, do estado de sítio e da intervenção federal;
>
> *c)* propor os critérios e condições de utilização das áreas indispensáveis à segurança do território nacional e opinar sobre seu efetivo uso, especialmente na faixa de fronteira e nas relacionadas com a preservação e a exploração dos recursos naturais de qualquer tipo;
>
> *d)* estudar, propor e acompanhar o desenvolvimento de iniciativas necessárias a garantir a independência nacional e a defesa do estado democrático.

7. O PODER EXECUTIVO E SUAS FUNÇÕES LEGISLATIVAS

O mecanismo de separação dos Poderes proposto por Montesquieu, com base em estudos de Aristóteles e outros jusfilósofos, no qual se quis estabelecer o princípio rígido e dogmático da separação dos Poderes, não mais funciona integralmente no atual contexto histórico, conforme sublinhou Merlin Clève.[11] Correto o ponto de vista do autor ao afirmar que, enquanto ideia racionalizadora do aparato estatal ou mesmo técnica de organização do poder para a garantia das liberdades, o princípio da tripartição dos Poderes não pode ser esquecido, tampouco se encontra superado.

Hoje, o Poder Executivo deve dar respostas imediatas para as necessidades da população. Essa é a razão da possibilidade de emissão de medidas provisórias ou leis delegadas para, em casos relevantes e urgentes, tomar a medida mais adequada. Para Beçak, "fato inconteste é que, numa realidade atual, a tão conhecida paralisia legislativa mostra-se mais do que nunca inconveniente às necessidades do Estado mundializado moderno, mormente levando-se em conta as necessidades de intervencionismo econômico".[12]

O Poder Executivo, com o abrandamento do princípio da tripartição dos Poderes, passou a desempenhar grande número de atribuições legiferantes no Estado do bem-estar social. Consequência imediata disso foi a possibilidade de criação de normas diversas com autorização prévia (leis delegadas) ou *a posteriori* (medidas provisórias). Montesquieu já previa essa necessidade de intervenções do Executivo no processo legislativo, citou inicialmente, o veto. Contudo, outras espécies normativas foram a ele cometidas de modo a dar maior agilidade para questões que não pudessem aguardar o aval legislativo ou mesmo não necessitassem dessa intervenção, a exemplo de normas que trazem matéria exclusivamente técnica (portarias do Conama, da Anvisa, entre outros).

Atualmente se pode perceber a preocupação do Executivo em apoiar a iniciativa privada, conforme se observa na Declaração de Direitos de Liberdade Econômica, que estabelece normas de proteção à livre-iniciativa e ao livre exercício de atividade econômica e disposições sobre a atuação do Estado como agente normativo e regulado. A Medida Provisória n. 881/2019 ofereceu a primeira versão do texto definitivo que se transformou na Lei n. 13.874/2019. Essa norma, com caráter bem amplo, aguarda regulamentação da matéria que disciplina. Vale sublinhar os princípios mencionados no art. 2º da Lei, que oferece os seguintes princípios: a liberdade como uma garantia no exercício de atividades econômicas; a boa-fé do particular perante o poder público; a intervenção subsidiária e excepcional do Estado sobre o exercício de atividades econômicas; e o reconhecimento da vulnerabilidade do particular perante o Estado.

---

11 *Atividade legislativa do Poder Executivo no Estado contemporâneo e na Constituição de 1988*, p. 41-2.

12 "A hipertrofia do Executivo brasileiro. O impacto na Constituição de 1988", p. 162.

Existe traço distintivo no processo de regulamentação brasileira, conforme esclarece Schapiro,[13] na análise do Executivo e sua equipe nas agências reguladoras. Dessa forma, prevalece o Executivo, e não o Congresso, como principal agente no processo regulatório. O autor considera que fatores como o poder de edição de medidas provisórias e ainda o manuseio administrativo do orçamento "[...] garantem poder de gestão acentuado sobre as agências, tornando-as verdadeiros órgãos delegados".

É certo que o Estado do Bem-Estar (*Welfare State*), de cujo modelo o Brasil não logrou se afastar, ainda que existindo expressa indicação constitucional prevista nos arts. 170 e seguintes do Capítulo dedicado à Ordem Econômica e Financeira da CF, no sentido de seguir modelo neoliberal, traduz-se na clara prevalência de um Executivo hipertrofiado, com baixa tendência a esvaziamento.[14]

7.1. Função normativa primária decorrente de atribuição

Medidas provisórias – art. 62 da CF. Nos casos de urgência e relevância.	Natureza – ato normativo com força de lei. Entra em vigor na data de sua publicação.
Possibilidade de prorrogação – prorrogável, uma única vez, por igual período (60 dias).	Prazo – perdem a eficácia se não forem convertidas em lei no prazo de 60 dias.
Se a medida provisória não for apreciada em até 45 dias, contados de sua publicação, entra em regime de urgência, em cada uma das Casas do Congresso Nacional. As demais deliberações legislativas na pauta são sobrestadas até que a MP seja votada.	Comissão mista – para análise das MPs. Porém, a apreciação deve ser em sessão separada, em cada uma das Casas do Congresso. Matérias e outros detalhes relacionados às MPs – consultar na sessão do processo legislativo.

13 SCHAPIRO, M. G. "A regulação executiva da moeda: a variedade institucional da regulação monetária brasileira na Nova República". *Rev. de Direito Adm.*, Rio de Janeiro, v. 279, n. 2, p. 141-83, maio/ago. 2020.

14 Observa-se essa tendência nas tentativas de privatização de algumas empresas públicas com propostas de relevo. A exemplo da Empresa Brasileira de Correios e Telégrafos (ECT) em termos regulamentares, com todos os cuidados devidos, os projetos não receberam atenção do Legislativo em prol de seu prosseguimento.

7.2. Função normativa primária decorrente de delegação

Leis delegadas – presidente solicita ao Congresso autorização para legislar acerca de matéria não vedada para tanto na Constituição.	Espécies Condicionada – o Congresso manifesta-se em votação única, aprovando ou rejeitando.
Sustação – nos termos do art. 49, V, da CF, se ultrapassarem os termos da delegação, essas leis poderão ser sustadas.	Plena – o presidente poderá legislar nos termos estabelecidos na resolução prevista no art. 68, § 2º, da CF.
Matérias com vedação de delegação – estabelecidas no art. 68, § 1º e incisos, da CF.	Resolução do Congresso – especifica o conteúdo da delegação e os termos de seu exercício.

7.3. Função normativa secundária decorrente de atribuição ou delegação

Relativamente a essa possibilidade, Clève esclarece que:

> O Executivo não exerce, apenas, atividade legislativa primária. Exerce, igualmente, atividade legislativa (neste caso, tomando a lei no sentido material) secundária, quando emana, por exemplo, decretos regulamentares. E, aqui, mais uma vez o Executivo contribui para a formação da ordem jurídica.[15]

Essa atividade normativa secundária efetivada pelo Executivo é relevante e não se exaure na produção de regulamentos. Outras autoridades também participam desse processo de edição de atos normativos de diversas espécies. Porém, considerando que a atividade regulamentar é privativa dos chefes do Executivo, somente estes editam decretos regulamentares, nos termos do art. 84, IV, da CF.

Esta matéria é tratada em direito administrativo, que estabelece a diferença entre atos normativos, com efeitos de generalidade e abstração, e os atos administrativos, com efeitos singulares e concretos. Em sede de direito constitucional, todavia, importante sublinhar a questão da limitação material do poder regulamentar, pois este poder apenas pode detalhar, ou ainda, melhor precisar os termos e prescrições legislativas, sem, contudo, inovar. Quando os atos normativos exorbitarem do poder regulamentar e as leis delegadas ultrapassarem os limites da resolução legislativa, poderão ser sustadas pelo próprio Congresso Nacional, nos termos do art. 49, V, da CF.

Em sede de ato normativo, a diferença entre este e o administrativo é fundamental para se efetivar o controle de constitucionalidade. O Ministro Celso de Mello indica os elementos da abstração, generalidade e impessoalidade como

15 *Atividade legislativa do Poder Executivo no Estado contemporâneo e na Constituição de 1988*, p. 213.

requisitos indispensáveis à apreciação da constitucionalidade em sede abstrata de tais atos. Esse entendimento é ratificado pelo julgado a seguir.

> Objeto do controle normativo abstrato, perante a Suprema Corte, são, em nosso sistema de direito positivo, exclusivamente, os atos normativos federais, distritais ou estaduais. Refogem a essa jurisdição excepcional de controle os atos materialmente administrativos, ainda que incorporados ao texto de lei formal.[16]

Como visto, o **decreto** é a forma que se reveste o ato individual ou geral emanado pelos chefes do Poder Executivo: presidente da República, governadores de estado e do DF e prefeitos. Este ato pode veicular, semelhantemente à lei, normas gerais e abstratas a uma pessoa ou grupo de pessoas.

Decreto regulamentar ou de execução	Efetivado mediante o comando do art. 84, IV, da CF, ou seja, expedido para explicitar a lei para sua fiel execução.
Decreto independente ou autônomo	Após a EC n. 32/2001, voltou-se a prever tal ato, cujo intuito é disciplinar matéria não regulada pela lei. São os casos expressamente previstos no art. 84, VI, da CF: normas voltadas à organização e ao funcionamento da administração federal, quando não implicar aumento de despesa nem criação ou extinção de órgãos públicos; extinção de funções ou cargos públicos, quando vagos.

Os atos normativos devem observar o disposto pela Lei Complementar n. 95/98. Esta é a terceira edição do *Manual de Redação Oficial da Presidência da República*, que orienta na confecção dos mais distintos tipos de normas existentes. O sistema de Geração e Tramitação de Documentos Oficiais (SIDOF), introduzido pelo Decreto n. 4.522/2002, organiza, sob a forma de sistema, a tramitação e formalização dos atos normativos em geral, tendo como órgão central a Casa Civil da Presidência da República. Atualmente os servidores da presidência da República, com autorização especial do gestor, podem ter a respectiva certificação digital para os atos que necessitem emitir.

Aspecto relevante também apontado por Schapiro com a constatação de que a regulação na América Latina e no Brasil, sobretudo diante do que se pode observar em termos de literatura política e regulação monetária, nota-se certa correlação "[...] entre o modo do desenho regulatório e a organização do sistema político". Nesse sentido, é possível observar o protagonismo do Executivo

16 STF, ADI n. 834-0/MT, rel. Min. Celso de Mello, Medida liminar, *Ementário STF* n. 1.698-04.

e o caráter reativo do Congresso. Outro aspecto a se observar é o controle relacionado às políticas públicas e atuações regulatórias que, para o autor, seriam duas dimensões complexas existentes desse desenho regulatório nacional.[17]

QUESTÕES

1. (179 Magistratura – SP) Marque a assertiva incorreta.

A) Ao Poder Legislativo, por uma de suas Casas, compete privativamente processar e julgar o Presidente da República e os Ministros do Supremo Tribunal Federal, nos crimes de responsabilidade.

B) Os decretos e regulamentos expedidos pelo Presidente da República devem estar em conformidade com as leis aprovadas pelo Congresso Nacional.

C) Os Tribunais Superiores têm iniciativa de projetos de leis complementares e ordinárias.

D) O Chefe do Executivo pode apor veto a projeto de Emenda à Constituição, aprovada pelo Legislativo, se o considerar inconstitucional.

2. Na elaboração do processo legislativo, aponte a assertiva correta.

A) A Emenda à Constituição será promulgada pelas Mesas da Câmara dos Deputados e do Senado Federal, com o respectivo número de ordem.

B) Presentes os requisitos de relevância e urgência, o Presidente da República poderá editar Medida Provisória relativa à organização do Poder Judiciário e do Ministério Público, à carreira e à garantia de seus membros.

C) As leis complementares serão aprovadas por maioria simples.

D) A Constituição Federal não prevê a iniciativa privativa da Presidência da República na elaboração de leis que disponham sobre servidores públicos da União e Territórios, regime jurídico, provimento de cargos, estabilidade e aposentadoria.

3. (TJMS, Vunesp/2009) Sobre a Administração Pública, a Constituição Federal estabelece que

A) as funções de confiança, exercidas exclusivamente por servidores ocupantes de cargo efetivo, e os cargos em comissão, a serem preenchidos por servidores de carreira, destinam-se apenas aos cargos técnicos.

---

17 SCHAPIRO, M. G. "A regulação executiva da moeda: a variedade institucional da regulação monetária brasileira na Nova República". *Rev. de Direito Adm.*, Rio de Janeiro, v. 279, n. 2, p. 141-83, maio/ago. 2020.

B) a lei reservará o percentual de, pelo menos, dez por cento dos cargos e empregos públicos para as pessoas portadoras de deficiência e definirá os critérios de sua admissão.

C) a administração fazendária e seus servidores fiscais terão, dentro de suas áreas de competência e jurisdição, precedência sobre os demais setores administrativos, na forma da lei.

D) os atos de improbidade administrativa importarão a cassação dos direitos políticos, a suspensão da função pública e o ressarcimento ao erário, na forma e gradação previstas em lei, sem prejuízo da ação penal cabível.

E) a autonomia gerencial e financeira dos órgãos e entidades da administração direta e indireta não poderá ser ampliada mediante contrato, cabendo exclusivamente à lei dispor sobre a matéria.

4. (Reg. Not. Pr-2019) Segundo Romeu Felipe Bacellar Filho, "a Administração Pública indireta surge com o escopo de atender uma necessidade prática, verificada principalmente a partir do advento do Estado Social" (BACELLAR FILHO, 2008). Acerca do tema, assinale a alternativa correta.

A) A Administração indireta equivale aos órgãos públicos integrantes das estruturas dos Poderes Executivo, Legislativo e Judiciário.

B) A Administração direta do Poder Executivo é composta pelas Autarquias e Fundações Públicas, enquanto a indireta é composta pelas empresas públicas e sociedades de economia mista.

C) Os consórcios públicos também são exemplos de entes que compõem a Administração indireta.

D) Os serviços sociais autônomos são exemplos de entidades organicamente estatais, mas que compõem o terceiro setor.

E) As organizações sociais são exemplos de entes que compõem a Administração indireta a partir do momento em que firmam o contrato de gestão.

5. (TJAP-2014) O Governador do Amapá apresentou proposta de emenda à Constituição (PEC) do Estado para ter a prerrogativa de editar medidas provisórias conforme as regras básicas do processo legislativo previstas na Constituição da República. O processo de discussão e votação desta PEC encontra-se em trâmite na Assembleia Legislativa do Amapá. Nesse caso, a referida proposta é

A) inconstitucional, pois a edição de medidas provisórias é ato privativo do Presidente da República, excluindo-se, portanto, a possibilidade de os Governadores de estado editarem medidas provisórias.

B) inconstitucional, pois o Governador do estado não tem legitimidade para apresentar proposta de emenda à Constituição Estadual.

C) constitucional, considerando-se aprovada se obtiver, no mínimo, 3/5 dos votos dos Deputados Estaduais, em dois turnos de votação.

D) inconstitucional, podendo ser objeto de ação direta de inconstitucionalidade perante o Supremo Tribunal Federal em face da Constituição da República.

E) constitucional e, caso seja aprovada, deverá ser promulgada pelo Governador do Estado.

6. (CONC. 184 – MAG/SP) Ato Normativo do Presidente da República que exorbita dos limites de delegação legislativa

A) autoriza o Congresso Nacional a revogar todo o Ato Normativo do Poder Executivo, por meio de uma Resolução.

B) legitima o Presidente do Senado Federal a propor ação direta de inconstitucionalidade.

C) autoriza o Congresso Nacional a sustar a parte do Ato Normativo do Poder Executivo que exorbitou dos limites de delegação legislativa, por meio de Decreto Legislativo.

D) legitima a Mesa do Congresso Nacional a propor ação direta de inconstitucionalidade.

RESPOSTAS

1. D
2. A
3. C
4. C
5. C
6. C

16

Poder Judiciário

1. ORGANIZAÇÃO

O Poder Judiciário é um dos três Poderes consagrados na Teoria da Tripartição, sua função preponderante é a jurisdição, ou melhor, diz o Direito quando invocado. Nesse sentido, trata de dar solução aos casos concretos a ele submetidos. O processo regular proposto perante o Judiciário, o qual detém o monopólio dessa função, gera a denominada coisa julgada, a qual se imporá perante as partes que solicitaram do Estado-juiz uma solução à demanda.

Pode-se, contudo, perfilar outras funções do Poder. Luiz Flávio Gomes[1] infere que são cinco as funções do Judiciário: a) aplicar contenciosamente a lei aos casos concretos; b) controlar os demais Poderes; c) autoadministrar-se; d) concretizar os direitos fundamentais; e e) garantir o Estado Constitucional Democrático de Direito.

A primeira indicada pelo jurista é de simples constatação, eis que sua função mais tradicional: a judicatura. O Judiciário deve solucionar as contendas e aplicar as leis aos litigantes. A segunda se refere a uma das consequências da aplicação dos *checks and balances* decorrentes da tripartição dos Poderes, ou seja, o Judiciário deve controlar a margem decisória dos demais Poderes, a fim de invalidar atos ilegais ou praticados com abuso de poder. Não se pode também olvidar que ao STF é atribuída a guarda da Constituição, nos termos do art. 102 da CF. A terceira se refere à autoadministração outorgada ao Judiciário para sua plena gestão. Assim, entre suas atípicas atribuições encontram-se as funções: administrativa, financeira e funcional. A quarta atribuição se refere ao julgamento de ações e omissões que possam comprometer o pleno exercício

1 *A dimensão da magistratura no estado constitucional e democrático de direito*, p. 15-118.

dos direitos fundamentais. Esse é o motivo da existência dos remédios constitucionais e das ações constitucionais com o objetivo claro de proteger tais direitos diante de autoridades públicas que possam, de alguma forma, maculá-los. A última atribuição é muito ampla. Volta-se às anteriores e ainda inclui o Judiciário no deslinde de questões em que a Federação possa ser afetada, tal como a transgressão dos princípios sensíveis estabelecidos no art. 34, VII, da CF.

Nessa última missão, pode-se incluir as considerações de Grinover ao afirmar que o Poder Judiciário pode exercer o controle das políticas públicas, consideradas programas e ações com objetivos de atingir metas determinadas, a fim de aferir sua compatibilização com os objetivos constitucionais; essa atuação não pode ser considerada indevida a ponto de vislumbrar alguma interferência entre as funções estatais. É certo que existem limites a essa intervenção, eles são: "a restrição à garantia do mínimo existencial, a razoabilidade da pretensão individual/social deduzida em face do Poder Público e a irrazoabilidade da escolha do agente público e a reserva do possível".[2]

Já se observou que o Poder Judiciário possui também funções atípicas, indispensáveis à sua autonomia e independência, a exemplo da possibilidade de contratar servidores para o desenvolvimento de tarefas administrativas e terceiros para o provisionamento de bens e serviços.

A ordem constitucional vigente estabeleceu papel relevante do Judiciário na arena política. Trata-se não somente de instância superior de resolução de conflitos entre o Executivo e Legislativo, mas igualmente soluciona conflitos entre esses Poderes e particulares que se julguem atingidos por decisões consideradas ilegais. Ademais, por seu ativismo judicial tem logrado estabelecer regras em áreas nas quais se encontra omissão Legislativa.

A necessidade de independência do Judiciário resultou nas garantias oferecidas aos seus membros efetivos, sendo as mais importantes a vitaliciedade, a inamovibilidade e a irredutibilidade de subsídios. O art. 93 refere-se à edição de um Estatuto da Magistratura, por iniciativa do STF e elenca uma série de regras próprias aplicáveis à carreira.

O ingresso na carreira, nos termos do art. 92, I, da CF estabelece-se que o cargo inicial será o de juiz substituto. O candidato deve ser aprovado por concurso público de provas e títulos, com a participação da Ordem dos Advogados do Brasil em todas as suas fases. Fundamental obedecer, nas nomeações, à ordem de classificação. Exige-se do bacharel em Direito experiência, após graduação, de, no mínimo, três anos de atividade jurídica.

---

2 GRINOVER, A. P. "O controle das políticas públicas pelo Poder Judiciário". *Revista do Curso de Direito da Faculdade de Humanidades e Direito*, v. 7, n. 7, 2010.

2. QUINTO CONSTITUCIONAL

Ao lado do juiz de carreira, existe a previsão do quinto constitucional, estabelecido no art. 94 da CF. Este dispositivo nada mais é do que a repetição da regra do art. 144 da CF de 1967, com a Emenda n. 1, de 1969; do art. 104, *b*, da Constituição de 1946; e do art. 104, § 6º, da Carta de 1934.

O objetivo do dispositivo seria introduzir novas experiências na função judicante. Tudo com vistas ao revigoramento dos tribunais e à eleição por profissionais que possam contribuir com sua experiência profissional na magistratura.

Os órgãos representantes do Ministério Público e dos advogados indicam seus membros por meio de listas sêxtuplas. Exige-se do Ministério Público mais de dez anos de carreira e dos advogados, notório saber jurídico e reputação ilibada. Com base nessas listas, o tribunal respectivo indicará três deles para serem nomeados pelo Poder Executivo.

Em trabalho com adequada observância de fatores existentes nessa forma de escolha elaborado por Sobrinho e Albuquerque, pontua-se que tanto a exigência de concurso para o primeiro grau de jurisdição como o quinto constitucional nos tribunais são oriundos "do mesmo ventre democrático e modernizador". A fórmula admite que no recrutamento de magistrados haja abertura para outros setores, o que não vulneraria as características mais fundamentais da magistratura. Contudo, razão assiste aos autores ao constatarem a existência de fisiologismo e favoritismo político no processo de escolha. Inferem que deveria existir a comprovação do saber jurídico, sobretudo pela titulação acadêmica, obras publicadas, entre outros muito relevantes para o exercício do cargo.[3]

3. GARANTIAS DOS MAGISTRADOS

A **irredutibilidade de subsídios**, tratada de forma expressa no art. 95, III, da CF, compreende o reconhecimento de que a carreira impede o exercício de outras atividades laborais, a não ser a docência, desde que haja compatibilidade de horário, nos termos do art. 95, parágrafo único, I, da CF. Essa remuneração é protegida contra diminuições, exceto o desconto dos tributos cobrados de qualquer trabalhador, nos termos dos arts. 150, II, e 153, III e § 2º, I. Essa modalidade de retribuição pecuniária é obrigatória para o membro de Poder, so-

---

3 VERDE SOBRINHO, L. L.; ALBUQUERQUE, N. M. "Quinto constitucional: porta para a democracia ou janela para o fisiologismo no Poder Judiciário?". *Revista de Direito Constitucional e Internacional*, v. 102, p. 147-68, 2017.

bretudo diante da categorização preconizada por Hely Lopes Meirelles,[4] para os membros da magistratura e MP (art. 128, § 5º, I, CF), para quem detém mandato eletivo, Ministros de Estado e secretários estaduais e municipais (art. 39, § 4º, CF), membros das carreiras da advocacia pública e defensoria pública (art. 135, CF), carreiras policiais (art. 144, § 9º, CF) e desde que estabelecida em lei para categoria de servidores estatutários organizados em carreira (art. 39, § 8º, CF).

A **vitaliciedade** é indispensável à independência plena que deve existir na função judicante, porque constitui a base da imparcialidade, garantindo a imunidade dos juízes a influências e interferências de outros Poderes ou mesmo autoridades, inclusive do próprio Poder Judiciário. Em seu mister jurisdicional, o juiz não possui superior hierárquico, seja no plano vertical ou horizontal. Isto se aplica em suas decisões monocráticas ou na decisão colegiada. Essa vitaliciedade é alcançada após submissão a um estágio probatório que, no primeiro grau, só será adquirida após dois anos de exercício, nos termos do art. 95, I, da CF.

A **inamovibilidade,** prevista no art. 95, II, da CF, existe salvo por motivo de interesse público, na forma do art. 93, VIII. Nesse sentido, o magistrado pode agir livremente, sem qualquer receio de ser removido por alguma decisão desfavorável que tenha dado alguma parte que pudesse influenciar nessa decisão. A remoção, disponibilidade e aposentadoria, por interesse público, deve fundar-se no voto da maioria absoluta no respectivo tribunal ou do Conselho Nacional de Justiça. Marcelo Neves pondera que essa independência não deve ser vista como uma pretensão corporativista da categoria dos magistrados, pois se traduz em noção de interesse público e social no Estado de Direito. Para o autor, apoiado nas opiniões de Grinover, Araújo Cintra e Dinamarco, "abrangem-se na inamovibilidade: o grau, a sede, a comarca ou a seção judiciária, o cargo, o tribunal e a câmara. A inamovibilidade não pode sofrer exceção sequer em caso de promoção sem consentimento do magistrado".[5]

Acúmulo de cargos: nos termos do art. 37, XVI, da CF, o acúmulo de cargos é inadmissível, exceto se houver compatibilidade de horários e nas hipóteses previstas no texto constitucional. A Lei Orgânica da Magistratura Nacional estabelece no § 1º do art. 26 que o exercício no magistério superior, público ou

4 Hely Lopes Meirelles incluiu magistrados e membros do MP entre os agentes políticos, diante da afirmação de que exerceriam parcela da soberania estatal, tal qual os agentes políticos. Esse não é o entendimento majoritário. Porém, importante mencioná-lo já que é um dos mais reputados administrativistas nacionais (*Direito administrativo brasileiro*, 2020).

5 NEVES, M. "Regra-garantia da inamovibilidade dos juízes – imparcialidade, pressões corporativas e institucionais, separação dos Poderes". *Revista de Direito Administrativo*, n. 245, p. 298-312, 2007.

particular, "somente será permitido se houver correlação de matérias e compatibilidade de horários, vedado, em qualquer hipótese, o desempenho de função de direção administrativa ou técnica de estabelecimento de ensino".[6,7]

O CNMP indica que seus membros e servidores devem se abster de firmar contratos de trabalho com instituições de ensino que, considerados isoladamente ou em conjunto com outros contratos, prevejam a contraprestação, pelo membro docente, de mais de 20 horas semanais.[8]

4. ORGANIZAÇÃO DO JUDICIÁRIO

De acordo com o art. 92 da CF são órgãos do Judiciário: o Supremo Tribunal Federal (STF), o Conselho Nacional de Justiça (CNJ), o Superior Tribunal de Justiça (STJ), o Tribunal Superior do Trabalho (TST), os Tribunais Regionais Federais (TRF) e juízes federais, os tribunais e juízes do trabalho, os tribunais e juízes eleitorais, os tribunais e juízes militares, e os tribunais e juízes dos estados, do DF e dos territórios. O STF, o STJ e os tribunais superiores têm sede na Capital Federal e jurisdição em todo o território nacional.[9]

O art. 5º, XXXVII, da CF estipula a vedação da criação de juízo ou tribunal de exceção. **Não se pode considerar** as justiças especializadas como **tribunais de exceção.** Estes, geralmente, são criados após o fato reconhecido como criminoso para julgar pessoas determinadas. A previsão da existência de uma **justiça do trabalho, militar e eleitoral** não é considerada como transgressão ao que preceitua esse dispositivo. Inclusive existem varas especializadas em meio ambiente, direito urbanístico e outros para melhoria e especialização dos juízes.

		STF		CNJ (órgão de controle adm.)	
	STJ		TST	TSE	STM
	TJs	TRFs	TRT	TRE	TM
Juízes singulares	Comuns	Federais	Trabalhistas	Eleitorais	Militares

6 Lei Complementar n. 35/79 – Lei Orgânica da Magistratura Nacional. Disponível em: https: www.planalto.gov.br/ccivil_03/Leis/LCP/Lcp37.htm.

7 Deve ser observada também a questão de exclusividade, o que pressupõe uma carga de 40 horas, o que é vedado por essa Lei.

8 Disponível em: https://www.cnmp.mp.br/portal/institucional/comissoes/comissao-de-controle-administrativo-e-financeiro/atuacao/manual-do-ordenador-de-despesas/recursos-humanos-e-gestao-de-pessoas/acumulacao-de-cargos-limite-de-horas-no-magisterio.

9 O art. 92 da CF sofreu duas alterações: a EC n. 45/2004, introduzindo o CNJ, e a EC n. 92/2016, introduzindo o TST.

5. REFORMA DO JUDICIÁRIO E SÚMULAS VINCULANTES

A estrutura do Judiciário sofreu profundas alterações a partir da promulgação da Emenda Constitucional n. 45/2004, algumas de forma imediata e outras de médio ou longo alcance, dependentes de regulamentação. As inovações tiveram intuito de dotar o Judiciário de meios adequados para cumprir seu mister, de forma a julgar os litígios em tempo razoável e prestando ao governado a providência aguardada em período adequado.

Em função da necessidade de uma **agilização** no julgamento dos processos, introduziu-se, como último inciso do art. 5º, LXXVIII, o princípio da duração razoável dos processos, como desdobramento do respeito ao princípio da dignidade da pessoa humana. Em monografia sobre o tema, Ramalho da Cunha afirmou estar o CNJ buscando materializar esse direito fundamental, sobretudo por meio da implementação da infraestrutura no Poder Judiciário. Esclarece que poderia eventualmente haver conflito entre a celeridade e a adequada distribuição da Justiça, o que de fato não ocorre, pois ambas estariam umbilicalmente conectadas no sistema atual.[10]

Nesse diapasão, erradicou-se da justiça nacional os tribunais de alçada, onde houvesse, dos respectivos estados da Federação. A unificação da segunda instância nos tribunais de justiça estaduais seria uma das fórmulas encontradas pelo Legislativo reformador como meio de se julgar de maneira mais ágil e eficiente. A unificação, portanto, traria a rápida composição da lide. Outro passo que merece referência é o art. 71 do Estatuto do Idoso (Lei n. 10.741/2003), que garante ao idoso "assegurada prioridade na tramitação dos processos e procedimentos e na execução dos atos e diligências judiciais em que figure como parte ou interveniente pessoa com idade igual ou superior a 60 (sessenta) anos, em qualquer instância".

Com a extinção dos tribunais de alçada houve a integração dos magistrados que os compunham e, por consequência, não mais prevaleceu a pretérita divisão dos órgãos. Preservou-se, outrossim, a distribuição da matéria entre as seções, que indubitavelmente é um meio de se atender ao princípio da especialização.

A par de outros mecanismos introduzidos pela já citada EC n. 45/2004, destaca-se uma ampliação na aplicação da súmula vinculante, cujos parâmetros foram ampliados a partir da mudança na redação do art. 102, § 2º, e o acréscimo do art. 103-A e seus respectivos dispositivos. São mecanismos importantes

10 RAMALHO DA CUNHA, L. G. "O direito fundamental à duração razoável do processo", 2010.

para que as decisões do STF sejam respeitadas e uniformizados determinados entendimentos.

Há que defenda a inconstitucionalidade da súmula vinculante, conforme advertiu Luiz Flávio Gomes.[11] Para ele toda interpretação oferecida por um tribunal a uma lei ordinária, por mais sábia que seja, não deveria vincular os juízes das instâncias inferiores. Estes devem julgar com absoluta e total independência. A súmula viola a independência do juiz.

Importante sublinhar que a **súmula vinculante** não é novidade em nosso sistema jurídico. Este já estava previsto na redação constitucional antes da EC n. 45/2004. Ainda que o texto fosse específico para as ações declaratórias de constitucionalidade, o STF já estendia o mesmo entendimento para a ADI e para a ADPF.

Destarte, nos termos da redação do próprio § 2º do art. 102 da CF, ratificou-se o entendimento então existente no STF de que:

> As decisões definitivas de mérito, proferidas pelo Supremo Tribunal Federal, nas ações diretas de inconstitucionalidade e nas ações declaratórias de constitucionalidade de lei ou ato normativo federal ou estadual, produzirão eficácia contra todos e efeito vinculante, relativamente aos demais órgãos do Poder Judiciário e à administração pública direta e indireta, nas esferas federal, estadual e municipal.

Os requisitos para a edição de súmulas vinculantes estão relacionados no art. 103-A da CF e na Lei n. 11.417, de 19.12.2006, que regulamentou a edição, a revisão e o cancelamento de enunciado de súmula vinculante pelo Supremo Tribunal Federal. Quem pode propor a criação de súmulas são as mesmas pessoas legitimadas para propor ADI, além de outras referidas nos incisos do art. 3º da Lei.[12] Posteriormente, será necessária a aprovação por dois terços de seus membros, isso sem esquecer que a súmula deve refletir as reiteradas decisões sobre matéria constitucional no mesmo sentido.

---

11 *A dimensão da magistratura no estado constitucional e democrático de direito*, p. 202 e segs.

12 "Art. 3º São legitimados a propor a edição, a revisão ou o cancelamento de enunciado de súmula vinculante: I – o Presidente da República; II – a Mesa do Senado Federal; III – a Mesa da Câmara dos Deputados; IV – o Procurador-Geral da República; V – o Conselho Federal da Ordem dos Advogados do Brasil; VI – o Defensor Público-Geral da União; VII – partido político com representação no Congresso Nacional; VIII – confederação sindical ou entidade de classe de âmbito nacional; IX – a Mesa de Assembleia Legislativa ou da Câmara Legislativa do Distrito Federal; X – o Governador de Estado ou do Distrito Federal; XI – os Tribunais Superiores, os Tribunais de Justiça de Estados ou do Distrito Federal e Territórios, os Tribunais Regionais Federais, os Tribunais Regionais do Trabalho, os Tribunais Regionais Eleitorais e os Tribunais Militares."

A publicação é o ato final que formalizará a súmula e a partir do qual gerará os respectivos efeitos *erga omnes*. Estabelece ainda o *caput* do já referido art. 103-A que a súmula terá efeito vinculante em relação aos demais órgãos do Poder Judiciário e à administração pública direta e indireta, nas esferas federal, estadual e municipal. Isto significa que cabe reclamação (art. 7º da Lei), na hipótese de seu descumprimento ou inobservância, estabelecida no § 3º do mesmo artigo.

A súmula vinculante ainda permite que, por decisão de dois terços dos seus membros, o STF poderá restringir os efeitos vinculantes ou decidir que só tenha eficácia a partir de outro momento, tendo em vista razões de segurança jurídica ou de excepcional interesse público.

Caso a lei em que se fundou a edição de enunciado de súmula vinculante seja revogada ou modificada, o STF, de ofício ou por provocação, procederá à sua revisão ou cancelamento, conforme o caso. A proposta de edição, revisão ou cancelamento de enunciado de súmula vinculante não autoriza a suspensão dos processos em que se discuta a mesma questão.

Esse mecanismo foi gerado a partir da necessidade de se diminuir a morosidade do Poder Judiciário. Dúvidas quanto à sua inconstitucionalidade existem; porém, já foi regulamentada e, até a data de fechamento desta edição, já existem trinta súmulas vinculantes.[13] Na verdade, este instituto pressupõe a existência de uma norma, cuja interpretação e alcance estão sendo dados pelo tribunal a fim de se gerar uma orientação geral, evitando controvérsias e outros efeitos nefastos ao Judiciário.

A dotação de infraestrutura adequada no Judiciário, a atuação do CNJ na criação de uma regulamentação de assuntos atinentes à Justiça, mecanismos de desjudicialização, a exemplo da solução extrajudicial de conflitos (conciliação, mediação e arbitragem), além de implementação de processos eletrônicos e a realização de audiências e outros atos processuais por videoconferência certamente contribuirão para a realização da Justiça no âmbito judicial e extrajudicial.[14]

---

13 Disponível em: http://www.stf.jus.br/portal/jurisprudencia/listarJurisprudencia.asp; acesso em: 02.10.2009.

14 A Resolução n. 329/2020, do CNJ, regulamenta e estabelece critérios para a realização de audiências e outros atos processuais por videoconferência, em processos penais e de execução penal, durante o estado de calamidade pública, reconhecido pelo Decreto Federal n. 6/2020, em razão da pandemia mundial da Covid-19.

6. DO CONSELHO NACIONAL DE JUSTIÇA (CNJ)

O art. 103-B, também introduzido pela EC n. 45/2004, estrutura a formação do Conselho Nacional de Justiça, o qual se compõe de quinze membros com mais de 35 e menos de 66 anos de idade, com mandato de dois anos, admitida uma recondução.

O Conselho é formado por um ministro do Supremo Tribunal Federal um ministro do Superior Tribunal de Justiça,[15] indicados pelos respectivos tribunais (exercerá a função de ministro-corregedor e ficará excluído da distribuição de processos no tribunal); um ministro do Tribunal Superior do Trabalho, indicado pelo respectivo tribunal; um desembargador de Tribunal de Justiça, indicado pelo Supremo Tribunal Federal; um juiz estadual, indicado pelo Supremo Tribunal Federal; um juiz de Tribunal Regional Federal, indicado pelo Superior Tribunal de Justiça; um juiz federal, indicado pelo Superior Tribunal de Justiça; um juiz de Tribunal Regional do Trabalho, indicado pelo Tribunal Superior do Trabalho; um juiz do trabalho, indicado pelo Tribunal Superior do Trabalho; um membro do Ministério Público da União, indicado pelo Procurador-Geral da República; um membro do Ministério Público estadual, escolhido pelo procurador-geral da República dentre os nomes indicados pelo órgão competente de cada instituição estadual; dois advogados, indicados pelo Conselho Federal da Ordem dos Advogados do Brasil; dois cidadãos, de notável saber jurídico e reputação ilibada, indicados um pela Câmara dos Deputados e outro pelo Senado Federal.

A presidência do Conselho ficará à cargo do ministro do Supremo Tribunal Federal, que votará em caso de empate, ficando excluído da distribuição de processos naquele tribunal. Oficiarão junto ao Conselho o procurador-geral da República e o presidente do Conselho Federal da Ordem dos Advogados do Brasil.

A nomeação de seus membros segue a mesma forma da escolha do STF: são nomeados pelo Presidente da República, após aprovação pela maioria absoluta do Senado Federal. O STF deve escolher, caso as indicações não sejam previstas como estabelecido na Constituição.

---

15 Competirá a ele: "I – receber as reclamações e denúncias, de qualquer interessado, relativas aos magistrados e aos serviços judiciários; II – exercer funções executivas do Conselho, de inspeção e de correição geral; III – requisitar e designar magistrados, delegando-lhes atribuições, e requisitar servidores de juízos ou tribunais, inclusive nos Estados, Distrito Federal e Territórios" (art. 103-B, § 5º, da CF).

Atribuições do CNJ	
Função administrativa	Exercer controle da atuação administrativa e financeira do Poder Judiciário e do cumprimento dos deveres funcionais dos juízes.
Função normativa	Expedir atos regulamentares, no âmbito de sua competência, ou recomendar providências.
Função fiscalizadora e autotutela	Apreciar, de ofício ou mediante provocação, a legalidade dos atos administrativos praticados por membros ou órgãos do Poder Judiciário, podendo desconstituí-los, revê-los ou fixar prazo para que se adotem as providências necessárias ao exato cumprimento da lei.
Supervisão hierárquica	Receber e conhecer das reclamações contra membros ou órgãos do Poder Judiciário, inclusive contra seus serviços auxiliares, serventias e órgãos prestadores de serviços notariais e de registro que atuem por delegação do Poder Público ou oficializados, sem prejuízo da competência disciplinar e correicional dos tribunais, podendo avocar processos disciplinares em curso e determinar a remoção, a disponibilidade ou a aposentadoria com subsídios ou proventos proporcionais ao tempo de serviço e aplicar outras sanções administrativas, assegurada ampla defesa.
Funções de ofício	Representar ao Ministério Público, no caso de crime contra a administração pública ou de abuso de autoridade. Rever processos disciplinares de juízes e membros de tribunais julgados há menos de um ano.
Elaboração de relatórios	Semestralmente: elaborando relatório estatístico sobre processos e sentenças prolatadas, por unidade da Federação, nos diferentes órgãos do Poder Judiciário. Anualmente: propondo as providências que julgar necessárias, sobre a situação do Poder Judiciário no País e as atividades do Conselho, o qual deve integrar mensagem do presidente do Supremo Tribunal Federal a ser remetida ao Congresso Nacional, por ocasião da abertura da sessão legislativa.

O ativismo judicial, como remarcado em capítulos precedentes e na opinião do Min. Barroso, já teria sido iniciado nos Estados Unidos da América, no início do século XIX, no próprio caso Marbury & Madison pelo juiz Marshall, caso que principiou o controle de constitucionalidade. Oliveira Miranda[16] dá subsídios acerca do ativismo judicial do CNJ que é importante diante de omissões do Legislativo, que não se pronuncia por motivos diversos. Para ele o poder regulamentar atribuído ao Judiciário seria o fundamento das resoluções tomadas. Contudo, esse poder não poderia ser exercido *extra* ou *contra legem*. Mesmo

16 OLIVEIRA MIRANDA, G.R. "Ativismo judicial e poder normativo do CNJ". In: *Brazilian Journal of Development*. Disponível em: https://www.brazilianjournals.com/index.php/BRJD/article/view/18053/14596. Acesso em: 08.12.2020.

considerando, por exemplo, o art. 226 amplo o bastante para comportar a união homossexual, longe estaria de um permissivo para contrariar o art. 1.514 do Código Civil, que expõe quem poderia casar. Porém, com base nos dispositivos constitucionais da dignidade da pessoa humana, igualdade de direitos entre homens e mulheres, independentemente de sua orientação ou identidade sexual, conforme estabelecido na Constituição Federal, o CNJ criou a Resolução n. 175/2013. Trata-se de ativismo extremamente oportuno, considerando o tratamento dessa união por grande parte dos países desenvolvidos e a extrema necessidade de sua regulação. O Legislativo, diante de inúmeros projetos propostos por parlamentares, que nem mais estão naquele Poder, sempre refutou essa ideia.

Ouvidorias de justiça – A União, inclusive no DF e nos territórios, deve criá-las com o intuito de receber reclamações e denúncias de qualquer interessado contra membros ou órgãos do Poder Judiciário, ou contra seus serviços auxiliares, representando diretamente o Conselho Nacional de Justiça.

7. FUNÇÕES ESSENCIAIS À JUSTIÇA

Estas funções correspondem aos demais atores, além do Judiciário, responsáveis pelo andamento da Justiça. Permitem o desencadeamento de mecanismos próprios e necessários à solução de lides e manutenção da ordem pública. Isso ocorre tanto no aspecto preventivo quanto repressivo. O primeiro é tido como sendo aquele que evita possíveis lides e busca adequar os processos nos termos legais.

Para José Afonso da Silva, as **funções essenciais à justiça** compreendem "todas as atividades profissionais públicas ou privadas, sem as quais o Poder Judiciário não pode funcionar ou funcionará muito mal. São procuratórias e propulsoras das atividades jurisdicional, institucionalizadas nos arts. 127 a 135 da Constituição de 1988".[17]

Essas funções garantem a proteção e manutenção dos direitos constitucionais e permitem seja acionado o Judiciário em eventuais violações. Os artigos referidos definem as seguintes funções essenciais à justiça: Advocacia Pública, Ministério Público, Defensoria Pública e Advocacia Privada.

Referidas funções gravitam em torno do Judiciário e permitem seu funcionamento, considerando o princípio da inércia jurisdicional. Assim, uma vez provocado, o Poder Judicante move-se por força do impulso oficial do juiz. Contudo, as partes são imprescindíveis para dar andamento ao processo, trazendo provas, invocando medidas e mantendo a sua tramitação.

---

17 *Curso de direito constitucional positivo*, p. 594.

8. MINISTÉRIO PÚBLICO

O Ministério Público, ainda quem encontre alguns indícios de suas origens na antiguidade, não poderia aí ter suas raízes históricas. Razão assiste à Mendes, Coelho e Branco ao entenderem que

> parece mais seguro afirmar que a Instituição, em seus contornos mais precisos, tem suas origens diretas na França, nos fins do século XVIII e início do XIX, nas pessoas dos comissários do rei, que são as primeiras figuras do Ministério Público encontradas nos textos constitucionais.[18]

O Ministério Público também é conhecido por outra designação, em decorrência da origem francesa, isso porque seus membros exerciam, na época, seu ofício sobre um tablado de madeira, o *parquet*.

A instituição possui várias missões atribuídas por normas constitucionais e infraconstitucionais:

Fiscal da ordem jurídica (*custos legis*) – Nos termos do art. 176 do CPC de 2015, o MP observa a aplicação da lei pelo magistrado quando este atua em casos concretos, sobretudo quando julga ações ou procedimentos relacionados a família, menores e direitos indisponíveis.

Titular da ação penal pública – Nessas hipóteses, o MP deve mover o Judiciário com a finalidade de serem aplicadas sanções aos crimes tipificados na legislação penal. Ele é o órgão indicado pela lei para a promoção da ação penal. Existem casos específicos em que outros atores poderiam movê-la. Nesse sentido, pode ser parte, quando propõe ação, e fiscal da ordem jurídica.

Ação civil pública/defesa de direitos difusos (ação de responsabilidade civil) – Aqui, o MP tem o poder-dever de provocar o Poder Judiciário com vistas à defesa de direitos transindividuais, difusos e coletivos incluídos em diversos dispositivos legais, a exemplo do meio ambiente, patrimônio cultural e histórico – art. 225 da CF (Leis ns. 6.938/81, 9.985/2000 etc.), a defesa do consumidor (Lei n. 8.078/90), entre outros. A ação civil pública não é privativa do MP.

De acordo com o CPC vigente, o MP tem o dobro para recorrer e contestar, diferentemente do que dispunha o anterior (quádruplo para contestar).

Importante o fato de que é nulo o processo em que o membro do Ministério Público não for intimado a acompanhar o feito em que deveria intervir, nos termos do art. 279 do CPC.

18 *Curso de direito constitucional*, p. 992.

Controle externo da atividade policial – Nos termos do art. 1º da Resolução n. 20, de 28 de maio de 2007, que regulamenta o art. 9º da Lei Complementar n. 75, de 20 de maio de 1993, estão sujeitos ao controle externo do Ministério Público, nos termos do art. 129, VII, da CF, os organismos policiais relacionados no art. 144 da CF, assim como as polícias legislativas ou qualquer outro órgão ou instituição, civil ou militar, a quem se atribua parcela de poder de polícia em termos de segurança pública e persecução criminal.[19]

O controle externo, efetivado na forma de controle difuso por todos os membros do MP ou em sede de controle concentrado por membros com atribuições específicas, tem como principal atuação o respeito aos direitos fundamentais assegurados constitucionalmente, a preservação da ordem pública, a prevenção da criminalidade, a celeridade e aperfeiçoamento da persecução criminal, a prevenção ou correção de irregularidades e ilegalidade na investigação criminal, entre outros.

Instituição observadora – Expedir recomendações, visando à melhoria dos serviços públicos e de relevância pública. Isto quando a entidade, autarquia ou fundação possuir atividade correlata à função ministerial.

Tanto a Constituição como as normas que tratam da defesa dos direitos transindividuais aumentaram significativamente a atuação do MP e vieram a politizar esse órgão. Essa agregação de novas atribuições deu-se graças à instituição de prerrogativas e garantias funcionais para promotores e procuradores, da mesma maneira que as outorgadas aos membros do Judiciário. São aquelas que garantem a independência funcional, vitaliciedade, inamovibilidade e irredutibilidade de subsídios.[20] Dessa forma, os integrantes do MP podem agir sem receio de ingressarem em conflitos de ordem social e política, não cedendo às pressões externas ou ainda da própria instituição.

Da mesma forma que não se pode falar em hierarquia no Judiciário, o mesmo ocorre na organização do MP. Pode-se, contudo, existir no âmbito administrativo; porém, não reflete na esfera funcional de seus integrantes. A equiparação dos subsídios e a obtenção de garantias também decorrem da relevância de suas atribuições. Aquelas atividades relacionadas à representação judicial e de consultoria jurídica às atividades políticas passaram a ser realizadas por outros órgãos e foram vedadas ao *parquet* (art. 129, IX, da CF).

Cabe sublinhar a inserção do Ministério Público em seção individualizada, juntamente com outras funções essenciais à Justiça, separado do Judiciário

---

19 Resolução n. 20, de 28.05.2007, do Conselho Nacional do Ministério Público. Disponível em: http://www.cnmp.mp.br/portal/images/Resolu%C3%A7ao_n%C2%BA_20_alterada_pelas_Resolu%C3%A7%C3%B5es-65-98_113_e_121.pdf; acesso em: 05.11.2018.

20 Garantias já observadas no estudo do Poder Judiciário e membros da Magistratura.

e dos outros poderes estatais, o que lhe garante um *status* próprio. Os arts. 127 a 130 da CF referem-se ao MP e, juntamente com a Lei Complementar n. 75/93 e a Lei n. 8.625/93, estabelecem importantes regras à instituição. A primeira estabelece a organização, as atribuições e o estatuto do Ministério Público da União, e a segunda, dos estados-membros.

Compreendem-se como parcelas integrantes do Ministério Público da União:

a) Ministério Público Federal (MPF);

b) Ministério Público do Trabalho (MPT);

c) Ministério Público Militar (MPM);

d) Ministério Público do Distrito Federal e Territórios (MPDFT).

Para ingressar no Ministério Público deve o brasileiro ser aprovado em concurso de provas e títulos para a carreira específica que escolher. Os membros pertencentes à carreira federal ingressam como procurador da República, uma vez promovidos, são elevados ao cargo de procurador regional da República e, finalmente, ao de subprocurador-geral da República. São vitalícios após dois anos de exercício e só podem perder o cargo por sentença judicial com trânsito em julgado.

A EC n. 45/2004 criou o Conselho Nacional do Ministério Público, por meio do art. 130-A. Compõe-se de catorze membros nomeados pelo presidente da República, com aprovação *a posteriori* pelo Senado Federal, para mandato de dois anos, permitida a recondução. Ao procurador-geral da República será cometida a presidência do CNMP. Este terá atribuições básicas, nos termos do § 2º, o controle da atuação administrativa e financeira do Ministério Público e do cumprimento dos deveres funcionais de seus membros.[21]

A nomeação e a destituição dos procuradores-gerais dos diversos segmentos do Ministério Público estão disciplinadas no art. 128 da CF. Devem ser nomeados pelo presidente da República, entre os integrantes da carreira com mais de 35 anos, após aprovação pela maioria absoluta dos membros do Senado Federal, para mandato de dois anos, permitida a recondução. A destituição ocorre da mesma forma.

Os princípios institucionais aplicáveis ao Ministério Público são:

---

21 No Parecer de plenário à PEC n. 5/2021, que altera o art. 130-A da CF, as Casas legislativas teriam a escolha de mais um representante do CNMP, em vaga a ser preenchida em regime de alternância. O posto deveria ser preenchido por membros do Ministério Público, "independentemente de seu ramo ou posição na carreira". A participação do Congresso com três vagas de conselheiro para indicação das duas Casas integrantes. Atualmente, são possíveis apenas duas indicações. Essa alteração e outras propostas poderiam afetar a independência do órgão em seu mister fiscalizatório. Disponível em: http://www.camara.leg.br/proposicoesWeb/prop_mostrarintegra?codteor=2086180; acesso em: 29.10.2020.

Unidade	O Ministério Público é "uno" como instituição. Ainda que existam diferentes grupamentos nas diversas esferas federativas (União e Estados-membros). Deve-se considerar a unidade dentro de cada um deles, sem subordinação. O MP da União ainda possui ramificações: do trabalho, militar e do DF e territórios. O procurador-geral da República é o chefe em comum, conservando, cada um deles, sua unidade.
Indivisibilidade	Estabelecido no art. 127, § 1º, da CF, a unidade do MP revela-se na possibilidade de substituição de um membro do Ministério Público por outro em um mesmo processo sem qualquer prejuízo. O posicionamento desse membro vincula toda a instituição.
Independência ou autonomia funcional	Ao Ministério Público é assegurada autonomia funcional, administrativa e financeira.

Importante sublinhar ainda os seguintes pontos:

A Constituição de 1891 foi a primeira a referir-se a um procurador-geral da República. Somente a CF de 1934 incluiu o MP entre os órgãos de cooperação nas atividades governamentais.

O Ministério Público que atua junto ao Tribunal de Contas não faz parte do MPU. Possui natureza jurídica diversa e especial. Seus respectivos procuradores pertencem aos quadros do respectivo Tribunal de Contas. Atua somente no âmbito desse órgão e dentro das especificidades que lhe atribui o respectivo regimento.

Procurador da República não é promotor. Esta designação é reservada aos integrantes dos ministérios públicos estaduais. Este título é a designação oferecida somente ao chefe do Ministério Público Federal, nomeado na forma anteriormente indicada. Tampouco podem ser denominados procuradores federais, pois estes pertencem ao Poder Executivo Federal; estes são responsáveis pela representação judicial e extrajudicial de suas autarquias e fundações.

9. OUTRAS FUNÇÕES ESSENCIAIS À JUSTIÇA

O Capítulo IV, referente às funções essenciais da Justiça, modificou-se a partir da EC n. 19/93, passou a simplesmente indicar o seguinte título "Da Advocacia Pública", substituindo o anterior "Da Advocacia-Geral da União".

As categorias aqui enfocadas podem considerar a possibilidade de acumulação remunerada do cargo de professor com outro que possuam (Defensoria, Advocacia Pública, Polícia Judiciária e outros). Há suporte constitucional de cumulação na alínea *b* do inciso XVI do art. 37. Fundamental que também sejam observados os quesitos pertinentes à compatibilidade de horários e também questões de teto, quando houver essa possibilidade.

9.1. Advocacia-Geral da União

Nos termos do art. 131 da CF, o órgão que representa a União, judicial ou extrajudicialmente, é a Advocacia-Geral. Compete à lei complementar normas relacionadas à organização e ao funcionamento das atividades de consultoria e assessoramento do Poder Executivo Federal.

Anteriormente, tais tarefas eram outorgadas ao Ministério Público. Atualmente, a Constituição outorgou à AGU a representação judicial e extrajudicial, além da assessoria e consultoria.

A chefia da AGU é exercida pelo Advogado-Geral da União, o qual deve ser indicado pelo presidente da República entre cidadãos com mais de 35 anos, notável saber jurídico e reputação ilibada. Interessante notar que o constituinte extraiu o Senado de qualquer ato confirmatório, reputando a nomeação integralmente ao chefe do Executivo federal.

A função de Advogado-Geral da União é de extrema importância e possui *status* semelhante ao de ministro de Estado. Pode ser sujeito passivo de crime de responsabilidade e, nos crimes comuns, deve ser julgado perante o STF.

A Lei Complementar n. 73, de 10.02.1993, trata da norma mencionada no *caput* do art. 131; esta institui a Lei Orgânica da Advocacia-Geral da União. Também disciplina o funcionamento da **Procuradoria-Geral da Fazenda Nacional**, cuja missão institucional é a execução da dívida ativa da União, nos termos do § 3º do mesmo art. 131 da CF.

O ingresso na carreira se dá por meio de aprovação em concurso de provas e títulos. A estabilidade seguirá a regra geral instituída no art. 41, *caput*, da CF, ou seja, três anos de efetivo exercício. Não há dispositivo próprio, como ocorre na Magistratura e no Ministério Público, que reduz o tempo para dois anos. Não são vitalícios como estes, mas sim **estáveis** após o prazo referido.

Em face dessas atribuições constitucionalmente designadas, cabe ainda referir-se à criação da **Procuradoria-Geral Federal**, vinculada à Advocacia-Geral da União, cuja missão fundamental é a representação judicial e extrajudicial das autarquias e fundações públicas federais. Isso sem olvidar-se das atribuições de assessoria e consultoria; ademais, podem promover a inscrição de créditos das entidades que representam na dívida ativa, com a finalidade de cobrança de tributos em seu favor.

9.2. Defensoria Pública e Advocacia

O art. 133 da CF se refere ao advogado como indispensável à administração da justiça, outorgando-lhe inviolabilidade por seus atos e manifestações no exercício da profissão. Este profissional liberal nada mais é do que o intermediário entre o indivíduo e a administração, em geral, sobretudo perante o Poder Judiciário; por meio dele é que nas contendas os litigantes requerem prestação jurisdicional; este deverá buscar a postulação de decisão mais favorável ao seu constituinte.

A Lei n. 8.906/94 dispõe sobre o Estatuto da Advocacia e a Ordem dos Advogados do Brasil. Nos termos desse diploma jurídico, as atividades privativas do advogado são a postulação a órgão do Judiciário e juizados especiais, bem como aquelas relacionadas a consultoria, assessoria e direção jurídicas (art. 1º, I e II). Desta forma, não há como a parte interessada produzir atos processuais perante aquele Poder, haja visto ser privativo do profissional esse mister. O denominado *jus postulandi* é privativo daqueles inscritos na Ordem dos Advogados do Brasil. No regime da Lei n. 9.099/95, é possível a dispensa do profissional, nas causas com valor de até vinte salários-mínimos.

O Código de Processo Penal estabelece outros casos de facultatividade na contratação do profissional da advocacia: "A revisão poderá ser pedida pelo próprio réu ou por procurador legalmente habilitado ou, no caso de morte do réu, pelo cônjuge, ascendente, descendente ou irmão" (art. 623); também prescreve "O *habeas corpus* poderá ser impetrado por qualquer pessoa, em seu favor ou de outrem, bem como pelo Ministério Público" (art. 654). Na Consolidação das Leis do Trabalho, o *caput* do art. 791 dispõe: "Os empregados e os empregadores poderão reclamar pessoalmente perante a Justiça do Trabalho e acompanhar as suas reclamações até o final". Possibilidade de facultatividade da contratação de advogado está no art. 10 da Lei n. 10.259/2001 que trata de pequenas causas na Justiça Federal. Da mesma forma, o art. 9º da Lei n. 9.099/95, que faculta a assistência do advogado nas questões até vinte salários-mínimos.

Importante o disposto no art. 1º, § 1º, do Estatuto da Advocacia e da Ordem dos Advogados do Brasil, que reputa a função privada do advogado como serviço público exercendo também função social. Isso pelo fato de defender não somente interesses privados, mas também públicos, por meio da técnica jurídica, garantindo ao constituinte sua plena defesa processual nos moldes constitucionais.

A **Defensoria Pública** referida no art. 5º, LXXIV, estabelece como direito fundamental a assistência jurídica e integral aos que comprovem insuficiência de recursos. Pode-se entender que o profissional deve auxiliar o hipossuficiente em todas as fases que este necessitar.

A Constituição prescreve no art. 24, XIII, a competência da União, dos estados e do DF para legislar concorrentemente sobre assistência jurídica e Defensoria Pública. A Lei Complementar n. 80, de 12.01.1994, é o diploma normativo que regulamentou e indicou como organizar a Defensoria Pública da União, do DF e dos territórios e normas gerais para sua organização nos estados. Referida norma, diante da disposição constitucional da assistência "integral", comete à instituição a prestação de assistência jurídica, judicial e extrajudicial aos necessitados, assim considerados nos termos da lei.

A Defensoria Pública é fundamental para grande parte da população nacional, desprovida de recursos para contratar particularmente causídicos a fim de prestar-lhes assessoria jurídica ou acompanhamento judicial. Por tal razão, são necessárias Defensorias para a prestação de tais serviços e preservação do efetivo exercício dos direitos da população.

Os princípios relacionados à Defensoria Pública são os mesmos estabelecidos ao Ministério Público: unidade, indivisibilidade e independência funcional (art. 3º da Lei Complementar n. 80/94), os quais já foram devidamente comentados. Referida instituição abrange as Defensorias Públicas da União, dos estados, do DF e territórios.

Observe-se que não será possível outra forma de auxílio jurídico aos necessitados, além da aqui referida, bem como da advocacia gratuita e dativa.

A forma remuneratória da categoria é o subsídio, nos termos do art. 135. Ainda, nos termos do § 1º do mesmo artigo, a carreira deve ser estruturada em cargos de carreira, providos, na classe inicial, mediante concurso público de provas e títulos, assegurada a seus integrantes a garantia da inamovibilidade. Veda-se o exercício da advocacia fora das atribuições institucionais.

QUESTÕES

1. (TJMS, Vunesp/2009) Proposta Ação Civil Pública pelo representante do Ministério Público, com pedido de alteração da política de transporte urbano do Município, a fim de que recursos sejam direcionados para ampliação das linhas de metrô, forma considerada mais eficiente, sob os aspectos urbanísticos e ambientais, em relação à construção de corredores para ônibus e reparos de vias públicas para veículos, tal pretensão

A) deve ser parcialmente deferida apenas para os exercícios seguintes, tendo em vista a necessidade de previsão na lei orçamentária anual.

B) deve ser deferida judicialmente porque é amparada constitucionalmente e atende ao denominado interesse público primário.

C) não deve ser deferida sem prévia avaliação técnica e orçamentária, no âmbito do Judiciário (prova pericial), quanto aos impactos da medida.

D) não deve ser deferida judicialmente porque preserva-se a escolha técnica de políticas públicas aos órgãos da Administração.

2. (TJMS, Vunesp/2009) À leitura de aspectos da Emenda Constitucional n. 45, de 08.12.2004, aponte a assertiva incorreta.

A) Como direito fundamental, a Constituição assegura a todos, no âmbito judicial e administrativo, a razoável duração do processo e os meios que garantam a celeridade de sua tramitação.

B) A distribuição de processos não será imediata, em todos os graus de jurisdição.

C) O Supremo Tribunal Federal poderá, de ofício ou por provocação, mediante decisão de dois terços dos seus membros, aprovar súmula que terá efeito vinculante em relação aos demais Órgãos do Poder Judiciário e à Administração Pública direta e indireta.

D) Compete à Justiça especializada processar e julgar as ações reparatórias por dano moral ou patrimonial, decorrentes da relação de trabalho.

3. (TJMS, Vunesp/2009) Conforme a Constituição, aos juízes federais compete processar e julgar os crimes

A) contra a economia popular e o sistema financeiro.

B) contra a organização do trabalho.

C) praticados por estrangeiros.

D) ecológicos e os praticados contra indígenas.

E) praticados pelos membros dos Tribunais de Contas dos Municípios.

4. (TJMA/2008) No que se refere ao Poder Judiciário e suas respectivas competências constitucionais, todas as alternativas estão corretas, EXCETO:

A) Compete ao Supremo Tribunal Federal, precipuamente, a guarda da Constituição, cabendo-lhe julgar, mediante recurso extraordinário, as causas decididas em única ou última instância, quando a decisão recorrida julgar válida lei local contestada em face de lei federal.

B) Compete à Justiça do Trabalho processar e julgar as ações oriundas da relação de trabalho, abrangidos os entes de direito público externo e da administração pública direta e indireta da União, dos Estados, do Distrito Federal e dos Municípios, assim como as ações que envolvam exercício do direito de greve.

C) Compete aos juízes federais processar e julgar os conflitos de atribuições entre autoridades administrativas e judiciárias da União.

D) Compete ao Superior Tribunal de Justiça processar e julgar, originariamente o *habeas corpus*, quando o coator for o Ministro de Estado ou Comandante da Marinha, do Exército ou da Aeronáutica.

5. (TJMA/2008) O Ministério Público é instituição permanente, essencial à função jurisdicional do Estado, incumbindo-lhe a defesa da ordem jurídica, do regime democrático e dos interesses sociais e individuais indisponíveis. Assim, de acordo com a Constituição da República Federativa do Brasil, sobre o Ministério Público, assinale a alternativa correta.

A) O Ministério Público da União tem por chefe o Procurador-Geral da República, nomeado pelo Presidente da República dentre integrantes da carreira, maiores de trinta e cinco anos, após a aprovação de seu nome pela maioria absoluta dos membros do Senado Federal, para mandato de dois anos, permitida a recondução.

B) O Conselho Nacional do Ministério Público compõe-se de quatorze membros nomeados pelo Presidente da República, depois de aprovada a escolha pela maioria absoluta do Congresso Nacional, para um mandato de dois anos, admitida uma recondução.

C) São princípios institucionais do Ministério Público a unidade, a divisibilidade e a independência funcional.

D) É vedado, expressamente no texto constitucional, ao membro do Ministério Público, exercer outra função pública.

6. (TJMG-2012) Assinale a alternativa correta.

A) Somente a lei poderá dispor sobre a competência e o funcionamento de órgãos jurisdicionais.

B) O magistrado poderá ser removido contra sua vontade, por motivo de interesse público, mediante decisão por voto da maioria absoluta do respectivo tribunal ou do CNJ, assegurada ampla defesa.

C) O Poder Judiciário brasileiro é constituído pelo Supremo Tribunal Federal, pelo Superior Tribunal de Justiça, tribunais e juízes da Justiça federal, comum e especializada, bem como de tribunais e da Justiça estadual, sendo que todos os seus membros ingressam na carreira mediante concurso público de provas e títulos, com a participação da OAB em todas as fases.

D) As promoções dos magistrados sempre se darão pelo critério objetivo do merecimento, sendo obrigatória a promoção do magistrado que figurar por três vezes consecutivas ou cinco alternadas em lista de merecimento.

7. Analise as alternativas a seguir:

I. É prevista como garantia constitucional dos magistrados a possibilidade do exercício remunerado de dois cargos de magistério.

II. Constitui garantia constitucional dos magistrados a irredutibilidade de subsídios, não podendo a lei infraconstitucional estabelecer qualquer ressalva.

III. Todo magistrado, a partir de sua posse no cargo e efetivo exercício, torna-se vitalício e somente poderá perder o cargo por sentença transitada em julgado.

IV. De acordo com a Constituição Republicana de 1988, o Poder Judiciário reger-se-á pelo princípio da publicidade de seus julgamentos, sob pena de nulidade, podendo, contudo, a lei, se o interesse público o exigir, limitar a presença, em determinados atos, às próprias partes e a seus advogados, ou somente a estes.

Está correto apenas o contido em

A) I.

B) III.

C) IV.

D) II e IV.

8. (CESPE-2014-Juiz) Com relação à composição do TSE, determinada pela CF, assinale a opção correta.

A) A vice-presidência do TSE deve ficar a cargo de ministro que tenha sido nomeado a partir de lista sêxtupla de advogados encaminhada ao colegiado.

B) O vice-presidente do TSE pode acumular a função de corregedor eleitoral, eleito pelo voto secreto, durante um único biênio.

C) Os advogados serão nomeados pelo presidente da República, escolhidos entre seis nomes de notável saber jurídico e idoneidade moral, indicados pelo Conselho Federal da OAB.

D) A presidência do TSE deve ser exercida por um dos cinco ministros oriundos dos tribunais superiores, eleito pelo voto secreto e colegiado para um único biênio.

E) O texto constitucional fixou em sete o número mínimo de ministros que devem compor o TSE, mas não estabeleceu um número exato de ministros para esse colegiado.

9. (CESPE-2014-Juiz) No que se refere ao funcionamento do Poder Judiciário, assinale a opção correta.

A) Compete ao CNJ receber e conhecer das reclamações contra os membros do Poder Judiciário, podendo esse conselho avocar processos disciplinares em curso e determinar a remoção, a disponibilidade, a aposentadoria com proventos proporcionais, a perda do cargo ou a cassação de aposentadoria do magistrado.

B) Compete ao juiz de direito do juízo militar processar e julgar, singularmente, as ações judiciais contra atos disciplinares militares, cabendo ao Conselho de Justiça, sob a presidência de juiz de direito, processar e julgar todos os crimes militares.

C) A elaboração das propostas orçamentárias dos tribunais deve ser realizada pelo Poder Executivo da unidade da Federação à qual esteja vinculada a corte judicial.

D) A distribuição de processos deve ser imediata, em todos os graus de jurisdição.

E) As decisões administrativas dos tribunais devem ser motivadas, salvo as tomadas em processo de natureza disciplinar.

10. (CESPE-2014-Juiz) Em relação ao Poder Judiciário, seus tribunais e magistrados, assinale a opção correta.

A) Apenas desembargadores de carreira podem concorrer às vagas reservadas no STJ aos integrantes dos tribunais de justiça e TRFs; excluídos, portanto, os desembargadores alçados aos tribunais pelo quinto constitucional.

B) Tribunais de justiça estaduais e TRFs não podem ampliar, por meio de normas regimentais internas, o leque de possíveis concorrentes à eleição para seus respectivos cargos diretivos.

C) O juiz de primeiro grau adquire vitaliciedade após dois anos de exercício no cargo; depois disso, ele só perderá o cargo mediante deliberação da maioria simples do tribunal a que estiver vinculado ou por sentença judicial transitada em julgado.

D) Somente depois de decorridos dois anos do afastamento do cargo por exoneração ou aposentadoria, poderá o juiz exercer a advocacia no juízo ou tribunal do qual se afastou.

E) É possível a remoção de juiz – bem como a decretação de sua disponibilidade ou aposentadoria –, por interesse público, mediante decisão da maioria simples do respectivo tribunal ou do CNJ.

RESPOSTAS

1. D
2. B
3. B
4. C
5. A
6. B
7. D
8. E
9. D
10. D

17

Da defesa do Estado e das instituições democráticas

Durante a normalidade, o poder estatal deve obedecer às limitações a ele impostas e respeitar os direitos fundamentais conferidos aos indivíduos. Contudo, diante de crises não há como garantir o respeito integral a tais direitos, motivo principal pelo qual se estabelecem as figuras jurídicas constantes no Capítulo I do Título V da CF: o estado de defesa e o estado de sítio, bem como a intervenção. Esses sistemas de emergência, ou das crises, revelam-se por meio de normas excepcionais aplicáveis nos casos de instabilidade institucional, prevista nos arts. 34 a 36 (intervenção) e 136 a 141 (estado de defesa e sítio) da CF.

Outro aspecto relevante é o de que, durante as crises institucionais, a concentração de poderes torna-se imprescindível para a normalização da situação. Estabelece-se um regime excepcional com o único objetivo de se preservar a democracia e retomar a normalidade e o respectivo respeito integral aos direitos fundamentais.

Essas anormalidades ou crises, conforme aponta Ferreira Filho, são previsíveis:

> A experiência histórica ensina que todos os povos, inclusive os cultos e prósperos, passam por motivos de agitação, de desordem, de insubmissão que não podem ser sufocados por medidas ordinárias de polícia, que não podem ser extintos dentro do respeito absoluto às garantias dos direitos fundamentais.[1]

1 *Curso de direito constitucional*, p. 334.

Outro fator que importa mencionar aqui é que, neste País, de acordo com o relatado por Mendes, Branco e Coelho,[2] são diversos os exemplos de soluções jurídicas nascidas no seio da emergência e que foram posteriormente mantidas no texto constitucional por pura conveniência; esta é a hipótese, entre outras, da aprovação de leis por decurso de prazo, introduzido pelo Ato Institucional n. 1, de 1964; como consequência atual causada por tal dispositivo está a votação favorável dos projetos enviados pelo Executivo, que constrange o Congresso a discordar do mesmo.

Importante observar o sublinhado por Canotilho: "O regime das situações de excepção não significa suspensão da constituição (excepção da constituição), mas sim um regime extraordinário incorporado na constituição e válido para situações de anormalidade constitucional".[3]

1. INTERVENÇÃO

A intervenção é uma espécie de instituto relativo à segurança do Estado Federal necessário à sua sobrevivência. Este dispositivo busca sua manutenção e permanência diante de graves ameaças. A intervenção se caracteriza por ser uma suspensão temporária da autonomia de determinado ente federativo, seja executado este pela União em seus estados (ou municípios territoriais) ou pelos próprios estados em seus respectivos municípios, de forma a prevalecer a vontade do interventor. Instituto consignado no art. 34 da CF.

A regra, como visto, é da autonomia dos entes federativos, conforme preceitua os arts. 1º e 18, entre outros da CF. A autonomia caracteriza-se pela capacidade de auto-organização, autoadministração, enfim, características a eles consolidadas constitucionalmente. Justamente pela autonomia ser regra é que se considera a intervenção uma exceção. Destarte, o rol constitucional é *numerus clausus* e, em tese, não permitiriam uma interpretação extensiva, a fim de aumentar os possíveis casos de intervenção.

O STF explicita ser essa uma medida de caráter excepcional e temporária. Ela afasta a autonomia dos estados, do Distrito Federal ou dos municípios. E indicou em seu glossário aos casos e limites de intervenção estabelecidos pela Constituição Federal:[4]

a) quando houver coação contra o Poder Judiciário, para garantir seu livre exercício (poderá ocorrer de ofício, ou seja, sem que haja necessidade de provocação ou pedido da parte interessada);

---

2 *Curso de direito constitucional*, p. 1.334.

3 *Direito constitucional*, p. 1.146.

4 Disponível em: http://www.stf.jus.br/portal/glossario; acesso em: 29.06.2009.

b) quando for desobedecida ordem ou decisão judiciária (poderá ocorrer de ofício, ou seja, sem que haja necessidade de provocação ou pedido da parte interessada);

c) quando houver representação do procurador-geral da República (art. 34, VII, da CF). Nesse inciso estão estabelecidos os Princípios Sensíveis, que podem gerar intervenção.

No caso de desobediência de ordem judicial, o STF processará também os pedidos encaminhados pelo Presidente do Tribunal de Justiça do estado ou de Tribunal Federal. Se a ordem ou decisão judicial desrespeitada for do próprio STF, a parte interessada também poderá requerer a medida.

Intervenção Federal		
Medidas pelo STF	Só se manifesta nos casos de intervenção federal nos estados, no DF e nos municípios territoriais (se criados). Consulta-se o procurador-geral da República e a autoridade estadual antes de levar a plenário.	Antes de se tomar a medida, o Presidente do STF, relator dos casos de intervenção, busca resolver administrativamente a questão.
Consequências	Requisita-se a intervenção ao presidente da República que deverá, por um decreto, determinar seja efetivada a medida.	O decreto de intervenção deve especificar a amplitude, o prazo e as condições de execução e deve ser apreciado em 24 horas pelo Congresso.
Hipóteses de desobediência	O decreto limita-se a suspender a execução do ato que levou à intervenção, caso isso seja suficiente para reestabelecer a normalidade.	Caso seja desobedecida a decisão judicial ou da representação do procurador-geral da República, a apreciação fica dispensada.

O Regimento Interno do Supremo Tribunal Federal cuida desse procedimento nos arts. 350 a 354.

2. ESTADO DE DEFESA

É uma forma preliminar ou menos drástica que o estado de sítio. Aqui, estado é entendido como condição ou situação. Refere-se a uma maneira preliminar de buscar a paz social ou condições de normalidade por motivos de grave perturbação da ordem, ou ameaça iminente dessa ocorrência.

Nos termos do art. 136 da CF, o estado de defesa deve ser decretado nas hipóteses em que se necessite da preservação ou do reestabelecimento, em locais restritos e determinados, da ordem pública ou da paz social ameaçadas por grave e iminente instabilidade institucional ou atingidas por calamidades de grandes proporções na natureza. Vale dizer que os meios coercitivos regulares empregados pelas corporações civis e militares não são suficientes para essa finalidade.

Somente o presidente da República pode decretar o estado de defesa. Para isto, ele deve tomar previamente o parecer do Conselho da República (art. 90, I, CF) e do Conselho de Defesa Nacional (art. 91, § 1º, I). Referidos pareceres não vinculam **o chefe do Executivo, que poderá decretar o estado de defesa, sob sua exclusiva discricionariedade e responsabilidade, em que pese o parecer negativo dos Conselhos, ou de apenas um deles.**

Na decretação do estado de defesa, o presidente deve indicar:

a) a circunscrição (área) que a medida será tomada e onde serão aplicáveis as medidas restritivas de direitos indicados no ato. Da mesma forma, o decreto deve dispor sobre a limitação temporal, que não deve ser superior a trinta dias. É permitida a prorrogação por igual período;

b) as restrições aos direitos fundamentais devem restringir-se ao que prescreve os incisos do § 1º do art. 136 da CF, a saber: direitos de reunião, ainda que exercida no seio das associações; sigilo de correspondência e comunicações telegráficas e telefônicas e, ainda, permissão para ocupação e uso temporário de bens e serviços públicos, na hipótese de calamidade pública;

c) o executor das medidas indicadas no § 3º do referido artigo deve comunicar o juiz competente acerca da prisão por crime contra o Estado. Esta não poderá ser superior a dez dias, exceto quando o Judiciário autorizar a ampliação desse prazo. Não se permite manter o preso incomunicável.

2.1. Pressupostos formais do estado de defesa

São pressupostos:

a) manifestação **prévia** dos Conselhos da República e de Defesa Nacional;

b) decretação pelo Presidente da República, **após** audiência e parecer desses Conselhos, cuja opinião não é vinculativa e não deve superar trinta dias;

c) o Presidente decreta e, dentro de 24 horas, submete para **apreciação posterior** do Congresso, que deve decidir por maioria absoluta acerca de sua conveniência ou não. Se estiver em recesso, deve ser convocado extraordinariamente em cinco dias;

d) a decisão do Congresso deverá ser em até dez dias e, enquanto continuar o estado de defesa, não entrará em recesso;

e) se não aprovar o decreto, o estado de defesa cessará imediatamente.

A decretação do estado de defesa, conforme José Afonso da Silva,[5] fica sujeita a controles político e jurisdicional. O primeiro efetiva-se em dois momentos: pela submissão do decreto presidencial ao Congresso, para que se manifeste em dez dias sobre sua manutenção ou suspensão. Este também deverá opinar a respeito de sua prorrogação. A apreciação da medida concluirá por sua aprovação ou rejeição (arts. 136, § 7º, e 141 da CF). O segundo momento de controle é sucessivo (*a posteriori*), nos termos do art. 141, segundo o qual, uma vez cessado o estado de defesa, as medidas aplicadas em sua vigência serão relatadas pelo presidente da República em mensagem ao Congresso Nacional, com especificação e justificação das providências adotadas, com relação nominal dos atingidos e indicação das restrições aplicadas.

O controle político ainda deve obedecer o prescrito no art. 140 da CF, no sentido de que a Mesa do Congresso deve designar comissão composta por cinco de seus membros para acompanhar e fiscalizar a execução das medidas referentes ao estado de defesa e ao estado de sítio.

O controle jurisdicional já foi referido. Trata-se da comunicação do executor da medida da prisão por ele efetuada, por crime contra o Estado. Se o juiz considerar ilegal, deverá relaxá-la. É facultado ao preso requerer exame do corpo de delito à autoridade policial. A prisão superior a dez dias deve ser previamente autorizada pelo Judiciário.

2.2. Medidas coercitivas e restrições de direitos no estado de defesa

O decreto que instituir o estado de defesa deve consignar o tempo de duração, que não pode ultrapassar os trinta dias, podendo ser prorrogado uma única vez. O decreto especificará as áreas que devem ser objeto de atenção e estabelecerá as possíveis medidas coercitivas: restrições aos direitos de reunião (mesmo que no seio das associações), sigilo de correspondência e de comunicação telegráfica ou telefônica. Também pode estabelecer ocupação e uso temporário de bens e serviços públicos.

3. ESTADO DE SÍTIO

Este constitui outro estado de emergência. Ao contrário do anterior, exige-se que o decreto seja **previamente autorizado** pelo Congresso Nacional, nas hipóteses expressamente mencionadas no art. 137 da CF. Destarte, ouvidos o Conselho da República e da Defesa Nacional, nos casos de comoção grave de

5 *Curso de direito constitucional positivo*, p. 765.

repercussão nacional ou ocorrência de fatos que comprovem a ineficácia de medida tomada durante o estado de defesa, é possível a solicitação. Isso sem contar com a possibilidade de declaração de estado de guerra ou resposta a agressão armada estrangeira.

No entender de Ferreira Filho,[6] o art. 137, I, da CF é redundante. Isso porque por **comoção grave** deve-se entender a perturbação da ordem pública que exceda a força dos meios normais de repressão, a exemplo da ineficácia da medida anteriormente tomada para restabelecer a ordem.

Além disso, o autor entende que, no que pertine à guerra, não faz dúvida o texto constitucional ao fato desta ser "declarada", precedida por procedimento formal (decretação pelo Presidente com autorização do Congresso – art. 84, XIX, da CF), como à simples agressão estrangeira. Neste último caso, existirá estado de sítio sem a guerra em termos formais, embora seja difícil a hipótese, uma vez que não se configura estado de sítio sem autorização congressual. Também não há menção, no texto constitucional, à ameaça de guerra externa. Assim, existem duas formas que não poderiam se enquadrar, em termos rigorosos. Contudo, segundo Ferreira Filho, "esse impedimento parece ser contornável".[7]

3.1. Pressupostos formais na decretação do estado de sítio

São pressupostos:

a) consulta prévia não vinculativa ao Conselho da República (art. 90, I, da CF) e ao Conselho de Defesa Nacional (art. 91, I da CF);

b) solicitação **prévia** de autorização do Congresso Nacional (daí a dificuldade de se pedir sem decretação formal de guerra ou em caso de ameaça);

c) decreto especificando sua duração – a qual deve ser prorrogada a cada trinta dias, exceto quando se tratar de guerra, cujo término coincidirá com a finalização da guerra –, as normas necessárias à sua execução e as garantias constitucionais que ficarão suspensas – depois de publicado o decreto, o presidente da República designará o executor das medidas específicas e as áreas abrangidas;

d) indicação das normas necessárias à execução do decreto.

3.2. Suspensão de direitos individuais no estado de sítio

Fundamental não somente no estado de defesa, ainda mais importante no estado de sítio, será a suspensão da garantia de alguns direitos constitucionais

---

6 *Curso de direito constitucional*, p. 340.

7 Ibidem, p. 341.

para assegurar a eficácia das medidas tomadas no período de sua execução. Importante notar que não se trata da suspensão dos direitos, propriamente dita, mas sim de algumas garantias.

Nos temos do art. 139 da CF, com fundamento no art. 137, I, da CF, poderão ser tomadas em face dos indivíduos as medidas a seguir indicadas:

> I – obrigação de permanência em localidade determinada;
>
> II – detenção em edifício não destinado a acusados ou condenados por crimes comuns;
>
> III – restrições relativas à inviolabilidade da correspondência, ao sigilo das comunicações, à prestação de informações e à liberdade de imprensa, radiodifusão e televisão, na forma da lei;
>
> IV – suspensão da liberdade de reunião;
>
> V – busca e apreensão em domicílio;
>
> VI – intervenção nas empresas de serviços públicos;
>
> VII – requisição de bens.

Esse rol é taxativo, ou seja, não permite ampliações ou interpretações extensivas.

3.3. Controles pelo Legislativo da decretação do estado de sítio (político)

Prévio (art. 137, parágrafo único, da CF) – O Congresso deve analisar o decreto que solicita a declaração do estado de sítio ou sua prorrogação. Os motivos devem ser devidamente expostos pelo chefe do Executivo, e o Legislativo decidirá por maioria absoluta.

Concomitante (art. 140 da CF) – Por meio dele a Mesa do Congresso Nacional, ouvidos os líderes partidários, designa comissão com finalidade única e exclusiva composta de cinco de seus membros para acompanhar e fiscalizar a execução das medidas referentes ao estado de sítio.

Sucessivo (art. 141 da CF) – As medidas aplicadas na vigência do estado de sítio serão relatadas pelo presidente da República, em mensagem ao Congresso Nacional, com especificação e justificação das providências adotadas, com relação nominal dos atingidos e indicação das restrições aplicadas.

3.4. Controle jurisdicional

As restrições autorizadas devem ser devidamente controladas, a fim de evitar abusos e desmandos por parte dos executores ou aplicadores das medidas indicadas no decreto presidencial. A correção de tais atos será feita jurisdicionalmente a partir das garantias constitucionais outorgadas aos beneficiários dos direitos fundamentais (ação popular, *habeas corpus*, direito de petição, entre outros).

Assim, mesmo após a efetivação de todas as medidas no prazo emergencial, os executores podem ser responsabilizados pelos excessos e abusos cometidos. Por esse motivo, José Afonso da Silva[8] afirma que qualquer pessoa prejudicada por medidas ou providências do presidente da República ou seus delegados, executores ou agentes, caso não observem as restrições do art. 139 da CF, tem o direito de recorrer ao Judiciário para responsabilizá-los e pedir reparação do dano que lhe tenha sido causado.

3.5. Sugestão de solução de crise no sistema constitucional

Aqui se aborda a pesquisa elaborada por Pascoetto que trata de uma possibilidade distinta das demais, **não preconizada constitucionalmente nem legalmente (aqui estudada apenas como possibilidade eventual)**, mas que diz respeito à possibilidade de enfrentamento de algumas questões de crimes de modo dinâmico, temporário e pontual.[9]

A realidade aponta para problemas existentes não imaginados na época em que a presente Constituição foi criada, sobretudo diante dos problemas existentes no Estado de Direito. Destarte, diante de uma síncope constitucional, um conselho seria formado por três indivíduos, brasileiros, com reconhecido saber jurídico, conduta profissional e reputação ilibada. Escolhidos pelo presidente da República, presidente da Congresso Nacional e outro pelo Supremo Tribunal Federal.

A partir daí estaria formado o que denominou "triunvirato de emergência", a exemplo do existente em Roma (Marco Antonio, Otávio e Lépido), estabelecido para combater medidas extremas (evento grave, excepcional e impossível de ser sobrepujado por normas comuns) a serem tomadas em um ambiente democrático. Dessa forma se institucionalizaria solução político-institucional inovadora que agregaria elementos do passado com conceitos atuais. Os três poderiam propiciar os mecanismos de emergência na hipótese de instabilidade institucional. Portanto, o perigo extremo poderia ser afastado por atuação dos triúnviros.

---

8 *Curso de direito constitucional positivo*, p. 770.

9 PASCOETTO, L. G. L. "Triunvirato de emergência", 2012.

QUESTÕES

1. A decretação do estado de defesa:

A) independe de manifestação **prévia** dos Conselhos da República e de Defesa Nacional;

B) a opinião dos Conselhos é vinculativa e não deve superar 30 dias;

C) o Presidente submete ao Congresso para prévia aprovação.

D) a decisão do Congresso deverá ser imediata.

E) o decreto deve ser enviado *a posteriori* para o Congresso. Se este não aprovar o decreto, o estado de defesa cessará imediatamente.

2. Para o estado de sítio não é fundamental:

A) consulta prévia ao Conselho da República e ao Conselho de Defesa Nacional.

B) solicitação prévia de autorização do Congresso Nacional.

C) decreto especificando sua duração – a qual deve ser prorrogada a cada trinta dias, exceto quando se tratar de guerra, cujo término coincidirá com a finalização dela mesma.

D) normas à execução do decreto.

3. (TJMA/2008) Sobre a Defesa do Estado e das Instituições Democráticas, analise as afirmações a seguir.

I. O Presidente da República pode, ouvidos o Conselho da República e o Conselho de Defesa Nacional, decretar estado de defesa em caso de declaração de estado de guerra ou resposta a agressão armada estrangeira.

II. De acordo com a Constituição Federal, a execução de atividades de defesa civil incumbe aos corpos de bombeiros militares.

III. Ao militar são proibidas a sindicalização e a greve e, ainda em relação a este, enquanto em serviço ativo, não pode estar filiado a partidos políticos.

IV. A segurança pública, dever do Estado, direito e responsabilidade de todos, é exercida para a preservação da ordem pública e da incolumidade das pessoas e do patrimônio, através dos seguintes órgãos: polícia federal, polícia rodoviária federal, polícia ferroviária federal, polícias civis, polícias militares, corpos de bombeiros militares e guardas municipais.

A alternativa que contém todas e somente as afirmações corretas é:

A) III – IV

B) I – II – IV

C) II – III

D) I – II

4. Em consonância com a previsão constitucional sobre intervenção, assinale a alternativa INCORRETA.

A) A intervenção federal é uma das limitações circunstanciais impostas à atividade do poder constituinte derivado previstas no art. 60.

B) A decretação da intervenção para garantir o livre exercício de qualquer dos Poderes nos entes federativos dependerá de solicitação do Legislativo ou do Executivo coacto ou impedido, ou de requisição do Supremo Tribunal Federal, se a coação for contra o Judiciário.

C) O decreto de intervenção será submetido, em regra, à apreciação do Senado Federal ou da Assembleia Legislativa do Estado no prazo de 24 horas.

D) A intervenção federal será decretada pelo Presidente da República, tendo como pressuposto, no caso de violação do sistema representativo, decisão do Supremo Tribunal Federal que declare a inconstitucionalidade do ato a esse ofensivo.

E) A decretação da intervenção dependerá, no caso de desobediência à ordem ou a decisão judiciária, de requisição do Supremo Tribunal Federal, do Superior Tribunal de Justiça ou do Tribunal Superior Eleitoral.

5. (CONC. 184 – MAG/SP) É caso de decretação do Estado de Sítio

A) comoção grave de repercussão na capital de uma das unidades federativas.

B) ameaça à ordem pública em virtude de calamidade de grandes proporções na natureza.

C) ameaça à ordem pública em virtude de grave e iminente instabilidade institucional.

D) ocorrência de fatos que comprovem a ineficácia de medida tomada durante o estado de defesa.

RESPOSTAS

1. E
2. D
3. C
4. C
5. D

18

Tributação e orçamento

Aqui será abordada a visão constitucional relacionada à tributação. A inserção desse tema nesta obra revela-se importante por serem os princípios de direito tributário verdadeiros direitos fundamentais, não obstante a falta de menção expressa nesse sentido.

Com relação a isso o STF se manifestou da seguinte forma:

> A prerrogativa institucional de tributar, que o ordenamento positivo reconhece ao Estado, não lhe outorga o poder de suprimir (ou de inviabilizar) direitos de caráter fundamental constitucionalmente assegurados ao contribuinte. É que este dispõe, nos termos da própria Carta Política, de um sistema de proteção destinado a ampará-lo contra eventuais excessos cometidos pelo poder tributante ou, ainda, contra exigências irrazoáveis veiculadas em diplomas normativos editados pelo Estado.[1]

Nesse sentido, tem-se a confirmação pela mais alta Corte da relevância desses princípios essenciais aos contribuintes em face da voracidade dos entes federativos na cobrança de tributos.

1. DEFINIÇÕES

Previamente à análise dos incisos constitucionais, serão transmitidos alguns conceitos de natureza tributária a fim de melhor esclarecer suas implicações e peculiaridades.

1 ADI n. 2.551-MC-QO, rel. Min. Celso de Mello, j. 02.04.2003, *DJ* 20.04.2006.

Tributo – Especificado no art. 3º do CTN, nada mais é do que "toda prestação pecuniária compulsória, em moeda ou cujo valor nela se possa exprimir, que não constitua sanção de ato ilícito, instituída em lei e cobrada mediante atividade administrativa plenamente vinculada".

O tributo é obrigação *ex lege*, oriunda diretamente da lei e obriga o contribuinte, ou sujeito passivo, a pagar determinada quantia, por ter incidido no fato gerador descrito na norma. Não se pode confundir tributo com multa, pois esta caracteriza-se por ser sanção decorrente da prática de ato ilícito.

Sujeito ativo – É a pessoa jurídica de direito público a quem a lei reputa competente para exigir o cumprimento da obrigação tributária (art. 119 do CTN). No polo ativo deve existir pessoa que possua competência tributária própria. Essa capacidade tributária pode ser delegada (parafiscalidade), por meio de lei, para que outra pessoa seja a beneficiária do produto, a exemplo de algumas autarquias como o INSS.

Embora, em grande parte das cobranças, o sujeito ativo seja a própria pessoa constitucional titular da competência tributária, nem sempre esta ocupa o polo ativo. De acordo com o disposto no art. 119 do CTN, o sujeito ativo seria somente o titular da competência para exigir o cumprimento do tributo. Contudo, o art. 149 da CF prevê atuação de natureza parafiscal ou parafiscalidade que consiste na delegação legislativa a um terceiro para recolher tributo previamente criado pela pessoa jurídica indicada na Constituição.

Evidenciam-se, portanto, duas figuras diferenciadas: a **capacidade tributária ativa**, compreendida como a autorização legislativa outorgada a determinada pessoa a fim de exigir o cumprimento da obrigação principal ou acessória; e, de outro lado, a **competência tributária**, como forma de criar tributos abstratamente, indicando seus elementos primordiais (hipótese de incidência, sujeitos ativo e passivo, base de cálculo e alíquotas).

Pode-se citar, exemplificadamente, a Contribuição para o Financiamento da Seguridade Social (Cofins), cuja receita, de acordo com o art. 195, I, da CF, está vinculada à seguridade social. Isso revela a função social da contribuição e a efetivação da cobrança por um terceiro delegatário, desde que a receita mantenha-se no setor social para o qual a contribuição foi criada.

Sujeito passivo – De acordo com o art. 121 do CTN, é a pessoa física ou jurídica responsável pelo pagamento do tributo ou ainda da penalidade pecuniária. É quem a lei atribui personalidade tributária passiva. Essa lei não pode indicar o sujeito passivo, apenas estabelecer critérios genéricos que permitem a sua identificação.

Qualquer pessoa pode ser sujeito passivo, desde que realize o fato gerador, independentemente de sua capacidade civil ou, se pessoa jurídica, esteja regularmente constituída.

Fato gerador – É a situação hipotética definida em lei como necessária e suficiente à sua ocorrência. Isso conforme preceito estabelecido no art. 114 do CTN.

Na verdade, emprega-se o termo "hipótese de incidência" para indicar o fato hipotético capaz de tornar exigível o tributo; "fato imponível" é aquele considerado em concreto.

Alíquota e base de cálculo – Ambas compõem o elemento quantitativo da hipótese de incidência, ou seja, permitem ao sujeito ativo a aferição do *quantum* devido pelo sujeito passivo. A base de cálculo é a forma legalmente prevista para se aferir o fato gerador do respectivo tributo. A alíquota, por sua vez, pode ser em percentual ou ainda em valor legalmente indicado associado a uma unidade de medida determinada.

2. ESPÉCIES TRIBUTÁRIAS

O STF reconhece atualmente cinco tributos existentes na Constituição. Dessa forma, pode-se afirmar que as espécies tributárias no direito pátrio são cinco: **impostos, taxas, contribuições de melhoria, empréstimos compulsórios** e **contribuições especiais.**

De acordo com decisão do Ministro Octávio Galotti, as diversas espécies tributárias, determinadas pela hipótese de incidência ou pelo fato gerador da respectiva obrigação (art. 4º do CTN), são:

a) os impostos (arts. 145, I, e 153 a 156 da CF);

b) as taxas (art. 145, II, da CF);

c) as contribuições de melhoria (art. 145, III, da CF);

d) as contribuições sociais (art. 194 da CF), que ainda podem ser:

d.1) de seguridade social (art. 195, § 4º, da CF) e

d.2) salário-educação (art. 212, § 5º, da CF);

e) as contribuições especiais:

e.1) de intervenção no domínio econômico (art. 149 da CF) e

e.2) de interesse de categorias profissionais ou econômicas (art. 149 da CF); e

f) os empréstimos compulsórios (art. 148 da CF).[2]

2 ADI n. 447, rel. Min. Octávio Gallotti, voto do Min. Carlos Velloso, j. 05.06.1991, *DJ* 05.03.1993.

Imposto – Nesse tributo o fato que gera a obrigação de pagar é situação que independe de qualquer atividade estatal específica em relação ao contribuinte. O valor arrecadado por meio desse tributo é empregado para fazer frente às despesas gerais, por exemplo, pagamento de despesas com as secretarias públicas, servidores em geral e obras públicas. O benefício é geral e todos podem dele usufruir. Os impostos estão elencados de maneira taxativa na Constituição.

Taxa – Tributo cobrado em razão do exercício efetivo do poder de polícia (poder da Administração de limitar e disciplinar direito, interesse, ou liberdade), e, ainda, pela utilização, efetiva ou potencial, de serviços públicos prestados ou colocados à disposição, a exemplo da Taxa de Coleta de Lixo, cobrada com base em contraprestação por parte da Administração Pública de prestar efetivamente o serviço de limpeza e coleta de lixo.

Contribuição de melhoria – É tributo destinado a custear obras públicas de que decorra valorização imobiliária. Assim, se o Poder Público realiza obra que valoriza os imóveis circunvizinhos, passando estes a ter maior valor de mercado, poderá ser instituída a contribuição de melhoria, respeitando-se os limites estabelecidos pelas normas tributárias. Pode ser considerada um dos instrumentos da política urbana, sobretudo destinado à reurbanização de grandes cidades, pois a cobrança do tributo estaria legitimada a partir da valorização imobiliária decorrente de obras específicas, conforme estabelece o art. 4º, IV, *b*, do Estatuto da Cidade (Lei n. 10.257/2001).

Contribuições parafiscais (ou especiais) – Compete à União, de forma exclusiva, instituí-las, podendo ser categorizadas em três espécies:

a) contribuição social (ex., Programa de Integração Social – PIS);[3]

b) contribuição de intervenção no domínio econômico (ex., Cide);[4]

c) contribuição de interesse de categorias profissionais ou econômicas (ex., contribuição para categorias profissionais: OAB, Crea, CRM etc.).

Empréstimo compulsório – Tributo de competência exclusiva da União. Pode ser instituído nos casos de calamidade pública, guerra externa ou sua iminência e investimento público urgente e relevante. Por meio dele, a União, nos casos excepcionais mencionados, poderá obrigar a população ou parte dela a emprestar-lhe dinheiro com a promessa de devolvê-lo após determinado período.

---

3 Ainda que as contribuições sejam de competência exclusiva da União, existe previsão constitucional para que os estados, o DF e os municípios possam instituí-las.

4 A Lei n. 10.168/2000 criou a Cide (Contribuição de Intervenção no Domínio Econômico) para financiar o Programa de Estímulo à Interação Universidade-Empresa para o Apoio à Inovação.

3. LIMITAÇÕES CONSTITUCIONAIS AO PODER DE TRIBUTAR

O STF, em decisão tomada em 1992, reafirmou que o Estado submete-se integralmente aos modelos jurídicos do texto constitucional, que "de modo explícito ou implícito, institui em favor dos contribuintes decisivas limitações à competência estatal para impor e exigir, coativamente, as diversas espécies tributárias existentes".[5]

Segundo essa decisão, os princípios constitucionais tributários representam importante conquista político-jurídica dos contribuintes, constituem expressão fundamental dos direitos individuais a eles outorgados. Desde que existem, para impor limitações ao poder de tributar do estado, esses postulados têm por destinatário exclusivo o poder estatal, que se submete a imperatividade de suas restrições.

Os arts. 150 e seguintes da Constituição Federal estabelecem uma série de hipóteses em que os entes federativos estão impedidos de exercer suas competências diante de limitações impostas em prol do contribuinte, ou melhor, em sua defesa. Insta salientar que o poder reformador não pode inserir norma capaz de obstruir a aplicação desses princípios.

Princípio da legalidade tributária – Kiyoshi Harada[6] informa que a origem desse princípio está conectada à luta dos povos contra a tributação não consentida. Na atualidade, essa limitação está inserida nas constituições de grande parte dos Estados modernos. Esse princípio não se restringe mais simplesmente à hipótese prevista no art. 150, I, de que para se exigir ou aumentar tributo é necessária lei específica; hoje ele preside a política de incentivos fiscais e a concessão e revogação de isenção, de remissão e de anistia.

Assim, para criar ou alterar os elementos de um tributo será necessária uma lei (medida provisória também, contudo, sem seu efeito imediato para a criação ou majoração de tributo, devendo respeitar a anterioridade). As exceções relacionam-se à possibilidade de mudança, por meio de decreto ou medida provisória, das alíquotas de II, IE, IPI, IOF (art. 153, § 1º, da CF) e da Cide combustíveis (art. 177, § 4º, da CF). Estes são impostos extrafiscais.

Existem decisões liminares e definitivas do STF viabilizando o emprego de medidas provisórias, desde que se respeite o princípio da anterioridade (ADIs ns. 1.135-9/DF e 1.417-0/DF).

Princípio da anterioridade – Por meio dele impõe-se que as normas tributárias não sejam exigidas prontamente. A lei que cria ou aumenta tributos não

5 ADI n.712-MC, rel. Min. Celso de Mello, j. 07.10.1992, *DJ* 19.02.1993.
6 *Curso de direito constitucional positivo*, p. 382.

pode ter vigência imediata (produção de efeitos). Deve, necessariamente, aguardar determinado período para a respectiva produção de efeitos. Esse prazo é uma *vacatio legis* específica. Existem duas regras de anterioridade. Uma delas é especificamente aplicável às contribuições destinadas ao financiamento da seguridade social (art. 195 da CF), ou seja, para aumento ou criação dessas contribuições a anterioridade será de noventa dias (anterioridade nonagesimal – art. 195, § 6º). A outra é dada pelo art. 150, III, *b*, que trouxe a regra geral de anterioridade pela qual a lei que institua ou majore tributos somente produz efeitos no exercício seguinte; porém, entre a data de publicação da lei e o momento da produção de efeitos deve haver intervalo de, pelo menos, noventa dias (art. 150, III, *c*, da CF).

Princípio da irretroatividade da norma tributária – Nos termos do art. 150, III, *a*, a lei que institui ou aumenta tributos só pode incidir para o futuro. Não pode atingir fatos pretéritos. Exceções existem com relação a esse princípio. Uma delas é aquela prevista na parte final do § 1º do art. 150 da CF, que trata da possibilidade de viabilizar que normas tributárias que tragam medidas de fiscalização retroajam.

Princípio da isonomia tributária – Previsto no art. 150, II, da CF, determina que não se pode estabelecer tratamento diferenciado para contribuintes que se encontrem em situação equivalente, proibida qualquer distinção em razão de ocupação profissional ou função por eles exercida, independentemente da denominação jurídica dos rendimentos, títulos ou direitos.

Princípio da capacidade contributiva – A capacidade econômica é fundamental para que o particular possa contribuir com as necessidades do Estado. Assim, como a capacidade econômica pressupõe a contributiva, o indivíduo deveria recolher tributos nos limites daquela capacidade. Quem tem maior poder aquisitivo recolhe mais. Este é o preceito que se extrai do art. 145, § 1º, da Constituição Federal. Nesses termos deve-se graduar os tributos a partir do nível econômico do sujeito. O sistema tributário nacional emprega alguns expedientes, como isenções, deduções e progressividade de alíquotas. Importa ainda observar o consignado no § 1º do art. 145, que especifica dois critérios distintos para graduar os impostos: o real e o pessoal; sublinhando que sempre que possível os impostos deverão ter caráter pessoal.

Princípio da vedação ao confisco – Não é admissível a instituição de imposto que resulte em extração de valor considerável da riqueza do contribuinte, conforme preceitua o art. 150, IV, da CF. Por confisco entende-se o ato que subtrai considerável valor da propriedade ou renda. Aliomar Baleeiro[7] conside-

7 *Limitações constitucionais ao poder de tributar*, p. 237.

ra tributo confiscatório aquele que absorve todo o valor da propriedade, aniquila a empresa ou impede o exercício de atividade lícita e moral.

Princípio da imunidade – Decorre do texto constitucional, em seu art. 150, VI, que reflete a limitação constitucional ao poder que tem o Estado de tributar. Impõe às entidades tributantes a vedação de instituir tributos a determinadas pessoas, bens, coisas, situações, como forma de resguardar princípios, interesses e valores fundamentais dos cidadãos, valores estes garantidos pelo Estado. Pode ser chamado verdadeiramente de princípio da imunidade tributária.

Princípio do livre trânsito – Os tributos não poderão ser utilizados como limitadores do livre trânsito de pessoas ou bens no território nacional, nos termos do art. 150, V, da CF, ressalvada a cobrança de pedágio pela utilização de vias públicas. Esse princípio relaciona-se com a liberdade de transporte ou pessoas entre as unidades federativas e a possibilidade de melhor integração.

4. COMPETÊNCIAS TRIBUTÁRIAS

A Constituição reputou à lei complementar a tarefa de elaborar normas gerais em matéria tributária, sobretudo na definição dos fatos geradores, bases de cálculo e contribuintes dos diversos impostos existentes, que devem ser regulamentados por outra lei complementar – o CTN – que, em verdade possui o *status* de lei complementar.[8]

A CF estabeleceu em seus dispositivos as regras gerais acerca das competências outorgadas a cada um dos entes federativos a fim de lhes proporcionar receita suficiente para cumprir suas respectivas missões institucionais. Na CF pode-se encontrar a regra-matriz de cada um dos tributos.

A escolha da lei complementar no estabelecimento de normas gerais em matéria de legislação tributária tem a finalidade de disciplinar a elaboração, a redação, a alteração e a consolidação das leis e objetivou nada menos que proporcionar maior rigidez no rito de aprovação do Código Tributário Nacional e da Lei Complementar n. 95/98.[9] Assim, a rigidez e a necessidade de normas complementares se volta mais ao conteúdo do que propriamente à forma.

---

8 Em 1965 não existia no sistema legislativo brasileiro a exigência de lei complementar para implementar normas tributárias gerais. Essa exigência somente se iniciou com a Emenda n. 1/69, que alterou a Constituição de 1967. Desde então o CTN foi recepcionado por todos os textos constitucionais como lei complementar em função da matéria, embora seja em sua origem uma lei formalmente ordinária.

9 A LC n. 95/98 destina-se à elaboração, à redação, à alteração e à consolidação das leis. Disponível em: https://www.planalto.gov.br/ccivil_03/Leis/LCP/Lcp95.htm; acesso em: 23.10.2021.

4.1. Da União

Imposto de importação – II	Há excepcionalidade quanto aos princípios da legalidade, da anterioridade e da "anterioridade qualificada".
Imposto de exportação – IE	Há excepcionalidade quanto aos princípios da legalidade, da anterioridade e da "anterioridade qualificada".
Imposto sobre a renda e proventos de qualquer natureza – IR	Deve observar-se os critérios da generalidade, da universalidade e da progressividade.[10]
Imposto sobre produtos industrializados – IPI	Também é excepcional relativamente aos princípios da legalidade e da anterioridade. O Poder Executivo, dentro do que preceitua a lei, pode alterar suas alíquotas.[11]
Imposto sobre operações financeiras – IOF	É excepcional aos princípios da legalidade, da anterioridade e da "anterioridade qualificada" (conforme o art. 150, § 1º, da CF, na redação da Emenda Constitucional n. 42, de 2003). Segundo a Constituição, o Poder Executivo, nos termos e limites fixados em lei, poderá alterar suas alíquotas. O IOF somente pode incidir sobre operações de crédito, câmbio, seguro e relativas a títulos ou valores mobiliários.
Imposto territorial rural – ITR	Esse imposto extrafiscal até o momento deve ser: a) progressivo e suas alíquotas são fixadas de forma a desestimular a manutenção de latifúndios improdutivos; b) não incidente sobre pequenas glebas rurais, definidas em lei, quando as explore o proprietário que não possua outro imóvel; e c) quando o município optar por fiscalizar e cobrar tal tributo, desde que não implique redução do imposto ou qualquer outra forma de renúncia fiscal.
Imposto sobre grandes fortunas	Deve ser regulamentado por lei complementar ainda não publicada.
Impostos residuais	Somente a União tem competência para criar impostos novos (além dos constitucionalmente elencados). Para o exercício dessa competência exige-se: a) utilização de lei complementar; b) adoção da técnica da não cumulatividade; e c) que o imposto novo não tenha fato gerador ou base de cálculo próprios dos impostos já discriminados. Essa competência é conhecida como residual.
Impostos extraordinários	Na iminência ou na hipótese de guerra externa, a União poderá criar impostos extraordinários. Esses impostos podem estar ou não compreendidos em sua competência e serão suprimidos, gradativamente, cessadas as causas da instituição.

10 Generalidade é a incidência do imposto sobre todas as pessoas. Universalidade significa que a incidência recai sobre todos os tipos de rendimentos. A progressividade toma a base de cálculo como critério para a variação de alíquotas.

11 O IPI deve ser seletivo em função da essencialidade do produto. Assim, produtos essenciais devem ter alíquotas menores, destinando-se as maiores para os produtos enquadrados na categoria de consumo supérfluo ou desaconselhável. O IPI deve igualmente observar a técnica da não cumulatividade. Esta objetiva evitar que o imposto incidente sobre a mercadoria seja superior à alíquota máxima prevista em lei ao final do ciclo produção-distribuição-consumo.

4.2. Dos estados e do DF

Imposto sobre circulação de mercadorias e serviços (ICMS)	Além da circulação de mercadorias já tributada como ICM na CF anterior, a atual incluiu as prestações de serviços interestaduais e intermunicipais e de comunicações.[12]
Imposto sobre transmissão causa mortis e doação (ITCMD)	Quanto ao fato gerador, cabe à lei estadual estabelecê-lo, observando as linhas mestras traçadas pela CF, tendo como fato gerador a transmissão, a *causa mortis* ou a doação de quaisquer bens ou direitos.[13]
Imposto sobre propriedade de veículos automotores (IPVA)	Importante a definição de Sacha Calmon[14] que entende ser o IPVA modalidade de imposto sobre o patrimônio pessoal, direto e progressivo, em razão do valor do veículo de propriedade do contribuinte.[15]

4.3. Dos municípios e do DF

Propriedade predial e territorial urbana (IPTU)	Nos termos do art. 156 da CF, com a redação dada pela Emenda Constitucional n. 29/2000, o IPTU poderá: a) ser progressivo em razão do valor do imóvel, ou ainda, imóveis com maior valor de mercado têm alíquotas maiores; e b) ter alíquotas diferentes de acordo com a localização e o uso do imóvel.[16]

(continua)

12 O art. 155, § 2°, IV e V, da CF confere ao Senado competência para estabelecer as alíquotas aplicáveis às operações e prestações interestaduais e de exportação e a esse faculta o estabelecimento de alíquotas máximas e mínimas nas operações internas. O ICMS poderá ser seletivo em função da essencialidade das mercadorias, de acordo com o disposto no art. 155, § 2º, III, da CF, e não cumulativo, compensando-se o que for devido em cada operação, nos termos do art. 155, § 2º, I, da CF.

13 A Resolução n. 9/92 do Senado fixou a referida alíquota máxima em 8%. Contudo, complexa fica a questão ao se observar o prescrito em seu art. 2°: "as alíquotas dos impostos, fixadas em lei estadual, poderão ser progressivas em função do quinhão que cada herdeiro efetivamente receber, nos termos da Constituição Federal".

14 *Curso de direito tributário brasileiro*, p. 411.

15 Fato que merece atenção é o de que este imposto pode ter caráter fiscal ou ainda extrafiscal, quando prescreve alíquota menor ao combustível ecologicamente mais adequado em termos ambientais.

16 Nos termos do art. 182, § 4°, da CF, o Poder Público municipal, por meio de lei específica para área incluída no plano diretor, pode exigir, nos termos de lei federal (Estatuto da Cidade), do proprietário do solo urbano não edificado, subutilizado ou não utilizado que promova seu adequado aproveitamento, sob pena, sucessivamente, de: 1) parcelamento ou edificação compulsórios; 2) IPTU progressivo no tempo; e 3) desapropriação com pagamento mediante títulos da dívida pública de emissão previamente aprovada pelo Senado Federal, com prazo de resgate de até dez anos, em parcelas anuais, iguais e sucessivas, assegurados o valor real da indenização e os juros legais.

(continuação)

Transmissão *inter vivos,* a qualquer título, por ato oneroso, de bens imóveis, por natureza ou acessão física, e de direitos reais sobre imóveis, exceto os de garantia, bem como cessão de direitos a sua aquisição (ITBI)	O ITBI incide sobre a transmissão imobiliária *inter vivos*, a qualquer título, por ato oneroso. Ele é devido nesses contratos, a exemplo da compra e venda, permuta e dação em pagamento, entre outros. Aí não se incluem as doações e transmissões *causa mortis.* Incide também nas acessões físicas (edificações) e transmissões de direitos reais sobre imóveis (usufruto).[17]
Serviços de qualquer natureza, não compreendidos no art. 155, II (que dispõe sobre o ICMS), definidos em lei complementar (ISS)	Pode-se instituir ISS sobre os serviços que, cumulativamente: a) não estejam sujeitos à incidência do ICMS, de acordo com o art. 155, II, da CF; e b) estejam relacionados em lei complementar editada pela União.[18]

5. REPARTIÇÃO DE RECEITAS TRIBUTÁRIAS

As competências tributárias são outorgadas a cada ente federativo, de acordo com o rol de competência que a Constituição lhes conferiu. Cada unidade federativa, em princípio, aproveita os tributos que arrecada. Isso quer dizer que o ente, ao instituir tributo, pode guardar o produto para si.

O sistema constitucional veio a prever outra forma de repartição de competências, nos termos do art. 157 da CF. Algumas pessoas jurídicas estão obrigadas a repartir seus tributos com outras, desde que haja norma constitucional nesse sentido. Essa forma de divisão é uma busca na solução de alguns dos problemas oriundos do Estado federal. Neste há uma cooperação entre os entes federados. Para Lewandowski,[19] a Constituição adotou o "federalismo cooperativo", registrando um entrelaçamento de competências e atribuições dos diferentes níveis governamentais. Caracteriza-se por ser, ao mesmo tempo, uma repartição vertical e horizontal de competências, aliado à partilha dos recursos financeiros.

Por meio desse federalismo cooperativo, o legislador constituinte quis tornar as entidades federativas autônomas em relação à União. Buscou-se, portan-

---

17 Imunidades do ITBI – Nos termos do art. 156, § 2°, I, da CF esse tributo não incide sobre a transmissão de bens ou direitos incorporados ao patrimônio de pessoa jurídica em realização de capital, tampouco sobre a transmissão de bens ou direitos decorrente de fusão, incorporação, cisão ou extinção de pessoa jurídica, salvo se, nesses casos, a atividade preponderante do adquirente for a compra e venda desses bens ou direitos, locação de bens imóveis ou arrendamento mercantil – *leasing.*

18 Atualmente, a lista de serviços sujeitos ao ISS está consignada na Lei Complementar n. 116/2003. O rol é taxativo. O ISS não incidirá se não previsto na lista, ainda que outro imposto não disponha sobre aquele serviço.

19 *Pressupostos materiais e formais da intervenção federal no Brasil*, p. 20-1.

to, uma cooperação mútua no exercício das competências tributarias conferidas à União e aos estados. Com relação à repartição horizontal pode-se afirmar que esta é a forma mais apropriada de se assegurar a independência político-administrativa das entidades federativas.

Pertencem aos estados e ao DF (art. 157 da CF)	
IR retido na fonte sobre proventos de qualquer natureza e rendimentos pagos a qualquer título por eles, suas autarquias e fundações públicas.	20% do produto da arrecadação tributária da competência residual da União, nos termos do art. 154, I, da CF.

Pertencem aos municípios (art. 158 da CF)			
IR na fonte sobre proventos de qualquer natureza incidente na fonte, sobre rendimentos pagos a qualquer título.[20]	50% do produto de arrecadação do ITR, relativamente aos imóveis sobre sua circunscrição.[21]	50% do produto da arrecadação dos impostos estaduais sobre a propriedade de veículos automotores (IPVA).	25% do produto da arrecadação, na respectiva circunscrição municipal do ICMS.

A União entregará:		
48% da arrecadação do IR e IPI nos seguintes percentuais: a) 21,5 – ao Fundo de Estados; b) 22,5 – ao Fundo dos Municípios; c) 3% aos programas de financiamento do setor produtivo do Norte, Nordeste e Centro-Oeste; d) 1% ao Fundo de Participação dos Municípios.	10% do produto do IPI aos estados e ao Distrito Federal, proporcionalmente às exportações de produtos industrializados (2,5% desse valor será destinado aos municípios).[22]	29% da Cide – Combustíveis aos estados e ao DF, distribuídos na forma prevista em lei e obedecendo a seguinte ordem: a) pagamento de subsídios a preços ou transporte de álcool combustível, gás natural e seus derivados de petróleo;[23] b) financiamento de projetos ambientais relacionados com a indústria do petróleo e gás; c) financiamento de programas de infraestrutura de transportes.

20 Pode ser pelo próprio ente federativo, suas autarquias e fundações públicas.

21 Não se pode olvidar que o município pode optar por fiscalizar e cobrar o ITR relacionado a sua circunscrição.

22 Nos termos do art. 159, § 2º, da CF, a nenhuma unidade federada poderá ser destinada parcela superior a 20% desse montante, devendo o eventual excedente ser distribuído entre os demais participantes, mantido, em relação a esses, o critério de partilha estabelecido.

23 A Lei n. 10.336, de 2001, instituiu a Cide-Combustíveis: Contribuição de Intervenção no Domínio Econômico incidente sobre a importação e a comercialização de gasolina e suas

O art. 160 da CF veda a retenção ou qualquer restrição à entrega e ao emprego dos recursos outorgados aos entes federativos, neles compreendidos os adicionais e acréscimos referentes a impostos. Contudo, o parágrafo único do art. 160 permite que a entrega de recursos tenha como condição o pagamento dos créditos devidos aos entes que repassem recursos e a suas autarquias, e ainda a obrigatoriedade de aplicação de recursos mínimos derivados da aplicação dos percentuais em ações e serviços públicos de saúde (art. 198, § 2º, II e III, da CF).

A nova redação, dada pela EC n. 102/2019, do art. 20, § 1º, confere à União, aos estados, ao Distrito Federal e aos municípios participação no resultado da exploração de petróleo ou gás natural, de recursos hídricos para fins de geração de energia elétrica e de outros recursos minerais no respectivo território, plataforma continental, mar territorial ou zona econômica exclusiva, ou compensação financeira por essa exploração. Esse dispositivo está sujeito a lei para sua regulamentação.

Houve também alteração no art. 165 da CF, a fim de estabelecer mudanças na execução de programações orçamentárias relacionadas ao orçamento fiscal e da seguridade social da União para garantir a entrega de benefícios legais. Também se impôs que o cumprimento de dispositivos constitucionais e legais, que estabeleçam metas fiscais ou limites de despesas, não deve impedir o cancelamento necessário à abertura de créditos adicionais. Esse dispositivo aplica-se exclusivamente às despesas primárias discricionárias.

A nova Emenda estabelece que "a lei orçamentária anual poderá conter previsões de despesas para exercícios seguintes, com a especificação dos investimentos plurianuais e daqueles em andamento".

Outra fórmula criada é o registro centralizado de projetos de investimento, que a União organizará e manterá para controle dos demais entes com análises de viabilidade, estimativas de custos e informações sobre a execução física e financeira.

6. FINANÇAS PÚBLICAS

6.1. Aspectos normativos

A partir do momento em que o Estado passou a assumir funções consideradas fundamentais para seus governados e seu bom andamento, assumiu como suas atribuições das mais diversas ordens. Aumentaram suas ações, e seus gastos se multiplicaram na mesma medida. A hipertrofia ou mesmo elefantíase do

correntes, diesel e suas correntes, querosene de aviação e outros querosenes, óleos combustíveis (*fuel-oil*), gás liquefeito de petróleo (GLP), inclusive o derivado de gás natural e de nafta, e álcool etílico combustível.

Estado surgiu a partir da instalação do *Welfare State*, configuração que se buscou cambiar para uma nova fase: o neoliberalismo. A Constituição vigente é marcadamente neoliberal, sobretudo com a consignação do princípio da subsidiariedade referido no art. 173 da CF. Assim, a exploração direta de atividade econômica pelo Estado só é permitida quando necessária aos imperativos da segurança nacional ou a relevante interesse coletivo, conforme definidos em lei.

Contudo, ao contrário do estabelecido na própria Constituição, não houve continuidade das privatizações e o Estado mantém-se inflado com elevados gastos. Para saldá-los não há outra alternativa senão o aumento de receitas públicas.

Destarte, a atividade financeira do Estado é considerada como o conjunto de atos voltados à aquisição, aplicação e gerenciamento de recursos monetários a fim de se atingir os desígnios estabelecidos pelo Poder Público.

Entre os diversos tributos criados pelo Estado para suprir suas necessidades, existem as receitas **vinculadas** e as **não vinculadas**. As primeiras são atreladas a uma contraprestação por parte do Estado ou ainda a valores obtidos da exploração dos próprios bens, e as segundas visam o suprimento de necessidades públicas destinadas à satisfação de necessidades coletivas.

As atribuições estatais assumidas, cujo desempenho demanda verbas financeiras, sobretudo de natureza derivada, a fim de mantê-las, são geralmente voltadas para a prestação de serviços públicos em geral (secretarias atreladas à chefia do Executivo, atividades regulamentadoras e fiscalizadoras), ações filantrópicas (sociais) e destinadas à manutenção e prestação na área da saúde, educação etc.

Devem existir para a prestação de atividades financeiras, conforme remarcado por Celso Bastos:[24]

Presença de pessoa jurídica estatal	Somente poderão exercer a atividade financeira do Estado as entidades conectadas diretamente a ele; União, estados, DF, municípios, autarquias e fundações públicas.
Conteúdo monetário	Essa atividade manipula numerário. Portanto, toda e qualquer atividade que não tenha por objeto o conteúdo monetário não pode ser considerada atividade financeira.
Instrumentalidade	A atividade financeira é um meio para o Estado atingir suas finalidades. Não constitui um fim em si mesma. Somente por meio do ingresso, gestão e dispêndio de recursos é que o Estado poderá realizar suas finalidades.

24 *Curso de teoria do Estado e ciência política*, p. 5-7.

Essa atividade financeira é regulamentada por diversas normas, principalmente de ordem constitucional. O art. 163 da CF estabelece que deve haver lei complementar dispondo sobre finanças públicas e dívida pública interna e externa, incluídas das autarquias, fundações públicas e entidades controladas pelo Poder Público.

A Lei n. 4.320/64 estabelece normas gerais de direito financeiro para elaboração e controle dos orçamentos e balanços da União, dos estados, dos municípios e do Distrito Federal. Recepcionada pela vigente Constituição, com exceção de algumas normas conflitantes.

O orçamento público revela-se verdadeiro instrumento de planejamento, pelo qual a Administração Pública, dos diversos níveis federativos, preveem as receitas que irão arrecadar durante o exercício. Os gastos públicos, por conseguinte, são fixados por um conjunto de critérios econômicos, políticos e jurídicos. Estes devem ser aquilatados pela população[25] e sobretudo pelo Congresso Nacional, observando-se ser a Comissão Mista de Planos, Orçamentos Públicos e Fiscalização Orçamentária uma das duas comissões mistas permanentes daquela Casa legislativa.

Outra norma de fundamental importância criada na vigência da presente Constituição, é a Lei Complementar n. 101/2000, cujo objeto é a responsabilidade na gestão fiscal por quem está obrigado a elaborar o orçamento. Ao ser publicada a famosa "lei de responsabilidade fiscal", como ficou conhecida, imaginava-se que seria instrumento moderno e adequado e, enfim, próprio para coibir eventuais abusos por parte de autoridades.

As punições previstas pelo não cumprimento de suas determinações podem ser de ordem fiscal ou penal. As punições fiscais correspondem à vedação do ente em receber transferências voluntárias, na contratação de operações de crédito e na obtenção de garantias para a sua contratação. Além dessas, existem sanções penais envolvendo a reclusão de um a dois anos, cobrança de multa com recursos próprios (limite de até 30% dos vencimentos anuais), cassação do mandato, inabilitação para o exercício da função pública por um período de até cinco anos e perda do cargo público.

6.2. Orçamentos

O art. 165 da CF indica que leis de iniciativa do Poder Executivo estabelecerão: o plano plurianual (PPA), a lei de diretrizes orçamentárias (LDO) e a

---

25 A população pode interferir enviando sugestões para os parlamentares e para as comissões de parlamentares por todas as formas possíveis (*e-mail*, cartas, ofícios etc.).

lei orçamentária anual (LOA). Cumprindo a obrigatoriedade de serem votados por meio de lei, a doutrina lhe cunhou as mais diversas denominações: lei orçamentária, lei anual, lei ânua, entre outras.

O orçamento sinaliza as prioridades, os projetos, os "megaprojetos" e os programas de trabalho das entidades federativas. Possui planos de custeio necessários à realização desses projetos e a prestação de serviços públicos, investimentos considerados necessários e materialização de outros planos (como o plano diretor, com validade máxima de dez anos). Além desse plano de custeio, indica os recursos necessários para fazer frente às prioridades, por isso necessária a aprovação legislativa por intermédio da Comissão Mista de Planos, Orçamento e Fiscalização (CMO) no âmbito federal. Tudo deve ser realizado para um período financeiro determinado e aprovado pelo Poder Legislativo. A Comissão mista é prevista somente para as leis federais, isso porque é o único Legislativo que possui duas casas (art. 166, § 1º, da CF).

Espécies de leis orçamentárias	
Plano Plurianual Tem vigência por **4 anos** nos termos do art. 35, § 2º, I, do ADCT	Nos termos do art. 165, § 1º, da CF deve estabelecer de forma regionalizada as diretrizes, os objetivos e as metas da Administração Pública Federal para as despesas de capital e outras delas decorrentes e para as relativas aos programas de duração continuada.
Lei de Diretrizes Orçamentárias Tem vigência de **um ano** nos termos do art. 35, § 2º, II, do ADCT	O art. 165, § 2º, da CF refere-se a esta lei como sendo a que determina metas e prioridades da Administração, incluindo as despesas de capital para o exercício financeiro subsequente. Deve orientar a elaboração da lei orçamentária anual e dispor sobre alterações na legislação tributária e na política de aplicação de recursos das agências financeiras de fomento.
Lei de Orçamento Anual Tem vigência de **um ano** nos termos do art. 35, § 2º, III, do ADCT	Nos termos dos incisos do § 5º do art. 165 da CF ela deve compreender o orçamento fiscal relacionado aos Poderes da União, seus fundos, órgãos e entidades da Administração direta e indireta; o orçamento de investimento em empresas estatais e o orçamento da seguridade social.

Despesas de capital, nos termos do art. 11, § 2º, da Lei n. 4.320/64, são aquelas provenientes da realização de recursos financeiros oriundos da constituição de dívidas; da conversão, em espécie, de bens e direitos; dos recursos recebidos de outras pessoas de direito público ou privado, destinados a atender despesas classificáveis em "Despesas de Capital"; e, ainda, do superávit do Orçamento Corrente.

Nos termos da EC n. 105, de 12 de dezembro de 2019, em vigor desde o início do ano 2020, as emendas individuais impositivas apresentadas ao projeto de lei orçamentária anual poderão alocar recursos a estados, ao Distrito Federal e a municípios por meio de transferência especial ou transferência com finalidade definida.

Esses recursos, nos termos do § 1º, não devem integrar a receita do ente subnacional para fins de repartição e para o cálculo dos limites da despesa com pessoal ativo e inativo, nos termos do § 16 do art. 166, e de endividamento do ente federado, vedada, em qualquer caso, a aplicação dos recursos a que se refere o *caput* deste artigo no pagamento de despesas e encargos com pessoal (ativos e inativos ou pensionistas) e encargos referentes ao serviço da dívida.

Essas transferências especiais serão repassadas diretamente ao ente federado, independentemente de convênio ou outro instrumento assemelhado. Esse benefício deve ser aplicado em programações finalísticas das áreas de competência do Poder Executivo local, desde que 70% sejam aplicados em despesas de capital. É possível que se firmem contratos de cooperação técnica para fins de subsidiar o acompanhamento da execução orçamentária na aplicação dos recursos.

Nessas transferências deve haver finalidade definida, e os recursos serão efetivamente vinculados à programação estabelecida na emenda parlamentar e aplicados em áreas de competência constitucional da União.

6.3. A questão dos precatórios e o orçamento: as Emendas à Constituição ns. 113 e 114/2021 (mudança do regime dos precatórios)

Considerando a impenhorabilidade dos bens das pessoas jurídicas de direito público, a CF estabelece em seu art. 100 o sistema de precatórios a fim de satisfazer os débitos e os pagamentos devidos pelas pessoas jurídicas de direito público decorrentes de decisão judicial. O encaminhamento do precatório é realizado pelo Poder Judiciário ao Poder Executivo, e se faz por meio de lista de valores com a identificação das pessoas que deverão receber o crédito consignado na decisão.

Uma vez com a lista, o Poder Executivo de cada esfera governamental deverá, obrigatoriamente, incluir no projeto de lei orçamentária anual dotações específicas para o pagamento dos valores devidos não só pela pessoa jurídica política, mas também por suas respectivas entidades da Administração indireta de direito público (autarquias e fundações de direito público).

Destarte, excluindo-se os débitos de pequeno valor, o pagamento deve estar relacionado na lista de precatórios. As decisões com trânsito em julgado em face de pessoa jurídica de direito público devem gerar um precatório respectivo. Após a inclusão dos mesmos na lei orçamentária, a ordem cronológica deve ser observada.

O art. 100 da CF prevê que os pagamentos devidos pelas Fazendas Públicas federal, estaduais, distrital e municipais em virtude de sentença judiciária devem ser feitos em ordem cronológica. Os de natureza alimentícia (cuja natureza está especificada no § 1º) devem ser priorizados, exceto quando outros, de mesma natureza, tenham como destinatários pessoas com 60 anos ou mais de idade na data da expedição do precatório, ou ainda aquelas que possuam doença grave, definida em lei.

Nos termos do § 6º do art. 100, as dotações orçamentárias e os créditos abertos serão consignados diretamente ao Poder Judiciário. Será o presidente do tribunal que proferir a decisão exequenda quem determinará o pagamento, bem como manifestação nos casos de preterimento do direito de precedência ou de não alocação orçamentária do valor. Caso não o faça, incorrerá em crime de responsabilidade e deve responder por seu ato comissivo ou omissivo perante o Conselho Nacional de Justiça.

Permitiu-se, no § 9º, no momento da expedição dos precatórios, mesmo sem regulamentação, a possibilidade de compensação do valor correspondente aos débitos líquidos e certos, inscritos ou não em dívida ativa contra o credor original pela Fazenda Pública devedora, incluídas parcelas vincendas de parcelamentos.

Será facultada à entidade federativa devedora a entrega de créditos em precatórios para a compra de imóveis públicos do respectivo ente federado. A nova emenda veio prever a cessão total ou parcial dos créditos em precatórios a terceiros, desde que regularmente comunicado ao tribunal por petição, independentemente da concordância do devedor (o cessionário não fará jus aos benefícios dos titulares primitivos dos créditos alimentares).

A Emenda n. 62/2009 foi duramente criticada pelo presidente da OAB nacional, Cezar Britto, o qual assegurou ingressar com uma ação direta de inconstitucionalidade para vê-la excluída do ordenamento. A emenda também mereceu crítica por diversos setores preocupados com o pagamento dos precatórios, pois viabiliza a possibilidade de destinação de apenas metade dos recursos dos precatórios para pagamento à vista em ordem cronológica. O valor restante devido poderá ser quitado por meio de leilões, em que o credor mais benevolente, ou seja, aquele que conceder o maior desconto, terá a primazia na quitação do seu débito. A emenda ainda prevê a possibilidade de conciliação entre os interessados, entre outras tantas medidas que beneficiam as Fazendas Públicas das esferas federativas.

Nos termos das redação da Emenda à Constituição n. 113/2021, estabeleceu-se um novo regime de pagamentos de precatórios, com normas próprias ao que se denominou "Novo Regime Fiscal", e por ela também se autorizou o parcelamento de débitos previdenciários dos municípios.

Com a alteração dos textos dos arts. 100 e 160 da CF, oriunda da PEC n. 23/2021, modificou-se o regime jurídico dos precatórios judiciais e, sobretudo, a forma de seu parcelamento. Estes são, em sua maioria, de natureza previdenciária. Diante da polêmica gerada por ser assunto de extrema relevância, dividiu-se o assunto nas duas emendas aqui analisadas. A EC n. 113/2021 estabeleceu diretivas acerca de débitos incidentes sobre o valor dos precatórios, cessão de créditos com possibilidades próprias no pagamento e viabilização de parcelamento das dívidas de municípios em relação às respectivas contribuições previdenciárias.

O art. 100, § 9º, da CF dispunha anteriormente que a compensação entre dívidas do credor dos precatórios com a Fazenda Pública devedora seria realizada de forma direta, estivessem esses inscritos ou não em dívida ativa, salvo se houvesse suspensão da exigibilidade por contestação administrativa ou judicial. A redação atual estipula que a compensação não ocorrerá de modo imediato, pois os valores serão depositados à conta do juízo responsável pela cobrança em favor da Fazenda Pública, que decidirá a respeito. Dessa forma, a Fazenda Pública decidirá acerca do pagamento.

A redação do § 11 do art. 100 recebeu redação em que o dispositivo é autoaplicável, no que tange à União; relativamente aos outros entes federativos, essa possibilidade é viável ou ainda poderão tratar com legislação própria.

Os arts. 115 e 116 introduzidos por essa Emenda no ADCT (Ato das Disposições Constitucionais Transitórias) permitem o parcelamento das contribuições previdenciárias devidas pelo município ou ainda suas fundações ou autarquias, por conta dos respectivos regimes previdenciários ou mesmo ao RGPS (Regime Geral de Previdência Social), em até 240 meses, a ser formalizado até 30 de junho de 2022, por meio de lei municipal própria.

Importante remarcar que nas discussões e condenações da Fazenda Pública, para fins de atualização monetária, de qualquer natureza (remuneração do capital ou compensação da mora, inclusive do precatório), haverá a incidência, uma única vez, até o efetivo pagamento, do índice da taxa referencial do Sistema Especial de Liquidação e de Custódia (Selic), acumulado mensalmente.

A EC n. 114/2021 alterou a Constituição Federal e o Ato das Disposições Constitucionais Transitórias. Trouxe a quarta alteração para o art. 6º, que trata dos direitos sociais (anteriores EC ns. 26/2000, 64/2010 e 90/2015). A nova redação, que inseriu um parágrafo único, concede a todo o brasileiro que se encontre em "condição de vulnerabilidade social" a outorga de uma renda básica familiar garantida pelo poder público. Não é uma lei autoaplicável. O próprio dispositivo indica que será futuramente objeto de regulamentação, pois certamente deve ter previsão orçamentária própria.

Essa disposição veio acompanhada de dois dispositivos que a complementam, cujo intuito seria nada menos que a substituição do auxílio emergencial proposto pela Lei n. 13.982/2020, mantido pelo Decreto n. 10.740/2021. O art. 203, VI, da CF esclarece que a assistência social objetiva a redução da vulnerabilidade socioeconômica de famílias em situação de pobreza ou de extrema pobreza. O art. 118 do ADCT estabelece prazo para o atendimento dessas novas disposições: o último dia do ano de 2022.

Modificou ainda normas relativas ao que a anterior chamou de "Novo Regime Fiscal" e autorizou igualmente o parcelamento de débitos previdenciários dos municípios, com escalonamento de vencimentos e inclusão obrigatória nos orçamentos, das entidades de direito público. Essa nova Emenda aprovou o chamado "acordo direto", por meio do qual o credor do precatório, que não tenha sido pago, pode optar pela via de acordo direto (por acordo conciliatório), em parcela única, até o final do exercício seguinte, com renúncia de 40% do valor do precatório. Isso nos termos da nova redação do § 11 do art. 100 da CF.

O art. 107-A prevê que até o fim de 2026, para cada exercício financeiro, deverá existir limite para alocação na proposta orçamentária das despesas com pagamentos em virtude de sentença judiciária de que trata o art. 100 da CF, equivalente ao valor da despesa paga no exercício de 2016, incluídos os restos a pagar pagos, corrigido na forma do § 1º do art. 107 do ADCT. Os precatórios que não forem pagos em razão do previsto nesse artigo terão prioridade para pagamento em exercícios seguintes, observada a ordem cronológica (§ 2º).

A ordem de pagamento para fins de pagamento, nos termos do art. 100 da CF, fica da seguinte forma: a) obrigações de pequeno valor (definidas pelo § 3º do art. 100 da CF); b) precatórios de natureza alimentícia (maiores de 60 anos ou portares de deficiência); c) demais precatórios de natureza alimentícia além daquele fixado em lei como de pequeno valor.

Entre outras alterações, essas trouxeram modificações substanciais para a Constituição, no que tange ao pagamento de precatórios, assim como a constitucionalização do auxílio emergencial, antes objeto de leis e atos normativos.

QUESTÕES

1. (TJCE/2014) De acordo com a Constituição Federal, a alíquota da contribuição de intervenção no domínio econômico relativa às atividades de importação ou comercialização de petróleo e de seus derivados, de gás natural e de seus derivados e de álcool combustível – CIDE-COMBUSTÍVEL – poderá ser

A) reduzida e restabelecida por ato do Poder Executivo da União, aplicando-se à tributação do gás natural e de seus derivados os princípios da legalidade, noventena e anterioridade.

B) aumentada e restabelecida por ato do Poder Legislativo da União, não se lhe aplicando o princípio da legalidade.

C) reduzida e aumentada por ato do Poder Legislativo da União, não se lhe aplicando o princípio da noventena.

D) reduzida e aumentada por ato dos Poderes Executivos dos estados e do Distrito Federal, não se lhe aplicando o princípio da irretroatividade.

E) reduzida e restabelecida por ato do Poder Executivo da União, não se lhe aplicando o princípio da anterioridade.

2. (TJCE/2014) Atendidas as condições e os limites estabelecidos em lei, o IPI, o ICMS, as taxas municipais pelo poder de polícia, as contribuições de melhoria e o Imposto de Exportação podem ter suas alíquotas aumentadas, respectivamente, por:

A) lei ordinária, decreto, lei ordinária, decreto e lei ordinária.

B) lei complementar, lei ordinária, decreto, decreto e lei complementar.

C) decreto, lei ordinária, lei ordinária, lei ordinária e decreto.

D) lei ordinária, decreto, lei ordinária, lei ordinária e lei complementar.

E) decreto, lei ordinária, decreto, decreto e lei ordinária.

3. (RS, Juiz/2005) Que tributo, dentre os abaixo, admite, por sua natureza, a transferência do encargo financeiro?

A) Imposto sobre operações relativas à circulação de mercadorias.

B) Imposto sobre a propriedade predial e territorial urbana.

C) Imposto sobre a renda e proventos de qualquer natureza.

D) Imposto sobre transmissão *causa mortis* e doação.

E) Imposto sobre a propriedade de veículos automotores.

4. (RS, Juiz/2005) Considere as medidas judiciais abaixo.

I – O depósito em dinheiro do montante integral do crédito tributário.

II – A concessão de medida liminar ou de tutela antecipada em ação judicial.

III – A propositura de ação anulatória de lançamento fiscal.

Quais delas suspendem a exigibilidade do crédito tributário?

A) Apenas I
B) Apenas II
C) Apenas III
D) Apenas I e II
E) I, II e III

5. (TJMA-2013) Considerando as disposições constitucionais e a jurisprudência acerca do processo legislativo, assinale a opção correta.

A) A rejeição expressa de medida provisória opera efeitos *ex nunc*.

B) Os projetos de lei de iniciativa popular poderão iniciar-se tanto na Câmara dos Deputados quanto no Senado Federal.

C) De acordo com entendimento do STF, a iniciativa de lei que verse sobre matéria tributária é concorrente entre o chefe do Poder Executivo e os membros do Legislativo.

D) De acordo com o regime de tramitação do projeto de lei complementar, é dispensável a submissão de seu conteúdo ao plenário da casa legislativa.

6. (CESPE-2014-Juiz) Acerca das disposições constitucionais referentes ao Sistema Tributário Nacional e das limitações do poder de tributar, assinale a opção correta.

A) É vedada a cobrança, pelo DF, de taxa de serviço sobre empresa pública federal exploradora de serviço público.

B) É vedado ao DF cobrar imposto de renda de pessoa jurídica de fundação vinculada a partido político regularmente constituído.

C) É constitucional lei distrital que estabeleça isenção de ICMS em favor de bens produzidos no estado de Goiás e destinados ao DF.

D) É permitida ao DF a cobrança de alíquota maior de IPVA instituída por lei distrital de janeiro de 2014, no mesmo exercício de sua publicação.

E) O DF poderá instituir IPTU sobre imóvel de propriedade de instituição religiosa destinado à realização de cultos.

RESPOSTAS

1. E
2. C
3. A
4. D
5. C
6. B

19

Ordem econômica e financeira

A intervenção do Estado na economia sobressaiu-se no século XX, sobretudo pelos efeitos da Primeira Guerra Mundial e pela perda das crenças ainda existentes na manutenção do Estado Liberal.[1] Nesse período o Estado adquiriu postura mais intervencionista; deixou de ser omisso, observando o que as Encíclicas Papais tanto insistiam. Os freios e contrapesos da teoria de Montesquieu também não serviram ao propósito de evitar maiores transtornos à economia da época. A Revolução Industrial evidenciou problemas que o liberalismo não solvia e sua manutenção só agravaria ainda mais a situação.

A partir dessas constatações, o Estado obrigou-se a conduzir de forma efetiva os assuntos de ordem social e econômica, passando a regulamentá-los de maneira radical, a exemplo dos Estados Unidos da América a partir do *Sherman Act*, de 1890.

As primeiras constituições a introduzir dispositivos de ordem econômica foram a do México, de 1917, e a de Weimar, de 1919. Trouxeram normas escritas de cunho econômico e social, criando um instrumento mais eficaz para o Estado melhor atender ao interesse coletivo e às necessidades gerais.

O direito econômico surge nesse contexto como um ramo autônomo do direito público, com princípios e institutos próprios capazes de conduzir, regrar e normatizar os fenômenos jurídicos de ordem econômica.

1 O liberalismo baseia-se no fato de que a razão individual e a razão social são independentes. Portanto, o indivíduo seria absolutamente autônomo, sem necessidade de qualquer obediência ao Estado. Significa, ainda, que o Estado é independente de qualquer regra moral e, especialmente, da Igreja.

Para Aguillar,[2] o direito econômico não é um ramo do Direito, nem poderia sê-lo nos dias atuais. É considerado pela doutrina como um fenômeno decorrente da presença mais marcante do Estado na regulação de mercado. É entendido como o termômetro sensível da organização capitalista da economia, cujas oscilações se refletem sobre o conteúdo da disciplina e, por vezes, sobre sua forma. Contudo, a Constituição o considera direito autônomo pelo que se depreende do art. 24, I, estabelecendo ser competência concorrente da União, estados e DF legislar sobre direito tributário, financeiro, penitenciário, econômico e urbanístico.

A ordem econômica tem como finalidade a realização da atividade econômica e a imposição de princípios que determinado Estado considere relevante. Carvalhosa entende que o Estado

> assume a direção geral da ordem econômica instrumentalizada. Subtrai dos entes privados a plena disponibilidade de seus recursos, bens e vontades no campo econômico, regulando as suas atividades, a fim de que não possam ser exercitadas em desconformidade com o bem geral, de cujos interesses supremos se faz árbitro e tutor.[3]

O conjunto de normas constitucionais referentes ao direito econômico reside nos arts. 170 a 192 da CF. Em quatro capítulos a Lei Maior prescreve artigos sobre os princípios da ordem econômica, da política urbana, da política agrícola e fundiária e da reforma agrária, e mais um acerca do Sistema Financeiro Nacional.

O *caput* do art. 170 da CF informa que a ordem econômica está fundada na valorização do trabalho humano e na livre-iniciativa, cuja finalidade é assegurar a todos existência digna, conforme os ditames da justiça social. Carlos Ari[4] entende ter a ordem econômica caráter residual, pois seu desenvolvimento se reserva aos particulares (art. 170, parágrafo único, da CF). Em termos constitucionais as atividades econômicas são aquelas não reservadas ao Estado. Para identificá-las basta observar quais o constituinte reservou aos entes federativos.

A ideia de livre-iniciativa como qualificação da liberdade revela-se como uma possibilidade de desenvolver qualquer atividade na esfera econômica sem oposição estatal. Assim, pode ser compreendida também como livre-iniciativa econômica, abarcando a liberdade de concorrência e a liberdade de empresa ou

2 *Direito econômico:* do direito nacional ao direito supranacional, p. 29.

3 *A ordem econômica na Constituição de 1969*, p. 5.

4 *Fundamentos de direito público*, p. 78.

indústria. A empresa é vista como fonte de riquezas livremente acumuladas, dependendo, tão somente, da ação do indivíduo no livre jogo de mercado.

Além dessa particularidade de se garantir a livre-iniciativa, sem qualquer oposição, a ordem econômica garante a valorização do trabalho humano, a fim de assegurar uma existência digna ao indivíduo. Esses são os pilares da economia de mercado de natureza capitalista. Imagina-se que para alcançar a justiça social deva-se atingir o estado previsto no art. 7º, IV, da CF, ou seja, garantir o salário (mínimo) capaz de atender as necessidades vitais básicas do indivíduo e a de sua família com moradia, alimentação, educação, saúde, lazer, vestuário, higiene, transporte e previdência social, com reajustes periódicos.

Dessa maneira poderá existir justa distribuição de riqueza e quem sabe sejam alcançados os objetivos fundamentais do Brasil, entre eles: uma sociedade livre, justa e solidária (art. 3º, I, da CF), garantindo o desenvolvimento nacional (art. 3º, II), erradicando a pobreza, a marginalização (art. 3º, III) e promovendo o bem de todos, sem preconceitos de qualquer espécie (art. 3º, IV, da CF).

Com o objetivo de se alcançar os propósitos específicos relacionados à ordem econômica, o art. 170 enumerou uma série de princípios, muitos deles coincidentes com os já previstos no art. 5º da CF. Os referidos princípios são os pilares que o constituinte elegeu como sendo a própria base de suas normas. Portanto, não podem se opor a eles leis, atos normativos e ações materiais. Isso é, toda e qualquer ação deve privilegiar a iniciativa privada.

Nesse diapasão, a Lei n. 13.303/2016, art. 2º, estabeleceu a possibilidade de exploração de atividade econômica pelo Estado por meio de empresa pública, sociedade de economia mista ou ainda suas subsidiárias. A constituição de quaisquer dessas entidades mistas dependerá de prévia autorização legal que indique, de forma clara, relevante interesse coletivo ou imperativo de segurança nacional, nos termos do *caput* do art. 173 da Constituição Federal. Todas elas possuem personalidade jurídica de direito privado e seguem regras de governança corporativa, de transparência e de estruturas, práticas de gestão de riscos e de controle interno, composição da administração.

A Lei n. 13.874, de 20 de setembro de 2019, resultante da Medida Provisória n. 881/2019, instituiu a "Declaração de Direitos de Liberdade Econômica", por meio dela se estabeleceram normas de proteção à livre-iniciativa e livre exercício de atividade econômica. Prescreveu fórmulas para atuação estatal no âmbito normativo e regulador, de acordo com o que preceituam o inciso IV do *caput* do art. 1º, o parágrafo único do art. 170 e o *caput* do art. 174 da CF.

O § 1º do art. 1º da Lei n. 13.874/2019 estabelece que o que dispõe deve ser observado na aplicação e interpretação do direito civil, empresarial, econômico, urbanístico e do trabalho nas relações jurídicas que se encontrem no seu âmbito de aplicação e na ordenação pública sobre o exercício das profissões, juntas comerciais, produção e consumo e proteção ao meio ambiente.

Antes de ingressar nos princípios relacionados à ordem econômica, importante salientar a existência de um equilíbrio entre interesses particular e público. Nesse sentido, para cada direito outorgado existe a previsão de restrições, cujo intuito é proteger o interesse coletivo. Por meio desse mecanismo, por exemplo, o princípio da propriedade equilibra-se com o da função social, o da liberdade da empresa ou o da liberdade de iniciativa econômica com a possibilidade de intervenção estatal, entre tantos outros existentes.

A Lei n. 13.874/2019 trouxe verdadeiro plexo de normas e uma Declaração de Direitos de Liberdade Econômica. Ela estabelece normas de proteção à livre iniciativa e ao livre exercício de atividade econômica e disposições sobre a atuação do Estado como agente normativo e regulador. Regulamenta, portanto, o inciso IV do *caput* do art. 1º, o parágrafo único do art. 170 e o *caput* do art. 174 da Constituição Federal.

A Lei reitera no art. 3º que pertence a toda e qualquer pessoa, natural ou jurídica, o desenvolvimento de atividade econômica de baixo risco, essencial para o desenvolvimento e o crescimento econômicos do País, que se valha exclusivamente de propriedade privada própria ou de terceiros consensuais, sem a necessidade de quaisquer atos públicos de liberação da atividade econômica.

É certo que essas pessoas, ao desenvolverem atividade econômica, devem respeitar limitações ambientais, urbanísticas e de outras vertentes, sempre respeitando a vizinhança e regras contratuais oriundas do contrato locativo ou ainda de trabalho, que tenha realizado com terceiros para colaborar na prestação dos serviços.

Com isso, garantiu também ser dever da Administração Pública e outras entidades reguladoras, exceto se em estrito cumprimento a previsão explícita em lei, evitar o abuso do poder regulatório de maneira a criar reserva de mercado ao favorecer, na regulação, grupo econômico, ou profissional, em prejuízo dos demais concorrentes, redigir enunciados que impeçam a entrada de novos competidores nacionais ou estrangeiros no mercado ou ainda exigir especificação técnica que não seja necessária para atingir o fim desejado.

1. PRINCÍPIOS DA ATIVIDADE ECONÔMICA

Além dos princípios estabelecidos constitucionalmente, a Lei n. 13.874/2019 prescreveu outros que devem ser fundamentalmente observados: os da "presunção de liberdade no exercício de atividades econômicas; a presunção de boa-fé do particular; e a intervenção subsidiária, mínima e excepcional do Estado sobre o exercício de atividades econômicas".

1.1. Soberania nacional

Jean Bodin, reconhecido por ser um dos autores que buscou sistematizar o tema, teceu algumas considerações acerca da soberania e seus reflexos. Para ele, que viveu no século XVI, soberania é um poder ilimitado e perpétuo. Encontra limitações, eventualmente, na lei divina e na lei natural. Assim, considera-se absoluta desde que verificados tais limites.

Esse princípio possui desdobramentos próprios. Internamente, refere-se ao que já se afirmou sobre soberania nos capítulos iniciais. É poder tipicamente estatal que não se funda em nenhum outro superior. Nos Estados democráticos, o Poder Constituinte Originário, produtor das normas originárias, possui soberania. Além desta, significa dizer que o Brasil não está obrigado a se submeter a regramentos que não os seus próprios. Assim, nesse plano, a soberania se revela como a submissão dos particulares às leis e à Constituição. As normas constitucionais e legais formalmente promulgadas e publicadas obrigam a todos sem exceção.

No plano econômico, os desdobramentos podem referir-se a embargos a outros Estados ou mesmo tributação diferenciada, a exemplo dos membros do Mercosul e outros com que o País queira maior proximidade econômica.

1.2. Propriedade privada e função social da propriedade

A propriedade sempre esteve entre os direitos fundamentais do homem. Atualmente, fizeram-na se adequar a outro princípio, o da função social, cujo intuito nada mais é do que ajustar o uso do imóvel ao interesse social. A necessidade de se criar limitações em prol do interesse coletivo veio por meio de normas objetivando ajustar seu uso em consonância com as necessidades sociais.

O Código de Napoleão (Código Civil francês de 1804) é reconhecido como sendo um dos primeiros a limitar a propriedade ao uso segundo a lei e os regulamentos. Estabeleceu a necessidade de observância de regras estatais com o intuito de manter a propriedade dentro do que se teria como adequação dela ao interesse coletivo. A doutrina social da Igreja, por João Paulo II, afirmava que "a propriedade dos meios de produção – tanto a propriedade privada como a pública ou coletiva – só é legítima na medida em que serve ao trabalho".[5]

5 *Laborem Exercens*, ponto n. 14, 1981.

A finalidade é atingida quando a propriedade cumpre adequadamente com sua destinação econômica (urbana ou rural). A urbana cumpre com a sua função desde que atenda às exigências fundamentais de ordenação da cidade contidas no Plano Diretor (art. 182, § 2º, da CF); e a rural a Constituição prescreve que deve ter aproveitamento racional e adequado, ou seja, com medidas relacionadas ao menor impacto ambiental possível que a atividade possa causar, uma vez mantida produtiva, bem como obedecidos os critérios legais trabalhistas para a empregabilidade dos rurícolas, nos termos dos critérios estabelecidos no art. 186 da CF.

1.3. Livre concorrência

Esse preceito, além de constar como princípio da ordem econômica, foi também especificado no art. 173, § 4º, da CF, o qual estabelece que a lei deve reprimir o abuso do poder econômico que vise à dominação dos mercados, à eliminação da concorrência e o aumento arbitrário dos lucros.

A livre concorrência, como as liberdades públicas em geral, deve ser limitada a fim de não se macular o interesse social. Seu exercício encontra limites em preceitos legais. Uma vez desrespeitados esses limites, a concorrência desleal surge inexoravelmente. O que se quer coibir são os abusos por parte de empresas que possam suprimir a concorrência e tornar determinado mercado inadequado para novos empresários.

A legislação antitruste brasileira definiu o que se entende por infração à ordem econômica e sua punibilidade. A Lei n. 12.529/2011, que regulamenta o citado artigo, dispõe sobre a prevenção e a repressão às infrações contra a ordem econômica, orientada pelos ditames constitucionais de liberdade de iniciativa, livre concorrência, função social da propriedade, defesa dos consumidores e repressão ao abuso do poder econômico.

Referida Lei também transformou o Cade (Conselho Administrativo de Defesa Econômica) em autarquia; outorgou-se a esse órgão a atribuição de ser previamente consultado sobre todos os atos que possam limitar ou de qualquer forma prejudicar a livre concorrência, ou resultar na dominação de mercados relevantes de bens ou serviços.

1.4. Defesa do consumidor

A defesa do consumidor também está elencada entre os direitos fundamentais, mais propriamente no art. 5º, XXXII, da CF. Com essa finalidade criou-se o Código de Defesa do Consumidor (CDC) – Lei n. 8.078/90, cujo intuito é a garantia do equilíbrio nas relações jurídicas de consumo. Outros propósitos foram a criação de mecanismos próprios a fim de coibir cláusulas abusivas que se mostrem excessivamente onerosas ao consumidor, o atendimento às suas necessidades essenciais, a preservação de sua dignidade, saúde e segurança, a proteção de interesses econômicos, a melhoria da qualidade de vida, a busca de harmonia nas relações consumeristas, a coibição de atos a cargo do empresário que poderiam prejudicá-lo, a exemplo da inserção do nome do mesmo em banco de dados, entre outras proteções.

Importante ainda esclarecer que a sistemática consumerista admite a desconsideração da personalidade jurídica em todas as ocasiões em que for obstáculo ao ressarcimento de prejuízos gerados aos consumidores. Nesse sentido, em matéria de consumidor, adota-se a teoria menor da desconsideração da personalidade jurídica, pela qual se pode atribuir responsabilidade ao sócio em razão de prejuízo causado ao consumidor pela pessoa jurídica, na hipótese de empresa, ou melhor, sem patrimônio suficiente para saldar a dívida, sem que por isso tenha de realizar qualquer ato abusivo ou fraudulento.[6]

O art. 48 do ADCT estabeleceu ao Congresso Nacional o prazo de 120 dias da promulgação da Constituição para a elaboração do CDC. Esse prazo não se cumpriu. Contudo, o CDC nacional é um dos mais elogiados da América Latina e que assegura maior proteção ao consumidor.

1.5. Meio ambiente

Theodore Roosevelt Jr.,[7] no início do século XX, já mostrava preocupação pelo meio ambiente e afirmou que de sua conservação dependia o futuro da humanidade.

Em 1972, foi realizada a Conferência das Nações Unidas sobre o Homem e o Meio Ambiente, em Estocolmo (Suécia). Essa reunião entre chefes de Estado tinha como intuito debater questões relacionadas ao meio ambiente e ao desenvolvimento. Diante do iminente esgotamento de recursos, sugeriu-se o congelamento do crescimento econômico como única opção viável a fim de pôr cobro aos reiterados impactos ambientais sofridos pela biosfera. Solução inviável para os países em desenvolvimento, como eles próprios declararam. Na Conferência de Estocolmo, o Brasil liderou 77 países, do total de 113, com acusações aos países industrializados em defesa do crescimento a qualquer custo. No

6 TJDF, AI Processo n. 20150020332364AGI (0034926-16.2015.8.07.0000), 5ª T. Cível. Disponível em: https://pesquisajuris.tjdft.jus.br/IndexadorAcordaos-web/sistj; acesso em: 20.10.2021.

7 Foi o 25° vice-presidente e o 26° presidente dos Estados Unidos da América (1901-1909).

protesto, estendeu faixa com os dizeres: "Bem-vindos à poluição, estamos abertos a ela. O Brasil é um país que não tem restrições, temos várias cidades que receberiam de braços abertos a sua poluição, porque nós queremos empregos, dólares para o nosso desenvolvimento".[8] Na Conferência, o foco do debate foi a ideia entre desenvolvimento zero e o desenvolvimento a qualquer custo.

Na tentativa de conciliar o desenvolvimento com a preservação do meio ambiente surgiu a concepção de **desenvolvimento sustentável**, proposta sedimentada em um estudo denominado Nosso Futuro Comum *(Our Common Future)*, em 1987, publicado pela Comissão Mundial sobre o Meio Ambiente e Desenvolvimento (CMMAD), da ONU. Tornou-se conhecido como Relatório Brundtland, em homenagem à então primeira-ministra da Noruega, Gro Harlem Brundtland. Esse estudo defendia o crescimento dentro de um equilíbrio entre as posições antagônicas surgidas na referida conferência.

Conforme previsão do Relatório Brundtland, a Conferência das Nações Unidas sobre Meio Ambiente e Desenvolvimento, conhecida também como ECO-92 ou Carta da Terra, realizou-se no Rio de Janeiro, de 3 a 14 de junho de 1992. Ali se reuniram representantes de 175 países e de ONGs.[9] As convenções adotadas pela ECO-92 foram basicamente três: a que dispõe acerca da **biodiversidade**, outra sobre mudança do clima, e uma terceira elaborou a **Declaração sobre Florestas**. Outros documentos foram introduzidos na ocasião como a Declaração do Rio e a Agenda 21, reiterando o conceito fundamental de desenvolvimento sustentável.

No sistema jurídico nacional a preservação do meio ambiente tornou-se característica marcante em diversos dispositivos. O art. 170, VI, da CF prescreve a defesa do meio ambiente, inclusive mediante tratamento diferenciado conforme o impacto ambiental dos produtos e serviços e de seus processos de elaboração e prestação, com redação dada pela EC n. 42, de 2003. O art. 225, *caput*, demonstra a preocupação da preservação ambiental para **todos**, introduz o denominado "bem ambiental", o qual deve ser zelado por todos, e ainda estabelece o dever de preservar o meio ambiente para as presentes e futuras gerações. O inciso IV do mesmo artigo exige, para a instalação de obra ou atividade potencialmente causadora de significativa degradação do meio ambiente, estudo prévio de impacto ambiental (Epia).

Desde a promulgação da Lei n. 6.938/81, estabeleceu-se a Política Nacional do Meio Ambiente, com a finalidade de preservação, melhoria e recuperação da qualidade ambiental. O objetivo foi assentar as bases do desenvolvimen-

8 "1972: O Brasil na Conferência de Estocolmo". Disponível em: ecokidsecote-ens.mpba.mp.br/noticias/1972-o-brasil-na-conferencia-de-estocolmo/; acesso em: 04.11.2021.

9 Organizações não governamentais.

to sustentável no Brasil, ou melhor, assegurar no País condições de desenvolvimento socioeconômico, aos interesses da segurança nacional e à proteção da dignidade da vida humana.

Merece também destaque a Lei n. 9.985/2000, que regulamenta o art. 225, § 1º, I, II, III e VII, da CF, instituindo o Sistema Nacional de Unidades de Conservação da Natureza (SNUC) e estabelecendo critérios e normas para criação, implantação e gestão das unidades de conservação. O Código Florestal, por grande parte dos doutrinadores da área considerado repleto de retrocessos, Lei 12.651/2012, trouxe o CAR – Cadastro Ambiental Rural, obrigando a todos os imóveis rurais a se cadastrarem para serem considerados regulares.

1.6. Presunção de liberdade no exercício de atividades econômicas

Os incisos do art. 3º da Lei de Liberdade Econômica afirmam que a liberdade de exercício deve ser desenvolvida em ambiente de baixo risco, assim classificado por ato do Poder Executivo federal que deve ser publicado na hipótese de falta de legislação estadual, distrital ou municipal. Nos termos desse princípio, o particular pode se valer de sua propriedade privada ou mesmo de terceiros, sem necessidade de autorização do poder público para liberação do desenvolvimento da atividade econômica. Isso não isenta o comerciante ou empresário da observância das medidas de segurança estabelecidas em legislação estadual, distrital ou municipal concernente à segurança dos utentes dos serviços.

Pode definir livremente seus preços em mercados não regulados e receber tratamento isonômico pelas entidades administrativas quanto à liberação da atividade econômica.

O particular pode desenvolver sua atividade sem restrições de horário ou dia da semana. Pode abrir nos feriados, sem que para isso esteja submetido a cobranças suplementares. Deve, outrossim, respeitar normas de proteção ao ambiente, sobretudo concernentes à poluição sonora e tranquilidade pública, restrições contratuais, condominiais e outras que possam estar incluídas no direito de vizinhança. Em qualquer atividade, deve submeter-se à legislação trabalhista.

1.7. Presunção de boa-fé do particular

Nos termos do inciso V do art. 3º da Lei, o particular goza de presunção de boa-fé nos atos praticados no exercício da atividade econômica. Eventuais dúvidas de interpretação do direito material envolvido devem ser solucionadas de acordo com a preservação da autonomia privada, a não ser que haja legislação diversa em contrário.

Na hipótese de as normas infralegais tornarem-se desatualizadas em decorrência de desenvolvimento tecnológico "consolidado internacionalmente", o particular poderá desenvolver, executar, operar ou comercializar as novas modalidades de produtos e serviços, nos termos estabelecidos em regulamento, o qual deve disciplinar os requisitos para aferição da situação concreta, os procedimentos, o momento e as condições dos efeitos.

Os contratos a serem pactuados entre os particulares gozarão de ampla liberdade, a não ser em disposições em prol da saúde coletiva e normas urbanísticas e ambientais impostas por normas de ordem pública que sejam cogentes.

1.8. A intervenção subsidiária, mínima e excepcional do Estado sobre o exercício de atividades econômicas

Aqui se busca garantir mais uma vez que os negócios jurídicos dentro do contexto identificado no item anterior devem ser objeto de livre estipulação entre os pactuantes, de maneira que se aplique livremente o que desejarem. A Lei de Liberdade Econômica afirma que as "normas de ordem pública" devem ser observadas, e as de direito empresarial, apenas de maneira subsidiária. Já se aclarou anteriormente a existência da Lei n. 13.303/2016, cujo intuito foi a regulação das entidades privadas da administração direta na atividade econômica.

É conferida garantia ao particular empresário, que, em suas solicitações de atos públicos de liberação da atividade econômica, na hipótese de eventuais exigências, será cientificado expressa e imediatamente do prazo máximo estipulado para análise do pedido. Uma vez transcorrido o prazo fixado e a autoridade não tendo se manifestado, "o silêncio importará aprovação tácita para todos os efeitos, ressalvadas as hipóteses expressamente vedadas em lei".

O art. 11 trouxe modificações para a Lei n. 12.682/2012, que trata da elaboração e do arquivamento de documentos em meios eletromagnéticos. Estabelece, assim, que os documentos particulares poderão ser livremente arquivados por meio de microfilme ou por meio digital, nos termos da técnica e requisitos estabelecidos em regulamento. Nessa situação, os documentos se equipararão a documentos físicos para todos os efeitos legais e comprovação de qualquer ato de direito público.

No tocante à área urbanística e ambiental, a Lei indicou em suas alíneas o que não pode ser exigido como "medida ou prestação compensatória ou mitigatória abusiva, em sede de estudos de impacto ou outras liberações de atividade econômica no direito urbanístico". Nesse sentido, não se pode requerer medida que já era planejada para execução antes da solicitação do particular, não se pode utilizar do particular "para realizar execuções que compensem impactos que existiriam independentemente do empreendimento ou da atividade econômica solicitada". Também não se poderá solicitar intervenções em áreas não impactadas pela operação ou que sejam consideradas desproporcionais ou não razoáveis.

As liberdades e garantias oferecidas podem, entretanto, conflitar com determinações do Conama ou mesmo das normas ambientais (Lei n. 6.938/81; Lei n. 12.651/2012, entre outras). Nesse sentido, muitas demandas podem surgir para esclarecer a prevalência do interesse público ou privado.

2. REDUÇÃO DAS DESIGUALDADES REGIONAIS E SOCIAIS E A BUSCA DO PLENO EMPREGO

Entre os objetivos fundamentais previstos no art. 3º, III, da CF está a erradicação da pobreza e da marginalização, bem como a redução das desigualdades sociais e regionais. A justiça social, sob a perspectiva jurídica, consiste em direito posto à disposição da população para exigir do Estado uma atuação de forma a garantir e promover a redução dos desequilíbrios sociais e a igualdade de todos os seus integrantes no que se refere a liberdade e oportunidades. Certamente essa subjetividade origina-se da própria norma que é essencialmente programática, ou seja, de efetivação futura e incerta, a partir da discricionariedade do Poder Público. O art. 43 da CF, pouquíssimo comentado, indica que lei complementar de autoria da União poderia articular a ação deste ente, para efeitos administrativos, em um mesmo complexo geoeconômico e social, objetivando o desenvolvimento dessa região e a redução de suas desigualdades regionais. Nesse sentido, já existem entidades de fomento, a exemplo da Sudene, Sudam, Sudeco e Suframa, com a finalidade de fornecer incentivos regionais, com isenções, reduções ou diferimento temporário de tributos federais devidos por pessoas físicas ou jurídicas, entre outras vantagens.[10]

Existem grande número de dispositivos que fundamentariam uma ação estatal com esse peculiar propósito. A observância de duas normas específicas, que infelizmente não são tão conhecidas pelos dirigentes governamentais, poderiam diminuir a situação complexa de cidades populosas no Brasil. As referidas normas são os incisos IX e XX do art. 21 da CF. O primeiro confere à União o poder de elaborar e executar planos nacionais e regionais de ordenação do terri-

10 O Tribunal de Contas da União (TCU), por meio de medida cautelar, permitiu que a União prorrogasse, a partir de 1º de janeiro de 2020, incentivos financeiros a empresas das regiões da Sudam (Amazônia) e Sudene (Nordeste) e estender esses benefícios às empresas instaladas na região Centro-Oeste (Sudeco).

tório e de desenvolvimento econômico e social; e o segundo o poder de instituir diretrizes para o desenvolvimento urbano, inclusive habitação, saneamento básico e transportes urbanos. Outros dispositivos que poderiam corroborar em uma interpretação ainda mais ampla são: o art. 3º (fundamentos) e o próprio art. 170 da CF aqui em análise.

A busca do pleno emprego, segundo Ramos Tavares,[11] estaria basicamente em uma política econômica voltada para a criação e aplicação de medidas destinadas a proporcionar novos postos de trabalho, ou ainda, situação em que se aproveite pelo mercado, na medida do possível, a força de trabalho existente na sociedade.

Assim, a redução das desigualdades regionais deveria ser materializada por um planejamento consciente das entidades governamentais, que também leve em consideração o impacto ambiental de atividades que poderiam "alavancar" determinadas regiões. Por esse motivo, os "planos nacionais e regionais" previstos no art. 21, IX, da CF são indispensáveis, sobretudo com o objetivo de fomentar os planos orçamentários que o Poder Executivo das diversas esferas está obrigado a elaborar e seguir anualmente. A Lei que trouxe a Declaração de Direitos de Liberdade Econômica, Lei n. 13.874/2019, parece indicar que os dispositivos e exigências ambientais e urbanísticas poderiam ser entraves incontornáveis aos empresários. Porém, as normas cumprem o desiderato do art. 225 da CF, que nada mais almeja que assegurar um meio ambiente mínimo para o florescimento e permanência das presentes e futuras gerações.

Aqui se abre parêntese para melhor esclarecer a existência de superintendências (autarquias especiais) da Amazônia, Centro-Oeste e Nordeste no cenário brasileiro com o intuito de formular planos e diretrizes para o desenvolvimento de sua respectiva área de atuação, cujos objetivos e metas econômicas e sociais devem levar ao desenvolvimento sustentável: a Superintendência do Desenvolvimento da Amazônia (Sudam) e a Superintendência do Desenvolvimento do Nordeste (Sudene), criadas, respectivamente, pelas Leis Complementares ns. 124 e 125 de 2007. Não se pode olvidar da Superintendência da Zona Franca de Manaus (Suframa),[12] criada com propósito semelhante para a região de Manaus e proximidades.

---

11 *Direito constitucional econômico*, p. 217.

12 Autarquia criada pelo Decreto-lei n. 288, de 28.02.1967, vinculada ao Ministério do Desenvolvimento, Indústria e Comércio Exterior, com sede na cidade de Manaus, no Estado do Amazonas.

3. INTERVENÇÃO ESTATAL DIRETA E INDIRETA

A exploração de atividade econômica pelo poder público deve estar condicionada ao princípio da subsidiariedade; na ordem econômica revela-se o entendimento de que o Estado intervém na economia de forma excepcional, supletivamente; no âmbito federativo, com a valorização das esferas de poder local, ou seja, valorizando, ao máximo, o poder municipal como unidade da Federação; e na participação popular, incentivando os cidadãos a se manifestarem em diversas decisões locais, por meio da opinião na tomada de decisões governamentais.

Importante notar que a Declaração de Direitos de Liberdade Econômica, veiculada por meio da Lei n. 13.784/2019, estabeleceu regras protetivas à livre-iniciativa e ao livre exercício de atividade econômica. Além disso, trouxe algumas restrições ao Estado como agente normativo e regulador para viabilizar às pessoas naturais o pleno desenvolvimento das capacidades empresariais.[13]

Seguindo essa tendência, o art. 173 dispôs que o Estado não poderá, ressalvados os casos expressos na Constituição, explorar diretamente atividade econômica, a não ser que justifique, em lei específica, criadora da entidade, se for o caso, o relevante interesse coletivo a ser atingido ou mesmo os imperativos de segurança nacional que quer atender.

Quando o Estado quer efetivar sua intervenção direta, o faz **por meio de suas empresas estatais: as sociedades de economia mista e as empresas públicas**, as quais devem ser criadas por lei específica, bem como suas subsidiárias, como já reiterou a jurisprudência do TCU (art. 37, XIX e XX). Diferem as duas espécies empresariais, essencialmente, pela possibilidade de capital privado nas mistas (desde que metade mais um das ações com direito a voto permaneçam com o Estado) e na exigência de que estas mantenham como forma societária a sociedade anônima.

O art. 173, § 1º, I, prevê a necessidade de lei que crie a empresa estatal, com indicação expressa de sua função social e das formas de fiscalização pelo ente criador e pela sociedade.

Intervenção indireta, fundada no art. 174 da CF, é aquela em que o Estado atua como agente normativo e regulador da atividade econômica. Nessas funções se circunscrevem a fiscalização, incentivo e planejamento. O referido artigo preceitua que tais funções serão determinantes para o setor público e indicativas para o privado. Entre as garantias de livre-iniciativa estabelecidas na

---

13 BRASIL. Lei n. 13.874/2019. Declaração de Direitos de Liberdade Econômica. Disponível em: https://www.planalto.gov.br/ccivil_03/_Ato2019-2022/2019/Lei/L13874.htm#art1. Acesso em: 08.12.2020.

Lei n. 13.874/2019 está a de se evitar o abuso do poder regulatório, estabelecido em seu art. 4º. Deve-se portanto evitar o abuso desse poder pela Administração Pública ou outra entidade que exerça regulação, exceto se em estrito cumprimento de previsão explícita em lei.

A **exploração monopolizada** ou mesmo a **necessária** são espécies indicadas no texto constitucional. A primeira está prevista no art. 177 da CF, indicada a seguir, e as necessárias são aquelas às quais o interesse público relevante se inclinar ou mesmo nos casos de segurança nacional.

Monopólio da União
Pesquisa e lavra das jazidas de petróleo e gás natural e outros hidrocarbonetos fluidos.
Refinação do petróleo nacional ou estrangeiro.
Importação e exportação dos produtos e derivados básicos resultantes das atividades previstas nos incisos anteriores.
Transporte marítimo do petróleo bruto de origem nacional ou de derivados básicos de petróleo produzidos no país, bem assim o transporte, por meio de conduto, de petróleo bruto, seus derivados e gás natural de qualquer origem.
A pesquisa, a lavra, o enriquecimento, o reprocessamento, a industrialização e o comércio de minérios e minerais nucleares e seus derivados.

4. POLÍTICA URBANA E RURAL

As normas de política urbana (art. 182) e rural, fundiária e agrária (arts. 184 a 191) estão centradas basicamente na função social da propriedade. Um dos primeiros documentos históricos a situar essa função foi a Encíclica *Rerum Novarum*, do Papa Leão XIII, mormente ao referir-se à contribuição ao bem comum que o uso da propriedade deveria levar em consideração. Posteriormente, a doutrina social da Igreja veio a defender "a hipoteca social" que pesa sobre cada propriedade. A Constituição de Weimar, de 1919, primeira a dispor sobre a função social, estabeleceu em seu art. 153 que "A propriedade obriga e seu uso e exercício devem ao mesmo tempo representar uma função no interesse social".

4.1. A propriedade urbana

O direito das cidades, como é também denominado o direito urbanístico, teve na atual Constituição um capítulo especial.

Inicialmente, cabe dizer que o art. 24, I, da CF se refere à competência concorrente da União para legislar com os Estados e o Distrito Federal sobre direito urbanístico e econômico. O art. 21, IX, da CF dispõe sobre a competência da União para a elaboração e execução de planos nacionais e regionais de ordenação do território e de desenvolvimento econômico e social; e no art. 21, XX, a possibilidade de instituição de diretrizes para o desenvolvimento urbano, inclusive habitação, saneamento básico e transportes urbanos.[14]

O art. 30, VIII, prevê a promoção do adequado ordenamento territorial pelo município, mediante planejamento e controle do uso, do parcelamento e da ocupação do solo urbano. Os arts. 182 e 183, já mencionados, referem-se à política urbana, a qual é cometida aos municípios. Estes devem efetivá-la por meio do plano diretor. O art. 182 da CF, regulamentado pela Lei n. 10.257, de 10.07.2001 (Estatuto da Cidade), estabelece a obrigatoriedade do Plano Diretor para cidades com mais de 20 mil habitantes. O art. 41 da referida norma ainda estendeu a obrigatoriedade para cidades integrantes de regiões metropolitanas, aglomerações urbanas, integrantes de áreas de especial interesse turístico, inseridas em área de influência de empreendimentos ou atividades com significativo impacto ambiental de âmbito regional ou nacional ou ainda quando a municipalidade queira utilizar os instrumentos do art. 182, § 4º, da CF.[15] Importante mencionar que atualmente existe o Estatuto da Metrópole (Lei n. 13.089/2015), que estabelece diretrizes gerais para o planejamento, a gestão e a execução das funções públicas de interesse comum (FPICs) em regiões metropolitanas e em aglomerações urbanas instituídas pelos estados, nos termos do art. 25, § 3º, normas gerais sobre o plano de desenvolvimento urbano integrado e outros instrumentos de governança interfederativa e critérios para o apoio da União a ações que envolvam governança interfederativa no campo do desenvolvimento urbano. A desapropriação que a propriedade urbana pode sofrer é aquela comum, a que qualquer outro bem pode, por necessidade ou utilidade pública ou ainda interesse social, de acordo com o prescrito no art. 5º, XXIV, da CF. O art. 182, § 3º, da CF cria outra espécie destinada aos imóveis urbanos: a desapropriação-sanção para quem descumpre a destinação prescrita pelo Poder Público municipal. Este poderá, após a emissão das respectivas notificações ao proprietário, cobrar o IPTU progressivo e proceder à desapropriação com pagamento mediante títulos da dívida pública de emissão previamente aprovada pelo Senado Federal, com prazo de resgate de até dez anos, em parcelas anuais, iguais e sucessivas, assegurados o valor real da indenização e os juros legais.

---

14 Para mais detalhes, consultar: SALEME, Edson Ricardo. *Comentários ao Estatuto da Cidade (Lei n. 10.257/2001)*, 2017.

15 Art. 182, § 4º, da CF: "I – parcelamento ou edificação compulsórios; II – imposto sobre a propriedade predial e territorial urbana progressivo no tempo; III – desapropriação com pagamento mediante títulos da dívida pública de emissão previamente aprovada pelo Senado Federal, com prazo de resgate de até dez anos, em parcelas anuais, iguais e sucessivas, assegurados o valor real da indenização e os juros legais".

Aspecto de fundamental importância é a questão da regularização fundiária urbana contemplada por duas normas: a 11.977/2009, que trouxe o Programa "Minha Casa, Minha Vida", que espelhava uma ideologia própria, cujo Capítulo III, que versava sobre os instrumentos regularizatórios, foi totalmente revogado pela MP n. 759/2016. Esta MP tornou-se a Lei n. 13.465/2017, que trouxe a REURB-S e REURB-E. O sistema ampliou o número de legitimados para a regularização fundiária. Porém, o município tornou-se o ente que efetiva a regularização juntamente com o registro de imóveis da circunscrição.

Importante mencionar que a norma vigente produziu inúmeros benefícios, trazendo para a regularidade inúmeros imóveis que dificilmente conseguiriam integrar o fólio real com matrícula própria. Assim, pessoas de baixa renda podem ter acesso à propriedade que ocupam, desde que venham a comprovar os requisitos necessários para tanto e prove ser aquele seu único imóvel.

4.2. Usucapião constitucional urbano e Reurb

Essa usucapião está prevista no art. 183 da Constituição Federal, nos arts. 1.240 e seguintes do Código Civil de 2002 e no art. 9º do Estatuto da Cidade (Lei n. 10.257/2001), que estabelecem, em regra, os seguintes termos.

> Aquele que possuir como sua área urbana de até 250 m², por cinco anos, ininterruptamente e sem oposição, utilizando-a para sua moradia ou de sua família, adquirir-lhe-á o domínio, desde que não seja proprietário de outro imóvel urbano ou rural.

Os requisitos são praticamente os mesmos exigidos para a usucapião especial rural, com exceção do objeto, sendo necessário ser um imóvel urbano. Os dispositivos estabelecem que o título de domínio será concedido ao homem, à mulher, ou a ambos, independentemente do estado civil, e que o mesmo possuidor não poderá ter o direito reconhecido mais de uma vez.

Conforme pontua de forma precisa José Afonso da Silva:

> Na verdade não é o título de domínio e a concessão de uso, mas um **ou outra**, porque são institutos excludentes. Aliás, a bem da verdade, a concessão de uso não tem cabimento no caso, pois o usucapião é modo de aquisição da propriedade, e não meio de obter mera concessão de uso [...].[16]

---

16 *Manual da Constituição de 1988*, p. 218.

A Lei n. 13.465/2017 dispõe sobre regularização fundiária urbana e rural e simplifica as regras para aquisição de imóveis ocupados para a população de baixa renda. No art. 23, esclarece que a "legitimação fundiária constitui forma originária de aquisição do direito real de propriedade conferido por ato do poder público, exclusivamente no âmbito da Reurb". Os atos relacionados à Reurb estão a cargo do ente público municipal. Porém, pode delegar o procedimento diretamente ao registro de imóveis daquela localidade, sobretudo por ter a experiência necessária para melhor estabelecer a regularização, em prol do atendimento da função social e titulação de hipossuficientes. É certo que a municipalidade estará a cargo de todas as despesas que possam incidir no processo, na Reurb-S, com possíveis subvenções, nos casos em que a lei determinar.

4.3. Propriedade rural e usucapião

O Estatuto da Terra, Lei n. 4.504/64 (art. 2º, § 1º), anterior à atual Constituição, já definia metas básicas a serem atingidas para a configuração de seu pleno atendimento: propiciar bem-estar ao proprietário e dos rurícolas, dar ao imóvel um grau de aproveitamento adequado, observar as normas trabalhistas vigentes e preservar o meio ambiente. A propriedade rural que não observasse os quatro princípios simultaneamente seria objeto de desapropriação por interesse social. A Constituição seguiu as mesmas diretrizes do Estatuto da Terra (art. 186) ao indicar quando o imóvel rural cumpre sua função social. O art. 9º da Lei n. 8.629, de 25.02.1993, que estabelece quando a propriedade rural está ou não atendendo sua função social, de forma semelhante, evita a respectiva desapropriação para reforma agrária (art. 2º).

O art. 184 da CF tratou da desapropriação por interesse social, para fins de reforma agrária. Somente à União é conferido tal poder. As demais entidades federativas não estão constitucionalmente autorizadas. Essa desapropriação antecede a verificação de utilização do imóvel rural. Se o imóvel não estiver cumprindo sua função social, fica sujeito à desapropriação, mediante prévia e justa indenização, em títulos da dívida agrária, resgatáveis no prazo de até vinte anos a partir do segundo ano de sua emissão, cuja utilização será definida em lei.

A Lei n. 8.629/93 regulamentou os dispositivos constitucionais relativos à reforma agrária, previstos no Capítulo III, Título VII, da Constituição Federal. O art. 5º da referida Lei estabelece que a desapropriação por interesse social será aplicável ao imóvel rural que não cumpra sua função social, indenizável por meio de prévia e justa indenização em títulos da dívida agrária. A indenização das benfeitorias úteis e necessárias será em dinheiro; o decreto que declarar o imóvel como de interesse social, para fins de reforma agrária, autoriza a União a propor ação de desapropriação.

5. SISTEMA FINANCEIRO NACIONAL

A alteração do art. 192 da CF, por meio da EC n. 40/2003, excluiu algumas matérias que deveriam ser objeto de lei complementar a fim de se regulamentar o sistema financeiro nacional. Manteve-se o *caput* e todos os dispositivos seguintes foram revogados.

Basicamente, o artigo determina seja referido Sistema estruturado de forma a promover o desenvolvimento equilibrado do País e a servir aos interesses da coletividade, em todas as partes que o compõem, abrangendo as cooperativas de crédito. Mantém a lei complementar para regular sobre a participação do capital estrangeiro nas instituições que o integram.

6. AUTORIDADES MONETÁRIAS

O **Conselho Monetário Nacional** (**CMN**) – Encabeçado pelo ministro da Fazenda, este é o órgão superior do SFN. Ele regula a vida político-econômica do país e fixa as diretrizes da política monetária, creditícia e cambial.[17]

O **Banco Central do Brasil** (**Bacen**) – Autarquia reguladora do SFN. São suas atribuições agir como gestor fundamental do SFN, executor da política monetária brasileira e banco emissor. Apesar de gozar de autonomia financeira, seu presidente é nomeado pelo presidente da República, o que o torna a voz financeira do Executivo Federal.

7. OUTRAS AUTORIDADES E ENTIDADES FINANCEIRAS

Banco Nacional de Desenvolvimento Econômico e Social (**BNDES**) – Ex-autarquia federal, criada em 1952, transformou-se em empresa pública federal em 1971. Empresa vinculada ao Ministério do Desenvolvimento, Indústria e Comércio Exterior. Seu objetivo é o financiamento a empreendimentos voltados ao desenvolvimento brasileiro. É a principal instituição financeira de fomento do Brasil por impulsionar o desenvolvimento econômico. Busca promover o crescimento das exportações e auxiliou o governo nas privatizações iniciadas no governo Collor.

17 Criado pela Lei n. 4.595, de 31.12.1964.

Comissão de Valores Mobiliários – Nos termos do art. 5º de sua lei criadora (Lei n. 6.385/76), é entidade autárquica em regime especial, vinculada ao Ministério da Fazenda, com personalidade jurídica e patrimônio próprios, dotada de autoridade administrativa independente, ausência de subordinação hierárquica, mandato fixo e estabilidade de seus dirigentes, e autonomia financeira e orçamentária. Entre suas funções está a regulamentação da política estabelecida pelo CMN, a administração de registros e a fiscalização de atividades e serviços do mercado de valores mobiliários.[18]

Banco do Brasil – Até janeiro de 1986 era praticamente uma autoridade monetária. Possuía íntima conexão com o Bacen e o Tesouro Nacional. Hoje, é uma sociedade de economia mista federal, responsável pela Câmara de Confederação.

Caixa Econômica Federal (CEF) – Instituição financeira sob a forma de empresa pública, integrante do SFN, vinculada ao Ministério da Fazenda. Auxilia a política de crédito e está voltada ao financiamento habitacional, à infraestrutura e ao saneamento básico. É um instrumento governamental de financiamento social.

QUESTÕES

1. (179 Magistratura/SP) No contexto dos aspectos gerais da atividade econômica, aponte a assertiva correta.

A) A exploração da atividade econômica se confunde com a prestação de serviços públicos.

B) A livre-iniciativa não figura como princípio fundamental da ordem econômica.

C) A União explora as atividades petrolíferas e nucleares, em regime de monopólio.

D) A exploração direta de atividade econômica pelo Estado será sempre permitida.

2. (TJMS, Vunesp/2009) Na ordem econômica e financeira, a Constituição Federal estabelece que

A) as empresas públicas e as sociedades de economia mista não poderão gozar de privilégios fiscais não extensivos às do setor privado.

B) a lei regulará o abuso do poder econômico que vise à dominação dos mercados, à eliminação da concorrência e ao aumento arbitrário dos lucros.

---

18 Arts. 5º e 8º da Lei n. 6.358/76.

C) como agente normativo e regulador da atividade econômica, o Estado exercerá, na forma da lei, as funções de fiscalização, incentivo e planejamento, sendo este determinante para os setores público e privado.

D) o Estado regulará a organização da atividade garimpeira, impedindo a participação de empresas estrangeiras na atividade, levando em conta a degradação do meio ambiente e a proteção econômico-social dos garimpeiros.

E) dependerá de autorização ou concessão da União o aproveitamento do potencial de energia renovável de capacidade reduzida.

3. (Reg. Not. Pr-2019) Segundo Romeu Felipe Bacellar Filho, "a Administração Pública indireta surge com o escopo de atender uma necessidade prática, verificada principalmente a partir do advento do Estado Social" (BACELLAR FILHO, 2008). Acerca do tema, assinale a alternativa correta.

A) A Administração indireta equivale aos órgãos públicos integrantes das estruturas dos Poderes Executivo, Legislativo e Judiciário.

B) A Administração direta do Poder Executivo é composta pelas Autarquias e Fundações Públicas, enquanto a indireta é composta pelas empresas públicas e sociedades de economia mista.

C) Os consórcios públicos também são exemplos de entes que compõem a Administração indireta.

D) Os serviços sociais autônomos são exemplos de entidades organicamente estatais, mas que compõem o terceiro setor.

E) As organizações sociais são exemplos de entes que compõem a Administração indireta a partir do momento em que firmam o contrato de gestão.

4. (Reg. Not. Pr-2019) A Constituição de 1988 é um documento que reconhece o sistema capitalista, ainda que sob um modelo social, razão pela qual há uma regulação específica para a atuação do Estado como agente do mercado. Sobre o assunto, assinale a alternativa correta.

A) A Constituição contempla diretamente alguns casos em que está prevista a possibilidade de exploração direta de atividade econômica por entes estatais.

B) A Constituição brasileira veda que a lei ordinária possa definir casos de exploração direta de atividade econômica.

C) A exploração da atividade econômica pelo Estado não se submete à função social.

D) Os entes estatais que exploram atividade econômica para o Estado estão submetidos ao regime jurídico próprio de direito público se fundamentados em caso de segurança nacional.

E) Segundo a redação constitucional a respeito do tema, a exploração direta de atividade econômica pelo Estado pode ser realizada pelos instrumentos da concessão e permissão nos casos de relevante interesse coletivo.

5. Relativamente às normas que cuidam da propriedade privada e da regularização da propriedade ocupada indevidamente, pode-se afirmar que:

A) O Estatuto da Cidade não pode se incluir no rol de normas com esse propósito, pois apenas trata do plano diretor e suas peculiaridades.

B) A Lei Minha Casa Minha Vida (Lei n. 11.977/2009) segue totalmente vigente. Ela é a que cuida da REURB.

C) A Lei n. 13.465, de 2017, é a atual norma que trata das formas de titulação de pessoas de baixa renda e viabilizam a REURB.

D) A União deve proceder totalmente à regularização fundiária de imóveis urbanos.

RESPOSTAS

1. C
2. A
3. C
4. A
5. C

20

Ordem social

O Título VIII da Constituição é denominado “Da Ordem Social” e está estruturado em diferentes capítulos. O primeiro trata das disposições gerais da ordem social; o segundo dispõe sobre a seguridade social, a saúde, a previdência social e a assistência social. Os demais ingressam em áreas relevantes, como: educação, cultura e desporto, ciência e tecnologia, comunicação social, meio ambiente, família, criança, adolescente, jovem e idoso e indígenas.

1. SEGURIDADE SOCIAL

O art. 194 da CF refere-se à seguridade social como um complexo integrado de ações de iniciativa dos poderes públicos e da sociedade, destinadas a assegurar os direitos relativos à saúde, à previdência e à assistência social. As bases e objetivos que se deve organizar a seguridade social estão em seu parágrafo único:

> I – universalidade da cobertura e do atendimento;
>
> II – uniformidade e equivalência dos benefícios e serviços às populações urbanas e rurais;
>
> III – seletividade e distributividade na prestação dos benefícios e serviços;
>
> IV – irredutibilidade do valor dos benefícios;
>
> V – equidade na forma de participação no custeio;
>
> VI – diversidade da base de financiamento;
>
> VII – caráter democrático e descentralizado da administração, mediante gestão quadripartite, com participação dos trabalhadores, dos empregadores, dos aposentados e do Governo nos órgãos colegiados.

O financiamento da seguridade social, nos termos do art. 195 da CF, será efetivado por toda a sociedade, de forma direta e indireta, além de recursos orçamentários pertencentes às esferas federativas e valores obtidos a partir das seguintes contribuições sociais:

a) empregador, empresa ou entidade a ela equiparada – valores incidentes sobre a folha de salários e rendimentos do trabalho pagos ou creditados, a qualquer pessoa física que lhe preste serviço, com ou sem vínculo empregatício; valores relacionados à receita ou faturamento e lucro;

b) do trabalhador e dos demais segurados da previdência social, não incidindo contribuição sobre aposentadoria e pensão concedidas pelo regime geral de previdência;

c) receita do concurso de prognósticos;

d) do importador de bens ou serviços do exterior, ou de quem a lei equiparar da mesma forma.

O § 4º do art. 195 estabelece que a lei poderá instituir outras fontes destinadas a garantir a manutenção ou expansão da seguridade social, obedecido o disposto no art. 154, I (lei complementar, não cumulativos, fato-gerador e base de cálculo diferenciados dos já previstos constitucionalmente).

2. SAÚDE

A Declaração Universal dos Direitos Humanos preleciona que "todos os homens nascem livres e iguais em dignidade e direitos" (art. 1º). Dispõe ainda que "todo homem tem direito à vida" (art. 3º). Observa-se nesse documento a preocupação com o direito à saúde e suas repercussões no âmbito global. Dessa forma, recomenda-se a adoção de políticas públicas em tal sentido, nos termos desta e de outras declarações de direitos fundamentais.

O art. 196 da CF dispôs, acompanhando a tendência nas legislações de Estados assistencialistas, que a saúde é direito de todos e dever do Estado. Isso será garantido por políticas sociais e econômicas objetivando a redução do risco de doença e de outros agravos e ao acesso universal e igualitário às ações e serviços para sua promoção, proteção e recuperação.

Mais adiante, em dispositivo coerente com o âmbito neoliberal da Constituição, determina-se que compete ao Poder Público a regulamentação, a fiscalização e o controle de tais serviços. A execução, por sua vez, pode ser feita diretamente ou por terceiros, bem como pessoa física ou jurídica de direito privado.

Criou-se uma rede regionalizada e hierarquizada para estabelecer as ações e os serviços públicos de saúde, e constituiu-se um sistema único, de acordo com as seguintes diretrizes: descentralização, com direção única em cada esfera de governo; atendimento integral, com prioridade para as atividades preventivas, sem prejuízo dos serviços assistenciais; e participação da comunidade.

O conceito de direção única, nos termos do art. 198 da CF e da Lei n. 8.080, de 19.10.1990, especificamente em seus arts. 7º, 9º, 10 e 22, integra o objetivo de descentralização das ações e serviços públicos de saúde na organização do Sistema Único de Saúde. Essa é competência atribuída a cada esfera governamental. No âmbito da União é efetivada pelo Ministério da Saúde; e no âmbito dos estados, municípios e Distrito Federal, pela respectiva Secretaria de Saúde ou órgãos equivalentes.

Nos termos do art. 7º, IX, da referida Lei n. 8.080/90, a referida descentralização deve dar ênfase à descentralização de serviços para os municípios, bem como buscar a regionalização e a hierarquização da rede de serviços.

O § 1º do art. 198 se refere ao financiamento do SUS. Além de recursos oriundos do orçamento da seguridade social, da União, dos estados, do DF e dos municípios, serão também empregadas outras fontes, nos termos do art. 195 da CF.

Nos termos do art. 24 da Lei n. 8.080/90 e do art. 199 e parágrafos da CF, quando as disponibilidades forem insuficientes para garantir a cobertura assistencial à população de uma determinada área, o SUS poderá recorrer aos serviços ofertados pela iniciativa privada. Essa participação complementar dos serviços privados será formalizada mediante contrato de direito público ou convênio. O art. 25 observa que, na hipótese do artigo anterior, as entidades filantrópicas e as sem fins lucrativos terão preferência para participar do SUS.

Mais adiante, estabelece-se a vedação da destinação de recursos públicos para auxílios ou subvenções às instituições privadas com fins lucrativos, bem como proíbe, exceto quando houver previsão legal contrária, a participação direta ou indireta de empresas ou capitais estrangeiros na assistência à saúde no País.

A Lei n. 13.979/2020 dispõe acerca das medidas a serem tomadas no enfrentamento da pandemia. O Ministro da Saúde tornou-se competente para impor as medidas, desde que embasadas em recomendações técnicas. A Agência Nacional de Vigilância Sanitária (Anvisa) ainda é responsável pela locomoção de pessoas no território nacional, sobretudo diante da possibilidade de contágio das diferentes variantes. Os órgãos subnacionais (estados, DF e municípios) também se tornaram responsáveis por medidas de segurança. Problema enfrentado atualmente é a dispensa de licitação autorizada pela situação de emergência por meio dos dispositivos legais, cuja regularidade está sendo averiguada.

Outro problema atual gerado pela pandemia é a edição da Portaria n. 620 do Ministério do Trabalho e Previdência (MTP), cujo objetivo é proibir, na contratação ou na manutenção de emprego, que a empresa solicite qualquer comprovante de vacinação, bem como venha a determinar que o empregador disponibilize testagem periódica aos seus empregados para garantir a preservação das condições sanitárias. Tais medidas podem gerar impactos na contratação e manutenção de funcionários que não queiram tomar a vacina contra a Covid-19.

Outro problema gerado por essa Portaria é estar em desacordo com o guia técnico do Ministério Público do Trabalho (MPT), que permite a demissão por justa causa do trabalhador que se recuse a se vacinar.

3. PREVIDÊNCIA SOCIAL

Nos termos do art. 201 da CF, com redação dada pela EC n. 20/98, a previdência social será organizada sob a forma de regime geral, de caráter contributivo e de filiação obrigatória, observados critérios que preservem o equilíbrio financeiro e atuarial. Essa norma já está regulamentada pela Lei n. 8.213/91.

As espécies de benefícios que a norma constitucional e a lei contemplam são as seguintes:

> I – cobertura dos eventos de doença, invalidez, morte e idade avançada;
>
> II – proteção à maternidade, especialmente à gestante;
>
> III – proteção ao trabalhador em situação de desemprego involuntário;
>
> IV – salário-família e auxílio-reclusão para os dependentes dos segurados de baixa renda;
>
> V – pensão por morte do segurado, homem ou mulher, ao cônjuge ou companheiro e dependentes, observado o disposto no § 2º.

A Lei n. 8.213/91 é a que dispõe acerca dos planos de benefícios da previdência social, entre outras providências. Essa norma regulamentadora foi seguida pelo Decreto n. 3.048, de 1991, o chamado Regulamento da Previdência Social. Um de seus propósitos essenciais é garantir aos beneficiários meios indispensáveis para manter-se dignamente dentro dos propósitos estabelecidos constitucionalmente.

Não obstante a vedação contida no § 1º do art. 201 da CF com relação a requisitos e critérios diferenciados para a concessão de aposentadoria aos beneficiários do regime de previdência social, excepcionam-se as hipóteses em que os segurados exercem ofício ou profissão sob condições adversas que prejudiquem sua saúde ou integridade física. Isso também se aplica aos portadores de deficiência física que se dediquem a tarefas determinadas, e igualmente deve se aplicar ao beneficiário deficiente físico, nos termos definidos em lei complementar.

Não somente as atividades especiais garantem ao segurado diferenças no cálculo de tempo de serviço. O deficiente físico poderá gozar desse mesmo benefício. Ao legislador infraconstitucional cabe indicar quais serão os critérios e requisitos aplicáveis ao portador de deficiência física com relação à percepção do benefício. Conforme a redação do § 1º, somente lei complementar pode dispor sobre esse assunto. A confecção da norma pode conferir aos deficientes, além de eventual aposentadoria por invalidez, outros critérios diferenciados para diminuição da carência mínima, por exemplo.

Fixou-se o salário-mínimo como parâmetro para pagamento do benefício mínimo ao segurado de salário de contribuição ou rendimento do trabalho. Os salários de contribuição, considerados para o cálculo de benefício, devem ser devidamente atualizados. É estabelecido o reajuste dos benefícios em caráter permanente, a fim de se preservar seu valor real. A lei dará os percentuais de reajuste e atualização de valores.

A estrutura do sistema previdenciário era muito distinta no passado. Antes, outorgava-se total autonomia aos estabelecimentos privados e públicos para criação de seus respectivos sistemas de aposentadoria, as então denominadas Caixas de Aposentadoria e Pensão (CAP). Estas, ao contrário do que atualmente ocorre, não permitiam nenhuma intervenção do sistema político em sua gestão ou mesmo na administração dos respectivos regimes. Esse mister era relegado aos colegiados, que eram compostos por empregados e empregadores.[1]

Não se permite filiar ao regime geral de previdência social, como segurado facultativo, pessoa que participe de regime próprio de previdência. Exemplo típico é o servidor público que recolhe junto ao INSS como autônomo. Para essa finalidade, o segurado deve optar pela previdência privada oferecida pelas instituições financeiras.

Assegura-se gratificação natalina aos aposentados e pensionistas. O valor é calculado com base nos proventos do mês de dezembro de cada ano.

No § 12 do art. 201 da CF, há previsão de lei regulamentadora do sistema especial de inclusão previdenciária para atender aos trabalhadores de baixa renda, bem como os sem renda própria que se dediquem exclusivamente ao trabalho doméstico no âmbito de sua residência. Deve-se observar que pertençam à família de baixa renda e lhes seja garantindo acesso a benefícios de valor igual a um salário-mínimo. O § 13 indica que a inclusão previdenciária de que trata o § 12 deste artigo terá alíquotas e carências inferiores às vigentes para os demais segurados do regime geral.

---

1 OLIVEIRA, F. E. B. et al. "Fontes de financiamento da Seguridade Social". In: *Texto para discussão* n. 342. Rio de Janeiro, Ipea, 1994.

4. REGRAS PARA APOSENTADORIA NO REGIME GERAL, NOS TERMOS DA EC N. 103/2019

A Emenda à Constituição n. 103/2019 trouxe alterações ao sistema de previdência social e estabeleceu regras de transição e disposições transitórias para algumas categorias.

Uma das primeiras alterações resultou na introdução da readaptação ao texto constitucional, no art. 37, § 13, antes existente no art. 24 da Lei n. 8.112/90. Estabeleceu que a remuneração do cargo de origem permaneceria mantida nessas ocasiões.

O § 14 do art. 37 esclareceu que a aposentadoria concedida decorrente de cargo, emprego ou função pública, mesmo proveniente do Regime Geral de Previdência Geral, romperia o vínculo estabelecido naquele que aproveitou o tempo. O § 15 veda a complementação de aposentadorias de servidores públicos e de pensões por morte a seus dependentes que não seja decorrente do que dispõem os §§ 14 a 16 do art. 40 (regime de previdência complementar para cargos efetivos) ou ainda não esteja prevista em lei que venha a extinguir regime próprio de previdência social.

O inciso V do art. 38 estabelece que, se o segurado possuir filiação a regime próprio de previdência social, permanecerá a esse regime filiado no ente federativo de origem.

O § 9º veda que vantagens temporárias ou vinculadas a cargo ou função possam ser incorporadas à remuneração do cargo efetivo.

O art. 40 dispõe que o regime próprio de previdência social dos servidores titulares de cargos efetivos terá caráter contributivo e solidário, de servidores ativos, aposentados e pensionistas.

Esses servidores poderão ser aposentados por incapacidade permanente, se insuscetíveis de readaptação. Nessa hipótese, ficará condicionado o recebimento a avaliações periódicas. O mesmo § 1º, III, indica que no âmbito da União a idade mínima de aposentadoria será de 62 anos para mulher e 65 para homem. Nos demais entes, na faixa etária consignada em suas constituições e leis orgânicas. Cada ente federativo deve indicar as regras de cálculo dos proventos, que não poderão ser inferiores ao mínimo estabelecido no § 2º do art. 201 ou superiores ao determinado para o Regime Geral de Previdência Social, observado o disposto nos §§ 14 a 16 do art. 40, que trata da complementação decorrente do regime complementar dos cargos efetivos.

Características gerais da aposentadoria da EC n. 103/2019 para o Regime Geral de Previdência Social:

a) proibição de adoção de critérios diferenciados (exceto para os excepcionados por lei complementar em decorrência de deficiência ou atividades insalubres);

b) é assegurada aposentadoria, por idade, com contribuição mínima por 20 anos para homens e 15 para mulheres. Na transição, a idade mínima de aposentadoria por idade, para quem está trabalhando, subirá paulatinamente;

	Atividade regular	Atividade rural	Professor[2]
Homem	65 anos	60 anos	Redução de 5 anos
Mulher	62 anos	55 anos	Redução de 5 anos

[2] Somente para o professor que comprove o tempo de efetivo exercício das funções de magistério na educação infantil e nos ensinos fundamental e médio fixado na Lei n. 9.392/96. Os que lecionam em nível universitário não podem mais se aposentar por tempo de contribuição desde a EC n. 20/98.

c) É assegurada a contagem recíproca em regimes diferenciados (RGPS e regimes próprios de PS), observada a compensação financeira nos termos definidos em lei;

d) Trabalhadores de baixa renda terão lei própria para inclusão previdenciária, com alíquotas diferenciadas;

e) O servidor federal que tenha ingressado no serviço público até a data de vigência da EC n. 103, de 12 de novembro de 2019, poderá se aposentar quando preencher os seguintes requisitos: 56 anos de idade com 30 de contribuição, se mulher, e 61 anos de idade com 35 de contribuição, se homem, sendo 20 no cargo efetivo e 5 no cargo em que se der a aposentadoria. O somatório da idade e do tempo de contribuição deve ser computado em frações de 86 pontos, se mulher e 96, se homem;

f) A remuneração do servidor no cargo efetivo para o cálculo e proventos de aposentadoria será o valor mais as vantagens pecuniárias permanentes, observadas as particularidades dos incisos do § 8º do art. 76 do ADCT;

g) Aplicam-se às aposentadorias dos servidores dos demais entes federativos as normas constitucionais e infraconstitucionais anteriores à data de entrada em vigor da EC n. 103/2019, enquanto a legislação interna relacionada ao respectivo regime próprio de previdência social não sofrer alteração. Esses entes não podem estabelecer alíquota inferior à fixada pela União aos seus servidores, exceto se demonstrado que o regime próprio não possui *deficit* atuarial

2 Somente para o professor que comprove o tempo de efetivo exercício das funções de magistério na educação infantil e nos ensinos fundamental e médio fixado na Lei n. 9.392/96. Os que lecionam em nível universitário não podem mais se aposentar por tempo de contribuição desde a EC n. 20/98.

a ser equacionado. Nessa hipótese, também não pode ser superior às alíquotas do regime da Previdência Geral;

h) segurado geral do Regime Geral de Previdência Social poderá se aposentar proporcionalmente até a entrada da nova norma se, cumulativamente, comprovar que:

	Idade	Contribuição mínima	A partir de 1º de janeiro de 2020
Homem	65 anos	15 anos	Acrescida em 6 meses a cada ano (62 mulher e 65 homem)
Mulher	60 anos	15 anos	

Para segurados com atividades insalubres durante no mínimo 15, 20 ou 25 anos desde que cumpridos:

a) 55 anos de idade, quando se tratar de atividade especial de 15 anos de contribuição;

b) 58 anos de idade, quando se tratar de atividade especial de 20 anos de contribuição;

c) 60 anos de idade, quando se tratar de atividade especial de 25 anos de contribuição.

O § 9º do art. 201 mantém a denominada "contagem recíproca", ou seja, para efeito de aposentadoria conta-se o tempo de contribuição na administração pública e na atividade privada rural e urbana. Nessas hipóteses, os diversos regimes de previdência social se compensarão, de acordo com critérios legais próprios. A EC n. 103/2019 apenas indica que deve haver critérios estabelecidos em lei.

5. PREVIDÊNCIA PRIVADA

Consignou-se no art. 202 da CF a possibilidade de existência de previdência privada de caráter complementar como forma autônoma em relação ao regime geral. Esse regime deve ser baseado na constituição de reservas que venham a garantir o benefício contratado. A previdência privada é regulada pela Lei Complementar n. 109/2001.

Nos termos do art. 6º da referida Lei Complementar, as entidades de previdência complementar somente poderão instituir e operar planos de benefícios para os quais tenham autorização específica, segundo as normas aprovadas pelo órgão regulador e fiscalizador, conforme disposto na LC.

Estabelece-se na norma que os planos de benefícios atenderão a padrões mínimos fixados pelo órgão regulador e fiscalizador (Susep), com o objetivo de assegurar transparência, solvência, liquidez e equilíbrio econômico-financeiro e atuarial.

A Susep está a cargo da normatização dos planos de benefícios nas modalidades de **benefício definido, contribuição definida** e **contribuição variável**, bem como outras formas de planos de benefícios que reflitam a evolução técnica e possibilitem flexibilidade ao regime de previdência complementar. Existem duas espécies de entidades identificadas para gerir tais planos:

Entidades Fechadas de Previdência Complementar – Fundações e sociedades civis sem fins lucrativos: Resolução CGPC n. 06/2003 – autopatrocínio, BPD, portabilidade.

Entidades Abertas de Previdência Complementar – Sociedades anônimas com fins lucrativos, sociedades seguradoras (ramo vida) e instituições financeiras (Fapi).

O § 2° do art. 202 prescreve que as contribuições do empregador, os benefícios e as condições contratuais previstas nos estatutos, regulamentos e planos de benefícios das entidades de previdência privada não integram o contrato de trabalho dos participantes, assim como, à exceção dos benefícios concedidos, não integram a remuneração dos participantes. O § 3° do mesmo artigo veda o aporte de recursos a entidade de previdência privada pela União, estados, DF e municípios, suas autarquias, fundações, empresas públicas, sociedades de economia mista e outras entidades públicas.

6. ASSISTÊNCIA SOCIAL

O princípio da dignidade humana aqui tem mais um desdobramento. Refere-se este princípio ao auxílio aos carentes e necessitados, reconhecidamente hipossuficientes, que não tenham possibilidade de usufruir de benefícios previdenciários.

Em seu discurso como presidente da constituinte, na data da promulgação da Constituição, em 5 de outubro de 1988, Ulysses Guimarães afirmou ser o Brasil o quinto país a implantar o instituto moderno da seguridade, com a integração de ações relativas à saúde, à previdência, e à assistência social, assim como a universalidade dos benefícios para os que contribuam ou não.[3]

Essa seção da Constituição dedica-se, sobretudo, a atender o objetivo fundamental prescrito no art. 3°, III, da CF de erradicar a pobreza e a marginalização e reduzir as desigualdades sociais e regionais. Importante sublinhar desde logo que em nada se relaciona com o seguro social, próprio de quem recolhe

3 BONAVIDES, Paulo e ANDRADE, Paes. *História constitucional do Brasil*, p. 924.

sistematicamente contribuições previdenciárias. Esse auxílio é realizado com recursos orçamentários da seguridade, art. 204 da CF, bem como de outras fontes de custeio.

Esse princípio busca a minoração dos efeitos da escassez de recursos para a maior parte da população brasileira. Importante deixar sublinhado que nele não deveria estar incluída assistência capaz de reduzir ou até mesmo anular a atividade laboral do indivíduo. O objetivo é estimular sua capacidade a fim de tornar-se produtivo e assim auxiliar no crescimento do país.

Entre os diplomas normativos editados em prol dessas ações constitucionais está a Lei n. 8.742, de 07.12.1993, a qual dispõe acerca da organização da assistência social. A Lei n. 8.909, de 06.07.1994 refere-se, em caráter emergencial, a prestação de serviços por entidades de fins filantrópicos e estabelece prazos e procedimentos para o recadastramento de entidades junto ao Conselho Nacional de Assistência Social. Outra lei de grande importância é a de n. 9.790, de 23.03.1999, dispondo sobre a assistência social por meio das sociedades civis de interesse público.

Nos termos do art. 203 da CF, a assistência social será prestada a quem dela necessitar e seus objetivos são:

> I – a proteção à família, à maternidade, à infância, à adolescência e à velhice;
>
> II – o amparo às crianças e adolescentes carentes;
>
> III – a promoção da integração ao mercado de trabalho;
>
> IV – a habilitação e reabilitação das pessoas portadoras de deficiência e a promoção de sua integração à vida comunitária;[4]
>
> V – a garantia de um salário-mínimo de benefício mensal à pessoa portadora de deficiência e ao idoso que comprovem não possuir meios de prover à própria manutenção ou de tê-la provida por sua família, conforme dispuser a lei.

Na questão orçamentária, o art. 204 da CF, além de prever ações governamentais patrocinadas com os recursos do orçamento da seguridade social e do princípios da participação popular, por meio de organizações próprias, indica dois estágios:

Coordenação e normas gerais	Esfera federal
Execução de programas	Esferas estaduais, municipais e de entidades beneficentes e de assistência social

4 Tornou-se de eficácia plena após o advento da Lei n. 8.742/93, nos termos do RE n. 214.427-ArG-ED-ED, rel. Min. Nelson Jobim, j. 21.08.2001, *DJ* 05.10.2001.

Importante mencionar que a Emenda à Constituição n. 42/2003 conferiu aos estados e ao DF a possibilidade de vincular até 0,5% de sua receita tributária líquida a programas de apoios à inclusão e à promoção social.

7. EDUCAÇÃO

A seção referente à educação busca conferir, principalmente, a duas entidades a tarefa educadora: ao Estado e à família, com a colaboração da sociedade. Sendo direitos de todos, sem discriminar seus beneficiários, configura-se direito difuso. Seu objetivo projeta-se no desenvolvimento da pessoa, no preparo ao mercado de trabalho e conformação da cidadania.

Dessa forma, o dispositivo possui, além dos propósitos referidos, a atribuição de justiciabilidade ao direito à educação. Segundo David Araújo e Nunes "caso o Poder Público peque no seu dever de prestar educação, tal direito pode, e deve, ser reivindicado judicialmente".[5]

O STF declarou que o Ministério Público está investido de capacidade postulatória. Assim, "patente a legitimidade *ad causam* quando o bem que se busca resguardar se insere na órbita dos interesses coletivos, em segmento de extrema delicadeza e de conteúdo social tal que, acima de tudo, recomenda-se abrigo estatal".[6]

Apesar de dedicar seção especial à educação, ela está presente em outros dispositivos constitucionais, a exemplo da outorga à União de competência privativa para legislar sobre diretrizes e bases da educação nacional (art. 22, XXIV), a obrigação dos entes federativos proporcionarem acesso à educação, à cultura e à ciência (art. 23,V), bem como a possibilidade de os estados e o DF legislarem concorrentemente sobre educação, cultura, ensino e desporto (art. 24, IX).

Importante mencionar a Lei de Diretrizes e Bases, Lei n. 9.394/96, a qual estabelece as diretrizes e bases da educação nacional, sobretudo com a indicação do dever do Estado com a educação escolar pública. O acesso ao ensino fundamental, segundo a Constituição e a lei (art. 5º da LDB), fazem parte dos direitos subjetivos do indivíduo.

Nesse sentido, o particular tem o direito de exigir do Estado escola para todos, sem exceção, tudo com vistas ao desenvolvimento do indivíduo e equipar-lhe de discernimento capaz de realizar atividade laboral e exercitar a cidadania com discernimento.

Cabe aqui inserir comentário de Edgar Amorim, ex-juiz eleitoral brasileiro, a fim de testemunhar sua experiência quanto à educação. Segundo ele "nos

---

5 *Curso de direito constitucional*, p. 490.

6 RE n. 163.231, rel. Min. Maurício Corrêa, j. 26.01.1997, *DJ* 29.06.2001.

75% de letrados estão muitos daqueles que só sabem desenhar o nome e datar".[7] Além disso, o real índice de analfabetos é da ordem de 50%.

Fica claro no art. 208 da CF que se estabeleceu na educação dois patamares diferenciados: do básico ao superior. O básico refere-se à educação pré-escolar, destinando-se à educação infantil, à educação fundamental e à educação média. O ensino superior a Constituição confere às universidades, garantindo sua autonomia didático-científica, administrativa e de gestão financeira e patrimonial. Impõe às universidades a obediência ao princípio da indissociabilidade entre ensino, pesquisa e extensão, permitindo-lhes a contratação de professores, técnicos e cientistas.

Entre os princípios da educação na Constituição é possível identificar os seguintes:

Igualdade de condições[8]	A CF assegura a todos o acesso à educação sem qualquer discriminação. Hoje se discute a possibilidade de implantação de cotas étnicas.
Liberdade de aprender e ensinar	Vedadas quaisquer formas de proselitismo, a LDB permite ensino religioso e discussão de temas de repercussão geral.
Pluralismo de ideias e de concepções pedagógicas	O art. 20 da LDB prevê a possibilidade da existência de instituições particulares comunitárias e confessionais.
Coexistência de instituições públicas e privadas	O art. 7º da LDB afirma ser livre o exercício do ensino à iniciativa privada mediante autorização de funcionamento e avaliação de qualidade pelo Poder Público (arts. 19 e 20 da LDB).
Gratuidade de ensino em estabelecimentos oficiais	A Súmula Vinculante n. 12 estabelece que "a cobrança da taxa de matrícula viola este princípio" (art. 5º, § 2º, da LDB).

Organização e aplicação de percentuais por parte dos entes federativos:

	Competência	Percentual mínimo
União	Organização do sistema federal de ensino e dos territórios. Exercer função redistributiva e supletiva em matéria educacional.	Deve-se aplicar anualmente nunca menos de 18% da receita resultante de impostos.

(continua)

7 *Lições de direito constitucional*, p. 378.

8 Afirma-se que a reserva de cotas confronta-se com o art. 19 da Lei n. 10.172/2001, criadora do Plano Nacional de Educação.

(continuação)

<table>
<tr><th></th><th>Competência</th><th>Percentual mínimo</th></tr>
<tr><td>Estados e DF</td><td>Cabe prioritariamente atuar no ensino fundamental e médio (art. 211, § 3º).</td><td rowspan="2">Deve-se aplicar anualmente nunca menos de 25% das receitas resultantes de impostos, compreendidas as provenientes de transferências, na manutenção e desenvolvimento de ensino (art. 212 da CF).</td></tr>
<tr><td>Municípios</td><td>Cabe prioritariamente atuar na educação infantil (art. 211, § 2º).</td></tr>
</table>

Nos termos do art. 211, § 4º, da CF, na organização de seus sistemas de ensino, os estados e os municípios definirão formas de colaboração, de modo a assegurar a universalização do ensino obrigatório.

O Instituto Nacional de Estudos e Pesquisas Educacionais Anísio Teixeira (Inep), como autarquia responsável pela adoção de políticas educacionais, tem tomado decisões causadoras de diversos entraves em seus próprios órgãos.[9] O problema atual, objeto tormentoso entre todos os que buscam melhor integração e profissionalização do Brasil, são suas decisões, que desconsideram a realidade das profissões existentes e as tratam como simples objeto econômico, sem uma tomada de decisão com melhor reflexão e adequado preparo dos futuros profissionais e egressos de profissões fundamentais ao bom andamento do país.

8. MEIO AMBIENTE

Meio ambiente consiste no conjunto de condições, leis, influências e interações de ordem física, química e biológica, que permite, abriga e rege a vida em todas as suas formas (art. 3º, I, da Lei n. 6.938/81).

O meio ambiente ecologicamente equilibrado, nos termos do art. 225 da CF, nada mais é do que a interpretação harmônica dos conceitos previstos nesse artigo no que concerne à preservação e defesa do meio ambiente em consonância com as normas expressas no art. 170, as quais preveem o desenvolvimento por meio da livre-iniciativa, a observância ao princípio da função social da propriedade, entre outros em prol da possibilidade de existência das presentes e futuras gerações.

9 O Instituto Nacional de Estudos e Pesquisas Educacionais Anísio Teixeira (Inep), criado em 1932, é autarquia federal vinculada ao Ministério da Educação (MEC). Sua missão precípua é auxiliar na formulação de políticas públicas educacionais dos diferentes níveis de governo. Estão sob sua responsabilidade: o Índice de Desenvolvimento da Educação Básica (Ideb); o Exame Nacional do Ensino Médio (Enem) e demais indicadores educacionais, como o Exame Nacional de Desempenho de Estudantes (Enade).

Meio ambiente artificial é tudo aquilo que foi construído pelo homem, como, prédios, casas, viadutos, passagens subterrâneas, pontes, estradas e as edificações em geral.

Meio ambiente artístico e cultural, nos termos do art. 226 da CF, consiste nos bens de natureza material e imaterial, tomados individualmente ou em conjunto, portadores de referência à identidade, à ação, à memória dos diferentes grupos formadores da sociedade brasileira, nas quais se incluem as formas de expressão; os modos de criar, fazer e viver; as criações científicas, artísticas e tecnológicas; as obras, objetos, documentos, edificações e demais espaços destinados às manifestações artístico-culturais; e os conjuntos urbanos e sítios de valor histórico, paisagístico, artístico, arqueológico, paleontológico, ecológico e científico.

Meio ambiente do trabalho refere-se ao local em que as pessoas desempenham suas atividades laborais, sejam remuneradas ou não, cujo equilíbrio está baseado na salubridade do meio ambiente e na ausência de agentes que comprometam a incolumidade físico-psíquica dos trabalhadores, independente da condição que ostentem (homens ou mulheres, maiores ou menores de idade, celetistas, servidores públicos, autônomos etc.).[10]

Como se verá a seguir, a Constituição vigente confere ao ambiente uma conformação jurídica peculiar e muito mais apropriada. A ele atribui uma concepção de bem de uso comum do povo, essencial à sadia qualidade de vida, o que lhe dá o atributo de "bem ambiental". Nesse sentido, o dimensionamento desse elemento fundamental para a própria vida planetária ganhou a significação merecida, longe daquela puramente biológica, que possuía na própria Lei n. 6.938/81, que consagrou a Política Nacional do Meio Ambiente (PNMA).

8.1. Definição

O **direito ambiental** ou do meio ambiente é o ramo do direito público que trata da defesa do meio ambiente e da biodiversidade. É considerada disciplina jurídica transversal, pois está em contato com outros ramos jurídicos, sobretudo o constitucional, o administrativo, o econômico, o urbanístico, o civil, entre outros. Gerada a partir da preocupação internacional de defesa do meio ambiente (Conferência de Estocolmo), o direito ambiental focaliza questões relativas ao controle da poluição, preservação de recursos naturais, restauração dos recursos já comprometidos, saúde, planejamento urbano, desenvolvimento sus-

10 *Estatuto da Cidade comentado*, p. 23.

tentável, patrimônio genético, entre outras que tenham relação com o bem-estar e a segurança das presentes e futuras gerações.

Não há código de direito ambiental, existe apenas legislação esparsa no Brasil. Pode-se afirmar que a Lei n. 6.938, de 31.08.1981, que dispõe sobre a Política Nacional do Meio Ambiente e defere competência ao Ministério Público para propor ação de responsabilidade civil e criminal por danos causados ao meio ambiente, foi uma das principais em sua defesa; a Lei n. 7.347, de 24.07.1985, que disciplina a ação civil pública de responsabilidade por danos causados ao meio ambiente, ao consumidor, a bens e direitos de valor artístico, estético, histórico, turístico e paisagístico, possui também alto relevo; e a Lei n. 9.605/98, que dispõe sobre os crimes contra o meio ambiente, é altamente relevante em matéria ambiental.

A nova lei do licenciamento ambiental (PL n. 3.729/2004) teve seu projeto aprovado pela Câmara dos Deputados e está atualmente no Senado para possível aprovação. O texto possui crítica por facilitar os empreendimentos impactantes, indo de encontro ao que preconiza o art. 225 da CF. É certo que seus apoiadores pedem menos burocracia para a liberação de empreendimentos, o que significa, opostamente, mais impactos. Diante dos quarenta anos de Política Nacional do Meio Ambiente (PNMA), da Lei n. 6.938, de 1981, confiar ao município a tarefa de licenciamento em sua circunscrição pode colocar em risco impactos regionais envolvidos.

Outras normas essenciais existentes em matéria ambiental são: a Lei do Sistema Nacional de Unidades de Conservação da Natureza (SNUC – Lei n. 9.885/2000), que regulamentou o art. 225, § 1º, I, II, III e VII, da Constituição Federal; seu propósito é proteger os recursos naturais *in situ* (em seu próprio *habitat*); também busca a proteção das comunidades tradicionais e contribuir com a diversidade e manutenção ecossistêmica; a Lei n. 12.651/2012, que trouxe a redação do novo Código Florestal brasileiro, revogou as Lei ns. 4.771, de 15.09.1965, e 7.754, de 14.04.1989, e a Medida Provisória n. 2.166-67, de 24.08.2001, é considerada verdadeiro retrocesso, por viabilizar situações antes protegidas pela legislação revogada.

8.2. Princípios em matéria ambiental

O direito ambiental extraiu seus princípios da Política Nacional do Meio Ambiente formulados na já referida Conferência de Estocolmo, de 1972, e na Conferência das Nações Unidas para o Meio Ambiente e o Desenvolvimento (CNUMAD), realizada entre 3 e 14 de junho de 1992, no Rio de Janeiro.

O princípio da prevenção é próximo ao da precaução, embora com este não se confunda. Por meio dele buscam-se medidas preventivas de modo a evitar ou minimizar um dano ambiental maior. Assim, por meio de medidas preventivas ou mitigadoras, as atividades econômicas são analisadas de modo que possam ser desenvolvidas sem agressões ao meio ambiente, ainda que sob o ângulo econômico sejam altamente rentáveis.

O princípio da precaução, estatuído no 15º Princípio da CNUMAD (ECO/92), refere-se à necessidade da tomada de precauções pelos Estados em face de situações em que não exista certeza científica absoluta dos eventuais danos que possa causar determinada atividade, sobretudo pelo fato dos danos ambientais serem irreversíveis ou mesmo irreparáveis. Cuida não somente da prevenção dos riscos ambientais que possam ser calculáveis, mas antecipar aqueles que se mostram mais prováveis de ocorrer. O *caput* do art. 225 é incisivo ao referir-se à necessidade de se proteger e preservar o meio ambiente, o que eleva referido princípio à categoria constitucional e de grande importância. Pode ser encontrado nas normas que preveem a compensação ambiental, assim como naquelas que preveem a necessidade de licença ambiental para determinados empreendimentos causadores de impacto ambiental.

A cooperação em matéria ambiental é conferida pela Constituição Federal ao Poder Público afim de tutelar o meio ambiente, assim como tal poder é dado a toda a coletividade (art. 225, *caput*); essa cooperação tem o sentido de ajudar a manter um meio ambiente saudável através da criação de formas para viabilizar o trabalho conjunto entre sociedade civil e poder público, assim como acordos internacionais de cooperação com vistas à recuperação e preservação do meio ambiente global.

O intuito do princípio do poluidor-pagador ou da responsabilização, consignado no art. 13 da Declaração do Rio/92, prevê a necessidade dos Estados desenvolverem legislação relacionada à responsabilidade e indenização das vítimas de poluição, bem como outros danos ambientais. Esse princípio impõe ao sujeito econômico que possa causar algum problema de ordem ambiental suportar os custos relacionados à diminuição ou mesmo o afastamento do dano. Há também a previsão de cooperação entre os Estados de modo a criarem normas de direito internacional ambiental prevendo a responsabilização do infrator. Também consagrado no art. 4º, VII, da PNMA, estabelece que o poluidor tem a obrigação de recuperar e/ou indenizar os danos causados ao meio ambiente. Esse princípio não dá o direito a algum infrator a pensar em "poluir depois pagar".

Na Conferência do Rio consolidou-se o princípio do desenvolvimento sustentável; buscou-se meios para se efetivar uma conscientização de que os danos ao meio ambiente eram provenientes, em grande parte, da responsabilidade dos países com maior desenvolvimento econômico. Reconheceu-se a premência do auxílio aos países em desenvolvimento no sentido de receberem apoio financeiro e tecnológico com vistas a alcançar menores índices de emissão de poluentes. Édis Milaré manifesta-se no sentido de que surge tão evidente a reciprocidade entre o direito e dever, porquanto o desenvolver-se e usufruir de um planeta plenamente habitável não é apenas direito, é dever precípuo das pessoas e da sociedade. Direito e dever como contrapartida inquestionáveis.[11]

O princípio da participação é semelhante, em grande parte, ao princípio da cooperação; a diferença é a de invocar o dever de prevenção e tutela do meio ambiente, pensando sempre no futuro. O da cooperação é imediato, tratando dos problemas já existentes. Está consagrado no art. 225, *in fine*, da Constituição Federal do Brasil, quando se impõe ao Poder Público e à coletividade o dever de defender e preservar o meio ambiente para as presentes e futuras gerações. Entre as pessoas que podem titularizar a defesa ou mesmo participação estão as Organizações Não Governamentais, que inclusive possuem titularidade para propor ação civil pública em prol da defesa do meio ambiente.

O art. 225, *caput*, consolidou o conceito de **bem ambiental** e se refere basicamente àqueles considerados essenciais para o suporte à vida em todas as suas espécies (biodiversidade) e que compõe o meio ambiente ecologicamente equilibrado. Referidos bens podem subdividir-se em culturais ou naturais, protegendo, respectivamente, a sociodiversidade ou a biodiversidade

Na Lei n. 6.938/81 (Política Nacional do Meio Ambiente) consagrou a responsabilidade civil objetiva, que no art. 14, § 1º, prescreve:

> Sem obstar a aplicação das penalidades previstas neste artigo, é o poluidor obrigado, **independente da existência de culpa**, a indenizar ou reparar os danos causados ao meio ambiente e a terceiros, afetados por sua atividade. O Ministério Público da União e dos Estados terá legitimidade para propor a ação civil e criminal, por danos causados ao meio ambiente.

A responsabilidade objetiva independe de culpa e se configura pela comprovação do nexo de causalidade que mostre o dano conectado a uma ação ou omissão, dentro dos limites e exceções que comportem única e exclusivamente a determinada pessoa. No caso de dano ambiental, o legislador brasileiro adotou a teoria do risco integral, consagrando a responsabilidade objetiva, ou seja, independente de culpa.

11 *Direito do ambiente*, p. 148.

QUESTÕES

1. (179 Magistratura/SP) Todos têm direito ao meio ambiente ecologicamente equilibrado, impondo-se ao Poder Público determinadas incumbências. Indique a afirmativa incorreta.

A) Preservar a diversidade e a integridade do patrimônio genético do País e fiscalizar as entidades dedicadas à pesquisa e manipulação de material genético.

B) Exigir, na forma da lei, para instalação de obra ou atividade potencialmente causadora de significativa degradação do meio ambiente, estudo prévio de impacto ambiental, a que se dará publicidade.

C) Controlar a produção, a comercialização e o emprego de técnicas, métodos e substâncias que comportem risco para a vida, a qualidade de vida e o meio ambiente.

D) Obrigar o poluidor a indenizar ou reparar os danos causados ao meio ambiente e a terceiros, afetados por sua atividade, desde que comprovada a existência de culpa.

2. (Atividade notarial e de registro/SC 2008) Entre os direitos sociais, a Constituição Federal garante os direitos dos trabalhadores, exceto,

A) relação de emprego protegida contra despedida arbitrária ou sem justa causa, nos termos de lei complementar, que preverá indenização compensatória, dentre outros direitos.

B) participação nos lucros ou resultados, vinculada à remuneração, nos termos da lei.

C) salário-família pago em razão do dependente do trabalhador de baixa renda, nos termos da lei.

D) duração do trabalho normal não superior a oito horas diárias e quarenta e quatro semanais, facultadas a compensação de horários e a redução da jornada, mediante acordo ou convenção coletiva de trabalho.

E) seguro contra acidentes de trabalho, a cargo do empregador, sem excluir a indenização a que este está obrigado, quando incorrer em dolo ou culpa.

3. (TJMS, Vunesp, 2009) No que tange à seguridade social, pode-se afirmar que é seu objetivo constitucional:

A) uniformidade da cobertura e do atendimento.

B) individualização e distinção dos benefícios e serviços às populações urbanas e rurais.

C) seletividade e distributividade na prestação dos benefícios e serviços.

D) diversidade na forma de participação no custeio.

E) padronização da base de financiamento.

4. (Reg. Not. Pr-2019) Segundo o texto expresso da Constituição da República de 1988, o regime jurídico de proteção ao meio ambiente é compreendido por algumas características básicas. Sobre o assunto, considere as seguintes afirmativas:

1. Tornam-se bens indisponíveis as terras devolutas ou arrecadadas pelos Estados, por ações discriminatórias, necessárias à proteção dos ecossistemas naturais.

2. A Floresta Amazônica brasileira é patrimônio da humanidade, sendo considerada área útil ao desenvolvimento nacional, mediante sua exploração de forma sustentável.

3. A reparação do dano, segundo a redação constitucional, pode implicar a não sujeição dos infratores a sanções penais e administrativas.

4. O Estado possui o dever de preservar os processos ecológicos essenciais, porém não possui a obrigação de prover o manejo ecológico dos ecossistemas.

Assinale a alternativa correta.

A) Somente a afirmativa 1 é verdadeira.

B) Somente as afirmativas 1 e 2 são verdadeiras.

C) Somente as afirmativas 3 e 4 são verdadeiras.

D) Somente as afirmativas 2, 3 e 4 são verdadeiras.

E) As afirmativas 1, 2, 3 e 4 são verdadeiras.

5. (Reg. Not. Pr-2019) A vulnerabilidade social de determinados grupos é detalhadamente protegida pelo sistema constitucional estabelecido em 1988. Sobre o assunto, assinale a alternativa correta.

A) Segundo a redação constitucional, a entidade formada por apenas um dos pais e seus descendentes é uma categoria especial semifamiliar, haja vista a falta de um homem ou de uma mulher como condição básica da existência familiar completa.

B) Nos termos da Constituição, o planejamento familiar é um dever estatal inerente às instituições públicas competentes para a intervenção social nessa seara, a fim de serem evitados problemas populacionais.

C) A adoção é um procedimento de livre exercício particular, sendo vedada a assistência estatal, exceto para a adoção por parte de estrangeiros.

D) A Constituição da República prevê o dever de estabelecimento, por lei, de um plano nacional de juventude, política pública a ser articulada entre as esferas estatais e cuja duração será decenal.

E) A Constituição estabelece formalmente o dever dos pais de assistir, criar e educar os filhos menores, porém não existe obrigação constitucional para que os filhos maiores ajudem ou amparem os pais na velhice ou carências – em que pese tal dever tenha sido estabelecido por legislação infraconstitucional.

RESPOSTAS

1. D
2. B
3. A
4. A
5. D

Referências bibliográficas

ACKEL FILHO, Diomar. *Writs constitucionais*: *habeas corpus*, mandado de segurança, mandado de injunção, *habeas data*. São Paulo, Saraiva, 1991.

AGUILLAR, Fernando Herren. *Direito Econômico:* do Direito Nacional ao Direito Supranacional. São Paulo, Atlas, 2006.

ALMEIDA, L. C. B. D. *Livro digital*: introdução ao direito econômico. São Paulo, Saraiva, 2012.

ALTENFELDER SILVA, R. M. "Politização da Justiça e ativismo judicial: independência e harmonia dos Poderes são indispensáveis ao Estado de Direito". In: *O Estado de S.Paulo*, 1º dez. 2020.

AMARAL JR., J. L. M. "Constitucionalismo e conceito de constituição". *Revista de Direito Público*, v. 18, n. 98, p. 673-723, mar./abr. 2021.

AMORIM, Edgar Carlos de. *Lições de direito constitucional.* Rio de Janeiro, Forense, 2008.

________. *Direito internacional privado*. Rio de Janeiro, Forense, 1992.

ARAUJO, Luiz Alberto David; NUNES JR., Vidal Serrano. *Curso de direito constitucional*. São Paulo, Saraiva, 2008.

ARINOS, Afonso. *Direito constitucional.* Rio de Janeiro, Forense, 1967.

BALEEIRO, Aliomar. *Limitações constitucionais ao poder de tributar.* Rio de Janeiro, Forense, 1960.

BARCHET, Gustavo; MOTA, Sylvio. *Curso de direito constitucional.* Rio de Janeiro, Elsevier, 2007.

BARREIRO SOARES, J. R. "A natureza jurídica do Tribunal de Contas da União". *Revista de Informação Legislativa*, v. 33, n. 132, 1996, p. 259-62.

BARROS, Sérgio Resende de. *Contribuição dialética para o constitucionalismo*. Campinas, Millennium, 2007.

BARROSO, Luis Roberto. *O controle de constitucionalidade no direito brasileiro:* exposição sistemática da doutrina e analise critica da jurisprudência. São Paulo, Saraiva, 2006.

________. *A Constituição e a efetividade de suas normas*. Rio de Janeiro, Renovar, 1993.

________. "Neoconstitucionalismo e constitucionalização do Direito". *Rev. Quaestio Juris*, v. 2, n. 1, p. 1-48.

BARROSO, L. C. "*Impeachment* – crime de responsabilidade – exoneração do cargo". *Revista de Direito Administrativo*, n. 212, p. 161-74, abr./jun. 1998.

BASTOS, Celso Ribeiro. *Novas linhas do constitucionalismo. O constitucionalismo do por vir.* São Paulo, Saraiva, 2000.

________. *Curso de teoria do estado e ciência política*. São Paulo, Saraiva, 1995.

________. "Neoconstitucionalismo e constitucionalização do direito (o triunfo tardio do direito constitucional no Brasil)". In: *Revista de Direito Administrativo*, p. 1-42. Rio de Janeiro, 2005.

BEÇAK, Rubens. "A hipertrofia do Executivo brasileiro. O impacto na Constituição de 1988". São Paulo, 2005. Tese. Faculdade de Direito, USP.

BERNARDES, Juliano Taveira. *Controle abstrato de normas:* elementos materiais e princípios processuais. São Paulo, Saraiva, 2004.

BOBBIO, Norberto. *A era dos direitos*. Rio de Janeiro, Campus, 1992.

________. *O futuro da democracia*: uma defesa das regras do jogo. São Paulo, Paz e Terra, 1986.

________. *Diritto e Stato nel pensiero di E. Kant*. Turin, G. Giappichelli, 1969.

BODIN, J. *Coloquio de los Siete Sabios sobre Arcanos Relativos a Cuestiones Últimas*. Madrid, Centro de Estudios Políticos y Constitucionales, 1998, p. 197-205.

BONAVIDES, Paulo. "A evolução constitucional do Brasil". In: *Estudos Avançadas [on-line]*. v. 14, n. 40, 2000, p. 155-76. Disponível em: http://www.scielo.br/scielo.php?script=sci_arttext&pid=S0103-40142000000300016&lng=en&nrm=iso. Acesso em: 24.11.2020.

________. "O sufrágio". In *Ciência política*. São Paulo, Malheiros, 2000.

________. *Teoria do Estado*. Rio de Janeiro, Forense, 1980.

BONAVIDES, Paulo; ANDRADE, Paes. *História constitucional do Brasil*. Rio de Janeiro, Paz e Terra, 1991.

BRASIL. Agência Câmara de Notícias. "Congresso promulga nesta quarta emenda que aumenta repasse para municípios". Disponível em: http://www.camara.leg.br/noticias/820723-congresso-promulga-nesta-quarta-emenda-que-aumenta-repasse-para-municipios/; acesso em: 21.10.2021.

_______. Câmara dos Deputados. Comissão de Constituição e Justiça e de Cidadania. Projeto de Lei n. 7.448/2017. Disponível em: http://www.camara.gov.br/proposicoesWeb/prop_mostrarintegra?codteor=1598338&filename=Tramitacao-PL+7448/2017. Acesso em: 07.11.2018.

_______. Constituição de 1934. Disponível em: Constituição34 (planalto.gov.br). Acesso em: 24.11.2020.

_______. Constituição de 1937. Disponível em: Constituição37 (planalto.gov.br). Acesso em: 24.11.2020.

_______. Lei n. 13.874/2019. Declaração de Direitos de Liberdade Econômica. Disponível em: https://www.planalto.gov.br/ccivil_03/_Ato2019-2022/2019/Lei/L13874.htm#art1. Acesso em: 08.12.2020.

_______. STF. "Barroso determina que governo federal adote medidas para conter avanço da Covid-19 entre indígenas". Disponível em: Supremo Tribunal Federal (stf.jus.br). Acesso em: 02.12.2020.

_______. *Informativo STF*. Disponível em: www. stf.jus.br/arquivo/informativo/documento/informativo405.htm. Acesso em: 25.11.2020.

_______. Lei n. 14.042, de 19 de agosto de 2020, que institui o Programa Emergencial de Acesso a Credito – PEAC. Disponível em: L14042 (planalto.gov.br). Acesso em: 05.12.2020.

_______. Lei Complementar n. 64/90. Disponível em: http://www.planalto.gov.br/ccivil_03/leis/lcp/lcp64.htm. Acesso em: 03.12.2020.

_______. STF. Mandado de Segurança n. 33.751, voto do Ministro Edson Fachin, j. 15.12.2015, 1ª T., *DJe* 31.03.2016. Disponível em: http://www.stf.jus.br/portal/constituicao/artigobd.asp?item=%20760. Acesso em: 05.11.2018.

_______. Resolução CNJ n. 175/2013. Casamento entre pessoas do mesmo sexo. Disponível em: https://atos.cnj.jus.br/files/resolucao_175_14052013_16052013105518.pdf. Acesso em: 04.12.2020.

_______. TCU. Portaria n. 383/98 – PDFA. Disponível em: https://www.normasbrasil.com.br/norma/portaria-383-1998_181142.html. Acesso em: 03.11.2020.

_______. Lei n. 8.443, de 16 de julho de 1992, Dispõe sobre a Lei Orgânica do Tribunal de Contas da União. Disponível em: http://www.planalto.gov.br/ccivil_03/Leis/L8443.htm; acesso em: 02.10.2021.

BRITTO, Carlos Ayres. *Teoria da Constituição*. Rio de Janeiro, Forense, 2003.

BROSSARD, Paulo. *O impeachment*. São Paulo, Saraiva, 1992.

BULOS, Uadi Lammêgo. *Constituição federal anotada*. São Paulo, Saraiva, 2007.

_______. *Curso de direito constitucional*. São Paulo, Saraiva, 2007.

BURDEAU, Georges. *Traité de science politique:* l'État. 3e ed. Paris, LGDJ, 1980.

CANOTILHO, J. J. Gomes. *Estudos sobre direitos fundamentais*. São Paulo, RT, 2008.

_______. *Direito constitucional e teoria da Constituição*. Coimbra, Almedina, 2002.

_______. *Direito constitucional*. 6.ed. Coimbra, Almedina, 1993.

CARDOSO. Fundação F.H. "Debate sobre os rumos da democracia no Brasil". *O Estado de S.Paulo*, 2021.

CARVALHO, W. Bruno de. "O Poder Executivo". *Revista de Direito da Universidade de Belo Horizonte*, n. 33, 75-86, 1991.

CARVALHO, Kildaré Gonçalves. *Direito constitucional*. Belo Horizonte, Del Rey, 2008.

CARVALHOSA, Modesto. *A ordem econômica na Constituição de 1969*. São Paulo, RT, 1972.

CHUEIRI. V. K. de. "Constitucionalismo e democracia: soberania e poder constituinte". *Revista Direito FGV*, v. 6, n. 1, jun. 2010.

CLÈVE, Clèmerson Merlin. *Atividade legislativa do Poder Executivo no Estado contemporâneo e na Constituição de 1988*. São Paulo, RT, 1993.

COÊLHO, Sacha Calmon Navarro. *Curso de direito tributário brasileiro*. Rio de Janeiro, Forense, 2004.

COMPARATO, Fabio Konder. *A afirmação histórica dos direitos humanos*. 2.ed. São Paulo, Saraiva, 2001.

CROUCH, Colin. "What Will Follow the Demise of Privatised Keynesianism?". The Political Quarterly, v. 79, n. 4, Oct.- Dec., 2008.

CRUZ VIANA, George Baracuhy. "O papel do Tribunal de Contas na efetivação do direito fundamental ao meio ambiente ecologicamente equilibrado". Santos, 2020. 87 f. Dissertação (Mestrado em Direito). Universidade Católica de Santos, sob orientação do prof. Dr. Edson R. Saleme.

CUNHA JUNIOR, Dirley da. *Controle judicial das omissões do poder publico:* em busca de uma dogmática constitucional transformadora à luz do direito fundamental à efetivação da constituição. São Paulo, Saraiva, 2008.

DALLARI, Dalmo de Abreu. *Direitos humanos e cidadania*. São Paulo, Moderna, 1998.

_______. *Elementos de teoria geral do Estado*. São Paulo, Saraiva, 1995.

_______. "O habeas data no sistema jurídico brasileiro". *Revista da Faculdade de Direito*, Universidade de São Paulo, 97, p. 239-53. Disponível em: https://www.revistas.usp.br/rfdusp/article/view/67544; acesso em: 22.10.2021.

DANTAS, Ivo. *Poder Constituinte e revolução*. Rio de Janeiro, Rio Sociedade Cultural, 1978.

DIMOULIS, Dimitri; LUNARDI, S.G. "Ativismo e autocontenção judicial no controle de constitucionalidade". Disponível em: (56) (PDF) Ativismo e autoconteção judicial | Dimitri Dimoulis - Academia.edu. Acesso em: 04.12.2020.

DI PIETRO, Maria Sylvia Zanella. *Direito administrativo*. São Paulo, Atlas, 2007.

DUGUIT, Léon. *Traité de droit contitutionnel*. Paris, Fontemoing & cie, 1911.

FERRAZ, Anna Candida da Cunha. "Aspectos da positivação dos direitos fundamentais na Constituição de 1988". In BITTAR, Eduardo C. B.; FERRAZ, Anna C. C. (orgs.). *Direitos humanos fundamentais* – positivação e concretização. Osasco, Edifieo, 2006.

_______. *Poder constituinte do estado-membro*. São Paulo, RT, 1979.

FERREIRA FILHO, Manoel Gonçalves. *Curso de direito constitucional*. São Paulo, Saraiva, 2008.

_______. *Revista Jurídica*, Brasília, v. 8, n. 82, dez-jan/2007. Disponível em: http://www.planalto.gov.br/ccivil_03/revistajuridica/index.htm.

_______. *Comentários à Constituição brasileira*. São Paulo, Saraiva, 1997.

FERREIRA, M.B.F. "A desaceleração gerada pela Covid 19 e o papel temporizador do Direito". In: MELO, Ezilda; BORGE, Lize; SERAU JR., M.A. (orgs.). *Covid-19 e direito brasileiro:* mudanças e impactos (livro eletrônico). São Paulo, Tirant lo Blanch, 2020.

FERREIRA, Pinto. *Curso de direito constitucional*. São Paulo, Saraiva, 1995.

FEU ROSA, Antônio José Miguel. *Direito constitucional*. São Paulo, Saraiva, 1998.

FIORILLO, Celso Antonio Pacheco. *Estatuto da Cidade comentado*. São Paulo, RT, 2005.

FLAKS, Milton. "Instrumentos processuais de defesa coletiva". *Revista de direito administrativo*, Rio de Janeiro, v. 190, out.-dez./1992, p. 61-77.

FÓRUM ECONÔMICO MUNDIAL. "Regional Analysis and Selected Economy Highliths". In: The Global competitiveness Report 2017-2018. Disponível em: http://reports. weforum.org/global-competitiveness-index-2017-2018/competitiveness-rankings/#series=GCI .A.01.01.02; acesso em: 08.07.2020.

FUSTEL DE COULANGES, Numa-Denis. *A cidade antiga*. Trad. J. Cretella Jr. e Agnes Cretella. São Paulo, RT, 2003.

GIDDENS, Anthony. *O estado-nação e a violência:* segundo volume de uma crítica contemporânea ao materialismo histórico. São Paulo, Edusp, 2001.

GOMES, Luiz Flávio. *A dimensão da magistratura no estado constitucional e democrático de direito*: independência judicial, controle judiciário, legitimação da jurisdição, politização e responsabilidade do juiz. São Paulo, RT, 1997.

GRINOVER, A. P. "O controle das políticas públicas pelo Poder Judiciário". *Revista do Curso de Direito da Faculdade de Humanidades e Direito*, v. 7, n. 7, 2010.

GUTTERRIDGE, H. C. *El derecho comparado* – introducción al método comparativo en la investigación y en el estudio del derecho. Barcelona, Artes Gráficas Rafael Salvá, 1954.

HESSE, Konrad. "A força normativa da constituição". Disponível em: https://edisciplinas.usp.br/pluginfile.php/4147565/mod_resource/content/0/A%20Forca%20Normativa%20da %20Constituicao%20%20-%20Hesse.pdf; acesso em: 12.10.2021.

________. *Temas fundamentais de direito constitucional:* textos selecionados e traduzidos por MENDES G. F. et al. São Paulo, Saraiva, 2009.

HICKS, John D.; MOWRY, George E.; BURKE, Robert E. *The Federal Union.* Boston, Houghton Miffin Company, 1963.

HIROI, T.; NEIVA, P. "O cálculo do presidente ao nomear ministros no Brasil". *Revista de Administração Pública.* Rio de Janeiro, n. 55(5), p. 1.232-49, set.-out. 2021.

HOLTHE, Leo Van. *Direito constitucional.* Salvador, Juspodivm, 2008.

INTOSAI (Organização Internacional de Entidades Fiscalizadoras Superiores). Declaração de Lima para Preceitos de Auditoria. Disponível em: www.issai.org; acesso em: 12.10.2021.

KELSEN, Hans. *Teoria pura do Direito.* 7.ed. São Paulo, Martins Fontes, 2006.

________. *Teoria pura do direito.* Trad. de João Baptista Machado. São Paulo, Martins Fontes, 1998.

LASSANCE, A. "Federalismo no Brasil: trajetória institucional e alternativas para um novo patamar de construção do Estado". In: LINHARES, P. T. F.; MENDES, C. C. LASSANCE, A. (orgs.). *Federalismo à brasileira: questões para discussão.* Brasília, Ipea, 2012.

LEMBO, Cláudio. *A pessoa*: seus direitos. Barueri, Manole, 2007.

LEÓN, A.C.; ARAUJO, I.; REZENDE, G.; ARAUJO SOBRINHO, F.L. "Planejamento regional no Brasil: a experiência da SUDAM". In: *OBSERVATORIUM: Revista Eletrônica de Geografia*, v. 7, n. 18, p. 2-21, set. 2015.

LEWANDOWSKI, Enrique Ricardo. *Pressupostos materiais e formais da intervenção federal no Brasil.* São Paulo, RT, 1994.

LOCKE, John. *Two treatises of government.* Edição crítica com introdução de Peter Laslett. Cambridge, 1967.

LOEWENSTEIN, Karl. *Teoría de la Constitución.* Trad. Alfredo Gallego Anabitarte. Barcelona, Ariel, 1979.

MALUF, Sahid. *Teoria geral do Estado.* São Paulo, Saraiva, 1999.

MANDELLI JR., Roberto Mendes. *Arguição de descumprimento de preceito fundamental:* instrumento de proteção dos direitos fundamentais e da constituição. São Paulo, RT, 2003.

MARMELSTEIN, George. *Curso de direitos fundamentais.* São Paulo, Atlas, 2008.

MARTINS, Ives Gandra da Silva; MENDES, Gilmar Ferreira. *Controle concentrado de constitucionalidade:* comentários à Lei n. 9.868, de 10.11.1999. São Paulo, Saraiva, 2005.

MATEUCCI, Nicola. Constitucionalismo. In: BOBBIO, Norberto. *Dicionário de política.* Trad. Carmen C. Varriale. Brasilia, UnB, 1993, v. 1.

MEIRELLES, Hely Lopes. Direito administrativo brasileiro. 44.ed. Salvador, Juspodivm, 2020.

MEIRELLES, Hely Lopes. *Mandado de segurança, ação popular, ação civil pública, mandado de injunção,* "habeas data". São Paulo, Malheiros, 1998.

MENDES, Gilmar Ferreira. *Jurisdição constitucional:* o controle abstrato de normas no Brasil e na Alemanha. São Paulo, Saraiva, 2004.

MENDES, Gilmar Ferreira; COELHO, Inocêncio Mártires; BRANCO, Paulo Gustavo Gonet. *Curso de direito constitucional.* São Paulo, Saraiva, 2008.

MENDES, Gilmar; BRANCO, Paulo Gustavo Gonet. *Curso de direito constitucional.* São Paulo, Saraiva, 2011.

MENDES, Gilmar Ferreira; MARTINS, Ives Gandra da Silva (orgs.). *Ação declaratória de constitucionalidade.* São Paulo, Saraiva, 1994.

MILARÉ, Édis. *Direito do ambiente.* 3.ed. São Paulo, RT, 2004.

MIRANDA, Jorge. *Ciência política:* formas de Governo. Lisboa, Pedro Ferreira Editor, 1996.

_______. *Manual de direito constitucional.* Coimbra, Coimbra, 1988.

_______. *Manual de direito constitucional.* Coimbra, Coimbra, 2000.

MONTEIRO, Washington de Barros. *Da nacionalidade e da cidadania em face da nova Constituição (1967).* Disponível em: file:///C:/Users/EDSON/Downloads/66527-Texto%20do%20artigo-87914-1-10-20131125.pdf. Acesso em: 21.10.2018.

MONTESQUIEU, Charles de Secoundat, Baron de. *O espírito das leis*: as formas de governo, a federação, a divisão dos poderes, presidencialismo *versus* parlamentarismo. Trad. e notas Pedro Vieira Mota. São Paulo, Saraiva, 1998.

MORAES, Alexandre de. *Constituição do Brasil interpretada e legislação constitucional.* São Paulo, Atlas, 2002.

_______. *Direito constitucional.* São Paulo, Atlas, 2008.

_______. *Direitos humanos fundamentais*: teoria geral, comentários aos arts. 1º a 5º da Constituição da República Federativa do Brasil, doutrina e jurisprudência. São Paulo, Atlas, 2000.

MOREIRA NETO, Diogo de Figueiredo. *Ordem econômica e desenvolvimento na Constituição de 1988*. Rio de Janeiro, APEC, 1989.

MOTA, Sylvio; BARCHET, Gustavo. *Curso de direito constitucional*. Rio de Janeiro, Elsevier, 2007.

MÜLLER, Friedrich. *Fragmento (sobre) o Poder Constituinte do povo*. Trad. Peter Naumann. São Paulo, RT, 2004.

NASCIMENTO DOS SANTOS, C. V. "Mutação à brasileira: uma análise empírica do art. 52, X, da Constituição". *Revista de Direito GV*. São Paulo, v. 10, p. 597-614, jul./dez. 2014.

NERY JÚNIOR, Nelson. *Princípios do processo civil na Constituição Federal de 1988*. São Paulo, RT, 1997.

NEVES, M. "Regra-garantia da inamovibilidade dos juízes – imparcialidade, pressões corporativas e institucionais, separação dos Poderes". *Revista de Direito Administrativo*, n. 245, p. 298-312, 2007.

NEVES AMORIM, José Roberto. *Direito ao nome da pessoa física*. São Paulo, Saraiva, 2003.

NOGUEIRA, Octaciano. *Constituições brasileiras:* 1824. Brasília, Senado Federal e Ministério da Ciência e Tecnologia, Centro de Estudos Estratégicos, 2001.

NUNES, Luiz Antonio Rizzato. *Curso de direito do consumidor*. São Paulo, Saraiva, 2005.

OLIVEIRA, F. E. B. et al. "Fontes de financiamento da Seguridade Social". In: *Texto para discussão* n. 342. Rio de Janeiro, Ipea, 1994.

OLIVEIRA, I. P.; LIMA, B. M. "A relevância da atuação preventiva do controle externo na infraestrutura". *Revista do Tribunal de Contas da União*, v. 1, n. 1, jan./jun. 2021, p. 150-67, Brasília, 2021.

OLIVEIRA MIRANDA, G.R. "Ativismo judicial e poder normativo do CNJ". In: *Brazilian Journal of Development*. Disponível em: https://www.brazilianjournals.com/index.php/BRJD/article/view/18053/14596. Acesso em: 08.12.2020.

PALU, Oswaldo Luiz. *Controle de constitucionalidade:* conceitos, sistemas e efeitos. São Paulo, RT, 2001.

PASCOETTO, L. G. L. "Triunvirato de emergência". São Paulo, 2012. Tese (Doutorado) Faculdade de Direito da Universidade de São Paulo, 2012.

PEÑA DE MORAES, Guilherme. *Curso de direito constitucional*. Niterói, Impetus, 2008.

PILLET, Atoine. *Traité pratique de droit international privé*. Paris, Sirey, 1923.

PINTO FERREIRA, Luiz. *Princípios gerais do direito constitucional moderno*. São Paulo, Saraiva, 1983.

PINTO SANTANA, Marcelo Nardelli. "Sobre a urna eletrônica". Monografia do curso de Segurança de Dados 1/02". Monografia apresentada no Departamento de Ciência da Computação da UnB, 2002.

PIOVESAN, Flávia. *Temas de direitos humanos*. São Paulo, Max Limonad, 1998.

PIRES, B. "Supremo tem liminares valendo há mais de dez anos". *O Estado de S.Paulo*. Disponível em: www.digital.estadao.com.br; acesso em: 20.10.2020.

PLATO. *The laws*. London, Penguin Books, 1975.

PONTES DE MIRANDA, Francisco Cavalcanti. *Contributo para uma teoria da inconstitucionalidade*. Coimbra, Coimbra, 1996.

_______. *Comentários à Constituição de 1967* – com a Emenda n. 1, de 1969. Rio de Janeiro, Forense, 1987, t. III.

PRELOT, Marcel; LESCUYER, Georger. *Histoire des idées politiques*. Paris, Dalloz, 1966.

RAMALHO DA CUNHA, L. G. "O direito fundamental à duração razoável do processo". Monografia apresentada para obtenção do título de especialista na Escola da Magistratura do Paraná, 59 f., Curitiba, 2010.

RAMOS, Dircêo Torrecillas. *O federalismo assimétrico*. Rio de Janeiro, Forense, 2000.

RAMOS, Elival da Silva. *A ação popular como instrumento de participação política*. São Paulo, RT, 1991.

REALE, Miguel. História do novo Código Civil. São Paulo, Revista dos Tribunais, 2005.

_______. *Lições preliminares de direito*. São Paulo, Saraiva, 2002.

_______. "Semipresidencialismo e semiparlamentarismo". In: *Revista do Instituto de Estudos Brasileiros*, 1991.

REZEK, Francisco. *Direito internacional público*. São Paulo, Saraiva, 1996.

ROBERTO NETTO, Paulo. "Lewandowski quer vacina sem política". In: *O Estado de S.Paulo*, 25 nov. 2020.

ROUSSEAU, Jean-Jacques. *Do contrato social ou princípios do direito político*. São Paulo, Abril, 1973.

SALEME, Edson Ricardo. *Direito administrativo*. São Paulo, Rideel, 2008.

_______. *Comentários ao Estatuto da Cidade (Lei n. 10.257/2001)*. Belo Horizonte, Arraes, 2017.

SANTOS, Boaventura de Souza. *Pela mão de Alice*. São Paulo, Cortez, 1996.

SARLET. Ingo Wolfgang. *A eficácia dos direitos fundamentais*. Porto Alegre, Livraria do Advogado, 2001.

SARMENTO, Daniel. *Direitos fundamentais e relações privadas*. Rio de Janeiro, Lumen Juris, 2008.

SCAFF, Fernando Facury. *Responsabilidade civil do Estado intervencionista*. 2.ed. Rio de Janeiro, Renovar, 2001.

SCHAPIRO, M. G. "A regulação executiva da moeda: a variedade institucional da regulação monetária brasileira na Nova República". *Rev. Direito Adm.*, Rio de Janeiro, v. 279, n. 2, p. 141-83, maio/ago., 2020.

SERRA, J. "Semipresidencialismo: um debate inevitável". *O Estado de S.Paulo*, Espaço aberto, 2021.

SIEYÈS. Emmanuel Joseph. *A constituinte burguesa*. Trad. Aurélio Wander Bastos. Rio de Janeiro, Lumen Juris, 2001. Original em francês *Qu'est-ce que le Tiers-État*.

SILVA DA COSTA, B. "Sistema de controle interno do Poder Executivo Federal: mudanças e agentes políticos na Assembleia Nacional Constituinte de 1987". *Revista da CGU*, v. 12, n. 22, jul.-dez. 2020.

SILVA, José Afonso da. *Aplicabilidade das normas constitucionais*. 7.ed. São Paulo, Malheiros, 2007.

_______. *Curso de direito constitucional positivo*. 34.ed. São Paulo, Malheiros, 2010.

_______. *Curso de direito constitucional positivo*. 28.ed. São Paulo, Malheiros, 2007.

_______. *Manual da Constituição de 1988*. São Paulo, Malheiros, 2002.

_______. *Poder constituinte e poder popular*. São Paulo, Malheiros, 2000.

SOARES, Mario Lucio Quintão. *Teoria do estado*: o substrato clássico e os novos paradigmas como pré-compreensão para o direito constitucional. Belo Horizonte, Del Rey, 2001.

SOUZA ARAUJO, Luiz Sérgio. "O Preâmbulo da Constituição brasileira de 1988 e sua ideologia". *Revista de Informação Legislativa*, Brasília, ano 36, n. 143, jul-set/1999.

SUNDFELD, Carlos Ari. *Fundamentos de direito público*. São Paulo, Malheiros, 2000.

_______. "Sistema constitucional das competências". *Revista Trimestral de Direito Público*, São Paulo, Malheiros, n. 1, 1993.

TAVARES, André Ramos. *Direito constitucional econômico*. São Paulo, Método, 2003.

TRINDADE, Antonio Augusto Cançado. *A proteção dos direitos humanos nos planos nacional e internacional:* perspectivas brasileiras. San José da Costa Rica/Brasilia, Instituto Interamericano de Derecho Humanos, 1992.

_______. *Tratado de direito internacional de direitos humanos*. Disponível em: http://www.scielo.br/pdf/rbpi/v42n2/v42n2a15.pdf. Acesso em: 03.12.2019.

TROPER, Michel. "L'autonomie de l'histoire constitutionelle. Giornale di Storia Costituzionale". *Macerata*, v. 19, n. 1, p. 33-44, 2010.

VELOSO, Zeno. *Controle jurisdicional de constitucionalidade*: atualizado conforme as Leis n. 9.868, de 10.11.1999, e 9.882, de 03.12.1999. Belo Horizonte, Del Rey, 2000.

VELLOSO, C. M. S. Elementos de direito eleitoral. 6.ed. São Paulo, Saraiva, 2018.

VERDE SOBRINHO, L. L.; ALBUQUERQUE, N. M. "Quinto constitucional: porta para a democracia ou janela para o fisiologismo no Poder Judiciário?". *Revista de Direito Constitucional e Internacional*, v. 102, p. 147-68, 2017.

VIEIRA, Luciano. "Escolha de conselheiro de Tribunais de Contas: uma questão de moral (e Cívica)". *O Estado de S.Paulo*. Disponível em: https://politica.estadao.com.br/blogs/fausto-macedo/artigo-escolha-de-conselheiro-de-tribunais-de-contas-uma-questao-de-moral-e-civica/. Acesso em: 04.11.2020.

ZAGREBELSKY, Gustavo. *El derecho dúctil*. 2.ed. Madri, Trotta, 1997.

________. "El derecho dúctil. Ley, derechos, justicia". In: *Boletín Mexicano de Derecho Comparado*. Disponível em: https://revistas.juridicas.unam.mx/index.php/derecho-comparado/article/view/4104/5296; acesso em: 15.10.2021.

ZAMORA AVILES, E. A. "Relaciones internacionales y gobiernos locales: discusiones desde los actores internacionales y la política exterior". *Revista de Ciencia Política e Relaciones Internacionales*, v. 5, i. 1, n. 5, 2015.

ZAPPERI, Robert. "Introdução". In SIEYÈS. Emmanuel Joseph. *Qu´est-ce que le Tiers État*. Genebra, Librairie Droz, 1970.

ZIPPELIUS, Reinhold. *Teoria geral do Estado*. 12.ed. Trad. de Karin Praefke-Aires Coutinho. Lisboa, Fundação Calouste Gulbenkian, 1997.

SITES

http://www.fachadabonilha.adv.br/artigo_2.html

http://www.srbarros.com.br/pt/home-artigos-direito-constitucional-direito-constitucional.dept

http://www.mj.gov.br

http://www.planalto.gov.br/ccivil_03/revistajuridica/index.htm

http://www.jusbrasil.com.br/jurisprudencia/

Índice remissivo

C

D

E

K

L

M

N